国家社科基金资助项目

九州文库

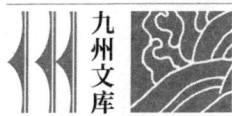

两戴《礼记》工夫论与教化论

龚建平 — 著

九州出版社
JIUZHOUPRESS

图书在版编目（CIP）数据

两戴《礼记》工夫论与教化论／龚建平著．－－北京：
九州出版社，2024.9. －－ ISBN 978-7-5225-3390-2

Ⅰ．K892.9

中国国家版本馆 CIP 数据核字第 2024A689P8 号

两戴《礼记》工夫论与教化论

作　　者　龚建平　著

责任编辑　沧　桑

出版发行　九州出版社

地　　址　北京市西城区阜外大街甲 35 号（100037）

发行电话　（010）68992190/3/5/6

网　　址　www.jiuzhoupress.com

印　　刷　唐山才智印刷有限公司

开　　本　710 毫米×1000 毫米　16 开

印　　张　19.5

字　　数　350 千字

版　　次　2025 年 1 月第 1 版

印　　次　2025 年 1 月第 1 次印刷

书　　号　ISBN 978-7-5225-3390-2

定　　价　98.00 元

前　言

当初《大戴礼记》和《小戴礼记》（即《礼记》）并行而传。《礼记》因汉末学者郑玄作注而在唐代被列为"经书"；《大戴礼记》虽号称"十四经"，却长期被冷落。其实，就思想内容而论，两戴《礼记》的价值和性质相同。本文从工夫论与教化论入路研究和探讨两戴《礼记》儒学思想的内核。

正文分上下两篇，上篇为工夫论（共四章），下篇为教化论（共三章）。

开篇讨论工夫论的缘起及意义。工夫可简单理解为达到儒家道德人格境界或人生目标的方法与过程，相应地，工夫论则可谓说明工夫产生的理由和道德人格修养的方法与过程的理论。工夫不是指用于向外之自然界的力量或精力，而特指花在自己身上的力量或精力；它是超越本能的道德活动，是求道而非求生存的活动；是儒者自觉自愿的修养工夫。工夫存在的意义是因它不仅是所谓"内圣外王"的实质，而且也是儒者生命和民族文化与民族生命联通的重要桥梁。

《礼记·大学》"近道"思想与《礼记·中庸》"忠恕违道不远"，含义略有区别，但都同时表达了儒家伦理实践的共性：求道是一个"下学而上达"、循序渐进的过程。"近道"和"违道不远"各自不同的内涵显示《学》《庸》在儒家伦理中不同的走向。

与反躬、内省一样，正心、慎独、诚之（意）和中庸，均属于修养工夫中的主观方法，在两戴《礼记》工夫论中仍处于十分重要的地位。"慎独"应包含道德修养的"慎心独"和作为政治伦理的"慎独"在内。

从工夫论角度，自觉的道德修养以及生活的礼仪化都是外在规范转化为内在生命的重要环节。与礼相伴而行的还有工夫主体的理性反思。

分析早期从重视言行关系到中晚期转而突出知行关系的变化，可看到儒学愈来愈认识到道德认知的深度对于道德实践的决定性意义；道德规范的逐步内化，是道德生活对于具体生活条件的解放。言行关系和知行关系的根本不同之处在于：言行关系既是可以对象性地观察的，也是行为的工夫。"听言观行"和

"言行相顾"反映了两种不同的情形。

下篇讨论教化以及"教"与"学"。教化的精神方向是通过人文道德教育实现人格转化，核心内容是以伦理为主的礼乐，结果是将儒家自觉的道德观念化为风俗或生活习惯。教化是指在上位者身体力行以化成百姓，它是指有德君子通过自己的道德活动从而感化民众以尊崇人道的相关要素与活动的总和。

教化是通过实际存在的伦理对人进行教育感化，在并无专门社会设施的情况下，离不开家庭（族）、社会结构的影响。儒家伦理经由亲情伦理却又未停留于此，而成为伦理实践的必要环节，只是对植根于人性中血缘亲情的存在予以合理的肯定，但其实践指向是"天下为公"，而非以"亲亲"为人生的始终。"尊贤"乃实现"天下为公"的必然举措。

礼乐是将亲情伦理与政治伦理联结起来的环节，礼乐教化是以礼教和乐教作为教育和感化人们的主要内容，使受教育者实现人格教化或德行教育，以"成己"而"成人"的方式符合社会整体和谐的需要。礼乐互建使礼乐既相互区别又彼此依赖，相互建构。儒家礼乐互建思想是既以礼与乐的不同功能为前提，而又认为它们彼此借助对方，共同形成对社会生活的重构。

儒家的政治思想最集中地体现在其一直以来"以教化政"的德治仁政理想。"文化"政治，不只是人们一般注意到的"绝恶于未萌"，上对下的教导，还含有政治文明的意味。文明的政治才能使礼乐真实地起到教化作用。

目 录
CONTENTS

下篇　教化论

绪 论

　　中国传统文化特别是儒家文化一定意义上就是礼乐文化。礼乐是中国文化的象征性标志。正如孔子曰"不学礼，无以立"（《论语·季氏》），荀子曰"国之命在礼"（《荀子·强国》），常言道"立身入仕，莫先于礼""礼以律身，乐以治心"，礼乐既整体又有特色地反映了中华文化的个性。礼乃中国社会文化和政治的枢纽，在传统社会中有特定功能作用。如何理解礼乐文化可以有各种不同路径，本书从两戴《礼记》工夫论与教化论的角度切入对传统中国文化及其哲学思想的研究与理解。

一、两戴《礼记》的宇宙观与气化思想

　　工夫论与教化论是儒家道德哲学的重要内容，然而，要了解两戴《礼记》工夫论与教化论，需对其哲学基础——宇宙观做一简明扼要的介绍。

　　宇宙观是对宇宙的根本观点。对宇宙的根本观点，既可从构成论视之，也可从生成论把握。构成论源于结构认识方法，侧重于揭示按一定方式组织的宇宙结构。如《周易·系辞上》云："天尊地卑，乾坤定矣。卑高以陈，贵贱位矣。"又云："方以类聚，物以群分，吉凶生矣。"① 自然的天地、乾坤和具有社会属性的卑高、贵贱都是包括人类社会在内的宇宙的结构，而在这结构中，人因类而聚，物以群相分，但彼此却相互依存，构成宇宙整体。生成论则突出解释天地演化与生成的过程及品格。《周易·序卦》在描述宇宙起源时曰："有天地然后有万物，有万物然后有男女，有男女然后有夫妇，有夫妇然后有父子，有父子然后有君臣，有君臣然后有上下，有上下然后礼义有所错。"这是从起源上描述宇宙由来。但是，生成是以相应的结构为前提的，结构既包括组织要素的相互关联也包括层次的分别。在《易传》作者看来，没有天地、万物、男女、

---

① "方以类聚"，按高亨云："方当作人。"篆文"方""人"二字形似而误。参见：氏著.周易大传今注［M］.济南：齐鲁书社，1979：504.

夫妇、父子、君臣之相互关联与上下层次的分别，就谈不宇宙生成与演化的过程。两戴《礼记》的宇宙观，主要表现为其天地观，基本上继承了《周易》的宇宙观。其中，《大戴礼记》主要是《曾子天圆》《易本命》论及宇宙观，较之《礼记》，分量为轻，本文侧重叙述《礼记》的宇宙观。

在《礼记》看来，"君子之道，造端乎夫妇，及其至也，察乎天地"（《礼记·中庸》）。自然宇宙和人文世界是浑然一体的。《礼记》思想庞杂，其宇宙观与天地观受到阴阳家、道家宇宙观和战国时代流行的阴阳五行学说乃至先秦时期气化思想的影响，使其表现出吸取诸子百家思想，而为儒家工夫论与礼乐教化思想做理论根据的性质。

首先，《礼记》的宇宙观，"诚如上述"可从构成论与生成论两方面来看。《礼记·礼运》所谓"天下为一家，中国为一人"，是就构成论上而言；而《礼记·中庸》"天地生物不测"是就天地生成万物的品德的生成论而言。构成论侧重于机体的组织与结构。《礼记》在解释礼的根据时说："夫礼，必本于大一，分而为天地，转而为阴阳，变而为四时，列而为鬼神，其降曰命，其官于天也。"（《礼记·礼运》。以下凡引《礼记》《大戴礼记》，仅注篇名）"官"，郑玄《礼记注》云："犹法也，此圣人所以法于天也。"这里，天地、阴阳、四时、鬼神，各自是相互配合的，它们是宇宙的结构。生成论着重于生化过程。如《礼记·中庸》："动则变，变则化。唯天下至诚为能化。""天地之道，可一言而尽也。其为物不二，则其生物不测。"而结构的完整与组织要素的彼此和谐才是生成万物的前提。如其云："天地合而后万物兴焉。"（《礼记·郊特牲》）反之，"天地不合万物不生"（《礼记·哀公问》）。但是，这种"合"是基于结构和层级关系基础之上的。比如，"天高地下，万物散殊"（《礼记·乐记》）。又曰："天尊地卑，君臣定矣。卑高已陈，贵贱位矣。动静有常，小大殊矣。方以类聚，物以群分，则性命不同矣。在天成象，在地成形，如此，则礼者天地之别也。"构成论反映要素间的区别与联系，生成论突出整体的功能和效用。如其云："地气上齐，天气下降，阴阳相摩，天地相荡，鼓之以雷霆，奋之以风雨，动之以四时，暖之以日月，而百化兴焉。如此，则乐者天地之和也。"①（《礼记·乐记》）正是因天地阴阳的协调配合，才能生成万物。"著不息者天也，著不动者地也。一动一静者天地之间也。""不息"亦即"无息"。很明显，强调各要素间的配合与那种突出要素地位，因而承认冲突在整体中的作用有很

① 此处所引《礼记·乐记》文字，与《易·系辞上》文字略同而经改动，显示《礼记》和《周易·系辞》宇宙观的联系。

大不同。《礼记·中庸》曰：

> 故至诚无息，不息则久，久则征，征则悠远，悠远则博厚，博厚则高
> 明。博厚，所以载物也；高明，所以覆物也；悠久，所以成物也。博厚配
> 地，高明配天，悠久无疆。如此者，不见而章。不动而变，无为而成。天
> 地之道，可一言而尽也：其为物不二，则其生物不测。天地之道，博也，
> 厚也，高也，明也，悠也，久也。

显然，《礼记》认为宇宙在结构上必然既有万物的彼此依存，又有上下层次
的差别，人类社会也和自然界一样不可能齐整如铁板一块。所谓礼就是维持并
不整齐划一的宇宙的基本原则。然而，什么样的具有层次分别的原则才能为不
同的人们所共同接受？《礼记·中庸》总结道："仁者，人也，亲亲为大；义者，
宜也，尊贤为大。亲亲之杀，尊贤之等，礼所生也。"礼是建立在"仁义"的基
础上的人文社会得以维系的基本原则。这里，"仁"是有血缘层次分别的情理，
但也不是没有限制的。故在其之后，有"义"作为补充。"义者，宜也。""宜"
即适宜、合宜（即"仁"在具体情境中的显现）。不同时代虽有不同标准，但
从弥补亲亲之仁的限制来看，"义"就是理性原则。"义近于礼"（《礼记·乐
记》），即使就"齐家"而论，也是有理性原则的。《礼记·大学》云："所谓
齐其家在修身者，人之其所亲爱而辟焉，之其所贱恶而辟焉，故好而知其恶，
恶而知其美者，天下鲜矣。故谚有之曰：'人莫知其子之恶，莫知其苗之硕。'
此谓身不修不可以齐其家。"可见，"齐家"以"好而知其恶，恶而知其美"的
理性作为基本条件。"义"还是社会机体汰除毒素自我更新的原则。"除去天下
之害谓之义"（《礼记·经解》），"仁"因此也是理性的："唯仁人为能爱人，
能恶人。"[1]（《礼记·大学》）没有是非的爱，不能说是"仁"爱。因而，
"仁""义"和"礼"虽然各有其内涵，但本质上是不可分割的。

构成论反映要素间的分别与联系，生成突出整体的功能。当然，宇宙的组
织结构决定了它化育生成天地万物的功能效用。《礼记》将天地的组织结构的和
谐看成是一切人事的根据。因此，"天子""圣人"是能体现天德的。"天子者，
与天地参，故德配天地，兼利万物，与日月并明，明照四海而不遗微小。"（《经
解》）能"与天地参""德配天地"，则需要通过"尽性"等工夫修养而最终达

---

[1] 《礼记·大学》此语是间接引用孔子语。子曰："唯仁者能好人，能恶人。"（《论语·里
仁》）

到"至诚"。《礼记·中庸》认为：只有做到"至诚"，个人才能实现其天赋的本性；能实现自己天赋的本性，便能实现他人的天赋本性，能实现他人天赋的本性，便自然也能实现万物的本性，此方可谓"赞天地之化育"。"可以赞天地之化育，则可以与天地参矣。"在这一思维逻辑里，沙漠中不可能长成孤立的大树。

其次，《礼记》的宇宙观包含有气化思想，这种思想总结了先秦气化思想的精华，作为工夫论的基础。

二程说："论性不论气，不备；论气不论性，不明。"① 气概念最早见于《国语·周语》。周幽王二年（公元前 780 年），三川地震，伯阳父解释说："夫天地之气，不失其序，若过其序，民乱之也。阳伏而不能出，阴迫而不能蒸，于是有地震。"伯阳父以天地之气——阴阳二气的变化解说地震。所谓"气"指天地之气、阴阳之气，显然已从表示具体存在物的概念演变为一个抽象的具有哲学意味的概念。"气"的概念在《老子》一书中就有所见，如"专气致柔，能婴儿乎"（《老子·第 10 章》），"万物负阴而抱阳，冲气以为和"（《老子·第 42 章》），在《管子》中，气与精、鬼神、生命同义："凡物之精，比则为生。下生五谷，上为列星；流于天地之间，谓之鬼神；藏于胸中，谓之圣人，是故名气。"（《管子·内业》）

战国时期，孟子、庄子、荀子都讲"气"，他们大都是从哲学上讲的。先秦古籍虽大多讲到"气"，但最能表现哲学上"气"的精义的还是《周易》。

《易传》提出了"气"能化生万物："精气为物，游魂为变。""天地氤氲，万物化醇；男女构精，万物化生。"（《易·系辞下》）"氤氲"是阴阳交合、男女构精、二气交感的状态。作者认为，阴阳的交合是万物化生的根源。这种思想又扩展为："二气感应以相与……天地感而万物化生，圣人感人心而天下和平。观其所感而天下万物之情可见矣。"（《易·咸·彖传》）认为天下万物皆由阴阳二气感应而生成，所谓"感"，不仅是阴阳二气的交感，而且包括人心之感应。

总的看来，先秦哲学中，气概念已经很常见，多数思想家将其视为实在的真实状态，但孟子则进一步认为道德修养达到一定高度，可以养身心一体的"浩然之气"。此外，战国时期还逐步形成了一种气化理论，以《易传》为代表。这一理论认为，天地间万事万物，都是阴阳二气相互作用，相互感应而化生的。

---

① （宋）程颢，程颐. 二程集（上）［M］. 北京：中华书局，2004：81.

《礼记》中"气"一词频繁出现。最常见的是与别的语词搭配，表达自然气象。如"天气""地气""阴气""阳气""寒气""顺气""逆气""秋气""刚气""柔气"等，这种意义上的"气"是泛义的。《礼记·聘义》有云："（玉）气如白虹，天也。"也有和人事相配合而形成"民气""心气""秀气"等。如《礼记·月令》"民气解惰""节嗜欲，定心气""人者……五行之秀气"。其中，和后来哲学上使用"气"一语的哲学含义相近的是"血气"这个概念。《礼记·乐记》云："夫民有血气心知之性……血气平和，移风易俗，天下皆宁。"《礼记·中庸》曰："凡有血气之属，莫不尊亲。"《礼记·三年问》："凡生天地之间者有血气之属必有知，有知之属，莫不知爱其类。""故有血气之属者，莫于与人，故人于其亲也，至死不穷。"在这里，"血气"一语并非纯生物性概念，而是具有浓厚伦理意味的概念。

《礼记·乐记》云："地气上齐，天气下降，阴阳相摩，天地相荡。鼓之以雷霆，奋之以风雨，动之以四时，暖之以日月，而百化兴焉。"还说："著不息者天也，著不动者地也。一动一静者天地之间也。"此段语句与《易传》中一段话极其相似，是作者具有气化色彩的宇宙观的描述。《礼记·乡饮酒义》则云："天地严凝之气始于西南而盛于西北，此天地之尊严气也，此天地之义气也。天地温厚之气始于东北而盛于西南，此天地之盛德气也，此天地之仁气也。"将自然之气和道德相互比附在儒家是常见现象。此外，"气"还有"气势"的含义。《礼记·乐记》云："是故情深而文明，气盛而化神。和顺积中而英华发外。"

但《礼记》中的"气化"思想一直没有得到应有的重视。《礼记》对"气"进行解释的是《礼记·祭义》：

> 宰我曰："吾闻鬼神之名，不知其所谓。"子曰："气也者，神之盛也；魄也者，鬼之盛也。合鬼与神，教之至也。众生必死，死必归土，此之谓鬼，骨肉毙于下，阴为野土，其气发扬于上为昭明，焄蒿凄怆，此百物之精也，神之著也。"

这里，气乃精神充盛的一种形式，即使人死了，归为野土，仍有气息发出来。《礼记·檀弓下》曰"（人死）骨肉复归于土，命也，若魂气则不无之也"，仿佛魂魄也属于气一类。生物的生长依靠气，"土敝则草木不长，水烦则鱼鳖不大，气衰则万物不遂"（《礼记·乐记》）。只有阴阳二气谐和，才有万物的欣欣向荣："天地䜣合，阴阳相得，煦妪覆育万物，然后草木茂。"《礼记》中对"气"的描述，和《易传》以及其他典籍没有本质区别，它们都是将人伦道德植于气化思想基础上的。"中国哲学的'气'也并不是一种神秘的东西，它是从常识性的气（如蒸汽、云气、寒暖之气、呼吸之气等）升华而来，与常识性的气在物理实在的意义上没有根本的区别。"① 但《礼记》将天地自然之气和社会伦理乃至人性相比附，提出"德气""仁气"的概念，与孟子那里和志、心有内在关联的"气"概念相比，似更突出"气"的伦理属性。

此外，《大戴礼记》中《曾子天圆》《本命》《易本命》诸篇亦论及天地之气，以表达其宇宙观。《曾子天圆》中曾子曰：

> 天道曰圆，地道曰方，方曰幽而圆曰明；明者吐气者也，是故外景；幽者含气者也，是故内景，故火日外景，而金水内景，吐气者施而含气者化，是以阳施而阴化也。阳之精气曰神，阴之精气曰灵；神灵者，品物之本也，而礼乐仁义之祖也，而善否治乱所由兴作也。阴阳之气，各从其所，则静矣；偏则风，俱则雷，交则电，乱则雾，和则雨；阳气胜，则散为雨露；阴气胜，则凝为霜雪；阳之专气为雹，阴之专气为霰，霰雹者，一气之化也。

这是以天地与阴阳之气的变化来解释宇宙的起源，并以此说明礼乐仁义的根据。《本命》以阴阳交互作用的观念阐释变化："阴穷反阳，阳穷反阴，辰故阴以阳化，阳以阴变。"《易本命》明显受到《易传》影响，其引"子曰"："夫易之生人、禽兽、万物、昆虫、各有以生。"万物奇偶与状态各样，"（人）莫知其情。惟达道德者，能原其本矣"。"达道德者"，虽不是天，但却可以推原万物的根本之所在。总体上，《大戴礼记》认为，天地由混沌未分的气演化而来，气变为阴阳，二气相互作用产生了万物。实质是强调了宇宙的动态性和演化性。同时，它也强调了天地万物的结构对于礼仪制度的根源性。

《礼记》的主体思想是追求天地和谐，万物化生。其中最关键的是所谓天地阴阳二气的和谐。所谓"天地合而后万物兴焉""阴阳和而万物得"（《礼记·郊特牲》），四季更替就是因为阴阳之气的此消彼长所致。春季，"天气下降，地气上腾，天地和同，草木萌动"，相反，冬季，"天气上腾，地气下降，天地不通，闭塞而成冬"（《礼记·月令》）。阴阳时令的变化会导致万物包括人类生命和生活的重大影响，故要求人们"必顺其时""其有失时，行罪无疑"，人事活动应因阴阳之气的消长而做相应调整。天子举行重大祭祀活动，或人们的

---

① 李存山. 气论与仁学 [M]. 郑州：中州古籍出版社，2009：41.

礼乐制度，都是为了适应这种自然的变化。"天子大社必受霜露风雨，以达天地之气也。"（《礼记·郊特牲》）婚礼之义也取自天地之合而万物生的道理。

这种阴阳相互关联的思想还深入人们生活的各方面。"飨禘有乐，而食尝无乐，阴阳之义也。凡饮，养阳气也；凡食，养阴气也。""饮，养阳气，故有乐；食，养阴气也，故无声。"推而广之，礼乐的根据就在于天地阴阳变化。"乐由阳来者也，礼由阴作者也。阴阳和而万物得。"《礼记·乐记》把这种思想推向教化的高度，它说："天地之道，寒暑不时则疾，风雨不节则饥。教者，民之寒暑也，教不时则伤世。事者，民之风雨也，事不节则无功。"教化效法自然的天道，而天地之道，无论寒暑风雨，都有自身的节律和秩序，因此，人事也应有相应的节律与秩序。"乐者，天地之和也。礼者，天地之序也。和故百物皆化，序故群物皆别。乐由天作，礼以地制。过制则乱，过乐则暴。"宇宙其实是一个有序和谐的整体，本身就是最大的礼乐："大乐于天地同和。大礼与天地同节。"因此，明于天地，方能兴礼乐。

作为人来说，一方面天生是安静的，另一方面也以"气"发生交感和相互作用。人们精神的安宁和血气的平和相互对应。相反，血气不平和，乃"感条畅之气"所致。《礼记·乐记》说："夫民有血气心知之性，而无哀乐喜怒之常，应感起物而动，然后心术形焉。"因有哀乐喜怒之情和心术的影响，人心感于物而动，激起了嗜欲，如果"好恶无节于内，知诱于外，不能反躬，天理灭矣"，人不能反躬，不能自我节制，和外物的相互作用就是物与物的刺激反应关系，而非人和物的关系。这就是"物至而人化物也。人化物者也，灭天理而穷人欲者也"。因此，修养的要求就是做到"奸声乱色，不留聪明，淫乐慝礼，不接心术，惰慢邪辟之气不设于身体，使耳目鼻口心知百体，皆由顺正以行其义"。先王制礼作乐就是根据人的性情和音律的度数，以礼义加以节制。礼义可以激发正气，而遏制逆气。从正面来说，就是通过礼乐培植心中的乐气。《礼记·乐记》说："德者性之端也；乐者德之华也。金石丝竹，乐之器也。诗言其志也，歌咏其声也，舞动其容也。三者本与心，然后乐气从之。"通过诗、歌、舞等艺术形式，可以激发内心真实的乐气，从而养德。"是故情深而文明，气盛而化神。和顺积中而英华发外，唯乐不可以为伪。"真实的乐是不能伪装出来的，它需要内心的和谐与顺畅。心中一丝不和不顺，都可能为邪气留下可乘之机。

《礼记》认为礼乐是先王根据天地的构造并针对人的结构而设计的有效的文化系统。《礼记·乐记》云："是故先王本之情性，稽之度数，制止礼义。合生气之和，道五常之行，使之阳而不散，阴而不密，刚气不怒，柔气不慑，四畅交于中而发作于外，皆安其位而不相夺也。"这种"四畅交于中而发作于外"的状态也就是"和气"或"乐气"的状态。"孝子之有深爱者必有和气……有和气者必有愉色。"（《礼记·祭义》）

《礼记》多处将人视为"血气之属"，《礼记·乐记》则说"民有血气心知之性"，显然更进一步将"血气"当作"性"，这一点可以说成为汉代以气论性之滥觞。其对王充的元气说，和宋儒的气质之性说，都有深刻影响。另一个看起来并不明显的线索，其实也表明《礼记》中"气"以及"气化"思想的表达方式。我们知道，《礼记·中庸》里一个很重要的概念，其实就是"诚""诚"的含义多样，但按《说苑·反质》云："夫诚者，一也。一者，质也。君子虽有外文，必不离内质矣。"显然，"诚"为"一"为"质"。而《礼记·礼运》云："是故夫礼，必本于大一，分而为天地，转而为阴阳，变而为四时，列而为鬼神。"李存山认为，"'大一'亦是'太极'，'分而为天地'就是《系辞》所谓'是生两仪'。'转而为阴阳'与《吕氏春秋》的'两仪出阴阳'同义。'分而为天地……变而为四时'，正与《系辞》所谓'法象莫大乎天地，变通莫大乎四时'相合"[1]。《礼记·中庸》虽未用"气"这个哲学概念，但却讲"诚则形，形则著，著则明，明则动，动则变，变则化。唯天下至诚为能化"，义理是相通的。

《礼记·乐记》和《礼记·中庸》特别谈到天地"化""育"万物的作用，以作为人事仿效的榜样。《礼记·乐记》曰："乐者，天地之和也；礼者，天地之序也。和故百物皆化，序故群物皆别。""化"的字形乃二人倒背之形，一正一反，其象征意义是深刻的。《礼记·乐记》又云："乐也者，圣人之所乐也，而可以善民心，其感人深，其移风易俗，故先王著其教焉。"音乐的重要功能就是"化民""善民心"。《礼记·中庸》云："变则化，唯天下至诚为能化。"

应该说，《礼记》并未从气的立场来论证人与物、人与人的全面的关系。换言之，"气化"思想与传统儒家的"万物一体"思想在《礼记》中并未有机融合。我们可以看到"气"的各类思想散见于一些篇章，而《礼记》的宇宙观却多从人伦和道德立场立论，这使其宇宙观表现出特殊性。

就人与物、人与人的关系而言，《礼记》认为是一种在层次基础上的具有共存、共生和互生的有机关系。

一方面，就具体物与人的关系而论，《礼记》因强调礼的精神意义，而视物为礼义精神的表现，认为没有什么东西可以和道德的价值相媲美，"德产之至也

---

① 李存山. 气论与仁学 [M]. 郑州：中州出版社，2009：60.

精微，观天下之物无可以称其德也"（《礼记·礼器》）；另一方面，物又是礼所不能缺少的要素，而作为具有自身秩序的万物总名的天地对于人类生活而言是具有根源性的。如《礼记·中庸》所谓："今夫天，斯昭昭之多，及其无穷也，日月星辰系焉，万物覆焉。今夫地，一撮土之多，及其广厚，载华岳而不重，振河海而不泄，万物载焉。今夫山，一卷石之多，及其广大，草木生之，禽兽居之，宝藏兴焉。今夫水，一勺之多，及其不测，鼋、鼍、蛟、龙、鱼、鳖生焉，货财殖焉。《诗》云：'维天之命，于穆不已！'盖曰天之所以为天也。"礼的内涵中包含有物的必要地位。"是故天时有生也，地理有宜也，……物曲有利也。"（《礼记·礼器》）天不生，地不养，君子不以为礼，鬼神不能得到配飨。这样，所谓形上与形下的关系在这里就显得十分特殊。

无论从认识上还是实践上，人们都难以直接与作为连续体或整体的宇宙打交道，而是和这些具体的物品和事物打交道。同时，这些物本身并非独立的，它们和周围的其他事物处于某种人类认识或未认识、自觉或不自觉的关系之中，又和人类的主体处于另外一种相互关系中。其中，理性、情感和价值作为建立文化系统的方式，会使人与物建立不同的关系。《周易·序卦》多论及"物"的性质，"物不可以久居其所""物不可以终遁""物不可以终壮""物不可以终动""物不可以终止"等等，物有自身的轨迹。虽然，如果将理性视为从事实中去认识"真相"的认知能力，可能会发现人自身完全"不配当"德性，完全是"堕落邪恶之人"[①]；但若从儒家伦理的角度看，事实之真则几乎消退，一切物都似乎力图被纳入礼义的视野中来加以检视。《礼记·中庸》记载："子曰：'鬼神之为德，其盛矣乎！视之而弗见，听之而弗闻，体物而不可遗。'"这个问题可能不仅涉及对理性概念的不同理解，而且对于儒家而言，物的世界对于人也是必然要纳入伦理世界中才能获得全面的、儒家式的意义。这样看，所谓"物"，不论就其本身还是与人类关系言，都处于相互关联的关系中。"一日克己复礼，天下归仁焉"的意思这里就是十分明确的。

无论是在人与自然物，还是人与人之间，都能够建立以人伦为核心的意义结构，这是《礼记》常以生命机体和家庭关系比喻国家或天下人之间的关系的主要原因。《礼记·礼运》曰："圣人耐以天下为一家，以中国为一人……"这是说，圣人能做到视天下为其扩大的家，视中国之人为其扩大的肉体生命。《礼记·表记》曰："中心安人者，天下一人而已。"即在"仁"的内在结构中，天下其实就是一个有机体，没有彼此的分别和隔膜。这种思想其后被宋明理学特

---

① ［德］康德. 实践理性批判［M］. 韩水法，译. 北京：商务印书馆，2000：166.

别是王阳明心学做了清晰的阐述。

但这并不意味着《礼记》对人性持完全乐观的态度，无视知行和人际间存在的种种障碍。《礼记·礼运》曰："欲恶者，心之大端也。"甚至可以说，礼的观念中之所以有不能抹灭的等级印记，就在于认为这种等级似能限制但仍难涤除人性的弊端，破除这些障碍而能将天下联为一体。如其云"君子乐得其道，小人乐得其欲"中就包含这样的事实：小人乐得其欲但在等级社会中没有条件完全满足其欲望，君子虽有较好的客观条件但其追求却不在欲而在道。这样"礼"的原则既有一定的分际，又才可以将不同层次的人联结为一个有机体。

二、工夫论与教化论

儒学不仅是一种伦理学说，而且有深刻的哲学思想以及宗教性功能。作为没有学科分化的综合性伦理与哲学思想，今日对其研究可以是多向度的。本文从工夫论与教化论为入路进行研究，并不等于只是罗列相关思想，而是以此为路径探讨两戴《礼记》儒学思想的内核。然而，目前并没有一个公认的关于工夫概念的明确定义，并且所谓工夫在历史上总是相对本体而言的。缺少工夫向度对儒学的理解，可能难以避免抽象笼统或神秘主义的结论。这无疑是儒学研究的一个暗礁。好在未严格界定工夫论概念并未妨碍近年来关于工夫论的学术研究，因而人们也就可以在不同的工夫实践经验的背景下去讨论它。可以相信，工夫是一些实际发生在儒者生活中并能建构他们生活的人事修为。儒者不可能作为单纯自然人介入现实生活场景，而是作为对"人"有特定理解的儒者"赞天地之化育"，参与宇宙转化的功能，这样做才可能充分地发展其人性。一定意义上，"'仁'基本上是与人的自我更生、自我精进、自我完成的过程联系着的"[1]。因此，儒者的工夫不是人们一般仅仅运用自然禀赋去改造对象的活动，而是同时既使自己人性化也使社会乃至宇宙人性化的方法与过程。工夫是使儒者自己至少是自以为是地促使其生命之升华与宇宙的转化同时完成的活动。"一物治而万物不乱者，以身为本者也。"（《大戴礼记·子张问入官》）这里的"身"不是作为名词的具化肉身（physical body），而是动词，即为"修身"。无论是孔子所谓"知及""仁守"，还是孟子所云"汤武，身之也"之"身之""深造自得"等，均指向儒者生命上实际发生的自我更生与精进的道德事件，是自身基于现实的自我然而又超越自我的活动。不过，工夫在早期儒者也并非一般宗教神秘的冥想而是日常生活中可以操行的，"极高明而道中庸"（《礼记·

---

① 杜维明. 杜维明文集（第四卷）[M]. 武汉：武汉出版社，2002：19.

中庸》)。所谓"好学""力行""知耻"一定意义上均可谓工夫。因为知及与深造自得意味着儒者的道德观与价值观对于自然价值观的超越，它表现为精神价值的生成。

"君子不贵兴道之士，而贵有耻之士也。"（《大戴礼记·曾子制言上》）兴道是有所作为，需要向外拓展，守耻则主要是克己的自制力，二者所需的能力是不同的，后者属于修养工夫。虽然兴道者不必不守耻，但并非绝对。《礼记》多处谓"慎行其身"（《礼记·祭义》）、"必身行之""必身亲莅之"（《礼记·祭统》）、"本诸身"（《礼记·中庸》）及"修身"等等，其中仅言"修身"者就达 20 处之多。郭店楚简《性自命出》曰："闻道反己，修身者也。"孔子"朝闻道""闻"并非只是听闻之意，"言不远身，言之主也；行不远身，行之本也。言有主，行有本，谓之有闻矣"（《大戴礼记·曾子疾病》）。闻道意味着"言有主，行有本"，即言与行均有客观依据。可见，宇宙的转化虽并不等于改变世界，而是重构与转化它，转化的前提却是先在精神上重构自身。这里，体现了儒者处世的独有特征，即将自我关系看成是较人我关系、人与宇宙的关系更根本的关系。自然宇宙并不一定天然地符合人们意志，如何将其转化为合乎人们善与美意志的宇宙，在儒者以"闻道"为关键。以老子的话说，儒者大抵属于"上士闻道，勤而行之"者。《礼记·礼运》所谓"连而不相及也，动而不相害也""深而通，茂而有间"，不仅是指人际间现实的身份关系而言，也应有指不同层次的精神或价值观的多样性与丰富性而言的。尽管儒者有时难免也模糊善与美的宇宙和自然义的宇宙二者的界线，但如果我们追问几乎所有儒者为何如此忌惮一个"私"字，则其回答一定是基于其伦理道德观的。其实，从客观角度，只有排除儒者所忌讳的"从躯壳起念"，才能因"闻道"并"见道"，才有扭转生命的自然倾向而朝向精神性的美与善的生命之升华。不过，宇宙的转化当然不仅仅是将外部世界通过认知而化为内部的心理事实，而是同时美化、善化这些心理事实并真实地影响和转化外部世界。这大抵就是所谓《礼记·中庸》"赞天地之化育，与天地参"的实际意义。

既然儒者参与宇宙的运化，则他们的理想就不能是空想，而是可操作的；同时这种理想也必定是具有建构而非单纯消解性的。以此而论，无论是在混沌中的道德重建，还是在日久的精神束缚中的思想解放，儒者都是真实地参与到宇宙之中的。所谓"行"，基本上都是指行道、行礼之行。所谓"先意承志""先行后言""行必先人""无行可悔"等等，都是基于儒者的践行其"志"而言的。它们毫无例外地都依托于工夫。

工夫论也是传统儒家伦理区别于其他伦理思想的关键。毫无疑问，传统儒家伦理存在于相对封闭的稳定农业社会，对于依托家族或宗族而存在的宗法性社会结构有直接的依赖性，同时很长时间也曾是作为国家意识形态的面目出现，离开了这些，传统儒学的未来就不具有确定性，也正是孔子云"谁能出不由户，何莫由斯道也"（《论语·雍也》）的原因。然而，在宗法消融于现代商业文明，作为国家意识形态的儒学也不复旧往的情况下，不仅如何实践儒学成为问题，即使如何理解儒学都成为问题。难道儒学仅仅是大学教室里的概念推演？难道儒学就是一个一个需要论证的课题设计？在这个方面，倪培民认为，孔子的所谓"从心所欲而不逾矩"不是没有限制的，而是化"矩"为功夫能力的升华①，功夫意味着"体身化"，它"包含某人与某事物之关系的扩充，也即超越对有关事物的常规知识"②。因之，从工夫论不仅是理解而且是践行儒家伦理的必要途径。

目前工夫论研究还未形成统一概念，如有谓"功夫"，也有谓"工夫"（倪培民认为二者无本质上区别，笔者认同，故不做专门讨论），未明工夫与方法的区别；在诸如工夫是静（未发）中修养还是动（已发）中实践、是神秘主义还是冥契主义、是个人宗教式身心修炼还是万物一体的人伦政治实践等的认识上还存在一些模糊认识。在深谙行为的深层原因在欲望感情而非知识，人的自我关系解决的深度是社会乃至自然关系获得解决程度的必要条件，以及德性的形成过程中包含着规范的内化等学术共识条件下，如何对两戴《礼记》具有礼乐教化特色的丰富的工夫论进行研究，既改变近代社会蜕变以来形成的对礼的一些偏见，又纠正宋明理学过于强调"内圣"工夫的局限，突出知行及三达德的统一的儒家特色，注重内圣与外王的统一，深入理解儒家伦理在实践过程中深刻的问题意识和现实价值，理解其丰富的哲学内容与实践价值，具有十分重要的意义。

那么，作为主体性活动的道德通过无所不在的礼在现实的交往关系中是否满足普遍必然性的条件呢？

礼作为道德是自觉的行为选择，所谓"为仁由己，岂由人乎哉"（《论语·颜渊》），作为仁之实践方式的礼也是有主体性和选择性的，也就是以承诺特定的自由意志为前提的。但作为伦理，它又包含着诸多客观要素，有不由主观意志决定，而由客观身份所决定的因素。所谓君君臣臣父父子子，不可能改变，

---

① 倪培民. 修炼而成的自发性——以伯林为镜看儒家自由观 [J]. 哲学分析，2021，12（1）：73-97，197-198.
② 倪培民，钱爽. 知"道"——中国哲学中的功夫认识论 [J]. 文史哲，2019（4）：94-113，167.

由此决定了礼的客观性，具体情境性。道德的主体性与礼的客观性这两种性质在现实中相互作用的结果，即是由客观地位决定了有些人如君与父比较的是自由自觉的，而臣与子则难免是被动的，由此决定了君父不同的家庭与社会政治地位。

这样，礼就是具有身份差异的人普遍必然地被相互联结在整体社会的交往关系中的环节。除非一个人从此不再与社会发生联系，否则他仍是会将自己的自由自觉的意志和身不由己的社会身份之间的关系打通，选择"从必然上升到自由"的路径。这里似乎无形中呈现的还是那句格言："愿意的人，命运领着走，不愿意的人，命运拖着走。"对于不同的人，礼所呈现的面向不同。礼本身是具有弹性的规范，这种弹性因身份差异会有刚柔不同的属性。因其柔性，它可以是道德的，成为自觉修养的工夫；因其刚性，也可以走向儒家礼治的对立面—法家的法治。

礼的另一面则是教化。如何保证君父不会侵犯臣子和相应其他人的权益而使伦理长久地发生作用不被破坏呢？这就是教化论的独特内容和起作用的方式决定的。这种普遍必然因而也是客观的原理其实就是作为礼的重要内容的伦理。伦理虽说人人殊异，但却能将人们串联起来，是传统宗法社会的"抓手"。在儒者解释系统里，帝辛之所以成为闻名的殷纣王，就是对伦理的破坏。因此，工夫的意义依赖于自觉修养，其在现实中虽不一定有普遍必然性，但伦理却可以弥补罅隙，教化的内容作为伦理发挥特别的作用。既然人们无法完全避免与社会整体的关联而拒绝责任，则作为文化体系的儒家伦理的核心—礼，因其内容为伦理，就转而成为具有具体的普遍性的也是弥补工夫论之限制的教化论。

两戴《礼记》有丰富的教化思想。二书编定的西汉时代注重教化，特别重视孝道，在书中特别是《大戴礼记》有明显表现。《礼记·中庸》曰"修道之谓教"，《大戴》记曾子云"民之本教曰孝"（《大戴礼记·曾子大孝》）。这说明，修养与教化、孝道有内在联系。孝道的意义落实在教化上，就不只是一个孝亲的问题，而是个人价值观和道德观得到培养和发展的一个重要环节。孝本身需要教化才能实现，教化有必要从孝道开始。所谓"亲亲为大""率而祀天于南郊，配以先祖，所以教民报德不忘本也。率而享祀于太庙，所以教孝也"（《大戴礼记·朝事》）。在曾子学派那里，孝道的实质是以道事亲，即在情与理的张力中保持天然秩序。教化的目的在使在自然、社会、精神以及修为诸方面不同的人均能"连而不相及，动而不相害"（《礼记·礼运》），实现社会和谐。《大戴礼记》充分体现了曾子既主张孝弟又主张反躬内省的特点。孝弟一方面看是工夫，如"思修身不可以不事亲"（《礼记·中庸》）；另一方面看也是教化，所谓"民之本教曰孝"也。教化即人格的教育与感化。学与教是统一的。它依赖特定社会结构和政治情态、文化氛围，即在"家族主义"背景下形成有效的人格教育环境，其特点是重社会心理文化和人文生态的建设，虽说可能"日用而不知"，但却可以"止邪于未形"。教化的有效性取决于客观社会情势是否可能形成有利于社会和谐的那些社会共同心理。其中，核心是政治体制和政治制度。礼之所以具有教化的功能在于它不仅是行为的规范，可以制欲、节情和律身，按美国哲学家约翰·塞尔的话说，更重要的是礼具有建构"社会性实在"的功能只有现实可行的制度可再生或复制制度性实在①。

决定儒家伦理的基础并非自然存在本身，而是与规范相关的社会结构和社会制度，后者是有导向的。社会结构和制度存在的方式则是约定俗成的。礼教得以实行的方式是礼俗和习惯。礼俗和习惯不同于惯例，后者只是因行为方便而成，距离传统的距离较远，前者却是文化传统得以延续的基本方式，其背后正是社会结构和政治制度。

工夫论和教化论可视为一个既有区别又相互联系的整体做专门研究和探讨。工夫论主要是从儒者的自觉修养的方法和路径而言的，教化论则立足于民众易受环境的影响而有目的地营造良好社会风尚以及情感感化而言的。从自觉的层面，礼固然可以成为工夫；而作为文化形式，礼则主要有威仪、教化的功能。"礼的威仪观在中古时期不曾丧失，但礼作为教化的主张却是日益增强。"②

将工夫论和教化论作为理解儒家伦理的入路可以获得新的启示。工夫不仅使人成为儒者心目中理想的人格，而且也创造社会伦理关系和文化环境。教化是闻道有先后之别的社会中建立人文秩序和健康社会心理的必要途径。古人谓"先生"，便是"犹言先醒也"（《韩诗外传》卷第六）。工夫的深浅不同于其有无。工夫和教化作为最基本的道德和伦理活动，是社会和谐所必要的活动，是稳定而有限社会中人们精神生活的不可忽略的重要方面。工夫实践的层次和教化的水平限制着儒者人格理想境界，甚至按理论上讲，影响着所谓治国平天下的水平与能力。

传统礼学研究往往受到经学思维方式的影响和历史条件限制，本研究则力图突破这些局限性，并适当打破传统观念的局限，在以文本内容的解读为基础的前提下，突出先儒的问题意识，就事情本身展开义理分析，解析先儒有关工

---

① ［美］塞尔. 心灵、语言和社会：实在世界中的哲学 ［M］. 李步楼，译. 上海：上海译文出版社，2006.

② 甘怀真. 皇权、礼仪与经典诠释：中国古代政治史研究 ［M］. 北京：九州出版社，2023：129.

夫所要解决的实际问题的实质和当代意义。

本研究试图从学理上诠释工夫与教化的概念以及它们各自的内在要素和基本结构，阐述各自的功能作用和意义，并对其分别所属的重要规范如诚意、慎独、近道、孝弟、礼乐乃至仁、诚、中等范畴的历史演化和彼此关系做细致的梳理和分析研究，对礼仪化的重要性做认真讨论，对两戴《礼记》工夫论和教化论各自的特点做深入研究并加以适当比较，以便从重视实践的儒家伦理中透视其伦理观和道德观，以解释儒家伦理的复杂性，为其现代化提供可资借鉴的意见。

三、《礼记》与《大戴礼记》

在儒家礼乐思想方面，孔子、荀子尤其两戴《礼记》以及汉代一些相关文献有极其重要的地位。梁启超曰："要之欲知儒家根本思想及其蜕变之迹，则除《论语》《孟子》《荀子》之外，最要者实为两戴记，而《礼记》方面较多，故足供研究资料者亦较广。"[①] 同时，要了解传统礼乐文化特别是礼仪，也需要深入《礼记》的研究，因为，"《礼经》原只是为了便于推荐给社会……只不过是行礼如仪的一纸秩序单而已"，要了解当时人们的一般观念，他们的意识形态，或了解那些典礼的精神价值，某些仪式安排的用意等，就需要一些说明文字，"而这类文字有不少保留存在《礼记》里面……这样说来，《礼经》固然有价值，而《礼记》的价值可能更高"[②]。清阮元独赞《曾子十篇》，曰："七十子亲守业于孔子，其言之无异于孔子而独存者，惟《曾子十篇》乎……曾子之书，以为当与《论语》同，不宜与记书杂录并行。"[③] 由此可知两戴《礼记》的学术价值。

《礼记》原本是西汉末年戴圣所编，主要是配合仪礼教学所用，在汉代也常被引用。自汉末郑玄为之作注之后，地位遂上升，唐孔颖达又为郑注作疏，著成《礼记正义》，自此《礼记》被归为经书之列。唐代被称为《三礼》之一，和《三传》及《毛诗》《尚书》《周易》等，并为圣贤微旨，成为科举考试参考书。唐时于《三礼》独重《礼记》，因其文少，"人皆竞读"。此后，历代均有学者对《礼记》进行研究，如宋代卫湜的《礼记集说》、元代陈澔的《礼记集说》、明代胡广的《礼记大全》、清代孙希旦的《礼记集解》、朱彬的《礼记训

① 梁启超. 国学要籍研读法四种 [M]. 长春：吉林出版集团股份有限公司，2017：268.
② 周何. 儒家的理想国——礼记 [M]. 北京：九州出版社，2017：20.
③ （清）阮元. 揅经室集（上）[M]. 北京：中华书局，1993：46.

纂》等，但这些书目就其成就而言皆不如郑玄、孔颖达。诚如杨天宇所言："《礼记》之学，自汉末至唐，除魏晋之际一度几为王学夺席，皆以惟郑《注》为中心。"① 宋元明时期，《礼记》学颇染宋学风习。即便到清代有所谓经学复盛，然《礼记》学则难堪与比，诸经唯《礼记》无新《疏》。

《大戴礼记》因种种原因地位不及《礼记》，在历史上受重视的程度要差太多，但其内容与《礼记》《荀子》《说苑》《韩诗外传》《孔子家语》等互有出入，内容主题也与诸书相近，也得到历代注疏家的重视。《大戴》据孔颖达《礼记正义序》所引郑玄《六艺论》"戴德传《记》八十五篇"，但今仅存三十九篇②。其余四十六篇，即第一篇至第三十八篇、第四十三篇至第四十五篇、第六十一篇、第八十二篇至第八十五篇，至迟在唐代已佚。尽管如此，它的史料价值和学术意义仍不可低估。其中多数篇章记述从战国到汉代儒家学派的言论，是研究中国早期儒学特别是礼乐教化的思想资料。其中，从第四十九篇到五十八篇，题目皆冠以曾子，后世称为《曾子十篇》，主要内容涉及儒学的基本理论与修养工夫。此外，《诸侯迁庙》《诸侯衅庙》《朝事》《公符》等篇，记录诸侯礼制，可补《仪礼》之阙。《大戴礼记·五帝德》《帝系》两篇载上古帝王世系，司马迁据以撰成《五帝本纪》，是探索史前史奥秘的珍贵文献。

《大戴》当初和《小戴礼记》（即《礼记》）并行而传。但《礼记》因郑玄作注而在唐代列为"经书"；《大戴礼记》虽号称"十四经"却长期被冷落，其实，就思想内容而论，两戴《礼记》的价值和性质相同③，多赖北周学者卢辩的注释得以流传。至清代，《大戴礼记》方日益受到重视，陆续有学者进行整理研究。成绩卓著者，当推孔广森的《大戴礼记补注》和王聘珍的《大戴礼记解诂》。

《大戴》与《礼记》《荀子》《孔子家语》内容有重复内容，此处主要仅两戴《礼记》的相关问题做一简要考察。

《礼记》作为十三经之一，对于中国传统文化和儒家文化的发展和延续有着十分重要的作用，作为孔门弟子和儒家后学研习《礼经》之"记"的汇编，内容博杂，影响深远。史传《礼记》乃戴圣删《大戴》而成，《经典释文序录》引后晋陈邵《周礼论叙》《隋书·经籍志》、唐徐坚《初学记》及钱大昕等，皆以为是。但黄以周不以为然，其云："以今《大戴》所存之篇，已多同于《小

---

① 杨天宇. 郑玄三礼注研究［M］. 天津：天津人民出版社，2007：174.

② 《四库提要》谓："盖《夏小正》一篇多别行，隋唐间录大戴者或阙其篇……存者宜为三十九篇。"

③ 周何. 儒家的理想国——礼记［M］. 北京：九州出版社，2017：22.

戴》，则《小戴》所取，未必尽是《大戴》所弃。且《大、小戴》之记亦非尽取诸百三十一篇之中。"① 黄氏所说有理，目前学术界大都不认同小戴删大戴之说。至于近人洪业《礼记引得序》认为小戴属于今文经学，不当有古文记而否认《礼记》为戴圣所编，杨天宇认为洪氏所云证据不足②，东汉时今、古文的分别已不是那样严格，力证该书仍应为戴圣所为。其实，对于在历史上已成为经典的论文丛编而言，更为重要的是思想本身的研究，无论谁编都无以更改思想史的事实。

关于两戴礼记的分类。

两戴《礼记》内容驳杂。《礼记》49 篇，据孔颖达《礼记正义》每篇之下均云："案郑《目录》云……"而郑玄目录于每篇均曰"于《别录》属某类"，可知刘向原已将《礼记》分类。大体上，刘向所分之类有八：一通论；二制度；三丧服；四吉礼或吉事；五祭祀；六子法或世子法；七乐记；八明堂或名堂阴阳。《大戴礼记》虽未受到历代研究者的重视，但思想上与《礼记》同类，皆取于古文记 204 篇。诸如《礼察》《保傅》篇，应为楚汉之际儒者所为，与贾谊《保傅》《胎教》略同，就诸书的关系，王聘珍云："此贾书有取于古记，非古记有待于贾书也。"（王聘珍：《大戴礼记解诂序录》）观贾谊所言，多反思秦亡历史，其对礼的认识相对两戴《礼记》既有传承也有突破。如其认为"凡人之智，能见已然，不能见将然。夫礼者禁于将然之前，而法者禁于已然之后……礼云礼云，贵绝恶于未萌"等，应承袭于《礼察》和《经解》。而认为礼乃非天之所为，而为人之所设，"夫人之所设，不为不立，不植则僵，不修则坏"（《汉书·贾谊传》），"礼……使君无失其民者也"（《新书》卷第六）等等，则是贾谊针对时事而言的，有自己的体会。

今按两戴《礼记》一些共同或相近的内容，究其实大体分为三类。第一类为两书相同内容者，如《投壶》为二书篇名与内容均相同者，《礼记·哀公问》与《大戴·哀公问于孔子》虽篇名略异，而内容实同。第二类为篇名虽不同，但内容大体相同而仅文字略异者，《礼记·经解》的后半部分，从"夫礼，禁乱之所由生，犹坊止水之所自来"以后 180 字与《大戴·礼察》前半部分相同；《礼记·祭义》部分内容，从"曾子曰'孝有三'"到"伐一木，杀一兽，不以其时，非孝也"，计 370 余字与《大戴·曾子大孝》相同；《礼记·丧服四制》"有恩、有理"以下 200 余字，除其间有更清晰介绍文字意义的内容如"有

① （清）黄以周.礼书通故［M］.北京：中华书局，2007：12.
② 杨天宇.礼记译注（上）［M］.上海：上海古籍出版社，2016：前言.

恩，有理，有节，有权，取之人情也。恩者，仁也，理者义也，节者礼也，权者智也。仁、义、礼、制，人道具矣"以外，其余内容与《大戴·本命》中内容基本相同。当然，《礼记·丧服四制》的文字表述因增加这些文字意义似更清楚。此外，《礼记·聘义》从开始到"天子制之，而诸侯务焉耳"计390余字与《大戴·朝事》中"聘礼上公七介"大段内容相同。第三，二书各篇中内容，相互交叉多见，如《礼记·中庸》"在下位不援上……故君子居易以俟命"，乃《大戴礼记·卫将军文子》中赞介子推品德之语；"国有道，其言足以兴；国无道，其默足以容"，乃《大戴礼记·卫将军文子》中对铜提伯华之赞词，《礼记·中庸》将它们提取出来和其他文字自成哲理性的论说文章。《礼记·中庸》"博学之、审问之、慎思之、明辨之、笃行之"，与《大戴·曾子立事》"君子爱日以学，及时以行……既学之，患其不博也……既习之，患其无知也；既知之，患其不能行也"以及"博学而孱守之，微言而笃行之"有思想上的联系，前者可能是从后者提炼概括而来。类似情况并不鲜见。

从思想的一般规律和传统儒者所擅长的类比与归纳推理的特征看，《礼记·中庸》的这些思想极有可能是对《大戴》相关文献的节文或简括。《礼记·中庸》云"君子不可以不修身"，这是讲修身的必要性；《礼记·大学》却谓"自天子以至庶人，一是皆以修身为本"，这就是将修身的范围扩大到庶人；《大戴礼记·子张问入官》则"一物治而万物不乱者，以身为本者也"，仔细分辨，《大戴礼记·子张问入官》的"以身为本"，应该在逻辑上出现在前面。综合而言，似《礼记》不少地方的思想都有总结归纳之意，疑所谓"删"未必是删去篇目之意。

如果说《礼记》的重心在工夫论的话，那么《大戴》的重心则在教化论。当然这不是说前者不讲教化，后者不讲工夫，何况它们本身就有内容交叉的情况。诸如《大戴》为"以身先之"就有实践工夫的意味。

两戴《礼记》的内容各有侧重。比较而言，《礼记》偏重于对制度与文化方面的意义阐释，《大戴》侧重于人格的教化培育与认知。《礼记》以礼乐为中心，而《大戴》以孝弟和人生哲理为中心。《礼记》以礼制、礼乐教化以及对各种礼仪的意义阐释为基本内容，其中有通论、制度、一般礼仪原则，诸如《礼记·大学》《礼记·中庸》《礼记·乐记》《礼记·礼运》《礼记·儒行》诸篇，历来都受到人们的重视，《学》《庸》还在宋代成为《四书》的半壁江山。而《大戴》以人格的特质、培育与鉴别为基本内容，如《哀公问五义》对人格进行分类，《保傅》专讲君主从年幼的培养到长大如何行政，《大戴礼记·五帝德》则述五帝各自的品格特征，《大戴礼记·曾子立事》是讲个体如何面对复杂的社会处境，《卫将军文子》更多涉及后世一度很有影响但却很快消失的人物品鉴，而《大戴礼记·文王官人》主要是讲君主如何识人用人的，虽有与《礼记》相交的不少内容，但也因此具有自身的特点。这些篇章在《大戴》中占有相当重的分量。除去与《礼记》相近内容的部分，可以说这是《大戴》最有特色的地方。以本文的主体而论，《礼记》侧重于工夫论，而《大戴》偏于教化论。《礼记》中礼字出现了 620 余次，乐字出现 310 余次；而《大戴》礼字出现仅为 149 余次，乐字出现就更少了，相反，《大戴》中"行"字出现的频次几乎与《礼记》差不多。虽然"行"字有些时候是品行、德行的意思，但是，品行、德行必定是以日常行为为基础的。本文依据"工夫论与教化论"的主题，自然将专讲制度、帝王世系以及名堂设置、月令等内容排除在外，而主要从一般通论中涉及道德修养与教化的主题内容进行研究。

《两戴记》虽均属于儒家泛论礼乐文化之精神内涵的论文丛书，实际内容互有出入，但基本精神是相近的。只是在编辑过程中应个人偏好和知识背景的区别，导致两戴各自辑成的本子还是有一定的分别。这种区别也是日后郑玄选择《礼记》作注从而使之深刻影响后世但《大戴礼记》却相对受到冷落的原因之一。

《礼记》内容丰富，对传统社会政治和文化道德教育的历史影响均意义深远。

首先是《礼记·大学》《礼记·中庸》等重要文献，经过唐代韩愈等人的表彰，地位逐步上升，甚至到南宋朱熹时代从《礼记》中独立出来，朱熹为之作注，和《论语》《孟子》二书合编为《四书集注》，成为宋元明清时期科举考试的教科书。但另一方面，世人多着重学习《礼记·大学》《礼记·中庸》两篇，对于《礼记》全本的学习则不甚重视。即使就《学》《庸》而言，朱熹的《集注》也独占此后的注疏之鳌头，直至近代才打破了先例。

其次是近代《礼记·礼运》的一些思想成为政治改良与革命乃至社会主义建设的重要思想资源，如改良派思想家康有为发挥其"大同"思想，著有《大同书》，孙中山则发挥"天下为公"的思想旨趣，邓小平则认为社会主义建设的初步理想是"小康"。"大同"思想与《尚书·洪范》所谓"汝则从，龟从、筮从，卿土从，庶民从，是之谓大同"思想脉络相通，可谓源远流长，于今仍是政治文化建设的宝贵思想资源。

再次，《礼记·乐记》中以礼乐教化特别是乐教为中心，对儒家思想做了系统性的论述，近代有蔡元培提出以美育代替宗教，王光祈提倡恢复和发扬孔子的乐教。时至今日，一些机构和社会团体仍然在利用现代的手段实践乐教的思想观念。

此外，《礼记》中《曲礼》《祭义》《礼器》《王制》《哀公问》等，《大戴礼记》中《礼察》《保傅》《哀公问五义》《哀公问孔子》《礼三本》等篇对礼的意义的阐释和对儒家政治哲学的论述，都对传统社会有较大影响，至今也有深入研究的价值。

两戴《礼记》及其思想在历史上有十分重要的影响。《礼记》中一些重要的哲学思想如诚意慎独，絜矩之道，修身为本，格物致知，致中和、已发未发、诚之、审辨式思维、礼乐教化等一直为后儒所重视，成为哲学思想探讨的主题，并深刻影响中国人的思维方式和行为方式。改革开放四十年来，学术界对传统哲学与文化资源的研究方兴未艾，两戴《礼记》的研究也取得了一些成绩。近年出版了杨天宇的《礼记译注》、王文锦的《礼记译解》、丁鼎的《礼记解读》、方向东的《大戴礼记汇校集解》等译解、注释类著作，也有王锷、瞿林江的《礼记要义整理与研究》、龚建平的《意义的生成与实现——礼记哲学思想》《礼记工夫论研究》、罗新慧的《曾子研究》（以大戴礼记为主）（2013）等专著，此外还有王锷的《三礼论著辑要》、钱玄与钱兴奇的《三礼通论》《三礼辞典》等一些三礼类综合研究的著作与论文。目前综合性地对两戴《礼记》哲学思想及其历史影响进行研究的著作则尚未出现，在新时期社会主义建设过程中该项目研究仍有较大的空间，某些问题甚至还为学术界所未曾关注。

总之，两戴《礼记》内容丰富，汇集了自先秦迄秦汉时代数百年间儒家论述阐释其文化思想的重要文献，当代新儒家代表杜维明谓其为一个有待深入挖掘的儒家思想宝库。其中有丰富的以"诚"为创生性实体和以阴阳大化为基本特点的宇宙论思想、"以教化政"以及"絜矩之道""致中和"的政治哲学、注重君子人格和道德修养的人生哲学、"大同""小康"的社会理想与"万物并育而不相害，道并行而不相悖"的秩序的思想、有关于道德认识与人才鉴赏思想，还有关于工夫论、以孝道为内容的礼乐教化论等等。

上篇　工夫论

第一章

儒家工夫、工夫论及其生长点

"君子""小人"是否为单纯社会身份概念？抑或同时也是反映道德人格的概念？如果承认后者，那么，"小人""君子"人格并非先天而彼此间也就并非绝对不可逾越。这是我们所理解的儒家工夫和工夫论得以产生和存在的重要理由。据此，工夫可以简单理解为达到儒家道德人格境界或人生目标的方法与过程，相应地，工夫论则为说明工夫产生的理由和道德人格修养的方法与过程的理论。

第一节 孔颜乐处与君子乐道

一、孔颜乐处

儒者人格也有求"乐"的一面。宋儒开山周敦颐曾教二程兄弟"寻孔颜乐处，所乐何事"（《宋史·道学传》），这似乎牵扯着某些禅意的话头。其实它关涉儒者人格的基本内涵。尽管后世学人对此也有论及，但从本文角度却仍不得不再次重提。

关于孔颜之乐，系出孔子对儒者之乐的解释和对颜回的赞美。"贤哉回也！一箪食，一瓢饮，在陋巷，人不堪其忧；回也不改其乐。"（《论语·雍也》）这一段意思类似："子曰：'饭蔬食，饮水，曲肱而枕之，乐亦在其中矣。不义而富且贵，于我如浮云。'"（《论语·述而》）

另一段表现在孔子赞曾点之志。据《论语·先进》记载：一天，孔子与几位弟子在一起，他让大家谈谈各自的人生志向。在子路、冉有、公西华分别表达各人志向后，孔子问到曾点，曾点才慢悠悠停止鼓瑟，说：他的志向与几位均不同。子曰"何伤乎？亦各言其志也。"曰："暮春者，春服既成，冠者五六人，童子六七人，浴乎沂，风乎舞雩，咏而归。""夫子喟然叹曰：'吾与点也'。"

此三段话语场景可说是所谓孔颜之乐的最著名的例证，历来的解释颇多。据此，孔颜之乐，若按照惯常的理解，是指儒者那种安贫乐道、达观自信的处世态度与人生境界，因此，孔颜乐处就可被理解为是超越于物质享受的精神快乐，是德性之乐、无私之乐等等；如果机械地采用语义分析的方法来理解，甚至可能认为孔颜乐处在于生活的贫乏困苦……显然，这样理解，背离了孔子原意，并未能全面真切地反映孔颜人格的真实内涵。因为，它们要么将贫富的境遇对立起来，有将个人与社会隔离开的意味，脱离具体的修养工夫，而单纯从境界上来谈"孔颜乐处"；要么将物质与精神对立、德性与肉体生命对立，会推论孔颜人格就是苦行人格。其实，贫穷与富贵只是偶然际遇，并非必然；与社会隔离的个人之乐也非儒者性格；同时，物质与精神并不一定直接对立，肉体与心灵不需要分裂才能有孔颜之乐。曾子曰："夫有耻之士，富而不以道则耻之，贫而不以道则耻之……富以苟不如贫以誉，生以辱不如死以荣。"（《大戴·曾子制言上》）脱离工夫的境界，就可能要么如水上浮萍只是些光景，要么是眼前有境到不得的神秘莫测了。事实上，贫贱并非儒者专利，只是孔颜刚好处于贫贱状态而已。所以，孔颜之乐的关键不在富贵或者贫贱，甚至不在于将个人和社会、肉体与精神对立起来去作出选择。孔子拒绝的是"不义而富且贵"，并不拒绝富贵；孔颜所乐的是个人与社会、肉体与精神都不再对立的境界。但这种境界究竟是什么呢？

孔颜乐处，从其不需要假设个人与社会、物质与精神、心灵与肉体、富贵与贫贱、境界和工夫的分裂和对立这个角度看，那是超越功利和现实任何处境的自由自在的境界。这个境界只有前述的以人伦为核心的意义宇宙才能满足。否则，它即使不会完全落空，也可能成为君子的墓志铭。《礼记·中庸》曰："君子素其位而行，不愿乎其外……君子无入而不自得焉。"富贵穷达无关乎君子人格。《礼记·儒行》曰："儒有忠信以为甲胄，礼义以为干橹；戴仁而行，抱义而处；虽有暴政，不更其所。其自立有如此者。"反过来，若陷入身心分裂人我对立的境况中无法从泥沼中超拔出来，便难获得君子自得与自立的人格。

但这并非儒者精神境界的终极目标。《礼记·中庸》云"诚者非自成己而已也，所谓成物也"，也可以说，其理想是"内圣外王"。此"内圣外王"是相对一般学说或道术局限于一域亦即突破庄子所谓"以自为方"之蔽障而言的。《说文·耳部》"圣，通也"，《白虎通·圣人》云："圣者，通也，道也，声也。道无所不通，明无所不照，闻声知情，与天地合德、日月合明、四时合序、鬼神合吉凶。"可见，"圣"突出超越常人的智慧通达的一面，两戴《礼记》中《乡饮酒义》云："……产万物者，圣也。"郑玄注云"圣之言生也"①，《大戴礼记·诰志》则云"圣，极也"，《尚书大传》谓："圣人者，民之父母也。"《荀子·解蔽》曰："圣也者，尽伦者也。"《礼记》中，"圣人"一词出现多达40余次，另外还有"圣""圣王""圣者""圣知"等20余次。文中大体认为圣人一能作礼乐制度，所谓"作者之谓圣"（《礼记·乐记》）；二能"以天下为一家，以中国为一人者"（《礼记·礼运》）。不过，《礼记》认为圣人虽"与天地合德"，但还不是如宗教中神那样完美，与普通人相比，"圣人亦有所不知……亦有所不能"（《礼记·中庸》）。但是，对于道德而言，圣人却与普通思而得、勉而中者大为不同，乃"不思而得，不勉而中，从容中道"。与此同时，圣人治理天下也必须讲人伦，"圣人南面而治天下必自人道始矣"，圣人也必须有依据，"圣人作则必依天地为本"（《礼记·礼运》），"圣人建天地阴阳之情"（《礼记·祭义》）等等。

所谓"王"，在此读去声，古称有天下者为王，《白虎通》云："王者，往也，天下所归往也。"②《礼记》中王字出现与圣不相上下，但多为名词，表王者政治身份。但也有"至孝近乎王"（《礼记·祭义》），"至道以王"（《礼记·表记》），"王天下有三重焉"（《礼记·中庸》）等，近于《白虎通》"仁义所在称王"之义。

"外王"是相对"内圣"而言的。从圣人之作为"生万物""民之父母"合人伦之极而言，与王之"至孝""至道"以及"仁义所在""天下归往"有相通之处。"内圣"与"外王"不可能割裂，前者必定导致后者，二者有时也是相通的。但是，它们确实又存在一定差别。关于这个问题，可能会引起讨论。根源在基于知行张力的内外之分别。阮元云："知者，心知之，非身行之也。"③孔子也有著名的"知及仁守"之论，说明即使后世有"知行合一"之论，也是针对现实中存在着知而不行或懵懵懂懂去行的情况，并非不存在知行之间的张力。然而，在"家国情怀"视野中，知行或内外的张力并非如后世理论讨论的那么夸张。《礼记·礼运》云："圣人耐以天下为一家，以中国为一人者，非意之也，必知其情，辟于其义，明于其利，达于其患，然后能为之。"这逻辑很清晰，"天下一家"，其实是将天下视为放大的家，家讲亲亲仁爱；"中国一人"，则是将国看成放大的身，其中的重点是强调圣人能做到，而且不是"意之"即

① （汉）郑玄.礼记注［M］.王锷，点校.北京：中华书局，2021：810.
② （清）陈立.白虎通疏证（上）［M］.北京：中华书局，2011：45.
③ （清）阮元.揅经室集（上）［M］.北京：中华书局，1993：55.

主观臆想，而是实际能做到的（能为之）。不过，也有一些前提，就是一定"知其情""辟于其义，明于其利，达于其患"，即深明大义，明察利害。但是，原则上上述话语都属于"内圣"，并不涉及"外王"，那为何却强调乃"非意之"呢？

只有将这一思想放在君子的身份上，或至少是"学而优则仕"的观念之下才是可以理解的。换言之，对于儒家的初始立场而言，"内圣"与"外王"之间确实没有后世那样大的张力，只要"知情""辟义""明利""达患"即可，因为他本来就是"天下一家""中国一人"。因为"民以君为心，君以民为体……心以体全，亦以体伤"（《礼记·缁衣》），在身心一体的机体思维中，君子与家、国之间的内在联系是不言而喻的。"心"在此不是中心的心，而是身心关系中的心。当然，是否能充分实现"一体"是一回事，而后世社会结构改变，特别是近代以来受西方个人主义思潮影响而产生的"内圣"通向"外王"的障碍扩大，确实是值得关注的一个新问题。

因此，孔颜之乐不是通常意义的单纯感性快乐；但也不是完全脱离生活实际的抽象精神或者道德原则之乐。孟子曾经说："人之于味也，口有同耆焉；耳之于声也，有同听焉；目之于色也，有同美焉。"（《孟子·告子上》）自然，人之口、耳、目也有不同的耆、听和美。孟子这里强调其同，是将其差异有意忽略或省略了，目的在论证"心之所同然"，但却从另一方面说明了现实生活中人们的处境是差不多的。这种处境的相同是衡量其行为价值和意义的出发点。只有从常见的人生境遇中才能看出生命的意义和价值。正是从大体相同的境遇中，可以看出孔颜之乐的积极意义和社会价值。反过来说，孔颜并非没有对口腹之欲的感觉经验，他们并不是感觉器官麻木了，而是同时还有心灵上的感受和体味。这种心灵上的感受或体味，才是孔颜之乐的真谛。但是，我们在体验和评价孔颜之乐时，却不同脱离了感觉之乐孤立地看。只有当我们将二者在人生境遇中必然地联系起来，并清楚地看到孔颜之乐的价值与意义，才能理解周敦颐教导二程兄弟参"孔颜乐处，所乐何事"的真实意义。

二、君子乐道

诚如上述，关于"乐"，《礼记·乐记》有"君子乐得其道，小人乐得其欲"的说法。此说似回答了孔颜乐处所乐何在的问题，但好像事情也并非如此简单。君子、小人从原来反映社会地位差别的概念，一变而成为反映道德品质和人格的概念，则所谓"乐欲"与"乐道"也就因"道"与"欲"的区别和差异，而使其所"乐"的内容和性质有了根本不同。

　　然而，既然人的生活处境某种意义上可以说是大体差不多的，只有从特定意义上才有必要区别君子与小人。如果将现实生活看成是天壤之别或不可比拟的，那么，道德上区分君子、小人的价值和意义就没有那么大了。换言之，人们虽然可能面对不同的人生境遇和复杂的变化，但是，从道德上说，他们的处境是差不多的。我们可以将人们在任何条件下所面对的作为道德出发点的条件和环境叫作"道德处境"。孔子所谓"性相近，习相远"就揭示了这种道德处境的客观境况。无论是曾被讨论的性善论，性恶论，还是其他各种人性论，其实基本上都默认人的道德处境相同。

　　以此而论"道"与"欲"虽有区别，但却并非没有关联。"道"乃君子不可不担当的人生与社会终极价值，孔子说："朝闻道，夕死可矣。"（《论语·里仁》）《礼记·表记》将"道"与"仁"看成是相辅相成的。"仁者右也，道者左也。仁者人也，道者义也……道有至，有考。至道以王，义道以霸，考道以为无失。"（《礼记·表记》）"道"，从其超越性和世俗性角度看，可以分为天道、人道，但在这里，却被细分为无比精致的"至道"，断制决宜的义道，和尽心稽查的考道。"至道""义道""考道"均为人道不同的表现。"欲"则是人的各种需求，其含义有多种。如孔子"从心所欲，不逾矩"（《论语·为政》）、"我欲仁，斯仁至矣"（《论语·述而》）之"欲"，孔子所云要么是合矩的欲，要么是对仁之欲。但是，问题是还有与"性""情"相对而言的"欲"。荀子曰："性者，天之就也。情者，性之质也。欲者，情之应也。以所欲为可得而求之情之所必不可免也。"（《荀子·正名》）和孔子的"欲"不同，荀子此"欲"乃是情中以应物者也，较"情"更低一个层次，亦即今日所谓欲望。简言之，"欲"可细分为高级的心灵需要和低级的生理欲求。按荀子说法："欲虽不可去，求可节也。"（《荀子·正名》）而介入人之欲求并使之能节者为礼、为道。按孟子观点，人性皆善，"善，人道也"（《郭店楚简·五行》），行礼、求道、为善，都可说是高级的心灵需求。孟荀二人都认为小人乃不能节制欲求者。以此，工夫即通过主体努力能够控制生理欲求以满足自己精神需要的方法。工夫能够使修养者成为"君子"。如果说儒家道德所追求的境界在于如何从变化的环境解脱而自主决定当下生活的话，那么，工夫侧重点则在于怎样从被环境刺激以及相应的身体束缚中解脱转而自由地控制自己状况的主体紧张状态。尼古拉斯说："当动物变得愈加独立于它直接的环境时，它从总是对表面刺激本身做出的反应中获得的利益愈来愈少。"① 人远高于动物而有独立的精神需求，他当然能从具体处境中超脱出来成为他自己所希望的人格。所谓君子，就是在消解一切外在束缚包括生理束缚而获得精神"自得""自立"的人格。

据此，所谓君子小人之别，主要是在高级需求和低级的生理需求上二者追求的终极目标不同。所谓"君子乐道"，是说君子在任何处境中均能实践其道德人格，不以追逐低层次的欲求作为终极的目标。所谓"士志于道"（《论语·里仁》），"君子素其位而行"（《礼记·中庸》），"君子无入而不自得焉"（《礼记·中庸》），都是讲君子人格的实现的。由此，君子所乐在道而非物质利益。《礼记·表记》云"道者，义也"（《礼记·表记》），《礼记·中庸》云"义者，宜也"（《礼记·中庸》）。从君子所乐之道可以推知，君子不会因贫贱或富贵而改变追求，自然也不会因吉凶祸福而改变操守。从这个角度才有所谓"杀身成仁""舍生取义"。以其所乐不在外在的任何条件而在内心的追求而言，孔颜乐处和君子所乐并不矛盾的。不过，因所面临的具体处境不同，孔颜乐处是和谐社会儒者的个人追求，而君子所乐之道更可能接近面临极其不利处境中儒者的价值追求。当然，可以追问，君子之乐或君子之欲，为何是高于生理需求的高级欲望呢？既然儒家伦理必然要在人伦中实现道德的理想，其高级需求如何能避免下落呢？

分析起来，君子所乐之"道"与小人所乐之"欲"，除有今人所区分的物质与精神，肉体感官与心灵需求的区别之外，还有进一步探寻其所谓精神究竟何所指的问题。既然作为人都有精神，为何小人会无视精神而追求感官快乐呢？

所谓乐"欲"，是乐外在之物产生的官能之愉悦，这种愉悦是消耗物质的。所谓乐"道"，它不是对外物刺激直接产生的官能愉悦，而是对终极价值带来的精神上的愉悦。所谓终极价值是借用的一种说法，可以看成是人生之根本价值。人们为此可以放弃一切其他价值直至生命的价值呢？自然，终极价值具有超越人生具体时空条件限制的性质。在终极价值面前，乐"欲"的限制性和低层次性质以及人生的有限性、缺陷和不完善性暴露无遗。如此，孟子有"生而有不用也……可以辟患而有不为也"（《孟子·告子上》）之说。在《礼记·中庸》里，"成己"与"成物（人）"不可分割。君子之道是以"成人"为"成己"的必要条件的。这正是孔子"仁"的深层含意。阮元谓："郑君'相人偶'之注，即曾子'人非人不济'，《礼记·中庸》'仁者人也'，《论语》'己立立人'

---

① ［英］汉弗莱，李恒威，董达. 如何解决心—身问题？［J］. 哲学分析，2012（6）：96-113，193-194.

'己达达人'之旨。"① 当然，诚如上述，就"成人"而论，孔子追求的并非单纯主体的道德感，而同时也是客观必然地实现道德的现实性。亦即他不仅仅停留在个人道德的满足感的圆足上，而是使"老者安之，朋友信之，少者怀之"（《论语·公冶长》），这是包含着颜渊的"愿无伐善，无施劳"（《论语·公冶长》），乃至子路的"车马衣轻裘，与朋友共，蔽之而无憾"（《论语·公冶长》）在内的。虽说孔子的境界显然比二弟子更高一筹，但他们的境界之间也是没有逻辑上的矛盾的。人的丰富和复杂性质，决定了所谓"成人"也就包含着成人之欲。在此，他人物质欲望的满足（在"道"的规范内）成为君子自我实现的组成部分。这样一来，满足他人的物质需求就是君子的精神愉悦的不可或缺的内容之一。

他人这种地位从何而来？显然，这是宗教观念淡漠带来的。世俗社会中人们之所以具有终极追求，在于个人生命限制性中产生的自我超越的需要。在宗教那里，它表现为牺牲而娱神的冲动；而在世俗社会，它则表现为他乃至人类牺牲的道德。从这个角度看，宗教是在人的限制性中表现出来的对神的歆羡，是取媚于神的行为；而在以道德代宗教的社会中，则代之以取媚于人的行为。因此，如果说在君子和小人还是表现社会身份的概念，"礼不下庶人，刑不上大夫"（《礼记·曲礼上》）反映的还是社会精英必须要有荣誉感和责任心，应尽心竭力，求"成人""成己"的话，那么，充分反映道德品格的"君子乐得其道，小人乐得其欲"（《礼记·乐记》）则是德性高于物性的真实写照。而从人生道德处境上的相同性则使君子人格成为人拒绝物化和堕落从而维护人性尊严的写照。

人的道德处境是差不多的，那么，是什么东西决定有人乐"道"，有人乐"欲"呢？作为人们自觉的道德活动，表面看起来它是由人的道德意识发展的程度决定的，但其实很大程度上同样取决于人们取媚于人神而得到其欣赏的原始心理决定的。因为，虽然人们的心理往往是由认识的深度所决定的，认识超越常识的程度越深，便越可能在认识的创造性方面获得进步；但是，客观上个体往往很难超越其所处地位而能得到与他人的共识，这不仅可能抹杀了其创造性，甚至带有破坏性。因此，君子所求之道必然是需要在"小人"的正当欲求的满足中才能得到落实的。

既然人们的道德处境相同，任何人也都既应有欲望满足的需求，也应有出于希望被欣赏而取媚于神人的动机，为何君子乐道，小人乐欲被视为常情呢？

---

① （清）阮元. 揅经室集（上）[M]. 北京：中华书局，1993：176–177.

显然，这就不能将社会地位上的君子、小人之别与道德上的人格差异完全分开来理解。不同的社会地位决定他们的认识和思想境界不同，因而，他们之所求的倾向和重点不同，也就是符合情理的。这样一来，君子乐道，其试图取媚于人神的精神需求的满足，就使其必然有对超越感性欲求之方法与工夫的需求。

总之，孔颜乐处与君子乐道是相通的，孔颜之乐内在地包含乐道。但是，二者又有层次的区别。就本性上说，君子所乐虽在人生的自得与自立，但作为君子，其精神追求决定了他们有别于其他人的社会责任和义务。

在这种背景中，可以理解，"学之可以为君子也"（《孔丛子·记义》），这一思想后世发展为"圣人可学而至"；同时，"君子曰：学不可以已"（《荀子·劝学》）。君子是通过"学"而成就的，"学"没有止境，决定君子"苟日新，日日新，又日新"（《礼记·大学》）。

第二节 "仁"与家族传统

孔子思想的核心范畴是"仁"，而他给出的"仁"的一些答案却是如何行为或是一些行为的原则。据此，"仁"实质上只是如何实践的方法与原则。对这个问题的深入思考，就会发现仁本质上是工夫，而其得以产生的背景是家族传统。

一、"仁"的含义

如果我们从孔子回答弟子们的说法中来看"仁"的内涵，无疑会遇到一些麻烦。

表面看，"仁"这个范畴主要并非是有确定对象性指称的概念，或者说，它在外延上并不是很确定，如果空泛地讲，将孔子的不同讲法罗列出来，如：

> 樊迟问仁，子曰：仁者，爱人。（《论语·颜渊》）
> 颜渊问仁，子曰：克己复礼为仁。一日克己复礼，天下归仁焉。（同上）
> 司马牛问仁，子曰：仁者，其言也讱。（同上）
> 仲弓问仁，子曰：出门如见大宾，使民如承大祭，己所不欲，勿施于人。在邦无怨，在家无怨。（同上）
> 子张问仁，子曰：能行五者（指恭、宽、信、敏、惠—引者）于天下，

可谓仁矣。(《论语·阳货》)

　　樊迟问仁,子曰:仁者,先难而后获。(《论语·雍也》)

　　樊迟问仁:居处恭,执事敬,与人忠,虽之夷狄,不可弃也。(《论语·子路》)

《礼记·中庸》里却有一个相对抽象的说法:"仁者,人也。"孔子说法似乎都很具体,《礼记·中庸》的讲法则很笼统。至少今天我们直接这样将仁和这些内容联系起来去讲,一般情况下仍不是很明白究竟。

　　冯友兰早年《中国哲学史》说仁有二义,一是作为方法论的一贯之道即忠恕之道;二是指"人之全德而言也"①。此说无论从仁之定义还是实践方法而言,均切中问题实质,影响甚大。但似乎却遗漏了一些细节,没有深究种种不同说法的语境。言说的意义往往是在其语境中被理解的。

　　针对"仁者其言也讱"(《论语·颜渊》),有学者在逐个分析孔子说法后,又说:"再看看司马牛问'仁',他的回答只有一句'仁者其言也讱',就是说:仁人说话是不太机灵的,说话笨一点就是'仁'了,司马牛就发问了:其言也讱,斯谓之'仁'矣乎? 意思是说话笨一点,这就叫'仁'了吗? 孔子的回答就更加答非所问了:为之难,言之得无讱乎? 意思是做起来很难,说话能不迟钝吗? 这个回答可以说是驴唇不对马嘴,同时这句话本身也是经不起推敲的,说得容易,做起来很难,或者做起来很容易,但是说不清楚,这种事情太多,孔夫子在这里似乎是不太讲道理的,有的注者这样解释:孔子这么说,是针对司马牛多嘴的缺点,但是从言谈本身来说,司马牛问的是'仁',而不是什么小事情,你怎么能把多嘴随意上升到如此的高度呢? 迟钝还是多嘴不是'仁'的根本问题,所以这表面看起来是对话,但实质上它只是一番教训。"②此说颇有启发性,因孔子的确不是在下定义,但这里似乎又是典型字句分析的结果。整体看,这种批评没有切中问题要害。论者不是在具体语境中理解孔子,也不是从孔子话语的整体结构与思想谱系去理解,而是对孔子的多种说法各个击破,批评孔子关于"仁"的说法不是严格意义的定义。如果这样看有道理的话,那我们分析"贤哉回也! 一箪食,一瓢饮,在陋巷,人不堪其忧,回也不改其乐"(《论语·雍也》)这句话的意思,就可能会得出孔颜之"乐"是苦行僧之乐了。事实上,只有在整体和思想的相互关系中,个别话语或事件才可能得到较准确理解。相对冯氏对仁的理解，这个甚至有所退步。我们应注意一个语言的基本特征："言语出自和指向的东西默默地隐藏在'字里行间'。"①

李幼蒸著有《仁学解释学》，运用分析哲学方法解析孔子儒家"仁"的结构，可谓别具一格。他从伦理人格发展的诸要素如目标、方向、态度等，对孔子关于仁的具体论说多有基于具体语境的分析，很有意义。但是，过分的逻辑分析可能较为烦琐；另一方面，仁作为儒家伦理的核心范畴，也不是单纯分析解剖，可以穷其奥义的。因为，它无法解释仁的多层次性和多极化。如儒家认为孝悌乃人之常情："人之所不学而能者，其良能也；所不虑而知者，其良知也。孩提之童，无不知爱其亲者；及其长也，无不知敬其兄也。亲亲，仁也；敬长，义也。"（《孟子·尽心上》）单从分析哲学角度，难免将君子人格肢解，认为其"有不顺常情的人生方向和伦理精神信仰"②。逻辑分析难以充分说明有自利倾向的人如何转而爱人以及为何要爱人的问题。显然，逻辑分析往往对伦理社会中深刻的政治和社会背景中的所谓"常情"的内容与影响估计不足。作为"原子人"和整体之一员其"常情"肯定会有所不同。

综上所述，近代以来对孔子仁的理解不同程度地使用逻辑分析的方法，是必要的，但对于深入了解仁的丰富含义和文化意义，恐仍嫌不够。

我们说儒家伦理研究中逻辑分析和理论论证是必要的，因为只有如此才能适应当代文化传承和发展趋势，也才容易被今人所理解。但是，这种抽象分析和逻辑推论，不能过分烦琐、支离，更不能脱离具体历史语境。即使是诠释，也不能过分，而应找到孔子言说的基本特点进行分析，才能有新发现。总体来说，"仁"的真实含义既很难用哪一个表述充分完全地表达，但又不能脱离所有这些表达。因为，孔子看似在给仁一个定义，其实只是在给出一些象征性实例，而非外延很大的抽象定义。所谓象征是指借某个具体事件表现某种抽象的概念或思想情感，同时又把一些不便明说的意思含蓄地表达出来了。为什么这么说呢？

第一，孔子儒家所谓"仁"并非下定义，而是实践上涉及许多细节的行为，重点在"怎么做"，而非"为什么这么做"，也不直接触及"是什么"的问题。如果说间接涉及的话，那也是潜在或预设的。第二，孔子因材施教，所有关于仁的说法都是因人、因境而说的，所谓仁当然不能仅就各个具体说法中找到完

---

① ［瑞］奥特. 不可言说的言说［M］. 林克，赵勇，译. 北京：生活·读书·新知三联书店，1994：68.

② 李幼蒸. 仁学解释学［M］. 北京：中国人民大学出版社，2010：75.

整的答案，而是要在所有的说法中汰除个别性而抽象出其共同点才能找到。第三，从抽象出的共性中还可以进一步分析孔子对人性的预设，并由此揭明其潜伏着或预设的为什么以及是什么的问题。

根据上述原则，可抽象出孔子回答仁的共同点是个人的自我修养或自我完善。这一点，可以从《礼记·中庸》里"君子不可以不修身"和《礼记·大学》"自天子以至庶人，一是皆以修身为本"等说法中得到印证。作为自我完善的仁只是代表人生努力的方向，它不是事实陈述或某个教训，而是一种具有启发性的象征性言说。如果不是这样，那又如何理解曾子"仁以为己任，不亦重乎？死而后已，不亦远乎"（《论语·泰伯》）呢？又怎样理解樊迟数次问"仁"，而孔子回答竟然前后不尽相同？既然仁并非简单的事情，就不是一个定义能解决的。

只要我们对《论语》略微熟悉就知孔子为何告知樊迟"仁者爱人"了。樊迟更喜欢做的是农事和种菜之类。司马牛的性格似更突出，说话可能不顾场合或不那么能代表其内心。子张在恭、宽、信、敏、惠诸方面都有发展空间。颜渊作为孔子最喜爱的弟子，他的问题可能不在于一般的不遵守礼仪规范，或许自律过分，有时可能超过了一定限度。至于仲弓，仲弓即冉雍，《雍也》篇里说"雍也可使南面"（《论语·雍也》），但优秀的人往往也难免因其众所周知的优秀而被蒙蔽，当然，也不排除孔子会针对其个人性格而有扬长避短的赞许。这样来认识，说明孔子的言说是有细节上的针对性的。但这是不是说它就局限于这些内容呢？仁的内涵并非孔子所说话语的表面意义，否则，"说话迟钝""无怨"，或遵守某些礼仪等都可说就是仁了。

可见，在孔子关于仁的表达中，既包含了它的可操作性，也表达了其难度；既有具体的针对性，又有一般的抽象内涵；作为象征话语来说，既有可分析的内容，但也有难以完全还原的方面；它既面对每个人生活的事实，有他们所需要解决的具体问题，也有永恒的目标。如果说弟子们行仁也都同时贯穿着一般的原则的话，那就是"己欲立而立人，己欲达而达人"（《论语·雍也》），"己所不欲，勿施于人。"（《论语·颜渊》）理解了孔子的言说方式，我们就可看到孔子弟子们丰富生动的性格形象。

如果不是从尊重和理解孔子的角度，而是从自己的需要对其说法作支离破碎的分析，无视所有不同说法中的共性，就可能造成为分析而分析，为批判而批判了。如果孔子给仁下抽象的定义，就不能因材施教地解决他的弟子们所面临的问题。孔子的具体回答中其实都有一个抽象的"定义"，不过这个"定义"不是现成的，需要听者自己觉悟。

至于《礼记·中庸》所云"仁者，人也"，实谓"仁"乃仁之为人的本质特征，据此，宋真德秀云："人之所以为人者，以其有是仁也，有是仁而后命之曰人，不然，则非人也。"① 若联系其后文所云"亲亲为大"（《礼记·中庸》），则可以明白所谓"爱人"仍是很具体的，不过强调"亲亲为大"而已。

那么，为何要强调"爱人"？甚至可以追问："为何要亲亲"？虽然不能否认，亲子之间天然存在着一种自然的亲近的情感，但也有许多经验事实告诉我们，并非任何人都能长久地保持这种自然的情感。有许多的变故以及诱惑会影响乃至改变这种情感。韩非子在描述君臣、父子、夫妻之间的矛盾时多选择利益关系犹大的宫廷纷争为例，虽有偏狭和夸大之嫌，但却从一个角度揭示了天然自然的感情并非都能抵抗世俗利益的冲击。因此，即使亲子之间，都不可避免地存在着一些因素导致人与人之间的纠纷、对抗乃至冲突，何况普通的人们之间呢？因此，"仁"的提出其实是基于可能"不仁"的种种事实的，也包括时代赋予人们的那些人文道德理想。这是"仁"的工夫产生的基础。至于由此立定儒家教化实践的基础，笔者在本文下篇将展开论述。

牟宗三受罗素影响曾将真理区分为外延的真理和内容的真理两类，对于理解孔子对仁的种种答案有一定帮助。所谓外延真理，一般是指科学真理或数学真理，它是要求消除主观性的，可以理论证明，具有客观普遍性。而所谓内容真理则离不开主观态度，它不一定具有认知意义，也不一定对人人都具有客观性，但同样具有普遍性。牟宗三说："外延真理有普遍性，那个普遍性是相对外延而说的；内容真理的普遍性是相应内容而说的。这两种真理都可以说普遍性。"② 他认为，内容真理不是事件，如"仁"就不是一个事件，而"是一个道理，是个生命的道理，是个原理"③。如果追问这两种真理所代表的普遍性的区别，那么，前者是抽象的普遍性，后者则是具体的普遍性。具体的普遍性，可以说是理解仁的钥匙。

在孔子看来，人皆有限制性，这是交往的障碍。在这种意义上，所谓"仁"即是克服这些限制或障碍。关于如何克服障碍，理论上固然有自我反省作为前提，实践上则有《礼记·祭义》的"立爱自亲始"、《礼记·中庸》的"亲亲为大"之说，而孟子则有"亲亲而仁民，仁民而爱物"（《孟子·尽心上》）之说，它们都指明了具有自利倾向的个人如何能转而"爱人"的客观根据。"常

---

① （宋）真德秀．西山文集·卷三十三（四库全书第 1174 册）［M］．上海：上海古籍出版社，1987：516.

② 牟宗三．中国哲学十九讲［M］．上海：上海世纪出版集团，2005：21.

③ 牟宗三．中国哲学十九讲［M］．上海：上海世纪出版集团，2005：27.

情"至少有个人和作为整体中一员的两种不同倾向。"仁"作为自我完善和自我实现的追求，其实也就是要求具有自利倾向的个人，应有转而发展其社会性的倾向。由此可见，孔子关于仁的答案不仅有"怎么做"，而且包含"是什么"和"为什么"这么做等元素。进一步分析，仁（无论广义的还是狭义的）内在地包含着对自身限制性的认识，如何行为的认识以及所达成的客观后果的预期；实际地对限制性的改善；客观的行为及其后果等。如此，方可理解所谓"知己而后知人"（《郭店楚简·语丛一》）、"察者出，所以知己，知己所以知己，知己所以知命，知命而后知道，知道而后知行"（《郭店楚简·尊德义》）等说法。

从这个角度可以看到孔子不是在对弟子讲一通抽象的大道理，而是针对那些真有问题，甚至有真问题的弟子的心中所存的问题，提出了能够真解决问题的答案。孔子的回答中，不仅针对个性特征，也有共性的内容，其虽有分析的余地，但本质上还是象征性言说。

用这样的方法可以进一步分析和研究其他伦理规范如义、礼、知、信以及它们之间的内在联系，并可贯彻逻辑分析和理论论证的原则。在这样的情况下，对儒学的理解就是既可以符合现代青年的求知特色，在做到言之有理的同时，也能做到言之有物。

如果纠缠于孔子为何要说"仁者其言也讱"（《论语·颜渊》），或"仁者先难而后获"（《论语·雍也》），说他把这么严肃的问题却以这种方式来回答，就会认为只是一些教训；但是，如果我们从工夫角度看，孔子所有关于"仁"的说法其实都是讲如何行仁的。至于为何人人有所不同，其实是人的个性决定的，孔子只是因材施教而已。他是针对不同学生不同的情况而言的，并且可以切实操作。

事实上，仁呈现在不同的人那里，所面临的问题不可能相同。故《易传》云："仁者见之谓之仁，知者见之谓之知。"（《周易·系辞上》）即使有相同的一面，也有程度差别。《礼记·表记》云："子言之：'仁有数。中心憯怛，爱人之仁也；率法而强之，资仁者也'。"《礼记·表记》还将为仁的层次分成："仁者安仁，知者利仁，畏罪者强仁。"所谓"强"者，勉强。《礼记·中庸》则将为"仁"的层次归纳为"或安而行之，或利而行之，或勉强而行之"。此外还有诸如周武王那样的"数世之仁"，以及"终身之仁"等。

如果我们将孔子论仁的基本意涵和《礼记·中庸》所谓"仁者，人也"综合起来分析，那么，所谓"仁者，人也"的意思，实则谓人应有以自我完善为鹄的之修养，这是人的本质属性。

由此可见，作为工夫的"仁"是一个修养的过程，不同的人所面对的工夫可以有所不同，人们实际所达到的"仁"的程度有一定差别。

二、"仁"与家族文化传统

《礼记·中庸》曰："仁者人也，亲亲为大；义者宜也，尊贤为大。"按照传统解释，"亲亲为大"即"爱亲"最为急迫之意。《礼记·中庸》又云："君子不可以不修身，思修身，不可以不事亲。"《礼记·祭义》中亦云："立爱自亲始。"其中，都把事（孝）亲看成是君子自我修养，内心产生"仁爱"的起始之处。事亲因此是君子成为君子的一个必要条件。这些思想与《论语》中有子所说"孝弟也者，其为仁之本与"（《论语·学而》）、孟子"亲亲而仁民，仁民而爱物"思路上是一致的。《孝经·开宗明义》中说："夫孝，德之本也，教之所由生也"，《曾子全书·三省》中亦有"夫孝，德之始也"的说法。所谓"本"，指树木之根，相对于作为木之表相的末而言。"始"是相对于"终"而言的。毫无疑问，这里是从实践的角度来讲亲亲之孝道一方面看是仁之"本"或"根"，而从另一方面的实践而言则是"始"。"本"作为"根"其实也就是实践上的"始"。"本"与"始"，是指儒家道德人格的根本和道德实践操作不可超越的必备条件。"本"是指亲情伦理是其他伦理的基础和前提；"始"是指儒家人格的完善从亲情伦理开始。"亲"与否是亲情伦理的一项指标。孟子曰："爱人不亲，反其仁。"（《孟子·离娄上》）《郭店简·五行》云："以其中心与人交，悦也。中心悦旃，迁于兄弟，戚也。戚而信之，亲（也）。亲而笃之，爱也。爱父，其继爱人，仁也。"（《郭店楚简·五行》）旃，之焉的合音字。之为代词，此处指人，焉为语气词。显然，这里明确认为"戚而信之，亲（也）。亲而笃之，爱也。爱父，其继爱人，仁也。"戚，《诗经·大雅·行苇》有"戚戚兄弟，莫远具尔"，戚而信为亲，亲而笃为爱。从爱父推展开，才能爱人，亦才是"仁"。显示"亲"乃衡量人际关系的一个重要标志，甚至还应渗透到社会政治领域："上下相亲谓之仁。"（《礼记·经解》）但这些思想总体还只是基于如何行而言的，没有进一步的为何如此行的理由。

这里至少透露出这样两条重要的信息：第一，在儒家看来，是否"爱父"是一个人是否能进而"爱人"的一个重要递进环节；第二，这里"爱父"显然与父亲个人的品质、父亲与个人的利害关系以及任何外在的处境都没有必然关系。从"亲亲为大"的思想还可以看出，只有在"爱父"的事件上做到超越任何个人性格、功利和外在的处境，才可能在个人的修养上达到"君子乐道"乃至最终超越富贵贫贱而自得自立地实现"孔颜乐处"。

强调孝作为伦理观念生成之"本"和实践之"始"，有益于伦理生活实践，进一步可发现它是力图从家族生活来理解和控制复杂纷繁的社会生活。"天"作为信仰并非外在而是落实于生活实际。孝虽基于自然情感但却是仁在亲子间的落实。自然情感是自发的，若无文化传统与社会背景，不可能成为普遍性的发挥类似宗教功能的作用。因此，如果我们将孝道或亲情原则看成是儒家伦理实践的一个参照系是可以成立的。换言之，仁爱的生成是以家为根基的。它必须有一个普遍必然而又客观有效的现实基础。事实上，在失去了宗教信仰之后，儒家伦理事实上也只能奠定在家庭伦理的地基之上。

孝或"亲亲"伦理其实所涉的是家族伦常，其发生和存在的环境基本上是在家族之中。家族成员间的特殊关系在于：他们有共同血缘，有相同的始祖及信仰对象；同时，他们经济上相互扶持，互通有无；此外彼此相互熟悉，或信赖或怀疑，也总是与陌生人之间不同。因此，情感因素很浓厚。虽然情字在先秦典籍中并不局限于情感的含义，但不可否认仍然有此意。荀子曾区别情和欲的不同，他说："性者天之就也，情者性之质也，欲者情之应也，以所欲为可得而求之情之所必不免也。"（《荀子·正名》）此处"情"字的含义确乎暧昧，将其解为质、实或者常情乃至情感都不能说不通。《礼记》中也论及情与欲。《礼记·乐记》曰："（人）感于物而动，性之欲也。物至知知，然后好恶形焉。"所谓欲乃感于物而动，"好恶"即是情感。此处虽没有对情与欲作明确区别，但欲是与物的关系更近的。《礼记·礼运》将喜怒哀惧爱恶欲通称为"七情"，其中，除欲以外其他"六情"均属于今日所谓"情感"的范畴。因此，我们谈欲与情的区别不限于两戴《礼记》中出现的此两字的字义解释，而是基于其中确实有不少涉及诸如六情等情感的思想。此外，《礼记》中所谓"礼报情""情见而义立"（《礼记·乐记》）等说法中"情"字也确有情感之义。就欲而论，作为"情之应"，它是指向对象以人为主体的生理或心理的需要，儒家虽不排斥，但主张"不私其欲"（《礼记·乐记》），而"以道制欲"（《礼记·乐记》）。对于喜怒哀惧爱恶等情感而言，两戴《礼记》其实有大量的描述。如云"乱世之音怨以怒"（《礼记·乐记》），"用人之勇去其怒"（《礼记·礼运》），却主张道德性的"刚气不怒"或"不怒而威"（《礼记·乐记》）；又谓"丧礼惟哀为主矣"（《礼记·问丧》），在丧礼中，其哀之情发于容体、声音、言语、饮食、居处、衣服等（《礼记·间传》）。虽讲惧者较少，却又多讲"畏""患"，如"卑己而尊人，小心而畏义"（《礼记·表记》），"不愧于人，不畏于天。"（《礼记·表记》）患有患难，有忧患。所谓"君子有终身之忧而无一朝之患"（《礼记·檀弓上》），"患难相死也"（《礼记·儒行》）。比较而言，畏、惧是一种外因情绪，通常在事情已发生或面临威胁时产生，忧患则是一种内生的情绪，往往于事发生前产生，表现为对未来的担忧和不安。然而《礼记·中庸》却提请君子修养需"慎独"："戒慎乎其所不睹，恐惧乎其所不闻。"这是将畏惧与忧患融在一起，应是较之一般心理学更深层次的形上自觉。其谓忧之根源为"乐极则忧"（《礼记·乐记》），"敦乐而无忧，礼备而不偏者，其唯大圣乎！"至于"喜"，《礼记》并未多论，但其与作为情感的"乐"有共通之处，"乐者乐也，君子乐得其道"（《礼记·乐记》），认为音乐的功能就是使人愉悦快乐，"论伦无患，乐之情也；欣喜欢爱，乐之官也"，音乐就是要对人的不适宜的情感进行调适："声哀而不庄，乐而不安；慢易以犯节，流湎以忘本。广则容奸，狭则思欲。感条畅之气，而灭平和之德。是以君子贱之也。"（《礼记·乐记》）心中有一丝不和不乐，则鄙诈之心就会产生，故"玩其所乐民之治也"（《礼记·礼运》）。这里的"玩"应为玩味。孔颖达云："谓兴作器物宫室制度皆是人之所乐，圣人能爱玩民之所乐以教于民，则民得治理各乐其事业居处也。"[1] 王文锦则曰："深切体验到人民的愿望，就能实现仁民的治理。"[2] 显然，跨越时代差异，"乐"确实与"喜"有共通之处。由此可见，《礼记》中十分重视情感，若不是如此，则礼乐教化就理由不充分了。当然，情感中尤其突出的是对于人们起凝聚作用的"爱"。然而，不仅一般情感，即使是爱，乃治国理政的根本，"爱与敬，其政之本与"（《礼记·哀公问》），甚至"立爱自亲始"，但亦非单方面的肯定。"爱而知其恶，憎而知其善。"（《礼记·曲礼上》）

从"爱父，其继爱人，仁也"可知，儒家所谓情感之"情"，实乃基于血缘而推广到人际之情，它是不同于对自然物之情的。不过，这里只有层次的分别，所谓"亲亲而仁民，仁民而爱物"（《孟子·尽心上》）。相反，道家对情感基本持排斥态度。老子对声、色、名、货都持拒绝立场："五色令人盲目，五音令人耳聋，五味令人口爽，驰骋田猎令人发狂，难得之货，令人行妨，以圣人为腹不为目，故去彼取此"（《老子·第12章》），就因其扰乱人的情志。庄子亦谓："安时而处顺，哀乐不能入也，古者谓是帝之县解。"（《庄子·养生主》）道家的这种态度当然有其理由，世俗情感必定会一定程度上干扰理性和遮蔽真实。然而，在儒家那里，情况就大为不同。他们要建立世俗秩序，包括社会政治和家庭秩序，就不可避免要对人的情感做出必要的合理安排。

---

① （清）阮元. 十三经注疏（下）[M]. 杭州：浙江古籍出版社，1998：1422.
② 王文锦. 礼记译解（上）[M]. 北京：中华书局，2001：297.

如果要进一步追问，为何"爱亲"最狭义的含义竟然只是"爱父"？那就只能从古老的祖先崇拜和现实的宗法农业社会的生产方式中去寻找。从祖先崇拜这个角度看，其实就是人们对自己生命来源的敬畏和责任感。甚至不排除对于那些从不曾有过感性接触的先人的敬畏和崇敬①。因而，离开了传统父权社会来经验性地考察某些个案，我们将无法确定儒者的理论的"合理性"。于此，我们觉得这只是当时的先辈们基于血缘理由和社会性理由所做的文化设计。从现实的社会生产方式角度看，父亲无疑即是主祭的人物，也是家庭权力的掌握者，甚至还是农业社会中家庭经济的主要支持者。在这里，看来人际关系中是情感在起着决定性作用，其实也有许多信仰和现实上的理由。在这种情况下，若有真爱，百毒难浸。相反，在家族之外，上述这些情况就有很大的不同，人们彼此之间的熟悉程度和情感态度也有很大的区别。这样，情感就很难再起到家族中那样同样的作用。所以，在"末"和"终"的这一端，需要有解决纷争的其他原则。故有《礼记·丧服四制》中所谓"门内之治恩掩义，门外之治义断恩"一说，明确了不同领域的不同原则。无论怎样，"仁者，义之本也"（《礼记·礼运》）。《孝经》还说："资于事父以事母，而爱同，资于事父以事君，其敬同。"（《孝经·士》）可见，家族或扩大而言宗族伦理是与社会特别是政治伦理有分别的。从总体上说，儒家伦理仍认同感情因素对于人际关系的根本性，故"仁"总是处于首要的位置。

孝亲作为儒者人格成长的"本"与"始"是具有普遍性的。孔子曰："谁能出不由户，何莫由斯道也？"（《论语·雍也》）孟子曰："恻隐之心，仁之端也。"（《孟子·公孙丑上》）又曰："恻隐之心，仁也。"王符亦曰："夫恻隐，人皆有之。是故耳闻啼号之音，无不为之惨悽悲怀而伤心者；目见危殆之事，无不为之灼怛惊而赴救之者。"② 从"本"到"末"，从"始"到"终"的中间环节，是所谓的"推恩"。"推恩足以保四海，不推恩不足以保妻子"（《孟子·梁惠王上》）。

不过，推恩只是讲到问题的一方面，即从"本"与"始"向"末""终"推扩的一面，这是从亲到疏、由近及远的过程。就"末"与"终"即推恩所涉的另外一端而言，即使有一定的反馈也受到个人差异、社会体制等种种条件的限制。

我们注意到，孝道的"亲亲"原则虽是儒家伦理的价值之本，但是，却是

① 史载儒家学派创始人孔子和先秦时代有力的倡导者孟子皆幼年丧父。
② 张觉. 潜夫论校注［M］. 长沙：岳麓书社，2008：417.

并非以狭义的孝作为人生最高理想的。换言之，如果说孝道同时也就是终极价值的话，那么，孝就是广义的。广义的孝当然包括孝亲，但却是各层次各方面的孝同时并到的，在实践上也是普遍且现实上必然的。这显然是一种价值的理想，其中，既有万物之间彼此关系的融洽，也有个体实践的终极性质。因此，如果将自然的父子亲情等同于儒家全部的最高价值的话，显然是混同了儒家伦理实践的起始和理想，将孟子的"良知""良能"等于王阳明"致良知"学说中的"良知"，如此，整个宋明理学的哲学意义都得重新评价了。

孝根源但绝非仅仅停留一般的自然而然的血缘关系而有的生养感恩之情。《论语·学而》中孔子说："父在，观其志；父没，观其行；三年无改于父之道，可谓孝矣。"这里的"志"与"行"，不是彼此脱离的，但因父之在与不在，所观的重心有所不同罢了。所谓父道，当然也绝非指特定个体的生存活动，而是为父者所应有之道。《礼记·学记》所谓"善教者使人继其志"，其中也包括孝的含义，只是身份转换了。《白虎通·三教》曰："教者，孝也。上行之，下孝之。"张载则进一步将其提炼为："知化，则善述其事；穷神，则善继其志。"①朱熹说："孝子，善继人之志、善述人之事者也。"② 因此，所谓孝，不止于报答生养之恩。可以说，亲情伦理是儒家伦理在亲子关系上的具体反映，是儒者自我完成的路径。《礼记·祭义》曰：

> 孝子之有深爱者，必有和气；有和气者，必有愉色；有愉色者，必有婉容。孝子如执玉，如奉盈，洞洞属属然，如弗胜，如将失之。严威俨恪，非所以事亲也，成人之道也。

当然，人伦并非单方面的。作为孝的对象之亲，也同样有相应的伦理之情。《礼记·表记》曰：

> 今父之亲子也，亲贤而下无能；母之亲子也，贤则亲之，无能则怜之。母亲而不尊，父尊而不亲。水之于民也，亲而不尊，火尊而不亲。土之于民也，亲而不尊，天尊而不亲。

因此，儒家的伦理思想虽不是随意的，但也并非出于一种抽象的理性设计，

---

① 林乐昌. 张子全书［M］. 西安：西北大学出版社，2015：53.
② （宋）朱熹. 朱子全书（第十三册）［M］. 上海：上海古籍出版社，2002：143.

而更多的是根据古人实际生活状况的一种调整。于此，伦理实践的"本"与"始"与信仰的对象虽有一种难以分割的联系，却又与纯粹抽象逻辑思维不可同日而语。孝道的现实根据与实践的可能性虽然是普遍的，但从最高的精神价值之实现看，却绝非必然的。宋明理学之所以要将天理、良知上升到宇宙本体的高度，显然是因为复杂的生活及其变化使先秦儒家伦理学说难以充分与完全的解释和应付所致。

《礼记·中庸》里有一段讲君子修养的根据时说："故君子不可以不修身；思修身，不可以不事亲；思事亲，不可以不知人；思知人，不可以不知天。"这里，明确说明将孝道作为君子修养不可逾越环节的理由；但真的实践孝道，必然是以对人性和天道的深刻认识作为前提的。这实际就是将工夫实践当作"见体"的必要前提。

总之，孝道往往笼统复杂，其将广狭二义和具有多层次的孝行总括在一起，其实践也就具有复杂性。正所谓"君子之道费而隐。夫妇之愚，可以与知焉，及其至也，虽圣人亦有所不知焉。夫妇之不肖，可以能行焉，及其至也，虽圣人亦有所不能焉"（《礼记·中庸》）。其在一定意义上被误解是正常的，实践上会遭遇某些困境也不难理解。

第三节　工夫所在即是本体

工夫是相对本体而言的。无论是从理论上理解儒者的境界追求，还是现实中的伦理实践，都必然涉及如何解决工夫的地位和作用的问题。如果不从工夫角度去理解孔子儒学，很难避免要么将其看成是神秘主义或乌托邦主义，要么将儒学与宗法伦理混为一谈。

一、工夫的含义

何谓工夫？工夫一词，不见于先秦典籍。工，原是一个名词。当作名词，工，是指古代工匠或手工业者。《周礼·考工记》："知得创物，巧者述之守之，世谓之工……天有时，地有气，材有美，工有巧，合此四者，然后可以为良。"《论语·卫灵公》："工欲善其事，必先利其器。居是邦也，事其大夫之贤者，友其士之仁者。"但是，在《庄子·庚桑楚》中，工又被当作一个动词来使用："圣人工乎天而拙乎人。夫工乎天而俍乎人者，唯全人能者。"当作动词，就有"用工""用工夫"或用力于某事某物之意。"夫"有二义。一是丈夫之夫。《说文解字》云："丈夫也，从大一。"《礼记·郊特牲》："夫也者，夫也。夫也者，以知帅人者也。"二是面积单位。方百步为夫，即一百亩。《周礼·考工记·匠人》："市朝一夫。"郑玄注："方各百步。"《周礼·地官·小司徒》郑玄注引《司马法》曰："六尺为步，步百为亩，亩百为夫。"根据文字意义，"工夫"之"夫"与上述二义没有直接联系。

直到宋代之前，"工夫"一词的用法比较少见。工夫，从其运用来看，首先是指精力和力气。工夫，也可以说是用工花精力或用力气。古代人常说"用力""自强"，不仅是指用体力，而更重要的是用精力。其次，工夫是一个时间概念，指事情需要经历一个过程。花一定的工夫，是指需要用一定时间，经历一个层次性的过程。再次，工夫也可以指技巧或方法。有工就有巧。如"工有巧"等等。但是，作为中国古代特殊的哲学范畴，工夫后来转为哲学用语，有哲学上的特殊内涵。本文所谓工夫是儒家的道德修养的工夫。

章太炎曾以印度胜论之说比拟，认为词语各有实、德、业之分，如人、马指实；仁、武谓德；金、火指实；禁、毁指业。三者各不相离。他说："一实之名，必有其德若，与其业相丽。故物名必有由起。"① 以此看儒学术语，指本体的一般属抽象名词，如天、道、性、命、心；而指工夫的大多为动词，如诚意、慎独、反躬、修身等。这些动词原则上还可以是更具体的规范如仁、义、礼、知、信、忠、孝、恕、悌等。由此，表工夫的词，既有实在内容，如指向并规范某些行为，也相应反映行为者的品德，同时还可日积月累并引起后果（"业"）。所以，举凡进德修业的活动，均为工夫。然工夫又不是脱离目标指向的无意义的行为动作，而与抽象的哲学术语有联系，故以儒者的话说，工夫是"体道"或"见体"的实践、过程与方法。黄俊杰说："所谓'工夫'，就是指这种道德心在具体情境中的展开过程。"② 它多指个人治心和律身的种种修养方法，表现为心对身、心对自己之心以及心对人生活动的专注、控制以及转化等诸多方面。正如一个"好人"并非只是一个词语上的好人，而是成为一个好人的具体化过程，是"正在具体化"为这样那样的好人的过程③，君子也是使自己生成或转化为君子的一个过程。其所以强调是一个自我转化的过程，是因为人的天赋是"相近"的。

日本学者藤井伦明概括为是"圣人到达"的途径："作为其不可或缺之经营

① 章太炎. 国故论衡 [M]. 上海：上海世纪出版集团，2006：22.
② 黄俊杰. 东亚儒学史的新视野 [M]. 上海：华东师范大学出版社，2008：313.
③ [匈] 阿格尼丝·赫利. 道德哲学 [M]. 王秀敏，译. 哈尔滨：黑龙江大学出版社，2014：38.

而被加以阐说的，即为'工夫'。"① 若以黄宗羲的话说："苟工夫著到，不离此心，则万殊总为一致。"② 黄氏此论后被概括为"工夫所到之处，即使本体"。这两种说法，其实也是可通的，从道德本体的角度看，作为圣人的孔子正是道德理想的人格化。换言之，在工夫论中，虽未明言人有什么政治或精神属性，却是以道德作为人格的实际内涵的。

据此，儒家的道德修养工夫可以被认为是追求本体或境界显现的过程与方法。道德工夫是自觉的，也即是自主的。它的实现需要主体回到自身，用梁漱溟的话说，是对自己用工夫或"向里用力的人生"③，这就是自觉的修养工夫。因工夫是自觉的行为，故它是知行合一的；又因工夫是体道或见体的行为，故它是一个持续的有第次的过程。孔子曰："知及之，仁不能守之，虽得之，必失之。知及之，仁能守之，不庄以莅之，则民不敬。知及之，仁能守之，庄以莅之，动之不以礼，未善也。"（《论语·卫灵公》）还谓："吾道一以贯之。"（《论语·里仁》）此实谓道德境界、道德实践和行为规范几个方面须同时到达。这可以说是儒家工夫的最早说明。孟子则曰："唯圣人可以践形。"（《孟子·尽心上》）

宋明儒家受佛老哲学的影响，所谓工夫多指具体方法。如静坐、养气、涵养、呼吸、变化气质、观圣贤气象、观喜怒哀乐未发时之气象，居敬、格物致知、发明本心、致良知、诚意慎独、知行工夫等。但也有看法比较笼统的。朱子说："《礼记·中庸》工夫密，规模大。"④ 又说："果然下工夫，句句字字，涵泳切己，看得透彻，一生受用不尽。只怕人不下工，虽多读古人书，无益。书只是明得道理，却要人做出书中所说圣贤工夫来。"⑤ 所谓"《礼记·中庸》工夫密，规模大"和"做出书中所说圣贤工夫来"，均指贯彻于生活的治心律身或"具体化"的方法，而非仅仅指读书或学问。然而，所有工夫，都和儒家典籍随处可见的"行"密不可分。朱子云："《礼记·大学》如一部行程历，皆有节次。今人看了，须是去行。今日行得到何处，明日行得到何处，方可渐到那

① ［日］藤井伦明．日本研究理学工夫论之概况［A］//杨儒宾，祝平次．儒学的气论与工夫论［C］．上海：华东师范大学出版社，2008：208．
② （清）黄宗羲．明儒学案·自序［M］．北京：中华书局，2008．
③ 梁漱溟．梁漱溟全集（第三卷）［M］．济南：山东人民出版社，1990：194．
④ （宋）黎靖德．朱子语类（一）［M］．北京：中华书局，1986：249．
⑤ （宋）黎靖德．朱子语类（一）［M］．北京：中华书局，1986：249．

田地。"① 王阳明亦说："知是行的主意，行是知的工夫。"②

阳明因主张知行合一，故又云："知之真切笃实处，即是行，行之明觉精察处，即是知。知行工夫本不可离。只为后世学者分作两截用功，失却知行本体，故有合一并进之说。真知即所以为行，不行不足谓之知。"③

简言之，工夫有如下特征：

第一，工夫不是指用于向外之自然界的力量或精力，而特指花在自己身上的力量或精力，是"反求诸己"和"自强"。从这个意义上说，工夫和先秦儒者最初的修身养性的活动一致。花在自己身上的精力主要目的是什么呢？从反面来说是消除主体的限制性。老子说："为学日益，为道日损。"（《老子·第48章》）"损"，减也，将其定型化，不仅是对人之本能的反省或内省活动，而且，"损"的活动还有将自身转化为"益"、将减转化为增的特点。曾子曰："吾日三省吾身"，孟子说："爱人不亲，反其仁；治人不治，反其智；礼人不答，反其敬；行有不得者，皆反求诸己，其身正而天下归之。"（《孟子·离娄上》）再如《礼记·学记》言"知不足能自反也""困然后能自强也"，《礼记·檀弓》云："唯祭祀之礼主人自尽焉尔。"礼之所以在古代那么受到重视，就是它能使人"外则尽物，内则尽志"（《礼记·祭统》），或"既内自尽，又外求助"的特点。随着认识和实践的深入，人们从原来的"礼以律身，乐以治心"的思维中逐步发展，认识到工夫对于身心修养的重要意义。从正面来说，则有培植"善端""养气""尽心"和"尽性"的活动。由于心的复杂，所以，工夫可以表现为道家的"虚静"，也可以表现为儒家的"尽心""养气"等活动。

第二，工夫是超越本能的道德活动，是求道而非求生存的活动。孔子曰："君子谋道不谋食。……君子忧道不忧贫。"（《论语·卫灵公》）《荀子·宥坐》亦记载孔子曰："聪明圣知，守之以愚；功被天下，守之以让；勇力抚世，守之以怯，富有四海，守之以谦。此所谓挹而损之之道也。"又据《说苑·敬慎》记载："孔子曰：'高而能下，满而能虚，富而能俭，贵而能卑，智而能愚，勇而能怯，辩而能讷，博而能浅，明而能闇，是谓损而不极。能行此道，唯至德者及之。'"其所以有这样的思想产生，是和古人对宇宙人生的观点密切相关的。即

---

① （宋）黎靖德. 朱子语类（一）[M]. 北京：中华书局，1986：251.

② （明）王守仁. 王阳明全集（上）[M]. 吴光，钱明，董平，等编校. 上海：上海古籍出版社，1992：4.

③ （明）王守仁. 王阳明全集（上）[M]. 吴光，钱明，董平，等编校. 上海：上海古籍出版社，1992：42.

道在自然和人世间的表现不相同，谋道首先解决的不是人和自然的关系，甚至也不是人和人的关系，而是人的自我关系。换言之，人的自我关系的解决是其他一切关系得以解决的先决条件。道不是直接从对象那里可以观察和通过分析所观察的结论即可直接认识的。"一物治而万物不乱者，以身为本者也。"（《大戴礼记·子张问入官》）此所谓"身"乃"己""躬"也。它需要主体"损之又损"的"虚"的过程，或按照孔子的观点是绝四"毋意、毋必、毋固、毋我"的工夫，才可能显现的。因之，"见道"必须要有修道者超越于自然本能的修养实践为基础。

第三，工夫是儒者自觉自愿的修养工夫。因工夫的性质，决定了诸如毋我、诚意、慎独、常惺惺、心在腔子里、敬、克己、三省、养浩然之气、求放心、尽心、知己、虚一而静、絜矩之道、《礼记·大学》的三纲领、八条目、定、静、安、（思）虑、内圣、观圣贤气象、知礼成性、观喜怒哀乐未发前气象、主一之敬、穷理、发明本心、致良知等范畴，都不是普通的观念或理念，而是行为活动，不属于传统西方哲学的范畴，也不是单凭思辨推理可以达到或实现的。所有的伦理规范，如果从儒家所谓"知之者，不如好之者，好之者不如乐之者"的角度看，都是工夫。即它们并非仅仅是一个概念，或者仅仅只是按仪式要求做到，而是要心悦诚服自觉地做到或"具体化"，这是君子所谓"乐道"的基本特征。从这个角度看，道德就不能不是"实证"的。

第四，工夫概念不仅突出自我转化的时间延续，而且强调这一转化的层次性、阶段性与作为方法的广泛性。通常，"功夫"概念突出其功力、功法或功效[1]，是从工夫的强度与效应上讲的，这是有道理的；但"功夫"难免和现代人们熟悉的武术功夫混为一谈，故本文选择用"工夫"而非"功夫"一词。

儒家所谓工夫之所以必须是指向主体自身的道德修养工夫，那是因只有指向自身的道德活动才是儒家所特别关注的"谋道"的活动。人类许多活动是谋求生存的活动，这些活动虽也会通过对象的把握而了解宇宙的结构，并可能进而认识人类自身，但是，这种与宇宙的关系是间接的。人们不可能直接与整体宇宙打交道。相反，人们通过对自己的深入了解却是直接与宇宙发生关系的，因为他内于整体宇宙。相比自然物而言，人与儒家所讲的宇宙实体（天）有更直接的关系，《诗经·小雅·何人斯》云："不愧于人，不畏于天。"这种内在的关系决定了工夫的自觉自愿性质。

因而，工夫不是一般的经历、时间和过程以及方法和技巧的概念。而是有

---

[1] 倪培民. 儒家功夫哲学论 [M]. 北京：商务印书馆，2022：39.

独特的方向规定、内容与内涵的一个哲学概念。工夫是特殊方法和技巧，甚至是一种独特的操行或者操守。它是有根据的，有所本的。徐复观认为，"中国的所谓功夫，乃是以自己的生活、生命为对象，如何去加以发现、加以把握，并在发现、把握的自己理性不断要求之下，来提高自己，扩大自己的一种努力过程。他的内容是涵养、省察与实践"①。一方面，工夫是达到内在精神境界的方法，是依靠对自己的生命活动作为对象的省察克制。另一方面，修养工夫始终是身心的修养，即达到身心统一。只有身心统一，才可能人我合一，人人合一，天人合一。所以，工夫不是单纯概念思辨，而且是实践活动，是在确信价值本源基础上的身心统一。

这样看，工夫与本体的关系亦成为人们关注的问题。传统哲学中确实存在着本体脱离工夫即知行脱节的问题，但若转而仅从工夫角度视本体，则作为万化价值本源的本体则可能泛化为凡俗生活，"将本体消弭于现象、经验或工夫之中"，实际上也消解了工夫本身②。这就走向了工夫否定自己存在的价值了。儒者自觉的工夫实践不同于常人的日用工夫的地方，就在他的价值承担，不是仅限于孤立个体的成就。

工夫和古代的气论有关。但由于工夫是追求超越境界的方法和途径，往往和其他的方法，比如礼仪、经典诠释、语言对话、思辨等有一定的区别。从这个意义上说，工夫也可以说是方法。工夫作为方法，只属于其中的一种。方法是广义的。一般所谓方法，是处理客观事物所运用的合理方案与程序，以求将客观事物作目的性的改变。儒家的修养工夫只是身心修养自我转化的方法。因此，"工夫所至，即是本体"，是一个象征性说法，表示本体是一个呈现的过程，具有动态性，鼓励人们勇于自我超越；但从价值本源上看，所有工夫所达之历程上本体的显现，仍然是本体自身。

工夫作为方法，有相互协调配合具有系统性的内容，也有个别的因人而异的特殊内容。所以，不同的人工夫可以有所不同。同一人在不同境遇中也有不同的工夫。工夫的个别性、特殊性，导致其传播的不畅，但不了解工夫而欲认识了解儒家乃至中国学问，恐难免落空。忽略工夫论的重要性可致怀疑儒家学问的普适性。

工夫包括方法但不等于方法。做工夫固然强调修养方法，但若将工夫理解

---

① 徐复观．论文化（二）［M］．北京：九州出版社，2014：660.
② 吴震．"功夫"何以成为哲学：对《儒家功夫哲学论》的一项讨论［J］．船山学刊，2023（4）：19-35.

为方法，就将方法简化为单纯的理解或诠释，可能弱化工夫的重要意义，使儒家生命实践之学，变成客观知识的逻辑探讨或概念分析，从而离开了儒家的意义本原。

按照传统说法，工夫追求的终极目标是"见体"或"证体"。所谓"见体"和"证体"，就是通过身心的磨炼，亲证宇宙本体和人生的价值本源一体不二。王阳明说："无往而非道，无往而非工夫。"① 古往今来，许多大儒常常有关于"见体"的种种描述。对于"放其心而不知求"者，即不能"见体"。因"心"可能"亡"，所以，孟子说："学问之道无它，求其放心而已"（《孟子·告子上》）。"心"，其实就是恻隐、羞恶、辞让、是非等"四心"。它们是人际关系中表现出来的"四端"。所谓"存心""养性""操存""涵养"的，就是这四心。但是，在发自身体上的欲望和认知能力的限制下，它们易被蒙蔽甚至丢失。

从这里，就引申出工夫的外延：一是发现"心"之所在，属"知"，但"知"毕竟会遭遇限制或障碍，故"好学近乎知"（《礼记·中庸》）；二是涵养操存本心，属"行""力行近乎仁"；三是将"心"贯彻到日常生活，知其所不当为，知其原来所不知，"知耻近乎勇"。

二、工夫的要素和结构

工夫实践是一个过程，也有其基本要素和内在结构。

一般而论，工夫的要素包括工夫的主体、客体，工夫的目标和方法。亦即，工夫主体即自觉从事道德修养的人，这里指儒者；客体即工夫活动加工、改变的对象。工夫的主客体关系不同于传统认识论意义上的主客体，也有别于社会改革实践意义上的主客体。因为，工夫主体是以道德修养为核心而兼顾认知与审美主体的。

工夫主体，原则上就是"心"。"心"，当然不是知觉或认知能力，但却是对其作为身之主宰和价值本源的那种灵觉。换言之，心不仅能"知"，能"思"，还能达到对生命的宽度和高度的自觉，作为工夫主体，它是能对知觉之心、认知之心，乃至作为身之主宰的心进行加工的"心"，因其所达到的高度和宽度，可以决定人生可能达到的成就。关于"心"，孟子早有著名的"尽其心者，知其性也；知其性，则知天矣"（《孟子·尽心上》）之说。"心"是什么？心是身之主宰。"身之主宰便是心"。孟子曾谈到"本心"一词："万钟则不辨

---

① （明）王守仁．王阳明全集（上）［M］．吴光，钱明，董平，等编校．上海：上海古籍
　　出版社，1992：123．

礼义而受之,万钟于我何加焉!为宫室之美,妻妾之奉,所识穷乏者得我与?乡为身死而不受,今为宫室之美为之;乡为身死而不受,今为妻妾之奉为之;乡为身死而不受,今为所识穷乏者得我而为之:是亦不可以已乎?此之谓失其本心。"(《孟子·告子上》)在这里,"本心"指"心"的那种不为任何物质利益包括亲戚、朋友的物质利益所动而能自主自决之心。作为工夫主体之心,当是此"本心"的觉醒,抑或身之主宰之心同时自觉自己原来即是"本心"。

一方面,"心"有自主和自觉性质。荀子曰:"心者,形之君也,而神明之主也,出令而无所受令。自禁也,自使也,自夺也,自取也,自行也,自止也。故口可劫而使墨云,形可劫而使诎申,心不可劫而使易意,是之则受,非之则辞。故曰:心容其择也,无禁必自见,其物也杂博,其情之至也不贰。""心"能"自禁也,自使也,自夺也,自取也,自行也,自止也",说明"心"就是工夫的主体,也是工夫的对象。然而,另一方面,"心"本身是没有规定的。作为意识它受制于所反映的对象,而作为人的一种机能,则是工夫的对象,不能是主体。作为工夫主体的只能是逐渐觉醒的"本心",故有操存舍亡之说。孟子曾引"孔子曰:'操则存,舍则亡;出入无时,莫知其乡。'惟心之谓与"(《孟子·告子上》)。杨雄亦云:"人心其神矣乎!操则存,舍则亡。能常操而存者,其惟圣人乎!?"(《法言·问神》)"操存舍亡"之"心"不是知识心或欲望之心,而是若存若亡之"本心"。"本心"是不能亡的,"操"而不舍就需要工夫。

工夫的对象或客体不是外在客观的自在之物或自然物,自在之物是未知的逻辑设定抑或现实存在,而工夫的客体是活生生地在一定社会关系中的具体个人,包括其思想意识、身体机能,乃至自以为是"本心"显现的东西,以及由这些因素所决定复杂而多变的生活。道德修养的客体不可能是他者,而只是修养者自己。"克己复礼",其中,能克之"己"与所克之"己",就是自为主客体的关系。"反躬"之"躬"与"尽心"之"心"都是工夫的对象或客体。由于作为工夫客体的个人是心身统一体,故不仅寻常之"心"和"身"分别是工夫的客体,而且由身心统一起来的人的生活,以及由之建立的社会关系都可以是工夫的客体或间接客体。马克思指出,个人之间的社会联系和关系"来自自觉个人的相互作用",①"社会关系的含义在这里是指许多个人的共同活动"。②显然,工夫是建立人们生活的"相互作用"的重要根据,不同的工夫共同建构

---

① 中共中央马克思恩格斯列宁斯大林著作编译局. 马克思恩格斯全集(第46卷)[M]北京:人民出版社,1979:145.
② 中共中央马克思恩格斯列宁斯大林著作编译局. 马克思恩格斯选集(第1卷)[M]. 北京:人民出版社,1995:80.

了"许多个人的共同活动"。

作为工夫的对象或客体，"心"和"身"及其活动不仅是认识而且是加工制作的对象。身心的相互关联也是客体。《礼记·缁衣》云："心庄则体舒，心肃则容敬。心好之，身必安之。""心以体全，亦以体伤。"在交往活动中，作为主体的"心"不仅有对主体的"自身意识"，而且有对象意识和对交往对象的反应。但是，当下的工夫主体并不一定同时皆能全面照察两个方面，难免顾此失彼或不能充分理解所观察的事实，故其作为工夫的主体的作用也就未必总是到位。据此，工夫可表现为"内省""反躬"。既然"修身"和礼仪已经涉及他人和社会，故工夫的对象虽然不是他人，但要深刻地自我认识，必然要触及对他人的认识。他人的身体活动是可观察的，而心的活动不可以直接观察。朱子云："谨信存诚是里面工夫，无迹。"① 要"知人"，知面，还要"知心"，只有根据身体活动的较长时期观察才能比较准确地认识。

孔子曰："始吾于人也，听其言而信其行；今吾于人也，听其言而观其行。"（《论语·公冶长》）在这里，孔子对言（发于心）、行（动于身）的分裂做了描述。行为虽也往往受心的支配，但是，它也受到身体本身的限制。言，某个角度看其实也可以说是一种"行"，一种特殊的行。身心合一或统一显然是"君子"人格的基本要求。一个人身心分裂，言行不一，口是心非，就是"伪（君子）"。"伪"则不诚，"不诚无物"（《礼记·中庸》）。不诚即不真。但工夫的存在表明儒者并不满足于停留在意识到的自我，更重要的是他人眼中的"己"和实际存在的自我，这是"慎独"的本体基础，却也有其所未尽之处。如果不能注意到实际存在的自我和自己意识到的自我，以及人们眼中的自我之间的差别，作为"反躬自识"的认识便失效。这些看似不同的自我与你和他发生不同的联系，故儒者认为应当"中"，即不偏不倚，而在自我如何显现自己时，又主张"诚"，不仅是真实无妄，而且需要始终如一。《礼记·中庸》云："诚者物之终始，不诚无物。"

归纳起来，无论人我，身心关系所涉及的既有自然必然的关系，还是也有因价值观介入而具有的或然性关系，以及社会共同道德观决定的伦常关系，这些关系可能因社会主流价值观的影响而或向某方面倾斜，但却不能是没有底线的。礼仪是客观底线，而"诚"是根本，恕道是主体原则。

如此一来，工夫的内容必然包括主体对自身意识、对事物和他人认识的解释及思维方式、生活方式的分析与反思性认识，以及加工和改造；更为重要的

---

① （宋）黎靖德. 朱子语类（五）［M］. 北京：中华书局，1970：1720.

可能是对身体机能的管理能力。因为，实际存在的自我和自己意识到的自我，以及人们眼中的自我之间基本统一的关系是儒者实现其理想的基础。没有意识到这其中的差别显然是不能"知己"的表现，而意识到这些差别却不能或不愿使之统一，则是"知及之"，但"仁不能守之"，不能行之的问题。

《论语·子罕》记载"子绝四：毋意，毋必，毋固，毋我"；孟子曰"心之官则思，思则得之，不思则不得也"（《孟子·告子上》）；荀子讲"解蔽"，主张"虚一而静"（《荀子·解蔽》）；他们都认识到意识、思维的作用以及对它们可能导致的限制性，需要有反省性认识。作为工夫，以超越主观的自我的限制性，还原到理性自我、道法自我之上来。

工夫一方面可以看成是对本然的自己加以管理的能力，另一方面则是自觉扩充恻隐、羞恶、辞让、是非等社会本能的能力。之所以称恻隐等为社会本能，主要是因它们都直接间接地表现在人际关系上。按孟子所说是它们"不虑而知"与"不学而能"的"良知""良能"。据此，儒家的工夫论有两个方面的进路：一是控制或合理安排自然的生理本能，一是认识和扩充社会本能。如果说发源于身体的本能可以称为"欲"的话，那么发源于心的本能可以称为"情"。根据前述儒者的一般看法，"情"又包括两部分：一是喜怒哀惧爱恶欲（《礼记·礼运》），一是孟子所讲的"恻隐""羞恶""辞让""是非"诸心。前者是需要加以节制和规范的"情"，后者则是需要扩充和发展之情。

情和欲都对行为有影响。欲是直接指向对象（对自我的直接的满足）的，比较近于身体本能；"恻隐"等"情"当属于社会本能，是性（本性）的显现，是心的状态，包括感情，是心灵的爱与恨等本身的状态。荀子曰："性者，天之就也；情者，性之质也；欲者，情之应也"。在荀子看来，欲由情所驱动，情才是欲的根源。因而，人们应通过调节情感来控制欲望，以达到内心的平静和外在的和谐。一个人若对某个东西有了欲望，就会产生情感，并由而做出行为决定来。当然，也有人可能基本上只是出于欲望这种自然的本能而做出行为，这就比较接近动物性。反过来，"情"也对"欲"有作用。嵇康云："夫气静神虚者，心不存乎矜尚；体亮心达者，情不系于所欲"[1]。即是说，作为社会性本能的情可以做到不被欲和所欲的对象所控制，其中工夫应起到关键作用。

应该说，传统儒家既重视作为非理性的本能的破坏力，故有所谓"无欲则刚""去私欲""灭人欲"等说法，也重视培养和启发社会本能。

工夫本质上是一个实践的过程。儒者所讲的征验、亲证，其实就是通过工

---

① 鲁迅. 嵇康集［M］. 北京：朝华出版社，2018：81.

夫以求道德观念的落实。从结构上看，工夫首先表现为"知"所达到的人生境界。此乃孔子所谓"知及之"。孟子曰："君子深造之以道，欲其自得之也。自得之，则居之安；居之安，则资之深；资之深，则取之左右逢其原。故君子欲其自得之也。"（《孟子·离娄下》）一个人通过工夫可以在人生理境和生命境界上达到很高的程度，直至达到所谓圣贤君子的人格。其次，便是孔子所谓"仁守之"。虽然一个人可以达到很高的人生理境和生命境界，但是，若不能常常守住这样的境界，还是容易回落到常人的境地。孟子说："山径之蹊，间介然用之而成路，为间不用，则茅塞之矣。"（《孟子·尽心下》）道德境界不是单纯依靠逻辑推理推论出来的，而且是工夫实践所达到的。然而，即使达到了，也并非可以一劳永逸，仍需不断的工夫实践，否则，"为间不用，则茅塞之矣"。再次，此乃孔子所谓"庄以莅之""动之以礼"，工夫在此表现为包括克服自己身心的限制，以礼制欲和节情的重要环节。孟子又曰："源泉混混，不舍昼夜，盈科而后进，放乎四海。"（《孟子·离娄下》）孟子认为学习和人格成长一样，都是需要一步一个脚印，循序渐进。因而，心是工夫的主体，它自作主宰而不被主宰，不受宰制。《易传》曰："憧憧往来，朋从尔思。"指心灵昏散，起灭不定。要从暗昧昏散状态中觉醒，在自己身上用力，明善明诚，才能"自禁，自使，自夺，自取，自行，自止"，具有主动性、能动性，才能够不受外物的干扰，定而后能静，静而后能安，安而后能虑，虑而后能得。

三、即工夫即本体

本体问题在儒家哲学中，应该有两个不同的层次：一个是作为行为和实践根据的"本体"，另一个是工夫实践的终端"呈现"出来的"本体"。前者，我们可以视之为前提性的预设和行为的依据，而后者则是作为目标实现后而呈现出来的"境界"式本体。作为预设和行为出发点的"本体"，可以说接近神性的"天"与自然义的"天"的混合体，作为境界的本体，就是人们的道德理想的实现。应该说，二者既相互关联，却又是彼此分别的。

但是，这并非意味着作为行为出发点的本体是外在的、悬空的，而是内在于主体的。孔子所谓"毋意，毋必，毋固，毋我"的说法，只是在讲本体可能不是什么，而非在说明它究竟是什么。但是，从儒家对仁义礼知特别是礼仪规范的重视中我们看到对于文化经验和历史地积淀下来的行之有效的行为规范的尊重。

本体不是客观外在的实体，它内在于主体，却需要通过工夫方能使之呈现出来。作为呈现出来的本体，就是境界。境界是什么？它又如何呈现呢？境界就是至善的生活，知情意相统一的生活。在传统儒家看来，只有工夫才是境界得以呈现的基础。工夫是本体的支撑。

在心学集大成者王阳明那里，工夫和本体的关系由两条线路展开：一即本体即工夫；二即工夫即本体。前者是对资质高卓者而言的，后者则是对普通儒者而言的。大多数人适应后者。王阳明说："合着本体的，是工夫；做得工夫的，方识本体。"① 工夫是合着本体的，工夫需要依据，也含有目的，工夫离不开本体；同样，本体也离不开工夫，只有具备了工夫，方识得本体。本体虽自在，却存在于工夫中，并在工夫中得以撑开。黄宗羲将本体和工夫的关系进一步概括为："盈天地间皆心也，人与天地万物为一体，故穷天地万物之理，即在吾心之中……苟工夫著到，不离此心，则万殊总为一致。"② 此无异于说"心无本体，工夫所至，即是本体"，亦可谓是"一物治而万物不乱，以身为本者也"。这里，"身"便是修身的工夫。工夫是阶梯，是一条通向光明的本体或境界的道路。熊十力说："儒者无有舍工夫而谈本体。"③ 马一浮说："下得一分功夫，自得一分效验。"④ 没有工夫作为基础，很难谈本体。孔子亦自谓为"下学而上达"者。从这个意义上说，了解儒学的秘密即在了解其工夫。徐复观说："孔子对学生的教示，总是从工夫上以显示仁体知义为多。其工夫的关键，端在一个人面对自己的反省、自觉。"⑤

本体并非悬置于工夫之上，而是存在于工夫之中，"心"之本体需要通过工夫而呈现。工夫是研究儒家哲学的入手处，也是其灵魂。这种思想旨趣，与传统的观点基本相符。《易经·系辞上》曰："仁者见之谓之仁，知者见之谓之知，百姓日用而不知。"仁者和知者，之所以成为仁者和知者，是因其工夫重点有所不同。工夫不同，所以，其所见（呈现）的境界也就有区别。在仁者看来是"仁"的，在知者看来则是知。

但这并不否定作为行为出发点的预设的和与人的生活相互作用的"本体"的存在。"不怨天，不尤人，下学而上达，知我者其天乎！"（《论语·宪问》）这样的思想也绝非个别。然而，作为道德境界，也绝非只是工夫的末端，而且也往往是以理想的形式出现在儒者的生活中。比如，孟子"尽其心者，知其

---

① （明）王守仁．王阳明全集（下）[M]．吴光，钱明，董平，等编校．上海：上海古籍出版社，1992：1167.

② （清）黄宗羲．明儒学案 [M]．北京：中华书局，1985：9.

③ 熊十力．熊十力全集（第三卷）[M]．武汉：湖北教育出版社，2001：412.

④ 马一浮．马一浮集（第一卷）[M]．杭州：浙江古籍出版社，1996：81.

⑤ 徐复观．学术与政治之间 [M]．上海：华东师范大学出版社，2009：137.

性也，知其性，则知天矣"（《孟子·尽心上》）的思想，看起来"知天"是"尽心""知性"的结果，但若"天"本身若不是以愿望的形式首先出现在工夫主体的脑海中，那么，真的"知天"即不可能实现。也就是说，工夫所达至的本体，虽然必然是由工夫作为必要前提而真实地显现的，但是，它本身又必然是以主体观念的形式而首先出现在修养实践者的脑海中。这样，我们就明白了《礼记·大学》"三纲领"的目的为何在"止于至善"，而《礼记·中庸》则认为"明善"是诚身的前提。这其实是说，道德意识是道德工夫的前提。

因为"本体"的含义不同，导致不同层次和针对性的工夫在儒家伦理的实践中地位和作用并不完全相同。

首先，作为工夫的概念，如诚意、慎独、正心、修身，反躬等是落实在身心上的工夫，不同思想倾向的儒者可能有差异，但其基本的身心修养均以此为基础。意之诚与心之正，都有价值方向。《礼记·大学》其他几个条目虽针对不同对象，如物、知、家、国、天下，层层不同，但都以个人身心的完善作为基本条件，故云"自天子以至庶人，一是皆以修身为本"。这样一种修养工夫将"平天下"的"外王"作为终极价值目标，所以"至善"就是其道德理想。

其次，诸如仁、义、礼、知、信以及中诸规范，从其约束功能看，也可以当作工夫看待。作为工夫，它们可能在不同境遇中有不同的内涵（比如，孔子讲仁，对不同的人内涵可以有所不同），而这些规范虽内容不同但彼此又是相互关联的。它们和诚意、正心等工夫相同的地方在于都有价值方向。"（仁义礼知）四行，和谓之善。"（《郭店简·五行》）"善，人道也。"仁、义与礼的关系在《礼记·中庸》里被这样表述："仁者，人也，亲亲为大；义者，宜也。尊贤为大。亲亲之杀，尊贤之等，礼所生也。"它们各自又有一些具体的含义，但也有"人（性）"与"宜"这样的抽象含义。所不同的是，这些工夫原则上属于"人道"，和"天道"对应。天人不是对立的，所谓"天非人不因，人非天不成"[①]。此虽略晚的话头，但却可以视为孔子"人能弘道，非道弘人"（《论语·卫灵公》）的注脚。如果人能够尽其性的话，就可以尽人之性，尽物之性，并赞天地之化育，与天地参。善作为人道，如果说和作为"天道"的"德"还有区别的话，那么，"中"是由"人道"通向天道的桥梁。要完全厘清诚意等工夫和"人道"之间的逻辑关系是困难的，但有一点则可以明确地说：诚意、慎独、正心、修身等工夫多与礼相关，甚至可以看成是为补救传统礼仪形式化之弊而提出来的，"人道"则是庸常之道，故以"中"为最高原则。

---

① 应劭. 风俗通义（上）[M]. 王利器，校注. 北京：中华书局，2010：3.

再次是忠、孝、恕、悌、絜矩之道等规范所包含的工夫。这些工夫不是反映个人的自身关系，也非直接和"天道"相关，而是人际关系的规范或工夫。其中，与忠有关的规范就有忠信、忠恕、忠孝、忠敬等等。它们的含义有一定区别，但一般而言，忠孝可以代表其共同含义。忠原本是指个人主体性的，如朱子谓"尽己之心谓忠"①，后来则用来表示臣对君所代表的国家之忠。孝则是子对父母的德行。忠孝之中当然就包括信、恕、敬等道德。孝推广就有所谓的弟。忠孝与"人道"诸规范的区别在于它们是人处理社会体制中或家庭结构中的伦理规范，与实际的社会背景相关，因此就有具体实践的性质。

比较而言，忠孝与诚意、正心乃至仁、义、礼、知、信、中等工夫最大的不同，在于它的双重结构。一方面，君臣父子所表现的是人和人的关系；另一方面，它所展示的也是个人和家、国乃至天下的关系。如果单纯看抽象的个人之间的关系，即臣子妻对君父夫的服从，并不必然表现出价值方向。换言之，所谓愚忠愚孝就并不具有儒家所倡导的道德价值。

但是，儒家哲学中的本体并非自在存在的静止实体，而是生活世界的根本，这个根本不仅是"体用一源"，形上形下"不即不离"的，而且还是依靠人自身的自觉完善来培植的。"根本是先培壅，然后可立趋向也。取向既正，所造深浅，则由勉与不勉也。"② 因为工夫的不同，本体和境界也就不同。"内圣"相对"外王"而言，"人道"相对"天道"而言，忠孝相对国、家而言。然而，不能说忠孝观念中完全没有精神的位置，只有社会组织如家与国的结构性影响。无论家还是国，都不是没有神道发生作用的。从信仰上看，家与祖先崇拜有关，而国家天下则也和天地信仰有关。梁漱溟认为儒学虽不是宗教，没有宗教的制度和那种非理性信仰，但是，儒学却起着勖勉人的情志和安顿人生的作用。家长和天子既是一家一国之象征，也是家、国之中主持祭祀的人物，其特殊的地位是使人治社会得以存在的现实理由。然而，巨大的权力可能掌握于个人之手，也是招致后世人们非议的主要原因。众人的命运可能不知不觉中取决于某些君主个人的任性和脾气。

王阳明在讨论"敬畏和洒落"问题时说："君子所谓洒落者，非旷荡放逸，纵情肆意之谓也，乃其心体不累于欲，无入而不自得之谓耳。"洒落不是放荡不羁，得意忘形，而是心之超然和己之"自在""自得"以及精神的"从心所欲而不逾矩"。所以在他的"洒落"中有对"天理"的敬畏："是洒落生于天理之

① （宋）朱熹．四书章句集注［M］．北京：中华书局，2012：23．

② （宋）程颢，程颐．二程集（上）［M］．北京：中华书局，2004：87．

常存，天理常存生于戒慎恐惧之间。"他解释《礼记·中庸》"戒慎恐惧"为"敬畏"。在"洒落"和"敬畏"的关系上，他认为，"洒落为吾心之体，敬畏为洒落之功"①。

考察工夫对于相应的境界之间的关系，应是不同于对单纯孤立个人的行为意志、动机与行为之间的关系的行为主义研究的。因为，境界已然不是一般所谓心，而是"本心""良知"的呈露。在儒家看来，从身体角度看，人们是彼此相隔绝的，但从"本心""良知"看，心是相通不隔的。这当然不是说对个体之身心关系、意志与情感和工夫之间的关系的研究，对于儒家的工夫论研究在理论和实践上没有积极意义，因为，对于个人而言，对于"本心""良知"的认识以及将其贯穿于现实生活，都是离不开工夫的。

需要补充的是：从一定意义上看，儒家道德修养的工夫虽重心在于对转化世界做必要的准备（如内圣），它关心的重点在人自身完善的方式和方法，但我们对儒家工夫论的研究则仍然不免是理论式的，是解释性的。总之，在儒家看来，道不是自然流行的，相对于本能而言，道是超越的。道的流行主要依靠主体自身努力的工夫实践。工夫主要是通过意志克服生理、心理，乃至心灵上的种种限制，以达到天人合一。

第四节　工夫论研究与儒家哲学

儒学的重心在人，作为一种学说，当然应有其基本理论、研究方法，研究对象等问题的预设。然而，我们不得不承认，如果以近代以来对中国学术界影响深刻的西方哲学作为蓝本来理解和对比儒家哲学的话，其内容是非常薄弱的，问题还在于如果这样做，就将儒家哲学最有价值的内容都几乎给抛弃了。对此，我们不得不做出一些必要的说明。

一、近代中国哲学对儒家工夫论的总体忽略

中文里哲学的"哲"，字义为"知""知"通"智"。"知"和"智"在汉文中都是"识词也"。"词"字是上下结构，不是左右结构。所谓"词""意内言外也，从司言"（许慎《说文解字》）。段氏《注》云："司者，主也。意主

---

① （明）王守仁. 王阳明全集（上）[M]. 吴光，钱明，董平，等编校. 上海：上海古籍出版社，1992：190.

于内而言发于外。"所谓"识",意也,志也,"心之所存,谓之意"。作为"心之所存""识"或"意"包括认知上的意识和动机上的意念、意欲等在内。"识词"联用,如果考虑"识"有心之所存的意识或心中所存的意欲、意念两个不同方面,则所谓"识词"的含义就有所不同。如果是心之所存的意识发言于外,则是我们平常说的言语、说话、话语,可以用"言语"概括并表达出来;如果心之所存为意欲、意念等,发言于外,则是表达感情、情意或意志等等,则不是普通的言语,而是古人所说的言。前者所传达的是关于对象的认知、意识或观念,后者则是说话者的主观情感、情绪的表达。传统"言为心声"重点乃属于后者。二者属于不同的性质。

比如,说"陕北有大量的天然气"和说"非礼勿视"是不一样的。前者是一个可以证伪的命题,属于科学的范畴;后者属于祈使句,属于行为范畴,不是一个可否证伪的问题。前者是说是什么,可以去证明其真伪,西方哲学关心的命题一开始主要是这样一些命题;后者包含应该是什么或怎么做的问题,无所谓真伪。儒家哲学关注后者。如果概括起来,西方哲学关注的是实然,而中国哲学关注的是应然。

中文里所谓"知"或智,并不是像西方哲学的爱智慧那样以关心世界是什么和为什么为中心,其中虽也有所谓关于宇宙本体的知识或者智慧之意,但是,这是次要的,更为重要的是心之所存为何以及如何发言于外的过程,引申就是懂得或知道心之所存之意欲、意念、意识的性质及怎样发言于外。因此,中国人的所谓智慧,指的是心之所存是什么以及如何发言于外的问题。但是,儒者之心不可能直接存有任何外在的物,也不以个体私意的情、欲、意为尚,而是所谓"德"或"道"为价值。孔子说:"有德者必有言;有言者不必有德。"(《论语·宪问》)荀子谓:"道者,非天之道,非地之道,人之所以道也。"《荀子·儒效》道与德是相关联的:"道者所以明德也,德者所以尊道也。"(《大戴礼记·主言》)道德落实下来只是"行"。"中国的学问……是行为的学问。"① 其所谓"行为",也就是"身体力行",属于工夫的范畴。

因此,如何使个体的意识、意念、意欲以及情感等得到清理与控制,如何使之与道德相通,并以言词恰当表达,才是儒家哲学的主要问题。前者涉及自我修养工夫,后者涉及对人性以及文史知识的学习。因而,包括王国维、梁启超、梁漱溟、熊十力、牟宗三等近代哲人均将传统中国儒家哲学看成是"关于生命的学问",就是很自然的。

---

① 梁启超. 清代学术概论·儒家哲学 [M]. 天津:天津古籍出版社,2004:100.

然而，就近代哲学思想的影响而言，上述倾向并未居于主流地位。在学院派哲学家那里，还是以其所理解的西方哲学的基本路径解释传统儒家哲学。21世纪我们仍有过对中国哲学是否具有哲学性的问题的讨论也从特定角度表明了这一点。

比如，胡适在1918年出版的代表性著作《中国哲学史大纲》中，"孔子篇"中的内容大体讲了孔子传略、孔子的时代、易、正名主义与一以贯之等五章。"一以贯之"在《论语》中前后出现两次，一次是与子贡的对话，一次是与曾子的对话。在与子贡的对话中，子曰："赐也，女以予为多学而识之者与?"对曰："然，非与?"曰："非也，予一以贯之。"（《论语·卫灵公》）在与曾子的对话中，子曰："参乎! 吾道一以贯之。曾子曰：'唯。'"曾子出，门人问何意? 曾子曰："夫子之道，忠恕而已矣。"（《论语·里仁》）今按两处对话中的意思是有一定区别的。胡适解释这一思想认为历史上何晏"注这一章最好"，何晏云："善有元，事有会。天下殊途而同归，百虑而一致。知其元，则众善举矣。故不待学而一知之。"认为这是孔子针对天下万物"头绪纷繁，却有系统条理可寻"，故"一以贯之"就是要能追寻其系统条理而会通之①。这无疑是有道理的。但他却以此解释孔子与曾子的对话，显然与传统儒者的解释大异其趣。朱子的解释则是"尽己之谓忠，推己之谓恕"②，显然，朱子认为"忠恕"工夫并非只是认识上的会通。朱子对此区别的解释是子贡与曾子两人程度不同。实际上，所谓"贯"并不能解释为"通"，《尔雅》云："贯，习也。"因而，"一贯者，一是皆行之也"③。但胡适却认为传统的解释是错误的，"一以贯之"或"忠恕"不单是什么人生哲学的问题，而"只是要寻出事物的条理统系，用来推论，要使人闻一知十，举一反三"的推理方法。

冯友兰也是最早以西方哲学的方法解读中国哲学的著名代表。他曾经提出了生命的自然、功利、道德和天地"四境界说"。这四个境界是由低到高的，自然境界中人只是顺才顺习而为，对自己的所作所为的性质没有什么了解，可以说是一个"浑沌"，几乎和动物没有太大区别;功利境界中的人以功利作为行为目的，重在"取"得利益;道德境界中人们的行为是考虑他人，重在给"与";而天地境界则是圣人境界。"境界有高低。此所谓高低的分别，是以到某种境界，所需要底人的觉解的多少为标准。"④ 冯友兰的境界说在当时无疑给人很大

① 胡适. 中国哲学大纲 [M]. 北京：商务印书馆，2011：85-86.
② （宋）朱熹. 四书章句集注 [M]. 北京：中华书局，2012：72.
③ （清）阮元. 揅经室集（上）[M]. 北京：中华书局，1993：49.
④ 冯友兰. 新原人 [M]. 北京：北京大学出版社，2014：66.

启发。不过，他只是认为境界的高低只在于"觉解"的层次高低，"觉解"其实仍是一个认识的范畴，与所谓"直觉""体悟"相比虽有对理解、解释的突出，但仍是纯主观的，并不牵涉实践工夫。这样，也就存在可深思的问题：姑不论四境界说划分的合理性，单就冯氏所坚持的论证推理是否能够充分说明其合理性而言，犹可存疑。因此，他并没有深入境界内容把握其实质，反而认为其有神秘主义内容。如其云（孟子）"'万物皆备于我''上下与天地同流'等语，颇有神秘主义之倾向"等①，就是明证。

胡适将本来有明显区别的"一以贯之"均做同样的理解，目的是将"忠孝"的工夫含义过滤掉，而扩张其作为思维方法与推理的含义，很难说没有故意的曲解以适应其以西学理路整理国故的动机；冯友兰以境界说解释传统思想，同样也有意无意忽略工夫对于境界的重要意义，而只是夸大附属于工夫的认识方面的"觉解"对于境界的意义，然而，这样做却可能使境界成为难以到达和理解的神秘主义。不过，与胡适不同，冯友兰明白，"姑无论神秘主义底境界为何，但以智识底知识求之，实乃南辕北辙"②。

胡、冯二人与前述诸位哲学家、思想家相比最大的区别，就在于他们有较长时间的国外留学经历，相反，前述诸位则多为没有西方长时期的留学经历，且不少人主要依靠自学传统经典长期摸索而成才者。他们之间的明显差别表面看是是否受过现代西方学理与研究方法方面的训练，而实际上则是受到了不同的治学路数和传统的影响。

秉持西学路数的胡、冯等人，无疑深受自古希腊以来西方哲学传统的影响。古希腊哲学传统显然是逻各斯主义传统，坚持 Idea 至上的原则，他们在知识的性质，知识的来源以及和道德的关系等一系列问题上的看法，是与传统儒家的观点大为不同的。

在柏拉图看来，知识不是意见，甚至也不是正确的意见。"知识不是 ready-made，从外面吸入的"，而是"由外面的刺激引起受刺激的人的思想活动，在内面发展"③。知识是连贯的自洽的系统，认识不是由经验获得的，是否有连贯性，是知识和正确意见的根本区别。认识的对象是存在者，而感觉事物只能产生意见。原则上，传统儒者并不否认知识可以通过学习或受教育而获得，虽然，张载也曾说"德性之知，不萌于见闻"，但并不是说他认为德性之知也是以追求

---

① 冯友兰. 中国哲学史（上册）[M]. 北京：中华书局，1961：164.
② 冯友兰. 三松堂学术文集 [M]. 北京：北京大学出版社，1984：59.
③ 陈康. 古希腊哲学 [M]. 北京：商务印书馆，1990：23.

系统性、连贯性为鹄的。即使近代产生有以培根为代表的英国经验论，但没有改变西方哲学重视演绎逻辑和推理为重的学术传统。比较而言，传统儒家（包括大多数诸子）均不以演绎逻辑推理为主要方法，而是以身体力行为前提的所谓考、征、验为学术的重要方法。如《礼记·中庸》云："君子之道：本诸身，征诸庶民，考诸三王而不缪，建诸天地而不悖，质诸鬼神而无疑，百世以俟圣人而不惑。"所谓"本诸身"即"以身为本"，身体力行为本。若不能身体力行，所谓征、考、建、质、俟均落与空言。很明显，这里仍以"行"或"工夫"作为中心。

近现代学术在西学强势的影响下，将原本主要属于"行"的问题，简化为思想或理论问题；将道德和价值问题，当作客观事实问题；将转化与建构现实变为批判现实，无疑放弃了儒家哲学的立场。

梁漱溟最先发现上述倾向并试图予以纠正。他在成名作《东西文化及其哲学》中用以抗击西方哲学方法的武器之一，是使用"直觉"来指称传统儒学方法，而批判西学所谓"理智"。这种思想使牟宗三耳目一新，后者在多年后提出"智的直觉"概念。然而，"直觉"本属一外来语，用以指称儒家哲学方法有一定限制。早在20世纪30年代，梁漱溟已觉不妥，故当时著作中明确以"理性"取代"直觉"。这说明儒家哲学方法是"理性"而非生命哲学的"直觉"。当然，梁氏的"理性"不是西方人追求的客观物理，而是"情理"。情包括情感，但同时也是在任何情况下均能切中人伦事理的"对"，是"真理"。可以说，在这种意义上，梁漱溟的情理、理性，和牟宗三所谓的"智的直觉"，日后冯契的"理性的直觉"，乃至杜维明的"体知"，都有某些共同的所指。

只不过，近代以来的学术仍以追求方法而非以"工夫"为中心任务。梁漱溟等人虽有迎接西学的态度和继承传统的立场，不过因其多少已意识到认知和理解的重要性，以及接受社会转型的事实，所以，他们用以表述儒家哲学方法的概念似仍难充分反映传统学术方法。原因在：传统儒家哲学强调社会关系的协调和秩序的重要，注重文化和谐的社会生活与心灵生活的重要关系，而注重情、意的重要，相对忽略认知和理解上的差别。在儒家传统学术中，道德价值的强势无疑取代了认知和理解的地位，似乎以为情、意的协调性可以化解后者的分歧可能导致的危机。其实，道德的高标固然可能导致行为不及而出现令人深恶痛绝的虚伪，而所谓认知与理解的差异又何尝不成为某种利益的遮羞布呢？正是从这个立场，传统儒家哲学方法或工夫不论是在实践上还是在伦理上均仍有其重要意义。而近代以来试图融合中西哲学方法的努力，对西方认识论重要性的迎接往往走向对科学的向往，而对传统的继承主要表现为道德精神的认同。

其中，却忽视了儒家哲学在认识问题上的最大贡献是注重道德认知，而在道德上最大贡献是将其直接和认识活动统一，形成所谓"人道"意识和"人道精神"。

或许熊十力是比较特殊的，他虽然也主张中西合璧的"思修交尽"思想，但原则上还是属于传统哲学的阵营。熊氏试图以西方哲学的系统观念来解释传统儒家哲学，也受到持不同意见的梁漱溟的批评。

二、工夫论研究的意义

学术研究的出发点是什么？学术研究要达成什么目的？从不同的立场可以有不同的选择。解释世界和改变世界的区别可能导致不同的学术研究。解释世界的目的是要认清事实真相，而改变世界则可能重点在选择行为的可行性方案。认识真相是古老哲学的追求，但它最初是基于假定有一定不变的真相的存在，并认为人们可能超越妨碍人们认识真相的所有可能的障碍以一劳永逸地达到目的。但是，人类认识与哲学的历史已向我们证明，如果有真相的话，那它本来就是一个变动不居的谜，世界就是许多的活动和过程组成的。没有永远在那里等着我们去认识的一成不变的真相。同时，深藏在世界上以及我们自己身上的那些妨碍我们认识真相的因素是如此之多，以致我们无论从经验主义的角度还是理性主义的角度，似乎都难以克服。因此，休谟认为真相不可能为人们所知道，我们可能知道的只能是我们的感觉经验组成的东西，而康德则认为真相虽存在，但我们所认识的只能是重新架构或构造的现象。这种倾向无疑在某种意义上有利于那种以改变世界为目的的哲学，因为它涉及的重心似乎不在世界的真相，而是行为的决策。

行为的选择可以不将关心的重点放在真相上。既然真相永远可能是一个谜，并可能会因为追逐真相而陷入认识上的悲观主义；那么，行为决策依据什么原则呢？显然，行为选择必然更多地考虑的是效用或结果，即哪种行为能够有效地并符合人们的需要地去改变世界并使其符合人们的预期。不排除选择行为的直接依据是以往行为活动的记忆或经验。我们可以将主要是考虑行为效果的理性称为实用理性，关心以往活动经验的理性视为历史理性。然而，如果人们均只考虑行为的效果，那么，不同人的行为效果可能构成相互的否定和冲突。为了效果服从整体利益，就必然要考虑行为的动机，即至少从动机和效果两个方面，人们的行为不能构成相互否定，这样，实用理性就必然走向道德理性。同理，如果关注的重心在历史，那么，就必然会注重规范。因为，规范的形成是历史演化的结果。可以说，儒家道德理性是基于实用理性而又超越于实用理性的。基于实用理性所以它兼顾到效用，注重规范特别是兼顾人类共同利益的道德规范，成为其特色。故在强调所谓"或安而行之，或利而行之，或勉强而行之，及其成功，一也"（《礼记·中庸》）的同时，又强调"与仁同功，其仁未可知也；与仁同过，然后其仁可知也"（《礼记·表记》）。动机对于行为的道德意义的评价是决定性的。然而，既然是实用理性，要考虑行为效果，而行为必然涉及对象性的客观存在，因而，真相是什么的问题并非无足轻重的，那么，为何儒家哲学没有花太多力气去关注真相的问题，而是集中于行为规范的伦理问题呢？这个问题显然不是个别儒家人物的个人倾向、性格和爱好所导致的，而是决定于儒者所处的社会结构和体制。即使就改变世界而言，不同的社会结构中，人们有效地改变世界的方式也是不一样的。实用理性和道德理性的产生无疑与严密的宗法社会和集权政治体制有不可分割的内在联系。所以，当西方文化发展到马克思的时代，已经认识到能够改变世界的真正力量在于古往今来劳动者的劳动实践活动，自古以来的中国传统、特别是儒家伦理，却仍然认为对于任何个人和群体而言，能够把其利益和群体利益打通且能够改变世界的那种力量主要是权力。因为权力虽然定义可以很多，但其核心无疑是能够将劳动者组织和结合起来进行改变世界活动的力量，在权力笼罩下，劳动者只是权力延伸到世界某个角落和事物打交道的末端的"民"而已。权力有时也会使自己心目中的个人与真实的自己乃至他人眼中的自己仿佛统一起来了，其实，历史上多半是虚假的统一。或许正是为了防止盲目的权力崇拜，基于实用理性的道德理性获得赖以产生的一个重要原因。因此，在西方被视为"利维坦"的权力，但在孔子那里并非是什么不可理喻的怪物，而需要和道德建立不可分割的关系。"政者，正也。子帅以正，孰敢不正？"（《论语·颜渊》）"人道政为大。"（《礼记·哀公问》）"人道敏政。"（《礼记·中庸》）由于和政治的密切联系，儒家伦理的道德理想渗入到社会生活的方方面面，甚至发展到可以淡化真相问题的地步，以至有人认为是"泛道德主义"。但是，如果考虑到权力的威力，儒家试图以道德理性化解其非理性的努力不是没有理由的。宗法和集权政体不能没有理性的渗入，以将其导入合理的轨道。

任何个人虽很难脱离社会组织去改变世界，但是，却需要通过调整自己和社会组织的关系而改变自己和这个世界，这种企图导致道德修养。从某个角度讲，修养居于实用理性、道德理性、政治以及行为规范的中心。没有修养，则实用理性陷入单纯的功利主义追求，金钱至上；没有修养，所谓道德成为空言；无修养，在儒家那里，政治失去节制，而政治人物成为"残贼之人"；无修养，则所谓的规范失去作用，历史在人们眼里也就是冒险家阴谋家的乐园。修养存在的必要性使工夫的产生也成为必然的。

工夫的意义和工夫论研究的意义是有区别的，因为这不仅关涉到对工夫意义的理解，而且关系到不同领域的思考和研究的问题。

工夫修养在儒家伦理中存在着内在必要性，在于其形上与形下的"不即不离"的思维方式和生活方式。形上乃精神方面，形下是物质方面。"不即不离"本为佛教术语，熊十力用来说明儒家体用的关系，也颇为恰切。所谓"不即"，亦即"不一"，本体是无待的，无方所的，无形象的，它"自身是个变化不可穷竭的事物"，体用或现象"虽本无实物而有迹象诈现，依此迹象可以施设物理世界或外在世界"①。二者是相互区别的，不能直接等同。所谓"不离"，即"不二"，即形上和形下二者又不能割裂，"断不可截成二片的"②。这就是熊十力著名的"体用不二"的学说。这个思想可以用来理解传统中国社会的生活样态。正是这种思维方式和生活方式，决定了礼仪、礼义、礼物三者在实践上的统一。即只有当礼的三要素在具体的时空条件中同时并到，具体统一，才能够称为合礼（理）。这个统一所需的过程和方法其实就是所谓工夫。因为，没有礼仪和礼义将现象世界区别开来，就会出现陷溺或混沌；没有物则本体无法显现。三者如何能够统一，当然首先应该是"明善"。

工夫存在的意义是因它不仅是所谓"内圣外王"的关节点，而且也是儒者和民族文化与民族生命联通的重要桥梁。无论个体处于什么样的具体历史境遇和社会背景，也无论他在社会上有什么样的社会角色，只有当他将自己的命运和国家民族的命运联通，能够深刻体履人民的心声者，才是真正的儒者。然而，现实上，不要说一个人能够体贴另一个人乃至天下民众的心声，即使一个人自己也往往是分裂的。这就是工夫真正的生长点。

首先，工夫要解决的就是自我分裂、自我对立的问题。一个人的世界是分裂的，往往是因为这个人生命自身是分裂的。主与客、心与身，天与人，只要是在不同境遇向人们呈现出来，必然都是判然有别因而难免现象上是相互分裂的。这种分裂导致人的消失感、物化感。孟子曰："耳目之官不思，而蔽于物。物交物，则引之而已矣。"（《孟子·告子上》）《礼记·乐记》则云："物至知知，然后好恶形焉。好恶无节于内，知诱于外，不能反躬，天理灭矣。夫物至感人无穷，而人之好恶无节，则是物至而人化物者也。"外在的世界并不天然地不符合人的要求，人生有穷而愿无极。不能运用智慧把握真相，则定会为表象

---

① 熊十力.熊十力全集（第三卷）［M］.武汉：湖北教育出版社，2001：242.
② 熊十力.熊十力全集（第三卷）［M］.武汉：湖北教育出版社，2001：236.

所迷惑，人因此就自我分裂。在儒家看来，人生的分裂是可以化解的。天人、身心、主客可以达到统一。如果它们不能统一，那是因为心量不够宽大，工夫没做到家。工夫做到家，则宇宙就是一个。在儒家看来，一切矛盾和冲突，都可以看成是身与心的矛盾和冲突。工夫，不过是解决身和心的关系问题。

身心关系非常复杂，但却是一个哲学的大问题。西方哲学关于身心问题的理论主流是一些解释性、说明性的理论（心灵哲学）。然而，康德却说："哲学不是别的，只是关于人的实践知识。""一个人能够按照自己的表述去行动的能力，就构成这个人的生命。"① 他还说："义务是'从尊敬法则而行'的行动的必然性。"② 儒家关于身心问题的解决，发展出一套修养工夫理论。

诚如前述，既然抽象的本心其实是并不存在的，它需要工夫才能呈现或具体化，那么，日常生活中可能"本心"只能是若隐若现，实际相互打交道的心与身的含义与相互关系就有所不同。这样，所谓"心"，除了"本心"，的确还有血肉之心（身），欲望之心（意欲），以及认识之心（意识）等等含义。身当然也有相对于本心的身，以及相对于本能、认识之身。作为本能的欲望却兼有身心的意味。它发源于身体的需要，但是，却可以表现为主观的意欲和意念。在这个意义上看身心的统一，要么是欲望的满足，要么是正确的认识。显然，这两种意义上的身心统一不能说是儒家的所谓工夫。这种意义上的身心统一要能够成为工夫，只有当其被纳入"本心"的范畴之内才有可能。这样，"本心"的实质对于工夫就是至关重要的了。

"本心"，不是主观的，而是工夫修养所达到的并在实践中呈现的境界。它以工夫作前提，但并非仅是个人的知觉和感受，而是在人与人之间彼此流动、交换和感应的。这应该有言论和舆论的自由来保证。如果说"本心"强调的是人作为人之心，逻辑上是道德工夫的前提的话，那么，它在具体实践上的呈现则以工夫作为前提。以此而论，即使上述意义上的身心统一，也只能有辅助性的作用，而本心的真实呈现无疑是依靠所谓"体认"的。《礼记·中庸》云："凡为天下国家有九经，曰：修身也，尊贤也，亲亲也，敬大臣也，体群臣也，子庶民也，来百工也，柔远人也，怀诸侯也。"如此将修身作为根本性的基础，当不能看成是闭门造车的结果，而是有现实背景的。

在这种意义上，所谓身心统一，不仅是一个人的身和心的统一，而且是儒者之心和他人之心乃至万民之心的协调。其中，由于他人的心是存在于他人之

---

① ［德］康德. 法的形而上学原理［M］. 沈叔平，译. 北京：商务印书馆，2008：14.

② 石磊. 康德谈人性与道德［M］. 天津：天津社会科学院出版社，2014：21.

身中的，故个人身心的合一成为人心相通的必要环节。一方面，没有身，就没有心；没有本心作为身的主宰，就不可能通达他人之心。因而，没有儒者个人的身心统一，讲什么"人同此心"，都是空话。

其次，工夫之所以必要，还因为在传统中国人看来，任何人和万物一样虽都不过是一"气"，但也有与此"气"相应的"心"，只有人人内心"和顺"，才能出现儒者所希望的"和"的宇宙图景。比如，无论从自己还是他人角度看，个体身心哪怕偶有不和不乐，都可能有不悦或愠怒的心理产生。《礼记·乐记》云："心中斯须不和不乐，而鄙诈之心入之矣。外貌斯须不庄不敬，而易慢之心入之矣。""鄙诈之心"和"易慢之心"既可能因自己的言行所导致的他人内心的变化，也可能是他人言行所导致的自己内心的变化，面对外部世界的复杂变幻，若无工夫做基础，必然会产生报复或轻慢的心理。正因如此，孟子说"强恕而行，求仁莫近焉"（《孟子·尽心上》），故《礼记·乐记》曰："礼乐不可斯须去身。"一个从内心要求"强恕而行"，一个从内外统一的角度要求"身"服从礼仪规范。心灵和外部世界的相互摩荡与作用过程中，若不能反躬或反躬力量不够，或没有客观的原则，都可能有不仁的行为和言辞出现，发泄到对象上去。从社会控制的角度看，人的复杂结构除了身，精神方面还有知、情、意。只有"气意得而天下服，心意定而天下听"（《管子·内业》）。从知的角度是从"反躬""知己"到"知人"，再到"知命"和"知天"。从情的角度就是"亲亲而仁民，仁民而爱物"。从意的角度则是见义勇为，知耻远恶，改过迁善。其中，"反躬""知己"是前提。"反躬"，即将用力的方向从外在事物投射到自己身上。身不过是一身，一个自然的过程：气、生命、动物、躯壳、父母之遗体、意义和价值的承载者；但是，身却又血脉相连。重要的则是知心。真正的知心即是"本心"的呈现。在这里，工夫的重点一方面是可以帮助人们提高境界，扩大心量，完成个体精神上的完善；另一方面是作为儒家学问的基本功，是其内圣而后从事政治的必要前提。

在这里，工夫不仅是个体身心的统一过程，而且要顾及人际关系，单纯从知识的层面是很难根本解决问题的（西方哲学中存在的不可知论和怀疑论，从一面证明了这一点）。儒家显然不是单从知识而是从情感入手，将宗法社会中具有生命之继承和根源关系的伦理情谊看成是人际间相互联系的重要纽带，并把它上升为人作为人的根本——仁，认为这是一个独立个体可以超越于认知乃至利益上的限制而将自己生命扩大的基础。在儒家看来，一个人生命的打开或者超越，是不能无情理无仁心的。情理的表现：憯怛之心—恻隐之心—万物一体之心。

　　儒家道德工夫的意义重大：第一，因工夫而必然产生人性实践的基本原则。这一原则，既非抽象理性所强调的逻辑推理和概念分析，也不是信仰让人匍匐在地的超越性的上帝，而是"按自己的表述去行动"的工夫，是现实的和有人文内涵的。所谓"言而履之，礼也"（《礼记·仲尼燕居》）。第二，自觉的道德工夫乃君子的基本特征。儒者乃传统中国的士，他们是社会上身份最不固定，也是最不稳定的一个阶层，由于最不稳定，所以，社会上的许多好事坏事，似乎都与他们有关系。要使这样一个阶层对社会发挥积极而非消极的作用，就需要使他们有一个稳定的立场；要使他们在个人人生发展方面有出路，就需要在其成长和发展过程中植入使他们能超越其无根性质而成为普遍利益的代表。事实上，工夫修养可使儒者完成自己的身份超越，成为代表普遍利益的人。所谓"先天下之忧而忧，后天下之乐而乐""天下兴亡，匹夫有责"因此就不是一个空头口号，也非一般自觉意识，而是理想（志）能够真正成为现实。第三，工夫使儒者精神追求得以升华，使"见体"成为现实。人生的根本意义，莫过于证实人生的根本究竟，实现最大价值。儒家所谓本体虽不像西方哲学中的本体那样是实体或绝对，但它也是超越物我对立的万物一体的生命体验。个人总是受到知见、经验和介入世界方式的限制。人们往往将有限的相对的认识和经验绝对化，或以相对的认识排斥另一种相对的认识，等而下之以利益或情绪作为思考的出发点。儒家的工夫就是要超越这种有限的相对的认识和经验。"天人合一"是儒者修养达到的境界，不是如有些人所解释的那样，仅是一种思维方式。所以，工夫修养在儒家是为人的基础，有不可否认的积极意义。第四，儒家工夫作为具有莫大的道德意义和精神价值的文化传统，对于人的全面发展具有积极意义。今人重视物质利益，可以看成是对一度过分务虚的反动，有值得肯定的一面。但这不意味着赞成拜金主义，享乐主义。精神的意义和价值，不仅是它可带来物质生产的发展，而且精神生活本身具有无可替代的价值。如果没有自觉的道德工夫，传统文化那种人文主义、形上和形下不即不离的特点在今天可能成为某种借口。如果不是仅将人当作肉体存在，就不能否定精神生活特别是工夫所达成的境界的积极意义和价值。

　　在传统社会结构发生一定变化，价值观念也呈多元化的今天，儒家工夫论的研究仍有积极意义。第一，可以更清晰地认识和理解儒家伦理的文化意义和现代价值，使其原本具有神秘性的工夫成为人们可以理解的修养方法和原则。

　　应该说，相比西方哲学突出"是什么"和"为什么"，而弱化"怎么办"的问题，儒家哲学确实突出了"怎么办"，而简化了"是什么"和"为什么"的问题。但是，"是什么"的问题是否因此不存在，而且，如果"是什么"的问题没有承诺，那么，是什么理由决定人们那么办的呢？诚如前述，本体问题在道德哲学中，应有两个不同层次：一是作为行为根据的"本体"，一个是工夫实践的终端"呈现"出来的"本体"。前者，我们可以视之为前提性的预设，而后者则是作为目标的"境界"式本体。如果说理论哲学要追求的是理论的解释力、说服力，因而以理论逻辑为主要方法；那么，工夫所追求的是介入生活重建生活的能力，是生活实践。而我们工夫论研究的重点既然并不在传统的"怎么办"的问题上，而是"为何会这么办"的问题，那么，我们的研究任务就从实践转向了理论。从理论上再现过去一向被忽略的问题，显然是有必要的。因为，无论是道德生活的发展，还是政治实践的完善，都不能没有学术上深入而系统的探索作为必要条件。

第二，工夫论的研究无疑有助于伦理的实践。"怎么办"的问题倾向于伦理，"为什么"的问题显然更接近哲学。前者的重心在于转化与改变现实，后者的重点则在挖掘儒家伦理的义理空间。前者不免将伦理和政治当作其思想的双轮，所谓"内圣外王"，德业事功是当务之急，后者则在说明其伦理与政治实践的种种逻辑可能。然而，理论上探索"为什么"的问题无疑对于"怎么办"的问题的解决有促进作用，对工夫的进程和方法等的研究不仅直接改进实践，而且改变那种轻视理论认知的倾向。认识程度不同，工夫可能就不尽相同。虽然"德行"乃儒者的共同追求，但人们感受上的错觉或认知上差异会导致工夫可能大为不同。特别是在面对社会群体时，个体的工夫和认知判断显得非常重要。作为参与者的工夫和作为观察者的工夫是不同的。观察者虽不可能同时是参与者，但是，在参与的过程中努力完成作为观察者的使命可能对于善的实践有莫大积极意义。所谓"修辞立其诚"就是从这个意义上说的。

第二章

从正心、慎独、诚之到中庸之道

与反躬、内省一样，正心、慎独、诚之（意）和中庸，均属于修养工夫中的主观方法，但这些工夫在两戴《礼记》工夫论中仍处于十分重要的地位。

第一节　正心、慎独

《礼记·大学》云"正心"，《礼记·大学》《礼记·中庸》《礼记·礼器》均论及"慎独"，作为修养工夫在《礼记》中有十分重要的地位。

一、正心

正心是《礼记·大学》八条目提出的儒家心性学说十分重视的修养工夫，要理解其在儒家修养学说中的重要意义，需要理解其得以成立的条件，亦即它是以默认身心关系、心的结构，以及人的生存样态为前提的。

作为修养工夫，有效性取决于其默认或体现的生命状况的真实性。没有哪种无针对性的工夫会实际地发生作用。那么，正心承诺了什么样的事实和客观条件呢？简言之，即心与身的关系，人与人之间发生交往关系时，身心关系又会出现什么样的变化，这是不可不明的。

可以说，正心乃基于身心关系中心的主导性，但就对人的认识与评价而言，却只能以身为客观标的，因为"知人知面不知心"。在两戴《礼记》看来，身具有特殊性，身，虽有时指身体（有时"体"也指身体），如"身有伤则浴""君无故玉不去身"，但也有很多情况下身则泛指人可见的形体及其行为活动，如"修身践言""慎其身""慎行其身""身致其诚信"，以致"身"有时就是指身体力行，典型的就是《礼记·中庸》"取人以身"，孔颖达谓："取人以身，明君欲取贤人先以修正己身，则贤人至矣。"① 朱子言："身，指君身……取人之则又在修身。"② 身在这里是人格现实存在的表征。然而，"取人以身"似不必拘泥于此种理解。《大戴礼记·少闲》载："子曰'昔尧取人以状，舜取人以色，禹取人以言，汤取人以声，文王取人以度'。"这里均是讲以什么标准选拔人才，《礼记·中庸》所谓"取人以身"恰似概括的说法，意味古代"五王取人各以己焉"（《大戴礼记·少闲》）。己，身也。又《大戴礼记·五帝德》记子曰："吾欲以颜色取人，于灭明邪改之；吾欲以语言取人，于予邪改之；吾欲以容貌取人，于师邪改之。"若如是，则"取人以身"不一定直接具有褒义。以孔、朱的理解，显然是将"取人以身"与后面的"修身以道"思想结合起来理解的，这在思想上有了一个很大的转进，即"取人以身"似已包含了"修身"乃至"以身作则"的意味。不过，后儒强调自我修养对"取人"的重要意义是可以理解的。因为，既然儒家重视政治对于人道的重要性，而政治具有远远超越于任何个人局限的巨大组织与结构的力量，若没有个人的修养作为前提，则不仅不能知人论事，而且可能为政体的庞大组织所遮蔽，一般情况下也就很难克服其限制。建构自己和他人的可靠联系对于个体人格的完善是不可或缺的。卢梭说："我们只有通过行动，才知道有些东西不是同我们一体的；只有通过我们自己的行动，我们才能获得远近的观念。"③ 行动总是由身发出的。可否行，如何行，行的后果怎样，都不是单纯知与意能够确定的。

作为个体之身，难免有隔离性质。"人与人之间，从乎身则分则隔（我进食，你不饱）。"④ 如果顺着这种思路发展，则"人非人不济，马非马不走，土非土不高，水非水不流"（《大戴礼记·曾子制言上》）。但是，从孝道而言，"身也者，亲之枝也""不能敬其身，是伤其亲"（《礼记·哀公问》），故亦需有所谓"慎行其身""不污其体，不辱其身"；而从修养角度，则有"诚身""修身""谋其身不遗其友""礼乐不可斯须去身"，乃至"比身"等等，都是将"身"作为社会性的关系存在而非独立实体看待的。因此，"身"不是孤立状态的单纯个体之身，而是在相关性中的社会性存在。易言之，"身"在与动词相连时不是单指身体（physical body），而是与心相关联的有机整体之一部分。

因而，"身"被认为是"父母之遗体"（《礼记·祭义》），或"亲之枝"，并非孤立存在属于个人的血肉之躯，而是具有家庭乃至族群属性的，因而也就

① （清）阮元. 十三经注疏（下）[M]. 杭州：浙江古籍出版社，1998：1629.
② （宋）朱熹. 四书章句集注 [M]. 北京：中华书局，2012：28.
③ [法] 卢梭. 爱弥儿（上卷）[M]. 李平沤，译. 北京：商务印书馆，2019：57.
④ 梁漱溟. 梁漱溟全集（第三卷）[M]. 济南：山东人民出版社，1990：604.

具有了一定的神性。"不能敬其身是伤其亲"(《礼记·哀公问》)。三代明王之所以敬妻,是因"妻也者,亲之主也";之所以敬子,是因为"子也者,亲之后也"。故君子无不敬,但"敬身为大"。伤其亲,乃伤其本;"伤其本,枝从而亡"。这是孝道得以产生的一大理由。

这样,从血缘关系上将个体与亲族联结起来,并通过家庭以及姻亲关系而扩展开,人与人之间就是彼此通过血缘或姻亲关系而相互"嵌入"的关系。这样的关系客观上是普遍必然的,建立于其上的伦理规范自然就有了客观基础。

"心"在《礼记》一书中有85见之多,其不同的记述,比较集中反映了儒者的伦理道德思想。心,《说文》云:"人心,在身之中,象形。"广义地看,与"身"对应的是"心",但心不可见,就其外延上总是从通过"心"在不同关系中的显现而言,有相对"物"的"知",相对"知"的"意",也有相对"理"的"欲",还有相对"性"的"情"。原则上,知、意(志)、欲、情,皆可谓心的内容,由此亦有"心志""心知""心术""心意"等概念。后世心学张扬了心的主宰义与道德义,如陆象山"发明本心",王阳明"身之主宰便是心",朱子则强调心乃认知之心,云:"问:'心之发处是气否?'曰:'也只是知觉'。"① 不过,朱子也不否认心的道德含义,认为"人受天地之气而生,故此心必仁"。按《礼记》所述"心"的结构,还不似在孟子那里那么明确。如"易直子谅之心""怵惕之心""恻怛之心",属于孟子所谓"恻隐之心";"齐敬之心""齐庄之心""礼义忠信诚悫之心""肃敬之心"属于孟子"恭敬之心",并未论及孟子所云之"羞恶之心"与"是非之心"。但却有"耻""辱"与"是非"的说法,如"君子有五耻""此三者君子之所耻也""君子耻服其服而无其容",耻有其容而无其辞,乃至辞与德,德与行,行与名之不相当,均为耻;"四郊多垒此卿大夫之辱也""地广大荒而不治此亦士之辱也""可杀而不可辱也";仅一处言及是非:"夫礼者所以……明是非也。"所谓"悖逆诈伪之心""禽兽之心""鄙诈之心""不庄不敬而易慢之心"等则基本上属于"恭敬之心"的缺失所致,换言之,"恭敬"之心在《礼记》是可通过礼教修为而成,但"易直子谅之心""怵惕之心""恻怛之心"乃自然而然。很少情况下,"心"指身体的一个部位——"心脏""祭先心"(《礼记·月令》),偶尔也有"心气"这样的表达,但更多地是指人的内在心理、心绪、情感、知等等。《礼记》中也有认为"欲恶者,心之大端也",故多言"治心"。

比较而言,《大戴礼记》虽篇幅小,据粗略统计,其言"心"亦30处左右。

---

① (宋)黎靖德.朱子语类(一)[M].北京:中华书局,1986:85.

不过，有不少地方出现的"志""意""内"，都有"心"的意思。《曾子立孝》云："著心于此，济其志也。"《曾子事父母》："养之内，不养于外，则是越之也；养之外，不养于内，则是疏之也；是故君子内外养之也。"王聘珍曰："内谓心，外谓貌。"① 间或也有"劳心力耳目"（《大戴礼记·五帝德》），"致思慕之心"（《盛德》），"腹心""民心"，仅《大戴礼记·文王官人》比较集中地出现了数次，诸如"心气""鄙心""深道以利而心不移，临慑以威而气不卑，曰平心而固守者也"，亦有"仁心"之说，"民心"一词出现就有近 10 次，反映了时代特点。

概言之，《礼记》言"心"，多上接孔子"从心所欲"之心，而下启孟子"仁义礼智根于心"之心。"心"被预设为身的主宰，如"欲修其身，先正其心"（《礼记·大学》），"心"是作为行为主体的身之发号施令者。动机上"毋或作为淫巧以荡上心"（《礼记·月令》），从美善角度有"齐敬之心""齐庄之心""礼义忠信诚愨之心""肃敬之心""易直子谅之心""怵惕之心""孝子之心""孝孙之心""恻怛之心"等，相反从愚恶角度有所谓"悖逆诈伪之心""禽兽之心""鄙诈之心""不庄不敬而易慢之心""蠢愚冥烦子志之心""欲恶之心"，乃至"君（凌驾）民之心"，也有各种不同境遇中偏于中性的心绪"祷祠之心""哀素之心"等等。

在了解身、心各自的含义与地位后，方可进一步谈身心关系，也才能理解"正心"。

因身心各自含义并非一定的，又由于生活必然是在时空中展开，强调实践的儒者在时空中践行道德，所谓治心律身的具体表现就显得复杂多样。易言之，不同层面的心与身是可以在某些时空条件下因人性的某些原因抑或客观因素的促使而产生多种组合。作为个体、家族乃至国家层面的身，与作为不同层面的责任与道德要求之心，以及认知、伦理道德心性发生某些不同理由的组合，都是可以想见的。所谓道德规范，就是对不合礼的行为进行约束。诸如孝与忠，表层是臣子相对家长与君主所应守的规范，深层地反映了人与家、国之间不同的关系；再比如，夫妻之间的所谓夫妇有别，除了夫妻本人彼此的行为规范外，同时也是夫族与妻族各种利益与责任关系的界限。然而，这都是基于个人的生存处境的诸关系而言的。

首先是以规范律身，因行为是有直接后果的。"礼乐不可斯须去身。"（《礼记·乐记》）"慎行其身。"（《礼记·祭义》）所谓孝也是以谨身为前提："不

① （清）王聘珍. 大戴礼记解诂［M］. 北京：中华书局，1983：87.

辱其身，不羞其亲，可谓孝矣。"（《礼记·祭义》）"不亏其体不辱其身可谓全矣""耳目不违心"（《礼记·祭义》），"外貌斯须不庄不敬而易慢之心入之矣"（《礼记·乐记》），"心中斯须不和不乐而鄙诈之心入之矣"。在身心出现不可兼容时，宁愿冒生命危险也不改其志："身可危也而志不可夺也。"（《礼记·儒行》）身虽与心相对，但有时又是指"己"，如"修身""君子不可以不修身""君子之道，本诸身，征诸庶民"（《礼记·中庸》）。"自天子以致庶人一是皆以修身为本。"（《礼记·大学》）以身或修身为本，原则上是相通的。"治一物而万物不乱者，以身为本者也。"（《大戴礼记·子张问入官》）无论是祭祀还是行政，都强调"必身自尽""必身行之""必亲莅之"（《礼记·祭统》），身或己是修养的出发点，也就是言与行的结合点。

其次，"欲修其身者，先正其心"（《礼记·大学》）。正，止一也。其所以要"正心"，在于"心不正，言不信，则义不一，行无类也"（《礼记·缁衣》）。"义一"方可"行类"。"义不一"，吕大临曰："有物，则无失实之言，有格，则无逾矩之行。如是者，人归于一，而不可变也……一者何？理义而已。"① 虽然，身心是相关的，但心的主宰地位决定了修身必以正心为必要前提。《礼记·中庸》云"取人以身"，心必定在身之行谊中得以显现。赵岐曰："心不正，而得人意者，未之有也。"②

不同的伦理思想，其对身心关系的认识不同，儒家虽在意人心向背，却又认为身心是不可分割的有机整体。《礼记·缁衣》中将君臣关系比附为身心关系。"子曰：民以君为心，君以民为体。心庄则体舒，心肃则容敬，心好之身必安之。君好之，民必欲之。心以体全，亦以体伤。君以民存，亦以民亡。"③ 流行本意思更全面，文字更齐整。这种比喻是否恰当是一回事，但至少说明君如同心一样，是社会的中枢。这段话认为内心情绪影响身体状态，而心的好恶决定身体欲望的方向。反过来，身体的状态也影响内心情绪，心可能因身体康健而健全，也可能因身体的毁损而衰亡。虽然是一种比附，但是，从这个角度也说明儒家的民本思想中是将君民视为一个相互联系的有机整体，甚至不亚于以舟与水的关系比附君民的关系。毕竟，舟水关系只是一种力学关系，而身心关系则是相互依存，不可分离，却又相互制约的有机关系。这里，表达的不只是身心关系的休戚相关，而且表明政治在社会机体中的地位。政治之所以重要，

① 陈俊民. 蓝田吕氏遗著辑校［M］. 北京：中华书局，1993：350.
② （清）阮元. 十三经注疏（下）［M］. 杭州：浙江古籍出版社，1998：2721.
③ 楚简本内容简略："民以君为心，君以民为体。心好则体安之，君好则民欲之。故心以体废，君以民亡。"

是因它不是个人内心的念头，而是社会行为与观念的中枢。

由此，可以理解心对于身的支配地位。对于某些短期而言，人心里想什么总是不如做什么重要，但是，对于长治久安而言，人心却是更要紧的。故《礼记》提出"心志嗜欲不忘乎心"（《礼记·祭义》），"淫乐慝礼不接心术"（《礼记·乐记》），"使耳目鼻口心知百体皆有顺正以行其义"（《礼记·乐记》），可见，心是血气心知、嗜欲以及感官的主宰，也是使感性知见、感官享乐与道德不相冲突割裂的精神力量。《礼记》认为，心平才能体正，心庄才能体舒。"心"若处于"安""静"或"和""乐"的状态，才能进行正常思考并符合道德。如其将人的行分为三类："或安而行之，或利而行之，或勉强而行之。"（《礼记·中庸》）三种不同的行为与仁的关系也不同："仁者安仁，知者利仁，畏罪者强人。"（《礼记·表记》）显然，心安于仁者处于最高的道德境界。"中心安仁者天下一人而已矣。"如果一个人内心里能安于仁而行，那么，他就等于是将天下都看成是自己生命的延伸了。孔子虽曾谓宰予"安则行之"，但这里所谓"安"只是一种心理上的安然泰然状态，并不意味着道德，但《礼记·表记》《礼记·中庸》所谓"安行""安仁"则是"安于仁而行"。"安于仁而行"就是至高的境界了。《礼记·大学》还明确指出只有在道德意识支配下才能"安"，由此才能正确地思考，其云："知止而后能定，定而后能静，静而后能安，安而后能虑，虑而后能得。"因此，《礼记》认为无论行还是思考，都是应以"安"作为一个重要的考核原则。"安仁"或"止至善"，对于实践是不可或缺的。

《大戴礼记》无"正心"之说，但可隐隐窥见其思路。《大戴礼记·虞戴德》有"正天名""正地事""正民德"，显系从统治之术角度讲的；而《大戴礼记·曾子立事》则设定"心思"是身、色之本①。《大戴礼记·文王官人》则曰："……深道以利而心不移，临慑以威而气不卑，曰平心而固守者也。"从"正民德"等外在的治术，到"心思"为身、色之根本，再到"心不移""平心而固守"之间，隐然已有"正心"的影子。

身有形象，心复杂且无定体，故"正心"在《礼记·大学》只是纲领性的，具体的工夫因情境而变化多端。《礼记·礼运》云：

> 何谓人情？喜怒哀惧爱恶欲七者，弗学而能。何谓人义？父慈、子孝、

---

① 原文是："君子之于不善也，身勿为能也，色勿为不可能也；色也勿为可能也，心思勿为不可能也。"

兄良、弟弟、夫义、妇听、长惠、幼顺、君仁、臣忠十者，谓之人义……饮食男女，人之大欲存焉；死亡贫苦，人之大恶存焉。故欲恶者，心之大端也。

这里，"心"既表现为本能的喜怒哀惧爱恶欲等人情，也可以表现为道德修为的慈、孝、良、弟、义、听、惠、顺、仁、忠等人义，认为前者乃"心之大端"；只是，对于人类生存必需的社会而言，人情就可能成为祸患。后者当为修养而成。因为"心"总是相对身以及行而言的，许多论述又都预设了它们之间的某种关系，故其含义较为含混而复杂，所谓"美恶皆在其心不见其色"。

因"心"抑或内心的情感本身难知，"不见其色"，可以从观察行为与表情而得到认识。《大戴礼记·曾子立事》云："君子之于不善也，身勿为能也，色勿为不可能也；色也勿为可能也，心思勿为不可能也。"这里表达的虽是君子对善恶的态度，但却客观上反映了人的身心与行之间的关系。其中强调君子内心不可能没有善恶的价值判断，并且往往会表现在表情和行为上。就其关系而论，君子可能因复杂环境行为上对善恶不能有所作为，但一般很难做到面无表情；即使饱经风霜，表情可以木然，但内心不能没有正确的善恶判断。在这一点上，《礼记·礼运》所谈也是人心的复杂状况。所谓"饮食男女，人之大欲存焉；死亡贫苦，人之大恶存焉。故欲恶者，心之大端也。人藏其心，不可测度也，美恶皆在其心不见其色也"。之所以如此，当是以承认人的自然属性天然具备，但因其聪明才智，满足欲望的资源有限，加剧了竞争；更由于社会肯定道德，便会使真实的欲与情隐藏起来。对心的认识在此最为复杂。

《大戴礼记·文王官人》载武王曰：

> ……民有五性，喜怒欲惧忧也。喜气内畜，虽欲隐之，阳喜必见；怒气内畜，虽欲隐之，阳怒必见；欲气内畜，虽欲隐之，阳欲必见；惧气内畜，虽欲隐之，阳惧必见；忧悲之气内畜，虽欲隐之，阳忧必见。五气诚于中，发形于外，民情不隐也。

短时偶尔的我"五性之气"虽可能隐忍，但若不断累积到一定程度，必然会爆发出来。

对于心可能"隐""藏"的现象，两戴《礼记》提供了对人对己不同的应对方式。对己而言，固然是"身行之"，身体力行，反躬修己；对人而言，则提出可以礼"穷之"或在不同处境中采取不同的方法："一曰观诚，二曰考志，三曰视中，四曰观色，五曰观隐，六曰揆德。"其中，最重要的就是"观诚""观隐""视中"。所谓"观诚"是"因方以观之"：对富贵者，观其是否好礼；贫穷着，观其是否有德操；对那些受宠者，观其是否骄纵；困顿者，观其是否懦弱；年少者，观其是否好学能孙弟；壮年人，观其是否廉洁务实公正无私；年老者，观其是否还能敏锐谨慎信守礼节。概言之，所谓"观诚"，就是观察人们在各种不同的境遇中是否不受客观条件的影响而还能坚守儒家的伦理。如父子、兄弟、君臣、乡党、居家、丧葬、出入、交友等关系中是否能够遵循道德规范。甚至可以主动借助各种机缘考察人们的品行：

> 考之以观其信，挈之以观其知，示之难以观其勇，烦之以观其治，淹之以利以观其不贪，蓝之以乐以观其不宁，喜之以物以观其不轻，怒之以观其重，醉之以观其不失也，纵之以观其常，远使之以观其不二，迩之以观其不倦，探取其志以观其情，考其阴阳以观其诚，覆其微言以观其信，曲省其行以观其备成，此之谓"观诚"也。

蓝者，滥也。如果说"观诚"的重点在常规的道德品行的考察，那么，"视中"则是依循事物变化的原则认识更复杂的人性的各种可能性。其云"诚在其中，此见于外；以其见占其隐，以其细占其大，以其声处其气"；又曰"听其声，处其气；考其所为，观其所由，察其所安，以其前，占其后，以其见，占其隐，以其小，占其大，此之谓视中也"。在内心与外在表现之分别的基础上强调从其现象认识隐微，以事情还在萌芽状态认识其未来壮大的情况，明显它与《论语》"视其所以，观其所由，察其所安"有相同的效用，突出通过表象认识人的内心。所谓"观隐"则显得比较复杂。人有阴阳，多有欲隐其真实状况，以虚伪作掩护，小惠而大得的状况。此种情况"有隐于仁质者，有隐于知理者，有隐于文艺者，有隐于廉用者，有隐于忠孝者，有隐于交友者"。种种具体情况虽有所不同，但都是"以赖于物，以攻其名也"。"女推其往言，以揆其来行；听其来言，以省往行；观其阳，以考其阴；察其内，以揆其外。是隐节者可知，伪饰无情者可辨，质诚居善者可得，忠惠守义者可见也。"此篇可谓是为"官人"所做的考察官员的主要原则和方法，客观上讲，也带有道德认识的浓厚色彩。道德认识是一个敏感而艰难的话题，后世儒者深知其微妙难行，故朱子将格物致知转向对天理的认识，而心学却转向了对"本心"与"良知"的自觉。不过，作为精英政治的常识，对官员的品行的认识本来就是不可随便的，我们不妨将日后发展起来的举贤良、九品中正制度、科举制度看成是对准官员进行客观考察的制度，原则属于对人之性情的认识。如果不这样理解，那么，儒家所谓治心律身的修养就只能沦为个人私下的癖好了。或许因《大戴礼记》这方面的内容与个人修养关系不大，便研究者寥寥。

《礼记·乐记》中认为"心"的理想状态为"和""乐"，然而不同的人却有不同的层次追求。"君子乐得其道，小人乐得其欲。"但君子小人并非泾渭分明，君子的追求在道，当以心的满足为目标，却并非没有身的需求；小人固然以欲望的满足为目的，但也并非完全没有内心满足的需要。只是君子以心即精神满足为根本，小人以欲望满足为鹄的。其云："乐也者，情之不可变者也……乐统同。"孔颖达谓："乐出于心，听之则欢悦，是情不可变也。"[①]"乐者，天地之和也。"天地之气和才能生万物。故主张"致乐以治心"。它认为民皆有血气心知之性，对于不同的声音有不同的感应。符合道德的声音感动了人，就有顺气被感应出来；相反，奸邪之声感动人，则有逆气产生，逆气成象，就有淫乐之事发生。因而，乐教就是通过音乐文化以感化人的内心，使其"耳目聪明，血气和平"。心不能顺其自然就会"悖逆诈伪"，而心之所以会悖逆诈伪，就是因为它不能回归其主体的地位而"物化"。"夫物之感人无穷，而人之好恶无节，则是物至而人化物也。人化物也者，灭天理而穷人欲者也。于是有悖逆诈伪之心，有淫泆作乱之事。"

《礼记·大学》云"正心"，在"诚意"之后，"修身"之前。作为"八条目"之一，可能"正心"所得到的关注是较少的。但心作为身之主宰却又是儒家工夫论必然关注的重心。

二、慎独

"慎独"工夫在儒者修养中占有较特殊的地位。由于《礼记·大学》《礼记·中庸》《礼记·礼器》《郭店简·五行》皆论及，而且受到程朱等理学家的重视，说明"慎独"不是偶然的说法，而有深刻根据。比较而言，《礼记·大学》《礼记·中庸》《郭店简·五行》论"慎独"尤其令人关注。但是，过去我们多仅从一般的道德工夫角度看"慎独"，并未将其复杂和微妙的话语背景凸显出来，则对它的理解还存有歧义。

独，《说文解字》曰："犬相得而斗也。羊为群，犬为独也。"段玉裁注："犬好斗，好斗则独而不群。引申假借为专一之称。"独者，单也，孤立无援。孟子曰："老而无子曰独。"（《孟子·梁惠王下》）因而，慎独从词义上看便是

---

① （清）阮元. 十三经注疏（下）[M]. 杭州：浙江古籍出版社，1998：1537.

慎其处于单一、独处而孤立无援的境况。今天我们理解"慎独",则要考虑语境。

《礼记·大学》云:"所谓诚其意者。毋自欺也。如好好色,如恶恶臭,此之谓自谦。故君子必慎其独也。"一般而论,这是说,"意诚"者不自欺,即不自我分裂。不自我分裂,即为"慎独"。又云:"小人闲居为不善,无所不至,见君子而后厌然,掩其不善,而著其善。人之视己,如见其肺肝然,则何益矣。此谓诚于中,形于外,故君子必慎其独也。""小人"无疑是"自欺"者,而君子不能"自欺",必须在主观上"诚于中",在行为上表现出来。这里,需要注意的是,就是对于"慎独"之"慎"的解释。"慎独"之"慎",郑玄、孔颖达各自解释不同。郑玄《礼器注》解之为"诚","慎其独"为"诚其独",故"慎独"为"诚独",其后,于《礼记·大学》《礼记·中庸》均不复注。孔颖达则解"慎"为"谨",即《礼记·中庸》之"戒慎"。按《尔雅·释诂》云:"慎,诚也。"后人多以郑说为是①。问题在于"慎独"之"独",传统的说法是把"独"理解为"独处",郑玄、朱子均持此论。这一解释会使人误以为"身独"而非同时"心独"。若仅指"身独""慎独"不外就是强调,慎其独处时。但既然意义在于解读,解读在于能解读的心灵,则笔者认为,"慎独"之"独"应明确包含"心独"。因而,"慎独"不仅是针对行为的规定,而且"直接指向一个人的意念"②。由于心灵自由的性质,即使在人群中,也不能避免"心独"。若是"心独",则无论是在凄楚心境中的顾影自怜,还是在封闭心态中的傲睨万物,都与儒者"诚之为贵"和具有历史感和责任心的"忧患意识"相去甚远,何况自欺欺人的小人之心呢?因而,"慎独"应包含"慎心独"的含义在内,不仅是在劳嚷喧嚣的熟人圈中如此,在出门便是陌生人的大都市也是如此。诚如前述,既然心可以"隐""藏",从对象性认识的角度需要"观诚""观隐",那么心必然是"独知""独见"的,这在修养上就必定有一个"慎心独"的问题。易言之,《礼记·大学》举"小人""自欺",闲居为不善,见君子便厌然,"掩其不善,而著其善";其实,从君子是一个过程的角度看,不见得就没有自我分裂的状况:否则,如何理解孔子"四毋"?又如何理解"自卑而尊人,小心而畏义"(《礼记·表记》)?实际上人难免存在不自觉的自欺。

或许梁漱溟就意识到传统对"慎独"理解的不足,所以他说:"慎者,宇宙

---

① 《性自命出》:"慎,仁之方也。同方而交,以道者也。"此说与郑、孔二说均无明显矛盾。

② 陈来.中国传统道德修养的基本内涵:以"慎独"为中心 [J].南国学术,2014(1):135-145.

生命的不懈；独者，宇宙生命的无对。"① "无对"即没有对立面可以对立、对待，同于"无待"。把"独"解为宇宙生命的"无对"，避免了片面理解为"身独"的可能。但梁的"慎独"思想并没有机会深入发挥，也未引起人们的注意。

《礼记·大学》是在"内圣外王"的话语背景中谈所谓"慎独"的，与《礼记·中庸》《郭店简·五行》强调一般道德工夫的"戒慎乎其所不睹，恐惧乎其所不闻""能为一，然后能为君子，慎其独也"，和《礼记·礼器》在礼仪实践的中讲"慎独"，都有所不同。《礼记·大学》是可以直接看成政治哲学的，"慎独"因此也就是政治伦理的组成部分。在集权政治背景下，权力拥有者通常会在臣民没有知觉的情况下决策而决定他们的未来乃至生命，因此，"慎独"是具有政治伦理的意味的。

根据诸文本所云之"慎独"，可认识到儒者们已意识到修养过程中自我的分裂是难免的生存状态，这种分裂可以是人前与人后的分裂，也可能是不自觉的自欺式分裂，还可以是缺乏自我统一能力的分裂。在复杂变化的现实生活中不能始终如一的贯彻其内心的信念，或无法平衡来自不同方面的要求，最突出地就表现在人所不知己所独知之时。据此，"慎独"就不仅是慎其独处之时，也有不松懈于生命的圆满无待的意思。因为，对圆满生命构成威胁的，便是人（包括圣人）可能处于"不睹""不闻"的境况之中。从单纯认识论角度看，根本看不到听不到的，有什么必要小心翼翼和恐惧呢②？既然人不免于不自觉的"自欺"，而现实上又受制于知识贫乏的状况却不"戒慎"与"恐惧"，岂不是可悲又可怜？

如果说《礼记·中庸》中的"慎独"主要是从存在论角度讲的，那么《礼记·礼器》所谓"慎独"则是说人们在面对"物"的世界之时，不为物质所遮蔽，而坚持人之道德最为尊贵的道理；《郭店简·五行》所谓"慎独"则是讲人不自我分裂，而保持"一"即"诚"的状态③，"一"既包括内外统一，也包括前后一贯，而《礼记·大学》则是要求政治伦理上光明磊落。以此而论，《礼记·大学》与《郭店简·五行》所谓"慎独"是更接近的。

老子强调贵族式与众不同的"独"。"我独泊兮，其未兆，如婴儿之未孩……众人皆有余，而我独若遗。"（《老子·第20章》）庄子虽也有老子这种心态，他说："至德之人……冥冥之中，独见晓焉；无声之中，独闻和焉。"

---

① 梁漱溟. 梁漱溟全集（第八卷）[M]. 济南：山东人民出版社，1993：35.

② 金德建. 先秦诸子杂考 [M]. 郑州：中州书画社，1982：199.

③ 汉刘向《说苑·反质》云："夫诚者，一也，一者，质也。"

(《庄子·天地》)但最终却把"独"作为境界所追求的东西。他把"见独"作为修养的高级阶段。《庄子·大宗师》云:"吾犹守而告之,三日后而能外天下;已外天下矣,吾又守之,七日而后能外物;已外物矣,吾又守之,九日而后能外生;已外生矣,而后能朝彻;朝彻,而后能见独;见独,而后能无古今;无古今,而后能入于不生不死。"这里,"见独"是在"外天下""外物""外生""朝彻"之后的最高境界。达到"见独",就可打掉古今、生死的隔膜,入于"万物与我为一"的境界。这个境界,是在层层剥离对精神形成限制的因素而升华的意义世界。"独见""独闻"不是与"见独"没有关联的,无"独见""独闻",当不可"见独"。所谓"独"不是寻常意义的孤独,而是廓清一切浮泛与枝蔓的独知独见状态,能够真正见宇宙万有之本相。或许,梁氏对"慎独"的解释也受到道家启发?

儒家的"独",也是"我与万物的意义为一"的"无对"的"独"。二者的区别在于,一个是强调完全个我的自生性的意义生成,一个则是以个我为始而必求证于社会的互生性为实现途径的普遍意义的生成。据此,"独"在儒家为独处、独念,但也有"无对"之意。谨慎个人独处独念之时,以为便是"无对",铸成大错。因而,儒者认为孤独状态有碍自身的全面发展,"独学而无友,孤陋而寡闻"(《礼记·学记》)。

从文本看,《学》《庸》"慎独"说是基于下述事实而言的。首先从认识角度,诚如前述,"戒慎乎其所不睹,恐惧乎其所不闻"是针对并没有明确显现的可能重要事情的某些端倪与萌芽甚至可能性趋势而言的,既然没有明显显现,就有可能被无视和忽略,但认识不到的并非就是不存在的。人们通常都可能被个别的、破碎的、表面的现象所蒙蔽,这是"戒慎""恐惧"的理由,不过却由"莫见乎隐,莫显乎微"而归结到"慎其独",就从认识论问题进入到存在论问题。其次是从生存论角度讲的。"慎独"的意思指慎其独处之时,其言下之意,独处因人本身结构性的限制难免处于某种险境之中。"独学"会"寡闻",孔子尝言"三人行则必有吾师焉",独处必失去了比较,也失去了参照,难以相互启发和鼓励。这大体是说独处是儒者学以成人一定意义上的困境。第三,则是从道德角度说的。《礼记·大学》又明确以"诚意""毋自欺"解释"慎独",就更进一步,独处之时失去监督人容易意不诚,容易不自觉地自欺。从思想理路上它仍是以"诚"作为"物之终始"的,但独处容易"自欺"即自我分裂。在孔子看来,天不可欺:"吾谁欺?欺天乎!"但是,人却可能自欺。所谓"自欺",《礼记·大学》云:"小人闲居为不善,无所不至,见君子而后厌然,掩其不善,而著其善。"朱子注曰:"小人阴为不善,而阳欲掩之,则是非不知善之当为与恶之当去也。"① 又谓小人之为不善乃"不能实用其力",亦恐未是,而是不为也非不能也。不过,自欺确实可能存在着自觉与不自觉的不同情形。

儒者的"慎独"虽不能说是对道家的"独"的肯定,但应包含道德修养的"慎心独"和作为政治伦理的"慎独"在内。因而,"慎独"就具有了深层含义。它说明,善或意义不仅是人际间的互生,而且更基本的是主体道德上的自我完善。易言之,没有上述双重意义的"慎独",诸如"忠""孝""慈""惠""听""顺""从"等德,皆无获得其完整内涵的实践保证;没有"慎独",逻辑上可能的"体知"在实践上会搁浅;没有政治伦理上的"慎独",政令可能就是钳制打击臣民的恶令。在此意义上,"慎独"即作为状词的"诚"。反过来,"慎独"本身,本质上是"自证自信",并不一定依赖客观规范或外在超越的上帝作为标准或监督。因而,"慎独"是个我内在的修养工夫,属于文化心理与道德完善的自我要求。但是,原则上,心理与道德精神方面的建构,却又不能脱离客观制度如礼仪而自行实现。这样一来,礼义的"中介"作用和"慎独"二者的结合,就在承诺意义的生成不仅是心灵自由的创生性活动,而且肯定文化密码的遗传基因的积极意义和不能随意拒绝的历史传统。从心灵至上追求的角度看,身的社会化、符号化以及生物性,均不再可能构成对超越的人生意义的限制。形式上,对"心独"即对个我内心生活的承认,仿佛避免了仅把人视为一系列行为发出点的偏失;肯定了人在应付尘世生活的活动中,可以寄予永恒的意义与价值理想。不过,"慎独"的要求可能把社会性的原则内化为个我的心灵,虽可能是儒者自觉诉求,但却对承认私人生活的今人而言,不免有忽略个我与群体之间的界限之嫌。由于《礼记·大学》中把"正心"视为"修身"的前提,虽强调了心对于身的主宰义和根源义,值得肯定,但这一点应不是人们忽略修养上的由外而内以及在此基础上的内外不断反复的过程的理由。这样,避免把心灵的优先地位过分夸大而招致"是内遗外"的危险以及注意个我心灵的全面群体社会化而导致的单面化,就显得特别重要。

这里,我们必须强调的是,"意"从单纯的"意念",进而被理解为"知"或"识",它与"意义"相联系,是克服内外分割的一条思路。再说,心灵的终极境界虽是"与天地为一体",但对于经验世界的个我而言,却需要通过包括礼在内的有层次与结构的修养过程呈现出来,并非一片混沌。即使是庄子的"见独",也是建立在有层次的修养基础上的。只是,道家对意义之真的领悟多是个我的、审美的,有层次而无结构,既不关事实之真,也与借助礼义中介而

① (宋)朱熹.四书章句集注 [M].北京:中华书局,2012:7.

修养的"善"的界线不甚明确。审美重在感受的真实，而不关心事实的真。儒家对意义强调社会性，就不能不在一定程度上关心事实的真。意义虽是善、美与真的统一，但儒家突出的却是善即意义的生成与实现。其中，不能不说儒者的修养有对个体性和社会性、真与善的张力注意不够的一面。

因此，善的意义的生成，不仅在于人与人之间的互动，而且还包括以此为基础的"慎心独"。此心之"独"，作为宇宙生命的一体化应包括由内及外的层层统一：心灵自身真、善、美的统一；身与心（包括"言行"和后世的"知行"）的统一；个我与他人（群体）的统一；自然性与道义性的统一；人性与神性的统一。如何在诸"统一"之中，仍然保留有个人的空间，似为传统儒家不太关注的问题。

在这里，笔者要提到常为人忽略的儒者角色与心态的转换问题。严格说来，先秦儒家的立场，基本上是站在文化精英居高临下立场来思考有关政治与人生问题的，但是，随着文化下移，特别是战国、秦汉间的社会大变革，使儒者无论在社会结构还是个我所面对的种种现实处境上，均与先秦儒家大为不同。这样，原来被孔子淡化了的个体处境问题，随着社会的变动而自然突出出来。孔子原本说过诗"可以怨""可以观"，那么在完成从家国一体到大一统专制皇朝转化的新的条件下，经历道家个我的感受性的洗礼，这样的体验一定是更加的强烈了。这可说是儒家从社会政治学说发展为心性之学的背景。

不过，对于儒家而言，内在心灵的超越与完善对善的意义生成，虽有不可忽略的价值，但它终究不能被视为是可以独立于"事亲"一类的修身活动而完全孤立存在的。这样，心灵的完善就可以同时作为人应付环境的必要步骤。但事情却有两面性：它不仅包括可以把理想追求视为可操作的、使人的日常生活具有超越义，免去了进入单纯内心独白和个我心悟的危险，而且还可糅进属于社会的有利于控制的文化指令。

还有，就实然的出发点而言，"君子"与"小人"无本质区别。其区别只是对善的意义理解不同。"不明乎善，不诚乎身矣。"君子"乐得其道"，对善作生命的唯一的活路来理解，但小人只作为控制手段。这如同君子眼中的自然也必定是春意盎然一样，小人眼中的仁心与礼义也不过是十分方便的工具。问题是，从儒者对"慎独"一贯的强调来看，似乎又把"自欺"预设为所有个我的自然倾向。这样，个我虽在本体论上都是人，现实上却只有一些个我（比如君子）不得不为了要成为人（大写的人）而去努力奋斗。既然"毋自欺"只是对于君子才实用，《礼记·大学》却是以向一切个我的要求提出来，则它不免于成为虚饰之物。这种奋斗，除了能使他自己成为大写的人之外，似乎不能在现实中找到理想追求的其他动力。本质上，善的意义生成与实现仿佛是要求超世俗功利的，然而，由于其超越追求并不离人世，所以意义的生成又不能完全离开世俗功利。这样，"合外内"的追求，客观上必然导致儒者生命的现实形态出现复杂或被误解的局面。至于《礼记·中庸》里出现少见的类似"德福一致"的思想："大德者必得其位，必得其禄"，显然是不能当作事实对待的，不排除它是特殊时代某些现实的颠倒反映。这种现象是奇特的，无论先秦还是汉代，都存在一直使儒者纠缠不休的所谓"时"或"遇与不遇"的问题。从孔子、子思、孟子等的人生实践来看，"德福一致"的思想恐怕首先是某种心理预期或自我暗示。当然，一种心理预期的产生不能毫无根据，其实现依赖不以意志为转移的客观条件。

既然君子小人不免是站在同一起点上的，只是目标不同；善的意义生成就不能完全排除外力。前面我们已指出，五伦关系中渗透着天地尊卑观念，君臣关系一般不可转换、夫妇关系不可能转换，则所谓"格、致、诚、正、修、齐、治、平"的"内圣外王"之道的开出就是有条件的。意义生成既不能完全排除外力则意义世界的开放性只能是相对的，意义的生成不免走上了一条狭窄的道路。不仅如此，由于前述主体性的张扬通常须以道义性乃至神性的沦落为代价，不能排除现实与儒者的理想正相左的可能性。这样，主体性不一定是道德的主体性，儒者的理想不免于有落空的危险。《礼记·中庸》里孔子慨叹"道之不行矣"，与《论语》中孔子感叹"仁之难成者久矣""好德者鲜"等是相通的。以此而论，好德自修只是儒者类似宗教般的终极追求。善的意义，最终落实到宗教情怀上。从宗教与政权的关系来看，宗教若不是企图凌驾于政权之上，便是曲从于政权。伦理政治应该是伦理与政治较量的结果。从儒家以伦理规范政治的角度说，《礼记·大学》所表达的"内圣外王"之路，是一条"以教化政"之路。从历史角度说，《礼记·大学》之道虽甚狭窄，但其逻辑走向却暗示着中国中古的历史的走向。

"毋自欺"既然已经不适用于小人，则做人的奋斗注定是大写的人的祭品。因此，尽管儒者以善为生人并自生的路，但如果没有外力，至少在道家看来，善的观念很难改变是带在君子脖子上的枷锁的事实。但假如借助于外力，"善"就可能成为诸侯之门的特权。正是因此，竟出现了一种奇怪现象：一方面，儒者把道家视为旁门左道，甚至认为心仪于诗词歌赋为"陷溺"；另一方面，却又不仅不能使其绝迹，反而在后世吸取之成为其思想要素之一。

于此，我们不能说"心独"完全无意义。特别是在从社会本位变为个人本位及多元价值观念条件下，心灵的自由，当受到尊重。传统社会虽没完全否定

"心独"的意义，但也未作充分的肯定。这说明，即使在当时，它们仍有实存的意义。需要思索的是，在大写的我与"心独"之间，是否应有一个明确的界线？换言之，在社会转向法制条件下，慎独的精神内涵是否应发生必要的分化？

第二节　诚与诚之

"诚"是儒家重要伦理哲学概念，在先秦特别《礼记·中庸》、孟子有重要地位，宋儒开山周敦颐、明清哲学家王夫之对其均非常重视。

《礼记·中庸》里，"诚者"，被解释为"天之道"；又说"至诚无息""诚者，物之终始，不诚无物"，将"至诚"视为天地之德：高明、博厚，创生宇宙间的一切。但是，历来对"诚"的理解，还有分歧。归纳起来，有以下几种：

第一，"诚"与"信"联用，为"诚信"；第二，认为"诚"相当道家的"道"，乃至和西方上帝差不多，具有创生性质[1]；第三，朱子一面认为"诚"乃"真实无妄"[2]，但又将"诚"解为"忠""信"[3]，这样，"真实无妄"基本上仍属道德范畴，从这个角度，似乎"诚"与"仁"差不多；第四，王夫之将"诚"视为客观存在的作为天地万物根据的"实有"[4]；第五，认为"诚"乃主观态度或精神，如诚实、真诚等。

其实，"诚""信"有别。朱子已明"诚内信外"："诚"指心，"信"指事，但他专注于"诚""信"的联系，未能指出二者的重要差别。其次，"诚"具创生性，但它并非人格神，不是信仰而是理性思考的对象。上帝不能靠思考到达。至于一般视"诚"与"仁"相近，则未注意道家攻击儒家几乎所有观念，如仁义礼智信等，但不攻击"诚"，还肯定其意义。王夫之将"诚"视为类似物质的实在，则无法理解道德的本源。最后，所谓"诚"是一种主观诚实或真诚的态度，并根据《礼记·中庸》"不诚无物"得出结论，说思孟原则上都是主观唯心主义者，是荒谬的。"诚"若指主观态度，那么，昨与今若言行不一，是否皆出于"诚"呢？若是，相反言行何以能皆出于"诚"？若不是，那么，决定这种行为的根据即为不诚。"不诚无物"。我们凭什么断定其不诚并理

① 杨向奎. 孔子的思想及其学派 [A] //中国科学院山东分院历史研究所. 孔子讨论文集（第一集）[C]. 济南：山东人民出版社，1961：29.
② （宋）朱熹. 四书章句集注 [M]. 北京：中华书局，2012：31.
③ （宋）黎靖德. 朱子语类（二）[M]. 北京：中华书局，1986：489.
④ （宋）朱熹. 四书章句集注 [M]. 北京：中华书局，2012：7.

解相反言行背后之"诚"与否呢？

一、"诚"的含义

《礼记·中庸》云："诚者，天之道"。作为"天之道"的"诚"，含义是什么呢？

第一，"诚"显现为"信"；但"信"不一定"诚"①。"诚"指内心，更多地关注内在的品质，是道德的基础；"信"指外面人际交往之事，故更多地关注外在的表现。"信"在人际间可验证。"诚"与否，自证难于人证。《论语·阳货》云："好信不好学，其蔽也贼。"一个人讲信用，但未必出于内心之"诚"，可能出于其他理由。从主体看，"诚"是自我的状态而非人际关系。"诚"与否能自知，别人不能知。反之，若仅求信于人，似近乎"乡愿"。孔子说："言必信，行必果，硁硁然小人哉！"（《论语·子路》）孟子说："大人者，言不必信，行不必果。惟义所在。"（《孟子·离娄下》）

第二，"诚"是自身统一。《礼记·中庸》云："诚者，物之终始。""诚者"指能做到"诚"的主体，可以既是个体也可以是任何群体。"诚"是贯穿事物过程终始的。"终始"不仅指始终，而且是不断的循环。不是片段、偶在现象，不可随意肢解分裂，更非表演。即使态度真诚，一旦进入事物客观进程，会遭遇到扭曲或被遮蔽。因此，"诚"作为自我统一，需从自我而贯通人我内外。比如，昨与今言行不一，不统一，"诚"与否则可疑。然而，许多在他人看来费解的事，从行为者自身来看至少从前后时间顺序看，是统一的。人们之所以怀疑"诚"与否，是不了解事件的多重因果联系。这样，人们不得不在时间顺序之外，求得更多的因果联系和自我统一。从主观态度看，统一是指态度的一致和相应行为的一贯。即主观态度要始终一致、即使变化也须合乎情理。从行为的因果联系看，也要终始一致、合乎情理。最后，乃至动机、态度还要和行为一致、合乎情理。孔子说："吾道一以贯之。"（《论语·里仁》）由此，可推论"诚"是包括心内部的知情意、身与心、言与行、文与质乃至天与人的统一。在孔孟儒家，举凡仁义礼智或知情意诸方面是统一的。在言行方面，认为可行而不可言，即不行；可言而不可行，则不言。即所谓"言顾行，行顾言"（《礼

---

① 朱子认为"忠""信"本是一理，以为"忠信只是一事，而相为内外始终本末"，又谓"诚是心之本主，忠有诚之用处"。参见：黎靖德. 朱子语类（二）[M]. 北京：中华书局，1986：486. 本文认为既有本末始终之别，则可知还是有区别，又就"诚"与"信"而言，亦不能是现实的等值。

记·中庸》)。不仅认为个体的身心应以心为主宰的统一，且将社会乃至宇宙看成是统一的。这种统一不仅是平面推开，且展现为立体动态的结构。所谓"民以君为心，君以民为体。心庄则体舒，心肃则容敬。心好之，身必安之；君好之，民必欲之。心以体全，亦以体伤，君以民存，亦以民亡"（《礼记·缁衣》）。在文与质的问题上，孔子不仅主张文质彬彬，而且认为脱离内容的礼仪形式没有价值。"著诚去伪，礼之经也。"（《礼记·乐记》）同时，统一不仅是个体的，而且是群体的。天下一家，中国一人。"中心安仁者，天下一人而已。"（《礼记·表记》）这样看，"诚"不仅是贯穿在态度、行为中前因后果相统一的伦理原则、道德修养原则；也是宇宙运行的自身统一法则。

第三，"诚"是自明的。《礼记·中庸》谓："诚则明矣，明则诚矣。""明"，老子曰："自知者明。"（《老子·第33章》）《郭店楚简》中儒简有谓"知己"，实与老子"自知"相通。儒者云："知己而后知人，知人而后知礼，知礼而后知行。"（《郭店楚简·语丛一》）同简《尊德义》还将"知己"或"自知"不仅看成是知人，而且是知命、知道、知行的必要前提。按其理据，"知己"是在自己心中显现真的自己。正是因个体在自身中可显现真实无妄之己，方有孟子"反身而诚，乐莫大焉"（《孟子·尽心上》）。"反身"，返己也，自己显现自己。这不是推测。《庄子·骈拇》云："吾所谓明者，非谓其见彼也，自见而已矣。"依此看，所谓"诚"，是心之自明和自知，知其"本心"也。"自知"或"自明"，是从个体认识，进入具有根源性的意识，是一种以"知己"为出发点的智慧，不是对孤立、静止个体之知，亦非对作为演员之己之知。"诚"的统一要求决定了其自明性。

第四，"诚"乃自我实现的创生。"诚"的品格，可以从"诚者"得到说明。《礼记·中庸》云："诚者自成也，而道，自道也。""诚者"之自成，说明它不赖外力、不借外因而自己实现自己；或者说，"诚者"是至大无外的。"诚者"因其"诚"而得以"自成"。"天地为大矣，不诚则不能化万物。圣人为知矣，不诚则不能化万民。"（《荀子·不苟》）"大"与"知"均不成为化成万物的根据。因"诚"则化成万物。"诚"至大无外，故其表现在人则是成己与成物。"诚者非自成己也，所以成物也。成己，仁也，成物，知也。性之德也，合内外之道也，故时措之宜也。""诚"的作用，因其大无外，"人""己"与"物"皆在相同结构的预设中而存。这个具有同构性的宇宙，其创造活动以"诚"为基础。"道体至诚，生生不已。"① 可见，自我关系上的"诚"，因统一

---

① 杨儒宾. 从《五经》到《新五经》［M］. 上海：上海古籍出版社，2019：237.

性要求，一旦转向人、我与物的关系，即具有创生功能。同时，"自明"与"自成"，皆为"诚"的自身活动，体现在"诚之"活动，即道德实践上，则以修身为特征。《郭店简·性自命出》云："闻道反己，修身者也。""反己"即"反身""反身"虽是反思、反省等，但却包括修身。

第五，"诚"是自身同一。从"自明"和"自成"及自我关系性质，可以归纳出"诚"是"自身同一"。因为，如果它不是自我同一，即不可能成为统一行为的前提和基础。作为自身同一的"诚"，是"诚之"贯穿事物终始之统一要求的根据。若无自我同一作基础，一切"反身""反己""修身"都失去根据①。从自明性角度看，"诚"是反省、反思所得，也是"思诚"而得。反思、反省中，将自己当作对象来思考和审查，可得到"诚"，但也可能相反。得到"诚"，乐莫大焉。相反，乃所谓"失其本心"（《孟子·告子上》）。那么，人们何故得或得不到"诚"？凭什么得到"诚"就乐莫大焉，相反则"自失本心"？其中隐含的机制和原理就是：在"乐"与"失其本心"之外，在"思诚"和"诚之"之外，在心之知情意、言行、身心、文质、天人统一的原则之外，一定有作为它们得以成立的根据。这个根据，可说就是"诚"的自我同一性质。这并非单纯推测。古籍中常见"一"或"独"，其标准即是作为自身同一的"诚"。荀子谓"不诚则不独"（《荀子·不苟》），稍晚的刘向则一语道明："诚者，一也。"（《说苑·反质》）既为"一"，就无对待对立，不能人证，只能自证。《礼记·大学》云："毋自欺。"孔子之所以"一以贯之"，就是强调不分裂和不自欺。"一"即"诚""诚"即"一"。"诚"即"明""明"即"诚"。这是先天的形式，对人也是先天的能力。如人缺乏或丧失这种能力，就谈不上什么"诚之"或"思诚"。自身同一是"诚之"或"思诚"的前提。这样，"思诚""诚之"等道德意识和实践所隐含的价值与本体的基础，也是可以给予人们的行为规范以价值和意义的基础，是一切生成的根源。我们把作为道德实践与意识、伦理规范的本体基础、人文价值的本源、是非善恶的基础，又是具有自我关系的、具有创生性的"诚"称为自身同一的形式。我们正是凭"诚"的自身同一性质来断定和理解一切是否皆出于"诚"的。"诚"的自身同一决定了其统一的要求，自明和自成的性质。如同统一既是个体又是群体的一样，同一也是如此。

---

① 明王夫之：《尚书引义》卷三，《说命上》："夫诚者实有者也，前有所始，后有所终也。实有者，天下之公有也，有目所共见，有耳所共闻也。"参见：王夫之. 船山全书 [M]. 长沙：岳麓书社，1996：306.

第六，"诚"作为自身同一的形式，具有创生性质，因其"明善"。"诚身有道，不明乎善，不诚其身矣。"（《礼记·中庸》，又见《孟子·离娄上》）"明"并非没有具体内容，而是"明善"的真实意义。"真小人"无所谓明与否，因其不能明善。是否承认"善"的绝对意义，是儒道的根本区别。什么是"善"？孟子说："可欲之谓善。"（《孟子·尽心下》）郭店简又云："善，人道也。""人道"之"善"的具体内容为仁义礼知，在儒家不是相对的，而是绝对的，无条件的"善"。"诚则明"，明诚乃明善，即明仁义礼知为"善"。诚与仁虽有一定区别，诚主要指内心真实无妄，仁则侧重对他人的关爱，但二者又都是儒家重要的道德规范，从对己对物（人）的方面看，"成己，仁也；成物知也，合外内之道也"。《大戴礼记·四代》记子曰："知，仁之实也。"荀子曰："仁而不知，不可。既知且仁，是人主之实也。"（《荀子·君道》）《大戴礼记·诰志》记子曰："仁知合则天地成。"相反，道家张扬天道，显示人天差别，人道之"善"是相对的。所以，"道"与"诚"不同。

最后，"诚"作为伦理道德规范的本体基础和价值之源，犹如天地之生万物的品德，但却超越了人间是非善恶的分别，乃"上天之载，无声无臭"。从其生万物的性格看，"诚"是"实"①。赵岐是这样解释的。不过，赵氏以"虚实"之"实"解"诚"，虽不能否定其意在"诚"之意涵之内，但不能反映其更为丰富的内涵，于后世则有所遮蔽。王夫之进一步解释为"实有"，其云"'诚'者，心之所信，理智所信，事实有实者也"②，"诚"乃"实有"，就使其貌似"物质"概念了。但是，作为与天地同样德性的"诚"，有高明、博厚的品格，还有不已、无为等性质，不能等同于客观外在的物质。其中，"自身同一"的含义最为重要：它既是身与心、终与始统一的本体基础，也是自明、自成的本体基础。"诚"的其他含义是这一内涵的展开和延伸。和谢林观念哲学的核心概念"绝对同一"的区别在于，"诚"的自身同一是通过实践而展开的"诚之"的统一活动。

可见，"诚"不是客观事实，而是自明的境界；也非单纯的道德概念，而是生成宇宙万物的根据；它虽表现为实践中动机和过程、结果的统一，但本身是自身同一。可惜的是，"诚"的这一重要含义多少年来被忽略，将其和"信"相提并论。之所以需要"诚"的自身同一，是因人生统一之需要；之所以需要统一，是因为人间充满分裂、不幸和痛苦。分裂是常态。这些分裂，在先儒看

---

① （清）阮元.十三经注疏（下）[M].杭州：浙江古籍出版社，1998：2684.
② 王夫之.船山全书（第1册）[M].长沙：岳麓书社，2011：62.

来，虽充满人间，但解决方式还应从个人开始。只有个人问题解决了，才能去解决别人的问题和社会问题。由此，也就衍生出"诚"的文化哲学意义。历来的研究均忽略了《礼记·中庸》突出"诚"的根本性创生内涵的目的之所在，无视其被编撰入《礼记》中的重要意义，在于强调相对于人为的仪式化的礼仪而言，"诚"才是真实的内容和基础。

二、"诚"的思想来源

孔子未正面论述"诚"。《礼记·中庸》展开"诚"的所有内涵，孟、荀均有所继承发挥。那么，"诚"的思想渊源何处？一般而论，作为后起的哲学概念，要能崛起成为重要思想范畴，大体需要这几个条件：其一，在早期思想中有其逻辑生长点和思想萌芽；其二，可以弥补思想体系本身的不足；其三，有独特的思想内涵；最后，往往吸收了不同思想体系的新元素。"诚"的崛起，具备这几个条件。但我们不再考察其发生学来源，而重思想的内在理路。

从字义上，《说文》以"诚""信"互释，将"诚"和"信"相提并论的结果，是把"诚"概念形成的逻辑与历史遗忘了。从思想理路看，"诚"是儒家哲学发展的逻辑结果。《礼记·中庸》传为子思所著①，子思受曾子影响。曾子为孔子得意弟子，以孝道显名。《孝经》与《礼记·大学》虽不一定如传说那样为其完成，但应与他有关。《大戴礼记·卫将军文子》记孔子赞曾子说："孝，德之始也；弟，德之序也；信，德之厚也；忠，德之正也。参也，中夫四德者哉！"从中可见曾子之德行，于孝弟（悌）忠信四德中除孝弟乃亲亲伦理之外，忠信是其最推崇的道德。朱子云："尽己之谓忠。""忠就心上看，信就事上看。"②《论语·学而》记载曾子说他"日三省吾身。为人谋而不忠乎，与朋友交而不信乎，传不习乎"，此外，《礼记·祭义》《论语·泰伯》《大戴礼记·曾子立事》《说苑·谈丛》等，均记载曾子很重视信，反复强调。但如前述，"信"乃人证而非自证，是被动的，其变异可致求诸外的病痛。相反，《礼记·中庸》云："忠恕违道不远。""恕"乃"仁"与"忠"在人身之落实，是主动的。以"忠恕"替代"忠信"，从人事（人际）的被动关系转向主动关系，更近于"为仁由己，岂由人乎"的思想。同时，也是修正"信"之被动性可能导

① 劳思光认为《礼记·中庸》非子思所作，"其时代及作者均不可确定"。见：氏著. 中国哲学史新编（二）[M]. 北京：生活. 读书. 新知三联书店，2015：44. 本文存而不论。

② 黎靖德. 朱子语类（二）[M]. 北京：中华书局，1986：488.

致的分裂而回到主体自我的统一。可见，从事上求"信"具有发展上升到向内心求"诚"的内在逻辑。《礼记·中庸》继承发展曾子及孔子思想，是合理的。

"诚"的另一重要来源，是常被遗忘的来自道家的刺激。

"诚"如何能超越一般伦理范畴而成为与"仁"相当乃至上升为哲学范畴呢？显然，这不是仅从"信"的裂变可说明，其中既含儒学的内在需要，也有对异己思想的积极回应。换言之，"诚"需一定外力推动，吸收不同思想的新元素，才能上升为具有独特内涵的哲学范畴。外力就是对道家的吸取。

道家批判了包括仁、义、礼、知、忠、孝在内的整个儒家思想系统，但唯独没批判"诚"。相反，却肯定"诚"的意义。老子云："诚全而归之。"（《老子·第22章》）庄子曰："真者，精诚之至也。不精不诚，不能动人。"（《庄子·渔父》）《徐无鬼》又曰："……反己而不穷，循古而不摩，大人之诚。"若不拘泥于字句，庄子还更多使用与"诚"意义相关的词句表达思想。如强调心的统一："其动也天，其静也地，一心定而王天下；其鬼不祟，其魂不疲，一心定而万物服。"（《庄子·天道》）这和荀子相互发明："诗云：'尸鸠在桑，其子七兮。淑人君子，其仪一兮。'其仪一兮，心如结兮，故君子结于一也。"（《荀子·不苟》）"一心定"与"心如结……结于一"相近。庄子"见独"（《庄子·大宗师》），其实就是"见一"。类似思想很多。《庄子·盗跖》曰："若弃名利，反之于心，则夫士之为行，抱其天乎！"他对"信"之失信，礼仪异化，丧葬中勉强哀号，和人际间做作的亲善，痛加批判。认为"真在内者，神动于外，是所以贵真也"（《庄子·渔父》）。真，诚也。《老子》到处是对"无名之朴"（《老子·第37章》）。"处其实，不居其华。"（《老子·第38章》）"守一""抱一"的强调，认为，只要能守住"无为"，则"万物将自化"。

这仅为表面的近似。"诚"并非道家核心概念，如何能说"诚"地位上升得到道家刺激呢？为此，不得不追寻道家思想内部。

主要是"自然"思想被吸收。"自然"是与人为对立的，是文化反思概念。它作为道的根本原则，含义丰富。从与"人"相对的立场看是"天"；从与有为的文化活动相对的立场看是"无为""莫之为而常自然"（《庄子·缮性》）；从与虚饰伪作的事实相对的立场看是"真"："真者，所以受于天也，自然不可易也。故圣人法天贵真，不拘于俗。"（《庄子·渔父》）从与人为加工制造相对的立场看是素朴等等。素朴即太初，本始。所谓婴儿、赤子乃至混沌，象征万物未形一切未开始状态。如云："吾游心于物之初。""……形体掘若槁木，似遗物离人而立于独也。"(《庄子·田子方》)"自然"是上述含义高度统一的概念①。

"自然"的上述含义，彼此交织。作为道家维护生命之本然、防止分裂的前提，它是不可伤害之底线；作为超越文化负面之理想，是人类精神的出路，即个性自由；作为既是天赋又是人性的必然性内含，不能"反其性情"而失其初，只能"复其初"而"顺其性情"。可见，自然是充满矛盾的意向，实现这一意向的活动是"无为"。若分开整体，仅识其反击文化而维护本真，就会认为它不过是一片混沌②；只认为自然是宰制对象，会得出"庄子蔽于天而不知人"（《荀子·非十二子》）的结论；若仅看到其理想性，而忽略其对客观必然性的承认，就会认为其"将客观的自然变成虚无的幻像"③；将其理解为自己如此、自然而然，而忽略其包含着一切发展的可能性与理想性，将人还原于生物性自然而归结为自然主义等。

"自然"概念有积极意义。作为文化和文明的前提，对"自然"的精神回归，意味着对文化累积风险的释放而为持续稳定发展巩固基础。当然，其内在矛盾在于，它既是文化和文明的前提，又是其理想。无疑，这是道家被诟病为"消极""保守"的证据。

假如将"自然"看成是道家判定人性分裂的主要原则，犹如孟子以"本心"作为判定人性是否分裂的原则一样，就不可否认其积极意义。当然，统一的要求，并非绝对的。其间，存在一定张力。可以说，仁、义、礼、知、中等伦理道德规范，均是试图调节分裂与冲突，将其维持在张力所允许的范围内。同时，在道、儒不同而又彼此交锋乃至交织与互补的思想关系中，"自然"和"本心"，是贯通一切分裂和分化活动的不同核心。

本来，道家核心概念是"道"，为什么我们不承认"诚"即"道"，而认为吸收了"自然"思想呢？第一，"道"的最高原则是"自然"；第二，在儒家系统中，已有"道"的范畴，且有自身含义，"诚"不能直接吸收道家的核心观念，而是吸收其重要思想。

"诚"对"自然"思想的吸收，具体表现为：

第一，"诚"具有了文化批判意义。"著诚去伪，礼之经也。"对"伪"的批判是"自然"的中心思想，"诚"因主张统一乃至同一，也主张"去伪"，并

①　本文将《庄子》一书各篇均视为"庄子"言论，不分别庄子及其后学的差异。
②　李泽厚. 中国古代思想史论 [M]. 天津：天津社会科学院出版社，2008：149.
③　高正. 先秦道家思想评议 [J]. 中国哲学史，1993（1）：21-32.

将之上升为作为文化系统的"礼之经",不是偶然的。不过,"诚"虽吸收"自然"的文化批判成分,但并未停留于此,而是沿着"一以贯之"之道和"文质彬彬"的思想,进一步发展其统一的积极创生的一面。

第二,"诚"的思想内在包含着"无已""无息""无为"等明显道家思想的元素。

《礼记·中庸》云:"至诚无息。不息则久,久则征,征则悠远,悠远则博厚,博厚则高明。博厚,所以载物也。高明,所以覆物也。悠久,所以成物也。博厚配地,高明配天,悠久无疆。如此者,不见而章不动而变,无为而成"。这是对"至诚"品德的描述。表面看,它是在歌颂天地之德。所谓"博厚配地,高明配天",说明它们作为"至诚"之德,堪比天地之德。接下来,作者直接歌颂天地之道:"天地之道,可一言而尽也:其为物不二,则其生物不测。天地之道,博也,厚也,高也,明也,悠也,久也。""为物不二"即是"一以贯之"于"物之终始"的始终统一和同一,"生物不测"则是强调不是人证之"信"而是自证之诚,为普通感官思虑难以把握。看起来这是借有形有象的天地之道以描述无形无象的天道品格,实际上仍是沿着前面的论述在阐释"至诚"之德。"至诚"既是"一以贯之"于"物之终始"的始终统一和同一,又是生物于无形的天地精神。天地的精神本来是"无已""不息""无为",但在人看来,则"不见而章,不动而变,无为而成"。就超越性而言,即使是天地之高明博厚,"人犹有所憾"。天地生物不测,实践"诚"的道德应效法上天"无为而成""无声无臭"。这些多属于文学颂扬而非哲学论证的文字,表达了"诚"的实践、天地之品格和天道的超越性之间的关系。其所谓"无已""无息""无为",本属道家自然思想或道家式表述;"不见而章,不动而变,无为而成"也是道家的言说方式。

之后,作者还将"诚"与天道匹配的楷模,落实在周文王身上:"《诗》曰:'惟天之命,于穆不已。'故盖曰天之所以为天也。'于乎不显,文王之德之纯!'文王之所以为文也,纯亦不已。"程子曰:"天道不已,文王纯于天道,亦不已。纯则无二无杂,不已则无间断先后。"朱子曰:"纯,纯一不杂也。因此以明至诚无息之意。"① 显然,文王之德即是"至诚",纯一不杂,然而又无为自然。文王做到了纯乎天道,而无任何人为要素,方显其德之诚之纯。

第三,"诚"和"自然"都具有创生性。"诚"是纯一不杂的自我关系,其功能是创生,其品格就如天地之高明与博厚。它类似超越的作为本体的天道。

---

① (宋)朱熹. 四书章句集注 [M]. 北京:中华书局,2012:35.

"诚"不仅自成，而且成人、成物。"自然"作为"无为"，其功能是"无不为"。自成之"诚"与自己如此之"自然"在创生方式上均相通。"诚"乃天之道而不是"天"，说明它彻底摆脱了"天"自上古以来的信仰遗迹，而是理性把握的对象。

此外，它们还有某些共性。如均需"反"的过程才能获得。孟子"反身而诚"，《礼记·中庸》"诚则明"；庄子曰："反之于心……抱其天乎！"（《庄子·盗跖》）"自然"并非大自然，而是"反之于心"所得并可"游心"于兹的。二者还分属儒家和道家价值理想等。

不过，"自然"和"诚"仍有区别。表现在：第一，"自然"是对文化活动的批判，强调回归淳朴；"诚"的工夫则是文与质的统一，是对文化负面的超越。第二，虽从超越性上看，"诚"是"无声无臭"，但它突出文化活动与其前提、内容和形式的统一，其中，贯彻"物之终始"的原则是"善"；"自然"则是回到自身，自由自在，其间特别强调属于艺术境界的"游心于物之初""游心于淡合气于漠""似遗物离人而立于独也"。第三，"诚"剔除了"自然"放任的消极元素而保留主体性的积极含义，如它吸收了"无已""无息""无为"等道家思想，却主张如天地一样"为物不二，生物不测"。最后，"诚"作为"一"或"独"与庄子的"一"或"见独"之"独"，字面虽相同，但内容不同。庄子的"一"或"独"是超越生死，物我两忘的"寥天一"，"诚"则是宇宙的价值本源。

总之，"自然"既是文化反思和对人性异化的反动，作为吸收了"自然"的"诚"，是"本心"的性格，不仅是自我同一，符合"自然"，且展开为"明诚""致曲"的文化活动，超越了"自然"。一方面，"诚"是自知、自明、自成，是具有同一性的"诚"的自我创造；另一方面，"诚"的创生不排斥社会，故具有伦理之善。"成己"内在地包括"成物（人）"。在道家那里表现为万物之"自然"的原则，在儒家"诚"中则转化为绝对的同一的自我创造。

从道家不批判"诚"而批判"仁"，说明简单地将"诚"与"仁"等同是一很大失误。后世，大凡对"诚"这一概念情有独钟的周敦颐和王夫之，其思想都是儒道贯通的。正因为"诚"吸收了道家"自然"内涵，文化活动才具有了释放风险的功能，使"诚之"的实践能达到与天地之高明博厚，乃至于与超越的天道一样"无为而成""无声无臭"的境地。

这里有个问题。我们说"诚"吸收了道家"自然"思想，所举例证多为《老子》《庄子》外、杂篇部分。按《礼记·中庸》为子思所作的传统说法，就不免是以《老》《庄》后半部分均早于子思为前提预设的。但是，另一方面，

《礼记·中庸》特别是论"诚"后半部分是否为子思一人完成的，尚有争议①。笔者认为《礼记·中庸》论诚部分虽不是子思所作，但受到其思想的影响。

三、择善而固执

"诚"是一个包含着文化反思内涵的哲学和伦理范畴，是一个儒道合流的概念。因此，"诚"是中国文化思想自身发展的逻辑结果，是古人用来应对文化发展及其变异乃至可能招致的风险的哲学观念和伦理意识。因此，"诚"作为工夫主要从两个方面来理解：一是真实，二是生成。从真实地角度看，"诚"的工夫可以说是《礼记·中庸》的"诚之"、《礼记·大学》的"诚意"，其基本含义就是认识论上的真实以及礼乐文化上讲的"文""质"统一。关于"文""质"的统一在《礼记》中是常见的，如"著诚去伪礼之经也"（《礼记·乐记》），"君子之于礼也，有所竭情尽慎，致其敬而诚若，有美而文而诚若"（《礼记·礼器》）。"苟无礼义忠信诚悫之心以莅之，虽固结之，民其不解乎？"（《礼记·檀弓下》）而讲认识论上的真实却不突出。但是，在"诚"的生成含义上，却间接涉及这一层含义。如"诚者，非自成己而已也，所谓成物也……成物，知也"（《礼记·中庸》）。虽然孔子曾告诫子路"知之为知之，不知为不知，是知也"，但是，在人类社会特别是在政治领域中，能够坚持"真"却并非那么简单的事。因为儒家讲的"知"多属于对人事、人伦之知，显然与对自然物的知有很大不同。《说苑·杂言》记子石曰："昔者，吴王夫差不听伍子胥尽忠极谏，抉目而辜。太宰嚭、公孙雒偷合苟容以顺夫差之志而伐齐，二子沉身江湖，头悬越旗。昔者，费仲、恶来革、长鼻决耳崇侯虎顺纣之心，欲以合于意。武王伐纣，四子身死牧之野，头足易所。比干尽忠，剖心而死。今欲明事情，恐有抉目剖心之祸；欲合人心，恐有头足异所之患。由是观之，君子之道狭耳。"② 既然坚持"真"可能会"抉目剖心""头足易所"，就产生了一个与诚相关的"明"的问题。

尽人之性，尽物之性，乃至赞天地之化育，与天地参，就是道德生命的生成。这种生成当然也需要认识论意义上的"知"的真实。

---

① 钱穆云："不必定以《礼记·中庸》出于子思。"参见：钱穆. 四书释义 [M]. 北京：九州出版社，2010：292. 徐复观认为《礼记·中庸》下篇出于子思门人。参见：氏著. 中国人性论史：先秦篇 [M]. 北京：九州出版社，2014：93.

② 子石：春秋时楚人，复姓公孙，名龙，字子石，孔子弟子。与战国时名家赵人公孙龙同名，实非一人。公孙雒，实迹不详。费仲，商纣王宠臣。恶来革，即恶来，与其父飞廉同为纣臣，有勇力，被周武王所杀。长鼻决耳，修饰崇侯虎的。决，同"缺"。

　　因宇宙本身是"诚"即真实无妄的，故作为天地之间存在者的人理应效法之，作为道德范畴的"诚"，其含义是生成。"唯天下至诚，为能尽其性；能尽其性，则能尽人之性；能尽人之性，则能尽物之性；能尽物之性，则可以赞天地之化育；可以赞天地之化育，则可以与天地参矣。"（《礼记·中庸》）尽己之性和尽物之性，这就需要"诚之"的工夫。人不诚的原因何在呢？显然是因人作为具体而有限存在者，如前文所引那种能够"藏其心"的人性复杂性所决定的，又因社会权力对资源的巨大支配力导致人们竭尽一切真假难辨乃至不惜造假和行贿的方式去获得，二者复杂地交织在一起，就是不诚。

　　人们反映事物，但并不一定总是正确的反映；人们按照自己的思想意识行为，但并不总是对当前的个人有利。这样，为自我利益的扩大化，或者为了方便，人都有可能不诚。换句话说，在个人的有限性与宇宙的无限性之间，因人有认知能力，能将实在的对象虚拟化，或用言语符号代替实物，也有很大的功能作用，比如欣赏艺术品会得到很大精神上的满足，用语言可以勾画美丽的图景，乃至望梅可以止渴，画饼可以充饥，等等。但是，这些活动的价值与意义是有一定限度的。无限制地夸大其作用，就可能是不诚。不诚就是虚伪、造假和泡沫。因此，诚与不诚并非仅是主观态度，而是是否真实。

　　《礼记·中庸》曰"诚之者，人之道也"以与"天之道"相区别；又说："诚之者，择善而固执之者也。"人之道往往可以做到在多种可选项中择善而行。"不勉而中，不思而得，从容中道"的圣人品格历来有被认为是虚设的，现实上，人多"择善而固执者"。"择善而固执之"的前提当然是"明善"。如何能"明善"？《礼记·中庸》云：

　　　　在下位不获乎上，民不可得而治矣。获乎上有道：不信乎朋友，不获乎上矣；信乎朋友有道：不顺乎亲，不信乎朋友矣；顺乎亲有道：反诸身不诚，不顺乎亲矣；诚身有道：不明乎善，不诚乎身矣。

　　可见，"诚身"是"明善"的必要前提，只有"明善"，才可能"诚身"，只有"诚身"，才能"顺亲""顺亲"才能"信友""信友"才能"获上"。这是将"明善"和"反身"之诚当作家庭道德与社会政治伦理的必要前提，原则上和《礼记·大学》八条目的基本旨趣是一致的。

　　《礼记·中庸》又云：

　　　　自诚明谓之性，自明诚谓之教。诚则明矣，明则诚矣。唯天下至诚，

> 为能尽其性。能尽其性，则能尽人之性。能尽人之性，则能尽物之性。能
> 尽物之性，则可以赞天地之化育。可以赞天地之化育，则可以与天地参矣。
> 其次致曲，曲能有诚，诚则形，形则著，著则明，明则动，动则变，变则
> 化，唯天下至诚为能化。

"诚"能够创生，实现人己的本性，帮助天地化生万物。即使只能致力于某一方面，也能通过"诚"而创生。"诚"，从言，成声。故"诚"还应包括"言行相顾"："言顾行，行顾言，君子胡不慥慥尔。"朱熹集注：慥慥，笃实貌。因此，"诚"还包括言行相顾，即言行一致，言应和行相互支持，其进一步的发展就是知行合一，知应是能行的，所谓"择善而固执之者也""合外内之道，故时措之宜也"。

如果说"诚"在强调"始终一贯""内外相合"的话，那么"诚之"的工夫乃在突出"言行相顾"和"知行合一"。"内外相合"在"诚之"的工夫表现中就是主体的道德动机和可能还有认知，都要通过"行"来实现。

因为真实，所以，它能够自己真实地显现自己，一个无根的意念或者妄想，都不是真实的。作为意识，它正确反映对象，作为意向，它导致意念成为事实。由于众所周知的天人合一、知行合一，所以，"诚"就是主客、内外、始终都是有能力真实显现自身的。因此，某种意义上，"诚"就是一，即主客无对，内外一致、始终一贯。正如《礼记·中庸》曰："诚者，物之终始，不诚无物。""诚"即是事情本身。"诚者，非自成己而已，所以成物也。成己，仁也，成物，知也，合外内之道也，时措之宜也。""诚"的本质含义就是生成，因此，"诚"，即是实也，真实无妄之义，实有其事。王阳明甚至说："故圣人之学，只是一诚而已。"①"诚"是创生性实体，而"诚之"或"诚意"则是道德活动，乃自觉的不藏而坦荡，对于不自觉的"自欺"，则需要"慎独"。

"诚之"，作为因诚至明的工夫，郑云强调"学"的重要地位，谓"诚之者，学而诚之者也。"孔颖达亦云："诚之者，人之道也，言人能勉力学此自诚，是人之道也。不学则不得，故云人之道。"按《礼记·中庸》，"诚之"工夫既根源于"诚"，同时也是"诚身"，即自我的一贯性与一致性，在现实中则往往是"择善而固执之"。它是实然与当然，事实与价值、身与心的统一。

在经济和文化高速发展，同时风险日益聚集的时代，重新认识"诚"的内

---

① （明）王守仁. 王阳明全集（上）[M]. 吴光，钱明，董平，等编校. 上海：上海古籍出版社，1992：97.

94

涵和"诚之"的工夫有十分重要的文化意义。

第一,"诚"是自身同一而又具有创生性的形式,它不仅为文化实践提供本体基础和价值之源,而且对儒家伦理哲学的理论建构有重要意义,是儒者观世的一个重要视野。"诚"首先是儒家伦理系统自身逻辑与实践发展的结果。"诚"的自身同一,在"诚之"或"致曲"的实践中展开为化解人性分裂和要求自我统一的活动。从"诚者"的角度看,一切不过是"诚"的自我展开与回归,是"致曲"的因果联系。从实践关系看,"诚者"自成,表现为相关事物间彼此建构的因果关系,如古代的灾异、谴告或由腐败导致的农民起义,一切因果链条等,它们主观上无不以不诚的形式出现,客观上却都在维护"诚"的自身统一。从认知角度看,"诚者"自明,自知,"诚者"与宇宙同一。其中,人们需要透过层层叠叠累积的文化与技术成果的障碍,曲曲折折的社会现象,而透视真相。宇宙间诸事,皆"诚者"分内事。一切社会价值、是非善恶,皆从此产生。从未知角度看,"诚"是一切可能发展变化的前提,是愚蔽者无从掌握的"命运"。可见,"诚"可以"前知",在儒家伦理中的地位非同一般。重新认识"诚"的本体地位和价值根源,可以从纷繁复杂的人性和社会关系乃至一切关系中,完成自我认识。

第二,对"诚"的内涵及源与流的再认识,能廓清儒家思想流变的过程,认识儒道二家的彼此交锋乃至交织与互补,不仅能深刻地认识"诚"与"信"的差异,而且对于如何处理个性与共性的辩证关系具有启发意义。儒家注重社会性、交往活动,以礼仪为鲜明特征,不免从"诚"的自身统一与同一的要求,展开为走向社会的活动,突出"信"的一面;并且从主导倾向上是以社群作为个体的目标,要求统一和同一。由此,儒家伦理在复杂社会和人性分裂中会出现伦理异化并可能导致冲突与危机。过去,人们将"诚""信"合一,以朱子观念哲学解之,忽略其间的微妙差异,今日则将其演变为商业道德,误以为"信"即可解决伦理异化所导致的冲突与危机,而忽略了"诚"作为民族文化传统的大本大源的地位。事实上,单纯求人证的"信",和巧言令色、机心诡诈实难分辨。这就需要有奠基于个体独立基础上的"诚"观念作为补充。只有"守其心"方可"成其信"①,而非相反。这样,吸收了道家特别是庄子对个性独立和自由的追求的"诚",对于有外走倾向的儒家伦理,有纠偏的启发意义。如何保证社会性与个体独立性这双重属性的有机共存,而不是以一面替代或遮

---

① 原文为:"守其心而成其信。"(汉)王符. 潜夫论校注 [M]. 张觉,校注. 长沙:岳麓书社,2008:409.

盖另一面，作为儒道二家思想合流的"诚"的出现是历史的必然。在今天，社会发展既需要社会协同，同时也应保持个体独立人格；既需要统一但也需必要的张力。这个充满矛盾问题的合理解决仍是一个难题。所以，重新认识儒道思想之源流变化及其融合，有很大启发。如何使社会既有的开放性和包容性，同时又要充分社会化的协作，"诚"的自身同一的原则、创生性等，无疑对今天理解人性和社会性，有积极意义。

第三，对于持续、稳定的发展具有文化根源上的指导意义。科学发展其实就是持续、稳定的发展，其关键是要消除文化泡沫和各种社会风险。怎么消除风险？当然是要认识到产生风险的根源。毫无疑问，文化的累积和高速的发展本身就意味着风险和危机。在文化活动中，身心、天人之间，存在着物、知、意（欲）、心、身、家、国、天下的曲折，任何社会价值，伦理道德都可能在曲折的变故中出现异化。这就是风险。稳定持续的发展和消解文化与社会风险是一体两面的。虽然，从最低标准看，反腐和平暴也都可看作"诚"自我统一的要求，是消除风险的方式，但这是被动的，成本太大。"诚"作为后起的伦理范畴，与"自然"一样具有文化批判要素。所以，"诚"的自觉要求是要回到人的"本心"和事物的本性上，是要建立理性的消除风险与危机的机制。由此，制度及相应文化的完善是关键。只有避免朝令夕改、出尔反尔、有法不依的经常发生，维护政治权力的均衡，才能拒斥文明和文化的幽暗。在这种情况下，"诚"的自身同一与统一的要求，如一盏明灯，让人清醒，可以重新认识儒家伦理生生不息的现代价值。

总之，儒家伦理被人称为实践理性或实用理性，这种理性往往被归结为经验主义或不重视逻辑而重实用的经验伦理学。这个说法如果以西式理性和逻辑作参照，似有一定道理。毕竟，中国、特别是儒家的理性确实不突出形式上的逻辑，但是，这不等于儒家或中国人完全不要逻辑。"诚"的思想，可以说是儒家或中国人的重要逻辑之一。

第三节　中、中庸与诚

在儒家典籍中，"中"是一个出现很早的概念，其最早的含义是法律和政治性的。如金文《叔夷钟》的"慎中其罚"，《牧殷》的"不中不刑"等，均是如此。由法律中的"中"又逐步演变为尚中的观念。如"汝分猷念以相从，各设中于乃心"（《尚书·盘庚中》）。《尚书·洪范》云："五，皇极：皇建其有极，敛时五福，用敷锡厥庶民。惟时厥庶民于汝极，锡汝保极。"其所谓"极"，就是"中""皇极"指大中至正的准则。故其又云："无偏无陂，遵王之义；无有作好，遵王之道；无有作恶，遵王之路。无偏无党，王道荡荡；无党无偏，王道平平；无反无侧，王道正直。会其有极，归其有极。"更多的时候，"中"指空间方位上的中央、中间，如"中国"的"中"。《礼记·大学》有"唯仁人放流之，迸（屏）诸四夷，不与同中国"之语。"中"于《诗经》《尚书》《易经》中是常见字。其引申义可以结合为中道、中立、中心、中轴等说法。在孔子那里，"中"有不偏不倚、无过无不及的含义。如《论语》记载："子曰：'中庸之为德也，其至矣乎！民鲜久矣。'"（《论语·雍也》）又载："子贡问：'师与商也孰贤？'子曰：'师也过，商也不及。'曰：'然则师愈与？'子曰：'过犹不及。'"（《论语·先进》）孟子提出"中道"和"执中"的思想。如其云："孔子：'不得中道而与之，必也狂狷乎！狂者进取，狷者有所不为也。'孔子岂不欲中道哉？"（《孟子·尽心下》）还说："执中为近之，执中无权，犹执一也。"（《孟子·尽心上》）在孟子看来，"执中"并非把握一定不变的东西，而且是中道原则和权变二者的统一。荀子则讲"中和"与"中行"，他说："中和者，德之绳也。"（《荀子·王制》）又说："上顺下笃，人之中行也。"（《荀子·子道》）

《礼记·中庸》的篇名为"中庸"，程子谓"中之理至矣。独阴不生，独阳不生，偏则为禽兽，为夷狄，中则为人。中则不偏，常则不易，惟中不足以尽之，故曰中庸"[①]，又说："中者，只是不偏，偏则不是中。庸只是常。犹言中者是大中也，庸者是定理也。定理者，天下不易之理也，是经也。"[②] 其根本思想认为"中"即不偏。而吕大临则谓"中则过与不及皆非道"。朱熹则将二程与吕大临的思想结合起来，认为"中者，不偏不倚，无过不及之名"。

概言之，"中"在思想史上是广涉刑律、伦理政治与哲学方法论的重要观念，在传统哲学中有重要地位，作为哲学方法论，它在工夫论中也有深刻影响。

一、未发之"中"

在《礼记·中庸》里，"中"成了心性和工夫概念。其云："喜怒哀乐之未发谓之中，发而皆中节谓之和。中也者，天下之大本也，和也者，天下之达道也。致中和，天地位焉，万物育焉。"对其中"中"与"和"的概念，特别是

---

① （宋）程颢，程颐. 二程集（上）［M］. 北京：中华书局，1981：122.
② （宋）程颢，程颐. 二程集（上）［M］. 北京：中华书局，1981：160.

"未发"的所指，历来存在争议。

吕大临曾师事张载，后来又追随二程，其思想有特色。他认为喜怒之情未发，乃其"本心"，本心"元无过与不及，所谓'物皆然，心为甚'，所取准则以为中者，本心而已"①。即是说，未发之"中"，即为无过与不及的"本心"；由本心之中所发之情，没有不合于道的，故称为"和"。在吕大临看来，"非中不立，非和不行，所出所由，未尝离此大本根也"。人没有不知礼义者，无过不及就是中，但通常都没有触及"中"的根本是什么。要认识"中"之所以成为"中"的理由，就要在未发至前，反求诸心。吕氏认为，此"本心"即《易》所谓"寂然不动，感而遂通天下"之心，也就是孟子所谓"赤子之心"，或所谓"允执厥中"之"中"。"中"既然乃天下之大本，"故苟得中而执之，则从欲以治，四方风动，精义入神，利用出入可也，故曰'中者，天下之大本'。自中而发，无不中节，莫非顺性命之理而已，莫非庸言庸行而已"②。

但是，吕氏认为"中"乃"赤子之心"和"允执厥中"之中的思想受到二程的批评。

二程认为，作为方法论意义的"中"即中之道，是与"喜怒哀乐之未发谓之中"的"中"不相同的，后者是"在中"之义。并且，这"在中"之"中"，也是不可于"喜怒哀乐之未发"之前求之。因为，有求就有思，"既思即是已发"③。显然，二程理解的"中"是没有思虑和主观作为的"中"，是"不思而得，不勉而中，从容中道"的。应该属于"性之"的范畴。但"中"却不是"性"本身。二程说："'中即性也'，此语未安。中也者，所以状性之体段。""中止可言体，而不可与性同德。"④ 至于主观努力达到的"中"或作为方法原则的"中"，如所谓"执中"之"中"，那其实是"和"。虽说"中"不同于"和"，但是，"和"又是以"中"为前提的。在二程看来，"中"本身不是一个工夫论上的概念，而是工夫实践必须承诺的逻辑前提。英国分析哲学家赖尔认为"各种情绪……以本身不是情绪的倾向为存在前提""趋向和情绪是不同类型的事物"⑤。就此而论，"中"含有道家天然自然的"道"的含义，如庄子云："已而不知其然，谓之道。"（《庄子·齐物论》）在二程看来，所谓"赤子之心"也只能就其未发状态而言可以谓"中"，若就其已发的状态，则不可谓

---

① 陈俊民. 蓝田吕氏遗著缉校 [M]. 北京：中华书局，1993：273.
② 陈俊民. 蓝田吕氏遗著缉校 [M]. 北京：中华书局，1993：274.
③ （宋）程颢，程颐. 二程集（上）[M]. 北京：中华书局，1981：2.
④ （宋）程颢，程颐. 二程集（上）[M]. 北京：中华书局，1981：606.
⑤ ［英］赖尔. 心的概念 [M]. 刘建荣，译. 上海：上海译文出版社，1988：94.

"中"。由此,二程重要的修养方法即是主张于静中涵养或存养喜怒哀乐未发之前,而非"执中"或"用中"的工夫。

比较而言,吕大临认为"中"即性,由"中"而发莫不合道,故更强调的是作为实践工夫的"中",是"执中"或"用中";二程更关注的是涵养"未发"之前,认为"中"本身无定体,求"中"于"未发"之前,不亦远乎?①"中"是状性而非性本身。

朱熹综合了吕、程的思想,于程子思想多所继承和发挥。当有人问及为何将不偏不倚之义与无过不及之义二者统一起来,朱子说:"中,一名而有二义,程子固言之矣。今以其说推之,不偏不倚云者,程子所谓在中之义,未发之前,无所偏倚之名也;程子所谓中之道也,见诸行事各得其中之名也。盖不偏不倚,独立而不近四旁,心之体,地之中也;无过不及,犹行而不先不后,理之当,事之中也。故于未发之大本,则取不偏不倚之名,于已发而时中,则取无过不及之义,语固各有当也。"②

在程朱看来,作为心性概念的"中",是不偏不倚的,它是人之情感"未发"的状态,因而是与无过不及的含义有区别的。"中"作为"未发",在朱子那里和二程那里同样受到重视。在朱子看来,"未发"的状态只是心中喜怒之情未发,其形体动作则自有其状。"未发之前,万里备具;才涉思,即是已发动,而应事接物,虽万变不同,能省察得皆合于理处。"③ 又说:"'喜怒哀乐未发谓之中',只是思虑未萌,无纤毫私欲,自然无所偏倚。所谓'寂然不动',此之谓中。然不是截然作二截,如僧家块然之谓。只是这个心自有那未发时节,自有那已发时节,谓如此事未萌于思虑要做时,须便是中是体;及发于思了,如此做而得其当时,便是和是用,只管夹杂相滚。"可见,在朱子看来,"未发之中"乃思虑未萌之时,毫无私欲偏倚,此乃天地之"中"与"体";"已发而当",虽无过无不及,但仍只是"和"是"用"。亦即,所谓"发而中节"的意思,是说个体的喜怒哀乐是不能不顾及他人特别是"亲"的喜怒哀乐的。中与和之体与用的关系表明,未发之"中"作为"体"是自然而然的,已发之"和"作为"用"是不免于"择善固执"的。从朱子非议佛教"截然作二截"的思想体系来看,虽强调前者的体的作用,但重心仍在后者的用。用即是工夫。

---

① (宋) 程颢,程颐. 二程集(下)[M]. 北京:中华书局,1981:1183.
② (宋) 朱熹. 四书或问·卷三(四库全书第197册)[M]. 上海:上海古籍出版社,1987:249.
③ (宋) 黎靖德. 朱子语类(四)[M]. 北京:中华书局,1986:1509.

二、中庸与时中

从工夫的角度，朱子不仅讲中与和，而且讲中庸，时中。《礼记·中庸》记："子曰：'君子之中庸也，君子而时中。小人之中庸也，小人而无忌惮也。'""时中"是临事应物的"中"。朱子认为，"中"作为"未发"，固然是天下之大本，而"庸"只是个平常的道理。"惟其平常，故不可易，如饮食之有五谷，衣服之有布帛。""庸固是个定理，若直解为定理，却不见得平常意思。今以平常言，然定理自在其中矣。"① 作为平常的道理，有经权之别。经为不可变的原则，权则是临事的权变。在朱子看来，中庸不可分裂为二，庸只是中的常然不变的原则。"有中必有庸，有庸必有中，两个少不得。"② 就一般而论，应是先有中而后有庸。中必有庸，庸必有中。在一定意义上，二者只是一事。他说："中、庸只是一个道理，以其不偏不倚故谓之'中'；以其不差异可常行，故谓之'庸'。"未又"中"而不"庸"者，亦未有"庸"而不"中"者，这就好比山的不同方面，但都是这个山而已。徐复观认为，"中"与"庸"二者彼此倚重，但重点在"庸"。他说："中乃庸的以成立之根据，仅言中而不言庸，则'中'可能仅悬空而成为一种观念。言庸而不言中，则此平常的行为的普遍而妥当的内容不显，亦即庸之所以能成立的意义不显。"③ 显然，徐氏是从方法论角度来说的。

中庸和中和是什么关系呢？朱子说："中庸该得中和之义。庸是见于事，和是发于心，庸该得和。"意思是说，庸是于事得宜之常理，和乃心之所发，心所发之和必合于于事得宜之理。所谓"时中"，是相对"在中"而言的。如果说"在中"是所谓喜怒哀乐之"未发"，那么，"时中"则是已发之和。他说："在中者，未动时恰好处；时中者，已动时恰好处。才发时，不偏于喜，则偏于怒，不得谓之在中矣。然只要就所偏倚一事，处之得恰好，则无过、不及矣。"④ 在朱子看来，无所偏倚，自然就能做到无过与不及。

孔子曰："过犹不及。"吕大临以此释"中"，程子说："不偏之谓中。""中"是恰好、刚好，是一个理想和标准。朱子虽说综合了吕、程的思想，但是，却并不认为"未发"之中即为无过与无不及，而是"在中"，非"时中"；

---

① （宋）黎靖德. 朱子语类（四）[M]. 北京：中华书局，1986：1509，1482.

② （宋）黎靖德. 朱子语类（四）[M]. 北京：中华书局，1986：1484.

③ 徐复观. 中国人性论史（先秦篇）[M]. 北京：九州出版社，2014：103.

④ （宋）黎靖德. 朱子语类（四）[M]. 北京：中华书局，1986：1510.

也不像程子那样认为"未发之中"即为"赤子之心"。因为"未发"的状态虽然包括"赤子之心",但不能等于"赤子之心"。"未发"还包括别样心在,只是"未发"而已。

　　显然,作为"未发之中",是"天下之大本",与作为方法论原则或工夫的"中"或"中庸"是根本不同的。作为"未发"的"'中'这个字只能够恰当地运用于'喜怒哀乐之未发'的内在自我",指"一种本体论状态,而非一种沉寂的精神状态"[①]。作为方法原则,"中"往往就是在两个基本点极端之间取其"中"的意思。那么,为何要强调这个并不能主动追求,也不会显现在人类自觉地生活中的"在中"或"未发之中"? 这里应该有思想逻辑上的原因。

　　按照奎因"本体论的承诺"的思想,任何哲学,即使是不谈或回避本体论的哲学,其实暗中都不免有其"本体论的承诺"。换言之,哲学之为哲学,作为智慧之总体,是不可能真正回避"本体论"的。既然如此,那么,"中庸之道",作为一个影响中国哲学十分深刻的一般被视为方法论原则的哲学思想,也一定有其本体论基础。那么,这个本体基础究竟是什么呢?

　　一般对中国哲学本体论的认识,总是倾向于认为其宇宙论强于本体论,而宇宙论中,生成论强于构成论。这个看法笔者基本认同。然而,这是否意味着中国哲学中"本体论"基本被忽略或在其方法论中完全没有"本体论的承诺"呢? 显然不是。

　　应该说,奎因"本体论承诺"的概念就在于它表明"本体"在某些"本体论"中,仅仅是一种"承诺",或一种不言而喻的前提性预设。其中,本体虽是作为其哲学思想的基础,但是却没有以理论形式明确提出来。因为,如果明确提出来了,在哲学上就必须有严密的论证。对于探讨本体以外的哲学问题的哲学,这样的论证似乎没有必要。然而,对于后人,为了正确认识哲学思想的价值,则有将所承诺然而隐蔽的本体重新揭示出来的必要。

　　"中"就是这样的本体,虽然它被《礼记·中庸》明确提到,但因中国哲学的特点并未充分和严谨的论证而已。因为"中"的本体地位,决定了它逻辑上相对于"和""时中""中庸"的方法的优先地位。如若没有"中"的逻辑优先地位,则这些方法都失去本体论上的基础,从而无从获得理论上的合理性。

三、中与诚

　　"中"和"诚"的概念都具有本体意味。"中"基本上具有两层含义:第

---

① 杜维明. 杜维明文集(第三卷)[M]. 武汉:武汉出版社,2002:394-395.

一，"中"是有价值意味的，是合道或切中于道的意思。无论是政治法律上的"中"还是心性哲学上的"中"，毫无例外都有这层含义。如"不得中行而与之，必也狂狷乎！""中道而行"。第二，"中"同时也是无思虑，无主观性的意思。即所谓"不思而得，不勉而中，从容中道"者。合而言之，即是毫无思虑的自然合道。道是无偏倚的。即使从喜怒哀乐之"未发"角度理解"中"，也不相冲突。"诚"，朱熹云：实也，真实无妄之谓。虽然王夫之将"诚"理解为"实有"，后来王氏又被当作"唯物主义"者，仿佛"诚"就是表示真实存在的"物质"的概念，但其实，"诚"是有进一步的规定的。《礼记·中庸》云：

> 诚者自成也，而道自道也。诚者物之终始，不诚无物。是故君子诚之为贵。诚者非自成己而已也，所以成物也。成己，仁也；成物，知也。性之德也，合外内之道也，故时措之宜也。

朱子说："言诚者物之所以自成，而道者人之所当自行也。'诚'以心言，本也；'道'以理言，用也。"① 诚不仅是"自成"，而且必然包括"成己"和"成物"在内。不仅"成物"，即使"成己"，都不可能缺失"知"的参与，故有所谓"合外内之道""时措之宜"。《大戴礼记·诰志》记子曰："知仁合则天地成，天地成则庶物时。"荀子亦云："仁而不知，不可。"（《荀子·君道》）知乃仁得以落实的保障。"诚"其实就是生命存在的真实。这种真实，不是单纯事实上的真实，而是意义创生性的真实。用杜维明的话说，"诚"是具有创新性的形式。"诚不仅是存有，而且也是活动。它同时既是自我潜存，又是不断自我实现的生生不息的创造过程"。"诚就是处于原初本真状态的实在，是人的真实本性的直接的内在的自我显示的活生生的经验，也是天人合一得以可能的终极基础。"② 同时，作为创生性的"诚"，不是单个人孤绝的虚幻的生命的自我创造，而是人与人之间真实的生命意义的创造。

"中"和"诚"也只是从不同角度而言的。朱子说："中是道理之模样，诚是道理之实处，中即诚矣。"③ "中"是表示其合理处，"诚"是表示其实在处。它们不是纯工夫的概念，也就不是一个单纯主体性的概念。他们涉及事实世界，真实世界和客观世界。如果说工夫还是主体性的，那么，在人与人之间，人和

---

① （宋）朱熹. 四书章句集注［M］. 北京：中华书局，1983：33-34.

② 杜维明. 杜维明文集（第三卷）［M］. 武汉：武汉出版社，2002：450.

③ （宋）黎靖德. 朱子语类（四）［M］. 北京：中华书局，1986：1483.

社会之间，主体性的工夫的意义与价值就应该重新估计。价值和道德是人类的追求，高于事实世界，但是，又不能没有事实世界的制约。凡是脱离了事实、背离事实的价值追求，不可能走得太远。在人与人之间，人与社会乃至自然之间，知行不可能合一的，而是有张力的。道德世界适用的法则并不一定适用整个事实世界。这里需要也必然存在认知的介入。

那么，作为天下之大本的"中"，与作为工夫和方法意义的"时中""和"是什么关系呢？这个问题，不仅直接地包含着"中"与"和"的体用关系的答案，而且间接包含着《礼记·中庸》与整个《礼记》的关系问题的答案。其实，这个答案明确的。《礼记·仲尼燕居》之中，孔子和子张、子贡、言游一众弟子言及礼，认为礼可以使人周旋于社会，"无不遍也"。子贡进一步追问，孔子说："敬而不中礼，谓之野；恭而不中礼，谓之给；勇而不中礼，谓之逆。"在孔子看来，子张超过了礼的标准，子夏却达不到礼的标准。子产虽能使国人生活上过得去，但却缺少了教养。当子贡问如何才能达到"中"的时候，孔子遂曰："礼乎礼，礼所以制中也。"这样，"礼"被看成是"制""中"的方法，而"中"自然成了一种理想。无独有偶，《荀子·儒效》亦云："先王之道，人之隆也，比中而行之。曷谓中？曰'礼义是也。'"这里，"中"就是标准，而作为标准的"中"，在荀子那里就是礼义。

当然，这两种说法还是有一定差异的。在孔子那里，礼只能说是"制中"的方法，而在荀子这里，"中"即是"礼义"。礼一般地包含着礼仪、礼器（物）和礼意三要素。所谓"礼所以制中"，当然是指礼的实践就可以达到"中"的境地。而所谓"中"即是"礼义"，显然没有强调礼的实践，而是突出礼义的标准。二者的差异也是可以忽略的。如果说，"在古典儒学中，一个人在终极的意义上是一种经验的聚合，而'礼'则是确保这种积累的经验不断得以净化升华并富有意义的媒介"①，那么，"中"就是形式化的礼所追求的目标。礼具有层级性、形式化，强调远近亲疏之别，怎么能够成为达成"中"的方法呢？这就是作为方法的"中"与作为本体的"中"的不同之处。

《大戴礼记·小辨》记载孔子的一段对话，讲到"中"：

> 丘闻之，忠有九知：知忠必知中，知中必知恕，知恕必知外，知外必知德，知德必知政，知政必知官，知官必知事，知事必知患，知患必知备。

---

① ［美］安乐哲，郝大维，彭国翔. 《礼记·中庸》新论：哲学与宗教性的诠释［J］. 中国哲学史，2002（3）：5—17.

若动而无备，患而弗知，死亡而弗知，安与知忠信？内思毕必曰中，中以应实曰知恕，内恕外度曰知外，外内参意曰知德，德以柔政曰知政，正义辨方曰知官，官治物则曰知事，事戒不虞曰知备，毋患曰乐，乐义曰终。

"中"在先秦典籍中有时是指"内"，如"中心安人者，天下一人而已"（《礼记·表记》）。"中心憯怛，爱人之仁也。"但在上述对话中，"中"不能仅作"内"解，而且也应作"中庸"之"中"解，否则于理不通。从《周语》中"考中度衷为忠"及"中能应外，忠也"，《三朝记》中的"中以应实，曰知恕"等可看出，"中"都有作为方法原则的中之义。由此，所有"忠"有九知的意思，是说"知忠"就必然包括知"中""恕""外""德""政""官""事""患""备"等等在内。换言之，对于儒者而言，若"中心爱人，天下一人而已"，万事齐备，何遗漏之有？

这个说法不是偶然的。但要说明这一问题，则如后文那样可以反过来理解。行动若无准备，面临祸患乃至死亡都不知，怎么可能知道忠信？故《礼记·中庸》云："凡事预则立，不预则废，言前定则不跲，事前定则不困，行前定则不疚，道前定则不穷。"豫，亦作"预"，同于"备"，事先准备的意思。不知大难临头，当然就不可能事先准备；对未来之事没有预见和防备，讲话就难免磕磕绊绊、做事就不知所措，事后必定后悔，事情没做到位，怎么谈得上忠信？"内思毕必曰中"，内心自省的根本原则就是"中"，这个"中"应同于不偏不倚之"中"。

第三章

礼所以制中

　　柯林武德认为，人的行为具有反思性质，人们"反思地知道他是在试图做什么，并且因此在他已经做出它时，就能够根据他的意图来判断他自己的行为"①。他人可以根据这一点来评价其行为的意义。因此，政治家必然对其所制定和执行的政策所可能导致的后果有合理预期，否则，他就"决不是政治家，他的行为仅只是闯入到政治生活里的一种盲目的和非理性的力量而已"②。但是，他又认为："我们未来的行动肯定是决不能预先被计划出来的；不管我们把它想象得多么仔细，它总是会包含有许多东西是没有预见的和令人惊讶的。"③

　　与此有所不同，重伦理实践的儒家对行为的评价除了有对行为的反思性外，更突出的是其作为文化经验积淀的德性的意义。《郭店简·五行》篇讲到"德之行"就是如此。而在对行为的反思问题上，主张不仅要检查行为的动机，而且要觉悟行为可能的丰富和复杂的含义。"学之为言觉也，悟所不知也。"（《白虎通·辟雍》）而"所不知"者当为复杂的"行"，故"觉悟其行，欲令悔过修德，深思虑也。"（《白虎通·灾变》）从这个思路，可以清醒地看到，传统"知行合一"的重心并不在于理论联系实际，也不是实践需要理论指导，而是全面深刻地认识行对于人文世界的意义，将行控制在希望的范围之内。在此，伦理和政治有相同之处。

　　"中"乃天下之大本，中庸是儒家伦理的理想。如何实现作为理想的"中"？孔子认为："礼乎礼！礼所以制中也！"荀子："曷为中？礼义是也。"应该说，"礼"作为儒家伦理中唯一具有客观内容的条目，它包括社会结构、政治

---

① ［英］柯林武德. 历史的观念［M］. 何兆武，张文杰，译. 北京：商务印书馆，2004：350.

② ［英］柯林武德. 历史的观念［M］. 何兆武，张文杰，译. 北京：商务印书馆，2004：351.

③ ［英］柯林武德. 历史的观念［M］. 何兆武，张文杰，译. 北京：商务印书馆，2004：350.

体制、祭祀仪式和行为规范等诸多内容。但从修养角度看，礼就是修养的工夫。"以礼为'为仁'的工夫，此乃孔子立教的最大特色之一。"① 从工夫论的角度看，自觉的道德修养以及生活的礼仪化都是外在规范转化为内在生命的重要环节。

现实上既然"未来的行动肯定是决不能预先被计划出来的；不管我们把它想象得多么仔细，它总是会包含有许多东西是没有预见的和令人惊讶的"，行为的意义往往为人始料未及，那么，其后果当不仅是行为的谨慎，而且包括动机的深刻反思。所谓"安而行之"与"利而行之""勉强行之"的区别在此。而在对行为的动机和后果重视的不同上，反映了伦理和政治行为的区别。在这里，主观上的"知耻""絜矩之道"和客观的作为文化经验的礼都有至关重要的地位。

第一节　知耻近乎勇

儒家核心观念是"仁"，恻隐之心乃"仁之端也"。关于仁与"恻隐之心"，历来论者众多，朱子即将其视为其他三者的灵魂："恻隐是个脑子，羞恶、辞逊、是非须从这里发来。若非恻隐，三者俱是死物了。恻隐之心，贯通三者。"② 然而，我们也知道，恻怛之仁并非总是现实地呈现在人的心中，那么，实践上除了客观的礼仪规范外，还有什么东西是人内心的禁忌呢？在这里，我们就不能不论及在《礼记·中庸》里明确表达的"知耻近乎勇"的思想。孟子曰："羞恶之心，义之端也。"（《孟子·公孙丑上》）这样，我们就不得不对儒家伦理的重要观念"义"的心理基础或心理效应—羞恶之心、耻辱感—作一专门辨析。

一、孟子的"羞恶之心"

孟子是首先深入讨论羞恶之心的儒者。《孟子》中前后两处数次明确谈到羞恶之心。《公孙丑上》云："无恻隐之心，非人也；无羞恶之心，非人也；无辞让之心，非人也；无是非之心，非人也。恻隐之心，仁之端也；羞恶之心，义之端也；辞让之心，礼之端也；是非之心，智之端也。人之有是四端也。犹其

---

① 徐复观. 论经学史二种［M］. 上海：上海世纪出版集团，2006：133.
② （宋）黎靖德. 朱子语类（四）［M］. 北京：中华书局，1986：1288.

有四体也。有是四端而自谓不能者，自贼者也；谓其君不能者，贼其君者也。"这里透露这几条信息：其一，羞恶之心和其他三心都是"人之为人"的重要特征，正如身有四体，心有此四心；其二，羞恶之心乃"义之端也"；其三，羞恶之心是在为人处世中需要考虑的重要原则，人皆有此心，君主也不例外。

孟子又谓："恻隐之心，人皆有之；羞恶之心，人皆有之；恭敬之心，人皆有之；是非之心，人皆有之。恻隐之心，仁也；羞恶之心，义也；恭敬之心，礼也；是非之心，智也。仁义礼智，非由外铄我也，我固有之也。弗思耳矣。故曰：'求则得之，舍则失之。'或相倍蓰而无算者，不能尽其才者也。"《孟子·告子上》这段话除有和上述内容相同处之外，又讲了两个意思，第一，强调羞恶等四心为人所固有，不是外物刺激产生的；第二，羞恶等四心虽为人所固有，但却有"求则得之，舍则失之"的特点，需人尽其天赋方能稳固。人与人之间差别那么大，就在其能否尽其才求得诸心。两相比较，前者较突出羞恶之心乃"义之端"，后者主要强调其虽为人所固有，却需要尽其天赋以"求"之，否则便会"失之"。

尤引人关注者，在前者强调羞恶之心乃"义之端也"，后者却明确说羞恶之心即"义"，为人所固有。这种不一致可能导致对羞恶之心理解的不同。若认为其仅为"义之端"的话，那它就可被混同为一般自尊心的表现、羞耻之心抑或隐私泄露的羞耻心，以至荣誉意识的消极面；但若侧重"羞恶之心，义也"，则它就不是一般的羞耻心或耻辱感，而是道德人格自尊心的表现。我们虽不贸然拆开孟子思想来断定哪个说法更接近本意，但其中差别明显。对此，我们试做进一步的分析。

《孟子》中"羞恶之心"共出现上述四次。杨伯峻先生均以"羞耻"译之。但按孟子不同场合的说法，并不准确。《孟子》中"羞""耻"单独使用互通，其含义均为羞耻，如"柳下惠不羞污君，不卑小官。"耻字在《孟子》中凡17见，耻辱联用凡7见。如"立乎人的本朝而道不行，耻也"（《万章下》）。但无论羞、耻，抑或羞耻，不一定均能完全代表羞恶之心的意思。因为，羞恶之心既然不仅为"义之端"，且是人之为人所固有的义的内容，说明它尽管可能因人而异乃至被遮蔽，但却不能从人性上根绝或彻底消失。换言之，它可能会因才能差异而表现不同，或升华或暗淡，但却不可谓有无。作为荣誉感的消极面显然不是如此。荣誉感有赖社会的肯定，而羞恶之心是"内"而非外的。同时，按朱子理解，羞恶之心不能理解为隐私泄露的羞耻感。他说："羞，耻己之不善也。恶，憎人之不善也。"① 又说："羞是羞己之非，恶是恶人之恶。"显然，羞恶之心源于是非善恶美丑的情感。对主体自身不善而言是羞耻的感受，对他人的非或不善则是恶的感受。羞恶之心乃道德情感，不是一般荣誉感的消极面或隐私泄露的羞耻感。

羞恶之心不等于亚里士多德所论羞耻心。亚里士多德说："羞耻不能算是一种德性。"它甚至只是有能力做可耻之事的人特有的性质。"羞耻只有在这种条件下才是德性：如若他会做坏事，就会感到羞耻。"② 因而，笼统说羞恶之心乃羞耻心是不准确的。将其视为隐私泄露的表现或荣誉感的消极表现，均可能将问题的性质转变了。朱子的解释无疑突出了"羞恶之心，义也"一面，即羞恶之心乃儒家道德的一个重要内容，循此可以"是临大节而不屈的判断力和推动力"③，如苏武、文天祥的道德选择，无疑是建立在家国情怀的基础上的。退一步说，将其与羞愧、羞涩、羞耻等相联系，是认为它是发展道德情感的资源。在朱子看来，羞恶之心是道德人格的道德情感，而非一般心理感受。个人隐私，如生理、性格、能力的某些缺陷，人们对它们的情绪或情感并不直接涉及道德问题。作为道德情感的羞恶之心一定涉及社会关系，是对人际间不合公共道德观念的行为的情感反映；因涉普遍的社会关系，故羞恶之心会因对社会复杂关系的矛盾或冲突而呈现复杂性质；它与个人一般的羞耻心不同，有时恰恰需要超越它们。羞恶之心不必然是干坏事后的羞耻感，而是道德人格自觉到的道德不完满或缺失状态，它有时需要建立在超越一般羞耻心的基础上。从羞耻心到羞恶之心，再到义，是一个逐步升华的过程。

张载说："天下大事只是畏人非笑，不养车马，食粗衣恶，居贫，皆恐人非笑。不知当生则生，当死则死，今日万钟，明日弃之，今日富贵，明日饥饿，亦不恤，惟义所在。"④ 可见，羞恶之心不是人们日常所说的虚荣心或一般的荣誉感乃至个体人格的自尊心，而是道德人格上的自尊心和上进心。如果说西方文化总是将肉体的裸露与羞耻密切联系，儒家的羞恶之心涉及的重心不在肉体而是道德心性。就道德而言，由于实践上的指向性，总涉及他人与社会，但其根源则在心性自身。故羞恶之心因道德在儒家哲学中的特殊地位而有特别令人关注之处。

---

① （宋）朱熹. 四书章句集注 [M]. 北京：中华书局，2012：239.

② [古希腊]亚里士多德. 尼各马可伦理学 [M]. 廖申白，译注. 北京：商务印书馆，2006：125.

③ 林继平. 禅学探微十讲 [M]. 台北：兰台出版社，2002：170.

④ （宋）张载. 张载集 [M]. 章锡琛，点校. 北京：中华书局，1978：291.

孟子对羞恶之心论述简略，其含义暧昧模糊。朱子强化了儒家语境，羞恶之心乃道德人格的羞恶。但朱子忽略道德观念（包括道德认知）介入动荡的社会生活所可能导致的复杂变化。

"羞恶之心，义也"；"羞恶之心，义之端也"；"无羞恶之心，非人也"。这些说法表明羞恶的道德感不仅是义的根本含义，而且和其他几种道德情感一样，是人作为人的本质特征之一。平常我们往往停留于这一层面，不深究其微妙之处，是不够的。因为，作为道德感的羞恶之心与作为非道德的个人羞愧、羞涩、羞耻等很不相同。

这个不同点表现在什么地方呢？孟子所谓羞恶之心，在很大程度上是道德人格的情感，包括但不止于个别不当行为所引起的情感。它是基于仁心之上的儒家道德之上进心的表现。这种儒家道德人格的上进心不同于一般上进心和基于其他价值观的上进心。它不是单纯发展智力或能力的上进心，而是以恻隐之仁为基础的。前引朱子曰："恻隐是个脑子，羞恶、辞逊、是非须从这里发来……恻隐之心，贯通三者。"① 若失去自我完善的道德上进心，即可谓无羞恶之心。作为基于仁心的内在道德感，羞恶之心发生在道德人格的多种角色及其转换之间。因为注重社会关系，个人都是以多种方式和渠道向他人和社会展开自己的联结的。但是，在现实的活动中，总不免有厚此薄彼乃至公私难以兼顾的情形，这是导致羞恶之心发生作用的客观条件。

根据孟子"羞恶之心，义也"的说法，它最鲜明地体现在公共关系上。《礼记·丧服四制》云："门内之治仁掩义，门外之治义斩仁。"作为义的某种表现方式，羞恶之心因义是门外之治的伦理主导原则，而成为门外即社会性的道德感。孟子和告子有关于义之内外的争议中，孟子谓义内，告子主义外，个人认为他们的分歧并非门内与门外，而是义的功能作用的有效性与道德主体性的分歧。在孟子看来，羞恶之心本身是发生在内的，而在告子看来，羞恶之心一定有外在事件引起。因为，没有与主体处于一定关系的人或事件的启导，主体不可能有角色的道德感受。

孟子曰："君子有终身之忧，无一朝之患也。乃若所忧则有之：舜人也，我亦人也。舜为法于天下，可传于后世，我犹未免为乡人也，是则可忧也。忧之如何？如舜而已矣。"（《孟子·离娄下》）又曰："舜何人也？予何人也？有为者亦若是。"（《孟子·滕文公上》）显然，孟子性善论其实是为这种向上心寻求人性论根据。至善是人可能达到的最高道德，不善则是相对的。"虽圣人也有

① （宋）黎靖德. 朱子语类（四）[M]. 北京：中华书局，1986：1288.

所不知焉，有所不能焉。"（《礼记·中庸》）一般而言，人总是不可能做到最好。即使当时觉得很好，事后看未必，故有"终身之忧"。总有未善和不对的成分。但人作为人不是安于不善和不对，而且是致力于善和对。在这个意义上，人人有的羞恶之心，就不是仅指极端情况下人对罪行和邪恶的感受，而是对己与人未尽善未尽美未尽知的感受。张载所谓"顽"者、"愚"者，当是认识其相对性而反其道而行之。反过来说，作为义之端的羞恶之心，其实就是道德人格求自我完善的上进之心，而非甘于下流之心，更非有意为恶之心。由此可见，所羞恶者既非不能改变的个性特质，就只能是人可能实现的仁心义礼知诸心。

如上，可以给羞恶之心作一权宜性定义：它是儒家伦理中道德角色对其道德行为的心理感受，是道德观在具体事件中的反映。具体来说，羞恶之心是通过儒家道德观和认知的升华路径而不停留的向善之心；羞恶之心根源于恻隐之心，因恻隐的感通性质而可传播，会传递，但也会反过来影响恻隐等三心；作为"义"之端，它因道德人格的多种角色意识而产生，虽并不免于或冲突或平衡，但却是道德人格通向社会的重要步骤；羞恶之心的麻木，不是习常所说的不知羞耻，习常所说知羞耻而为者，乃张载所谓"顽"也，真不知羞耻者乃不认同儒家伦理者。

羞恶之心不能简约为一般自尊心。自尊心可能基于人与人之间的平等心而起，而羞恶之心基于道德人格而起。自尊心可能是在几乎一切方面要求平等，如生理、智力和家庭等，羞恶之心则专指道德修为和人格而言。朱光潜先生在《谈羞恶之心》一文中，认为羞恶之心起源于自尊心，这是有道理的。他将自尊心、上进心、耻辱感视为羞恶的基本内容，并和西方的荣誉感相比较，有很大启发。但他在突出羞恶的心理根源时，忽略了一般的自尊心和羞恶之心本质的不同。一般的自尊心不属于道德范畴，比如一个人因其生理缺陷而自卑，本身并不涉及道德。相反，需有一定修养，个人才能超越形体限制所带来的自卑心。羞恶之心是道德感，是对未善乃至罪过的道德感。虽然它与人格上的自尊有相通之处，但是，却不能忽略其中有本质的不同。所以，笔者不同意朱光潜先生的看法。朱先生忽略了从一般自尊心到道德人格的飞跃。孟子所谓羞恶之心具有道德因素，作为道德人格，会受到道德感和认知等方面的影响。如孔子所厌恶的都是道德上的不善。子贡问他："君子亦有所恶乎？"他回答说："有恶，恶称人之恶者，恶居下流而讪上者，恶勇而无礼者，恶果敢而窒者。"（《论语·阳货》）他最厌恶的是乡愿。

朱先生将德摩斯梯尼为纠正口吃，发奋练习演说，于是成为希腊的最大演说家；贝多芬本有耳病，发愤练习音乐，于是终成为大音乐家；甚至阿德勒所举的许多同样的实例，来证明许多伟大人物在身体资禀或环境方面都有缺陷，这缺陷所生的"卑劣情意综（结）"激起他们的"男性的抗议"，于是他们拿出非常的力量，成就非常大事业。① 其实，这些自尊心不能归结为道德问题。道德上的羞恶之心是基于道德行为和道德价值判断之上的。孔子曰："邦有道，贫且贱焉，耻也；邦无道，富且贵焉，耻也。"（《论语·泰伯》）"道"是衡量羞耻感的标准。孟子曰："求则得之，舍则失之；是求有益于得也，求在我者也。求之有道，得之有命，是求无益于得也，求在外者也。"（《孟子·尽心上》）没有道德感，则所谓羞恶之心阙如。亚里士多德认为，羞耻感是因做了不好的事情所导致的。青年人无知，可能会做一些错事，故常有羞耻感，而老年人因为似不应再做错事了，故不会有。儒家认定羞恶之心生于人能己不能，可说是终身的。故君子有终身之忧。

能说明羞恶之心不同于平常羞耻心，关键在是否有"自慊"的问题。"自慊"是人格上的圆满感或道德上的满足感。《礼记·大学》云："所谓诚其意者，毋自欺也。如恶恶臭，如好好色，此之谓自慊。""毋自欺"，就如一个人真实地"恶恶臭""好好色"，有自我满足感，即是"自慊"。相反，有虚假，乃至很勉强，都可能并不"自慊"。这里，"自慊"和羞恶之心、无耻是道德情感上的层次分别，它们并非直接对立的关系。

二、耻、辱与知耻

《礼记》中，没有出现"羞恶"一词，与之相近是"耻""辱"二字。按《说文解字》所云，"耻""辱"可以互训。这样看，《礼记》中类似"羞恶之心"的表述就是"耻"和"辱"。然而，因为《礼记》的中心思想是讲礼的，故其中的羞恶之心或"耻辱感"又有所不同。

《礼记》中特别突出职务道德和职业操守。《礼记·曲礼上》云："四郊多垒，此卿大夫之辱也。地广大荒而不治，此亦士之辱也。"大臣如果不忠，则有辱君命。《檀弓下》引公子重耳之言曰："或敢有他志，以辱君命。"在儒者看来，公职人员负有职责和使命，有辱其使命就是耻辱。显然，"辱"可以是施加于人的侮辱，但对受者而言，则是耻辱。即使对于孝亲而言，子女对父母负有道德上的责任，不能有"辱亲"的言行。《礼记·祭义》记曾子曰："孝有三，大孝尊亲，其次弗辱，其下能养。"又曰："一出言而不敢忘父母，是故恶言不出于口，忿言不反于身，不辱其身，不羞其亲，可谓孝矣。"《礼记·曲礼上》

① 朱光潜. 人生九论［M］. 北京：人民文学出版社，2011：21.

云："孝子不服闇，不登危，惧辱亲。"可见，无论是在社会政治上还是家庭关系中，所谓"辱"都是其职业或身份所决定的。《礼记·儒行》曰："儒有可亲而不可劫也，可近而不可迫也，可杀而不可辱也。"这是其刚毅的精神体现。但"辱"有时则指"屈尊"。如《礼记·曲礼上》云："大夫见于国君，国君拜之辱；士见于大夫，大夫拜其辱。同国始相见，主人拜其辱……大夫于其臣，虽贱，必答拜之。"

比较而言，"耻"的语气似乎更重一些。《礼记·中庸》曰"知耻近乎勇"，这就把耻辱感看成是一个人内心强大的根本。和"辱"一样，"耻"有时也指一个人的身份或社会角色所决定的道德感。《礼记·杂记下》曾谈到"君子有五耻"："居其位，无其言，君子耻之；有其言，无其行，君子耻之；既得之而又失之，君子耻之；地有余而民不足，君子耻之；众寡均而倍焉，君子耻之。"在其位，没有好的建言，虽有建言却不能实行，思想境界或功业达到某种高度，但最终又都丧失了，地力有余而民众财用不足，员工一样多，而别人的成效高出一倍，这五种情况都是君子的耻辱。这里的核心是讲尸位素餐就是君子的耻辱。《礼记·表记》记载："子曰：'是故君子服其服，则文以君子之容；有其容，则文以君子之辞；遂其辞，则实以君子之德。是故君子耻服其服而无其容，耻有其容而无其辞。耻有其辞而无其德，耻有其德而无其行。'"显然，这里，认为君子的德性是内外统一的。既有君子之服饰，就应有相应的礼容；有相应的礼容，就有符合君子身份的言论；有与君子身份相符合的言论，那就必有相应的品德；有符合君子身份的品德，就有相应的操行。由此结论是："是故君子衰绖则有哀色，端冕则有敬色，甲胄则有不可辱之色。"可见，儒者以表里不一、内外分裂的人格为耻辱。其所以说尸位素餐、内外不一、表里不一对于儒者是"耻辱"，那时因为，既然儒者宗奉仁义的价值，却阳奉阴违，显然就是借用礼仪制度而"合礼"的盗窃社会资源，故谓可耻。"君子之盗，岂必当财币乎？"（《说苑·政理》）

曾子十分重视羞耻之心。其云："君子不贵兴道之士，而贵有耻之士也。"（《大戴礼记·曾子制言上》）承接着孔子贫贱富贵的境遇因"道"而生相应的羞耻心的思想，曾子曰："夫有耻之士，富而不以道，则耻之；贫而不以道，则耻之。"其转述孔子曰："独贵独富，君子耻之。"（《大戴礼记·卫将军文子》）羞耻心是鞭策君子上进的动力："少称不弟焉，耻也；壮称无德焉，辱也……行而不能遂，耻也；慕善人而不与焉，辱也。"（《大戴礼记·曾子立事》）很明显，这种以道德为标准而生的羞耻心是基于完善人格的理想，这对孟子是有很大启发的。

因此，儒者追求的是完善的人格，而非利用规则达到个人的目的。单就"自慊"看羞恶之心，仿佛它是偶然的心理感受或情绪。果如是，那么，似为主观的羞恶之心怎样作为一个普遍原则也成为衡定"人"的标准呢？道德观和认知的差异受到利益干扰，可能使人们更难外在地判断和评价羞恶问题，以至不能不诉诸行为者当下的心理感受。比如，宰予谓三年之丧太长，问是否可缩短，孔子反问其食稻衣锦"安否"的问题，并评价回答"安"的宰予为"不仁"①。在此，仁（义）与否，似只在内心的直觉。

对此，梁漱溟说："所谓恻隐、羞恶之心，其为直觉是很明的；为什么对于一桩事情，有人就恻隐，有人就不恻隐，有人就羞恶，有人就不羞恶？不过都是一个安然不觉，一个就觉得不安的分别罢了。这个安与不安，不又是直觉锐钝的分别吗？"② 直觉的锐抑或钝，是判定仁义的表征了。朱子亦说："怵惕、恻隐、羞恶，都是道理自然如此，不是安排。合下制这'仁'字，才是那伤害的事，便自然恻隐。合下制这'义'字，才见那不好的事，便自然羞恶。"③"自然恻隐"和"自然羞恶"，均为当下不藉思虑自然呈现者。我们知道，儒家特别是现代新儒家对诸如恻隐、羞恶之心的认识，主张只能求诸体悟、体知（杜维明语）和直觉，不能做对象性的观察和分析。可见，羞恶之心属内在道德感，难以外在认识。恰如"诚"与否只能是内在自觉，而"信"与否方可外在观察。

这样一来，有一个重要问题：完全近乎本能反应的随感而应"敏锐明利"的直觉④，如何能判明仁义并甄定人格？恻隐与羞恶之心作为道德本能的反映是否另有其内在根据？对于只能依靠体知或直觉做道德评价的主体而言，若无"直觉的敏锐明利"，是否仁义即不复存在？

此外，还须明确：智力、能力乃至先天的生理限制的不对称或不均衡使情形更显复杂；不同道德观支配下的不同实践，使羞恶之心的内涵与表现差别很大。一个人可能自许智慧高，但并不一定认同某种道德观念；他可能对别人低估其智商很敏感，却不忌讳别人攻击其某种观念下的某种道德水准低下，这使"羞恶之心，人皆有之"被质疑。这样，不认同儒家伦理者其"安否"的问题似成为自然状态下随机或偶然的感受了。如何理解这一难题呢？

显然有些重要前提需提及：羞恶之心的儒家道德前提及由此确立的自觉的

---

① 事见《论语·阳货》。
② 梁漱溟．梁漱溟全集：第六卷［M］．济南：山东人民出版社，1993：453-454.
③ （宋）黎靖德．朱子语类（四）［M］．北京：中华书局，1986：1282-1283.
④ 梁漱溟．梁漱溟全集（第一卷）［M］．济南：山东人民出版社，1989：454.

工夫修养。虽然，随机或偶然的心理感受有不可重复性，但对儒家道德观的认同则可使之具有稳定性。"良知良能"① 是羞恶之心的本体根源。于此，我们看到梁漱溟后来申言他放弃原来认"仁"就是"直觉"的敏锐明利的观点，认为理性才是儒家的道德认知。

我们还须明确羞恶之心在本体论上的普遍有效性与在现实上的实践差异间的矛盾。

一方面，羞恶之心作为个人道德感，是与儒家伦理作为社会主流的道德价值观念、个体角色意识乃至个人的道德行为密切相关的。这些方面的不一致会导致羞恶之心表现不同。因而，老子会认为"圣人不仁，以百姓为刍狗"（《老子·第5章》），抑或也有认为是多此一举者。另一方面，仁义是一个过程。《礼记·表记》云："仁有数，义有长短大小。"有"安仁"者，有"利仁"者，有"畏罪而强仁"者（《礼记·表记》）。梁漱溟也承认不同人对同一事件的羞恶之感受大为不同。就现实之羞恶而言，既有知羞恶乃终身之忧者，其所谓圣贤君子；亦有羞恶与否不定者，如孟子所谓"求则得之，舍则失之"；甚至还有"日用而不知"者。于此，羞恶之心的普遍效应在于实践上克服其偶在性，而免于不知不觉。以此而论，似为随机性的羞恶，应是在道德认同基础上的日积月累的实践工夫为必要前提。在道德认同基础上，主体善恶的分别"如好好色，如恶恶臭"，是以工夫为支撑的道德情感反应，而非外在观察。羞恶之心是隐藏得较深的道德感，也是比较容易受到伤害的，假如一个人一心要在道德上有所成就的话。孔子谓"予之不仁"应不是仅凭其"安"的感受，且应有"集义"工夫的实践根据。

可见，羞恶之心是对人性和社会某些负面的情感反映。从其与恻隐之心的关系看，儒家道德非原子人道德，而在人伦关系中形成并发展，其中永存可改善的空间。既然善的现实表现是相对的，随着工夫深入，才会更清晰地被认识。于此可说，它是基于工夫实践包括反省、内省、修己等在内的道德认知。仅认为它是自发与自然的是不够的，而须关注奠基于工夫基础上的人格的升华和发展。羞恶之心虽自然而发，但对修养不同阶段言，所发内容则不一样。同时，羞恶之心既会因修养工夫而有所不同，也会以主体为中心而向外扩散和转换。当国人、家人或相关者做出使国或家人蒙羞之事时，就不仅是"恶"，还有

---

① 阳明曰："良知只是个是非之心，是非只是个好恶，只好恶，就尽了是非，只是非就尽了万事万变。"见：（明）王守仁．王阳明全集（上）［M］．吴光，钱明，董平，等编校．上海：上海古籍出版社，1992：111.

"羞"。羞到极点就是"恶"。从羞恶之心本身看，"羞"是自主的，内源性的，它可因某种行为或某个观察者角度无法观察的动机、念头的羞惭、愧疚，所涉范围广。许多未尽善尽美尽知之事，有余地的事，都可看成是未尽善乃至不善未尽美乃至不美，未尽知乃至不知；所谓"恶"，是被动的，取决于既定事实。它实际是针对比较严重的错误乃至罪行而言的，是针对他人的可观察的行为或品格的。我们无法知道他人是怎么想的，只能通过观察其行为间接认识。工夫上的羞恶之心同时要克服来自利益的考验。克己复礼表现在社群与社群的关系上是复杂的，礼让会有限度。

以此，儒家伦理的复杂性客观上为羞恶之心的转移或转化提供了可能。比如，当个人必须为社群、他人做出礼让才能得到道德上正面的评价时，其行为的道德评价，并不十分确定。孟子说："乡为身死而不受，今妻之奉为之；乡为身死而不受，今为所识穷乏者而为之；乡为身死而不受，今为所识穷乏者得我而为之；是亦不可以已乎？此之谓失其本心。"（《孟子·告子上》）程子亦说："人之一身，尽有所不肯为，及至他事又不然。若事者，虽杀（一作教）之，使为穿窬必不为，及至他事未必然。"① 由此，儒者的要求必是诉诸本心。无论孔子"从心所欲而不逾矩"，还是孟子"尽其心者，知其性也，知其性则知天矣"，乃至陆象山"发明本心"，王阳明"致良知"，都是"道德本心"使然。言行及其指向性、意向性，才是决定性的。可见，羞恶之心既是映照自己的一面镜子，也在人伦关系中相互传递和感染。这种传递和感染的边界，取决于道德信念和工夫修养的程度。仁的一体相关性质，使羞恶之心也表现出不同的层次。有恻隐之心，就会为其他人的羞恶而羞恶。因此，羞恶乃作为理想人格的预设，是人文精神和人伦道德的内容。当他人有羞恶之事发生，儒者也感到羞恶。反之，从自然或本能的人来看，单纯认知之心，无所谓羞恶；从不同价值观念，更难以确定羞恶的问题。以此，我们看到儒者的羞恶之心既与一般的自尊心所导致的情感不同，也与建立在纯粹个体身上的道德感有所不同。宋代学者孙复将羞恶之心上升为士大夫的职业道德。他在《儒辱》中说："《礼》曰：'四郊多垒，此卿大夫之辱也。地广大而不治，此亦士之辱也。'噫！卿大夫以四郊多垒为辱，士以地广大荒而不治为辱，然则仁义不行，礼乐不作，儒者之辱与!"（《睢阳子集》）可见，儒者的羞恶之心所及的范围很宽，程度也很深！朱熹认为仁（恻隐）是其他四心的脑子，说明羞恶等皆以仁为基础。无仁的体认，即无羞恶之心。纯粹个人隐私的泄露，与羞恶之心无关。儒家所说的羞恶

---

① （宋）程颢，程颐．二程集（上）［M］．北京：中华书局，1992：147.

之心，应该包括道德廉耻，以及职业和职务道德。关于一般道德廉耻和职业道德的区别是一个可以深入思考的问题。从一般道德而言，儒家强调由亲及疏，由近及远，乃至到物；但是，对于以德化政治为主导的政治运行而言，这样的道德直接平行移动到职务行为上，并不完全相应，故有忠孝不能两全的矛盾。同时，一个普通人和一个士大夫的道德自觉应是有区别的。《白虎通》讲："天子者，爵称也。爵所以称天子者何？王者父天母地，为天之子也……何以知帝亦称天子也？以法天下也。何以言皇亦称天子也？以言天覆地载俱王天下也。"① 又说："公、卿、大夫者，何谓也？内爵称也。曰公、卿、大夫何？爵，尽也，各量其职尽其才也。公之为言公正无私也；卿之为言章，善明理也；大夫之为言大，扶进人者也。故《传》曰'进贤达能，谓之大夫。士者事也，任事之称也。'故《传》曰：'古今辩然否，谓之士。'"② 不同地位者有不同的职责是明显的，相应其道德责任也是不同的。

但这是否说儒者永远处于一种羞恶的状态之中呢？其实未必。人们批评儒家导致伪善，原因很多。此处试举数点：第一，善是生活实践的，并非在实验室里面对纯粹理想的状态，现实生活的复杂多变不能不使其表现得异常复杂；第二，人们往往以静态思维定式来分析善恶是非问题，其实往往非此即彼，非白即黑，事实上，仁义是具体的、有层次的。未尽善，不等于不善，更不等于邪恶；第三，将未尽善等于伪善并等于邪恶，是混淆是非。未尽善是因善的实现受众多客观条件限制，这和肆意妄为的为恶显然有根本区别。至于伪善，原则上只能说是邪恶，只是打着善的旗帜，不容易为人所识辨而已。邪恶当是有意为恶，是犯罪和违法行为。第四，在必然存在竞争的道德领域，符合规则的竞争是必须的也是正当的。可见，在人际间因身心关系、人己关系交错复杂的变化，羞恶之心的表现也是复杂的。

到目前为止，我们主要从实践、从道德感产生的条件而非从本体论角度来谈羞恶之心的。至于为何必有羞恶之心，其形而上的根据何在，要回答这个问题，就需对儒家哲学产生的条件乃至其前提预设做深入探讨。

羞恶之心不是建立在有神论基础上的，而以彻底人文主义或人本主义为基本前提。当外在超越的天内化为人的内在心性，且它不再仅是可仰望的上天或所崇拜的神秘力量，而是通过人自身努力可达到与之内在结构上的统一时，则道德人格情感上自身的统一要求就表现为羞恶之心。正如主体理智上的清楚明

---

① （清）陈立.白虎通德论（上）[M].北京：中华书局，2011：1-5.

② （清）陈立.白虎通德论（上）[M].北京：中华书局，2011：16-18.

白的自我之确证难免有求于形式化的思维自身同一性一样，作为道德人格统一性之保证的羞恶之心是一个人向善之心的表征。羞恶乃超越的价值实体内化的结果。如果说道德活动实践上在求"诚"，那么，在心理情感上往往表现为羞恶之心。相反，羞恶之心暗淡乃至泯灭，则无所谓诚与不诚。同时，羞恶之心虽不同于一般羞耻心，但它毕竟又还是一种羞耻心，因而与之有相通之处。其相通之处，即对自身的道德行为所达到的层次之未善或未尽善的羞耻感。显然，这是形上之天内化为心性所确立的道德标准的功能。天虽然不再是主宰神，但却内化为人性、自然的神性和个人的尊严。不过，羞恶之心作为超越的天内化在人格上的显现，虽为人本体上所具有，但作为个体形而下的情感则是自我的道德期许。

三、价值多元时代的羞恶之心

既然羞恶之心源于儒家道德观，从个案无法确证羞恶与否，那么，所谓无耻，仍是基于某种共同道德标准的。既然所谓共同道德标准无论从历史还是不同族群看都有相对性，就很难将基于工夫的道德感和自然状态下随机或偶然的感受相分别。羞恶之心在本体论上的普遍有效性与在现实上的实践差异间的不对称状况，在社会动荡不定、价值观多元乃至强调整体的道德观逐步向独立个体的道德观倾斜之时，可能会愈演愈烈。

我们说羞恶之心与道德观上的认知有关系，但并不意味着它完全取决于主观性。人们可能以价值观多元化而否定儒家道德；或以功利或个人价值实现的借口而否定儒家道德；或因恻隐之心麻木而四心俱失……不论主观上有多少因素，仍不能改变道德观念实现的客观社会条件。

诚如上述，无耻与否不能仅从外在活动而更要从其动机来看。《礼记·表记》云："仁者安仁，知者利仁，畏罪者强仁。""安仁"客观上要求人伦关系的理顺，但有时难免会对某种关系造成伤害，如忠孝难两全，厚此会薄彼。据此，我们无法确知冯道其人是否"安仁"，甚至无法确证其是否"利仁"。毫无疑问，因众多客观条件限制，五代乱世曾做过六朝宰相的冯道，行为或许是未尽善的，但能否和助纣为虐画等号则不能一概而论。我们既可以孟子"耻之于人大矣，为机变之巧者，无所用耻焉。不耻不若人，若何人有"（《孟子·尽心上》）来推测冯道的心态；也可以"天下有道则现，无道则隐"而视之。简单地以某个标准予以评价实难为当。然而，动机的推测不能脱离外在行为和客观条件孤立进行。道德评价与历史评价不能完全分离。既然羞恶之心是内在的，有层次分别，与认知有相互影响，而在人伦关系中还会相互传递和感染，其间又与身心关系、人己关系交错而引起复杂变化，可转移或转化，那么，除非主体自身有始终如一的工夫作为判断的基础，外在地看却并无一个恒久起作用的绝对标准。既然"无道"社会儒家伦理无用武之地，而羞恶之心会因对社会复杂关系的矛盾冲突而呈现复杂性质，故在涉及复杂变化的社会关系时，便很难根据不变原则对人事做定论，到极端故有"方今之时，仅免刑焉"之说（《庄子·人间世》）。可见，儒家道德评价对客观条件的依赖性不仅反映了人性的复杂，也说明其本身的相对性。

在此，内化为心性的天表现于羞恶之心与外在超越的上帝的功能是不完全相同的。外在的、客观的上帝是绝对的支配力量，而内化的心性因工夫进境总有相对的一面。内在超越缺乏外在超越的压力，其道德的功能作用的发挥往往取决于经常变化的社会秩序或社会条件变化的影响，所谓"礼，时为大"也。在这些相对性得到体现的完全世俗的场景中，社会结构和政治形态无疑有举足轻重的地位和作用。因此，我们不能因强调儒家伦理的哲学性质而忽略其实践性质所决定的心理方面的影响，更不能忽略社会结构和政治形态的深刻影响。

既然绝对外在永恒的压力不复存在，存在的根本上只是受社会结构和政治形态影响的内心力量，那么，主体自主之心成为道德价值的根源。面临全知全能的绝对者——上帝，人只能反省自己的问题，反省其限制，谁有资格指认犯有错误的人呢？而在心性成为道德本原之后，若"不知以性成身而自谓因身发智，贪天功为己力"，则不免于"冒领良知"了。羞恶之心人人具有，但人避免不了会犯错误。这些错误不是某类具体的事件，而是在绝对的主宰者上帝面前的无由庇护（它对不信上帝的人无效）。这里，显示儒家伦理的一个无法逃避的困境：即儒家对客观社会条件和政治形态有一定依赖性的伦理成为一切人的道德标准，历史上人们对冯道的评价就是如此。须知，儒者承认，"无道"社会儒家伦理起不到应有作用。

此外，同一道德观念在不同社会历史条件下具体表现很不相同。儒家作为道德理想主义十分突出的是彻底的人文主义精神。因形上之天的内化，道德发生作用主要依赖于社会舆论和内心信念。具体就儒家道德而论，其发生作用在客观方面主要是通过社会中的礼俗、习惯实现；而作为精英层面的精神价值则是通过政治、文化教育等来完成。但是，当社会处于变革和动荡时期，儒家道德中的羞恶之心发生作用的社会环境改变，会极大地影响其功能作用，其复杂曲折表现可以想象，有时甚至可能起反作用。比如，因为权利观的深入人心，原来可能人们觉得自己和先进人物有一定距离，会有惭愧、羞赧的感觉，但现在因成功的追求欲望高涨，人人都可能觉得当先进是自己的"权利"了。虽然，权利不可没有，但羞恶之心难道就因权利而彻底丧失吗？

概言之，儒家羞恶之心虽根源于一般羞耻心，但是，作为义的内心感受性，原则上它指的是儒家人格上的道德感，会因不同处境及其变化而发生变化。因此，对于道德建设而言，羞恶之心很重要，但是，却不能离开具体条件而仅凭外在事件做出评价。于此，工夫乃基于"知耻"的意欲而力图自我认识和调节控制的过程。

第二节　絜矩之道

反躬、内省、诚之、知耻等，原则上都是工夫主体内在的主体性活动，并未涉及外部世界。"克己复礼为仁，一日克己复礼，天下归仁焉"（《论语·颜渊》）。然而，外在的世界并不完全服从主体的内心活动，即使个人的身也未必都总是服从内心要求。这样，人人之际主体应以什么原则和方法才能为仁呢？这就是"絜矩之道"。

一、知己与忠恕

曾子曰："夫子之道，忠恕而已矣。"（《论语·里仁》）孔子自己则在总结他的学问时称之为"恕"道："子贡问曰：'有一言而可以终身行之者乎？'子曰：'其恕乎！己所不欲，勿施于人。'"（《论语·卫灵公》）从"恕"道可概括为"己所不欲，勿施于人"可知，它是建立在"知己（所欲与不欲）"的基础之上的。既然我们知道人在行为中不同程度必然存在着反思，也就是有"知己"的成分，那么，这种行为中的反思是否就是"恕"道所要求的"知己"呢？根据我们对儒家伦理的了解，显然不完全是一回事。第一，"恕"道中的"己"是工夫主体，其和一般行为反思中的主体有区别。前者是追求道德的自我完善为目标，后者则不一定有这样的目的。第二，两个主体所知之己的内容有区别。如《荀子·子道》中颜渊等弟子回答孔子"知者若何，仁者若何"时，颜渊的回答为"知者自知，仁者自爱"，得到孔子"明君子"的评语。

无独有偶，郭店简《语丛一》云："知己而后知人。"这是说，认识自己是认识他人的前提。《尊德义》更明确地说："察者出，所以知己，知己所以知人，知人所以知命，知命而后知道，知道而后知行……有知己而不知命者，无知命而不知己者。"这里，可看出如下层次：第一，"知道"是"知行"的前提；"知命"是"知道"的前提；"知人"是"知命"的前提；"知己"是"知人"

的前提。反过来，"知行"一定"知道""知道"固然"知命""知命"必然"知人""知人"理应"知己"。"知己"是其后知人、知命、知道、知行的关键，是后者的必要条件而非充分必要条件。第二，"有知己而不知命者，无知命而不知己者"，其中，没有明确"知己"是否一定"知人""知人"是否一定"知命"，但却肯定了有"知己"而不"知命"者。"知命"者一定"知己"。"命"在此是一个关键词，是什么意思呢？应该说，从消极方面看，"命"是人的限制性。人总是有所不知，有所不能，被种种客观条件所限制。《易传》曰"穷理尽性以至于命""命"便是一个极限。可见，"知命"是从限制性角度完成人的自我认识。

这都是在讲"知"。《礼记》中没有出现"知己"或"自知"等字样，但是，这不等于《礼记》不重视"知己"。一方面，《礼记·中庸》《礼记·乐记》不仅谈到属于"知己"范畴的"内省""反躬"等思想，而且《大戴礼记》中曾子云："君子思仁义，昼则忘食，夜则忘寐，日旦就业，夕而自省，以殁其身，亦可谓守业矣。"（《曾子制言中》）此外，《礼记·中庸》出现了"明"这一术语。《老子》曾说"自知者明"，《礼记·中庸》亦云："自诚明，谓之性；自明诚，谓之教。诚则明矣，明则诚矣。"从逻辑上讲，"明"则必然"自知"。这似也是孔子称颜渊为"明君子"的理由。另一方面，《礼记》重视从实践即行的方面讲"修身"。从"行"来看，君子的中心任务是自我完善，具体就是修身，目标是尽性。《礼记·中庸》云："君子不可以不修身。思修身，不可以不事亲；思事亲，不可以不知人；思知人，不可以不知天。"《礼记·大学》也说："自天子以至庶人，一是皆以修身为本。"这里，虽均未言及"知己"或"自知"，但是，从"知己而后知人"的逻辑看，所谓"思事亲，不可以不知人"之间，可以认为也是以"知己"为前提的。"修身"也必是在深刻认识自己的同时才可能完成。换言之，如果没有自知之明，很难设想其有所谓"事亲"和"修身"实践。

不过，"事亲""修身"不是单纯个人的事情，它涉及人人之际。儒者的自我完善是必然是在人际中实现的。《礼记·中庸》云：

> 唯天下至诚，为能尽其性；能尽其性，则能尽人之性；能尽人之性，则能尽物之性；能尽物之性，则可以赞天地之化育；可以赞天地之化育，则可以与天地参矣。

人们只有在"知己"且"恕"人的情况下才可能"尽其性"并尽人之性，

尽物之性。

"知己"和"恕"人是什么关系？《礼记》并无明确说明。从逻辑上看，前者是后者的前提。似乎只有深刻的自我认识，才能践行"恕"道。反躬、自省和内省等，原则上属于"知己"范畴，而"恕"道则是处理人己关系的原则。"反躬"即回归自己，反本修己，与处理人己关系的"恕"道的必然联系之处，在于"恕"道是建立在"忠"的基础之上的。孔子之道，曾被曾子概括为"忠恕而已"。所谓"修身"，当然包括"忠恕"在内。"修身（己）"为孔子所强调，在《礼记·大学》《礼记·中庸》均被当作儒者的基本功夫，但却可能引起人们的误解。"修"虽有"修理""修整"等含义，但是也有美好、改善等含义。作为前者基本上是指针对物而言，作后者解则是既可以针对物也可以针对人的。显然，"修身"不是修理自己，而是使自己得到改善，这是"知己"和"尽己"的必然路径。因而，"修己治人"当然也不能被曲解为当年红卫兵修理其尊长的行为。相反，在《礼记》中，却明确了对人对己的不同原则和方法。其一，对己在"忠"，尽己也，对人在"恕"，推己也。"唯尽己之心，而推以及人，可以得其当然之实，而施无不当。"① 其二，《礼记》因为是突出规范的，特别强调人与己之间的规范的差别。如《礼记·表记》讲"卑己而尊人，小心而畏义"，还认为"圣人之制行也，不制以己，使民有所劝勉愧耻，以行其言"。卑者谦卑，谦卑是贤者的美德。之所以认为要"小心而畏义"，显然是出于对特殊情景下的义或"当然之实"的裁断并不是那么清楚明白的，人自身存在着限制性。而圣人并不是把自己的行宜当作一个绝对的道德标准强行颁布于天下，不过是有了一定规范，人们可以作为一面镜子，或得到劝勉，或因而羞恶而已。《礼记·表记》还云："君子议道自己，而置法以民。"即对己对人不能完全将自己当成标准强加予人。自信不是狂妄自大。

二、絜矩之道

儒者修身不能仅是孤立个体的反躬，而需指向包括人、天道在内的所有伦理关系。在人际关系上，儒家提倡的具体修养方法是"絜矩之道"。《礼记·大学》云："君子有絜矩之道也。所恶于上，毋以使下；所恶于下，毋以事上；所恶于前，毋以先后；所恶于后，毋以从前；所恶于右，毋以交于左；所恶于左，毋以交于右。此之谓絜矩之道。"一般认为，《礼记·大学》"絜矩之道"中"絜矩"一词，来源于《荀子·非相》之"操五寸之矩，尽天下之方"。按《非

---

① 赵顺孙. 中庸纂疏 [M]. 上海：华东师范大学出版社，1979：182.

相》云："圣人何以不可欺？曰：圣人者，以己度者也。故以人度人，以情度情，以类度类，以说度功，以道观尽。古今一也。"圣人之所以不可欺，是因他有"以己度（人）"之心。这不是说圣人仅能将自己之心当作他人之心，而是说他还能将他人之心当作自己之心。由于能深澈洞悉人性，才不可欺。如何对待自己，则有所不同。荀子说："君子之度己则以绳，接人则用枻。度己以绳，故足以为天下法则矣；接人则用枻，故能宽容因求。""度己以绳"，是指以原则要求自己，即"好恶有节"的"反躬"；"接人用枻"，枻，牵引也。用《礼记·表记》的话说，就是"以人望人"。它说："君子不以义望人。以义望人，则难为人，以人望人，则贤者可知也。"表面看，这是"另类"的"双重标准"。不过，"度己以绳"与"接人则用枻"，并非逻辑上自相矛盾，因为没有"度己以绳""好恶有节"的"反躬""天理"不存；不能"接人用枻""以人望人"，则不能合群，不合群难成圣人之业。《大戴礼记·卫将军文子》把"度己以绳"和"接人用枻"概括为"外宽内直"。其文云："外宽而内直，自设于隐栝之中，直己而不直于人。"其实，进一步看，"絜矩之道"和孔子的"己欲立而立人，己欲达而达人"，"己所不欲，勿施于人"之"忠""恕"之道如出一辙，但又有所推进。《礼记·中庸》谓："忠恕违道不远，施诸己而不愿，亦勿施于人。"

"絜矩之道"不同于一般的"以己度人"原则，它是将推度原则，从个体与人的抽象关系，具体扩展到其上下前后左右等具体关系，其中定有多重角色的转换和彼此的相互矫正。

那么，这里就有一个问题产生了：在所有这些可能的人际关系的转换和矫正之外，是否还需要一个独立的工夫主体？如果不需要，工夫主体就必然被分裂了！如果需要，那么，这个还有工夫的主体究竟是谁？这个主体与表现于人际间的那些个体之间又是什么关系呢？个体该如何修养，以使之与所有这些人际关系中的个体相互整合呢？由此，"慎独"的思想就必然会产生。我们已经指出，《礼记·中庸》的所谓"慎独"是相对于认知意义上个体如何超越其认知的限制性，而《礼记·大学》的"慎独"和"毋自欺"，则提出工夫主体自身不能出现分裂的问题，即在所有人际关系的末端，那个作为表现于人际间的主体逻辑上和实践上的支配者，只能是一个"独"体。因此，"慎独"其实是"慎"这个"独体"。如果这个"独体"和人际间的主体出现分裂乃至背道而驰，所谓道德可能就异化了。

"絜矩之道"是儒家处理人伦关系的原则，它是相对于"以己度人"的进一步抽象化。前面所谓"议道自己"，就是"度己以绳"的"反躬"；所谓"置法以民"超出了道德范围。这显然是对己对人的"双重标准"。或许，这就是出于对人的自我中心之根深蒂固的自觉。若无"度己以绳"的"反躬""絜矩之道"也难免以"小人之心度君子之腹"；若无此"双重标准"，则顽固的自我中心仍会导致"自欺"。进一步看，"絜矩之道"是"反躬"的发展和"忠恕"原则的具体化。朱子解释"尽己之谓忠，推己之谓恕"，可谓中鹄之论。"尽己"之"忠"应为"推己"之"恕"的前提。人之可能"尽己"，因"为仁由己"的自主性所决定。"尽己"之"忠"，应包括"反躬"在内。"反躬""忠"乃至作为推己之"恕"的出发点，都只是主观的，所以，《礼记·中庸》云"忠恕违道不远"，但不即是道。

"昔者不出户而知天下，不窥牖而见天道者，非目能视乎千里之前，非耳能闻乎千里之外，以己之度度之也，以己之情量之也。"[1] 通过己之厌恶饥寒、劳苦、衰乏，而知天下人皆喜衣食、安佚、富足。圣人之所以不被欺骗，就在于能够"以心度心，以情度情，以类度类，古今一也"[2]。所谓"以人度人，以情度情，以类度类"，与单纯"己度"的不同，它要求客观化，一方面有要求主体自身客观化，超越主体限制性之意，另一方面有道家以物观物、以道观道，即就事物的本来面目而观之意。这样，要求体验、亲证，就不仅仅是"以己度人"这一条路向，还有客观性的一条路向。二者是统一的。自我关系解决的深度是社会乃至自然关系获得解决程度的必要条件。

"絜矩之道"是儒家伦理的原则，其实也是儒家哲学的方法。它是在"反躬修己"基础上的处世原则。其基本精神是要求从主观上升到客观，最后又回到主体的道德精神中去。从这种思想出发，它主张"不以义望人"，而"以人望人"；不一般的"以己度人"，而且要"以人度人"；不是以人之所不能"愧人""病人"，而是"议道自己，置法以民"的另类"双重标准"。这里就包括理性的"反躬"，"爱而知其恶，憎而知其善"（《礼记·曲礼上》）等等道德理性。

第三节　礼所以制中

《礼记》主张对"血气"和情（欲）等本能的控制，目的在维护有身份等级的社会秩序、防止人格的"物化"，当时具有深刻社会文化意义。一定意义上

---

①　许维遹. 韩诗外传集释［M］. 北京：中华书局，2020：120.
②　许维遹. 韩诗外传集释［M］. 北京：中华书局，2020：107.

讲，两戴《礼记》主要是以礼仪为修身的工夫。礼仪乃工夫的社会客观化和仪式化，是将自觉的工夫转化为普遍性的具有教化功能的仪式的过程。传统儒家对于礼仪工夫，往往因历史限制而多停留于实践操作层面，而较少义理研究和分析，我们这里则力图通过并超越传统儒家所重视的实践修养过程而加以分析考察。

从两戴《礼记》看儒家工夫论，其以人性论或人道观为基础，以人的理性自觉为前提而强调对包括自然、个人、家庭、社群乃至世界的宇宙人生的合理安排，并将之作为哲学的基本原理。

一、礼者仁之貌

"义"作为主体客观化的原则和过程，既是道德主体自我价值实现的追求，意义的追求，其实也是道德艺术的追求，是对自我的道德美学形象和艺术格调的追求。其中，尤值得注意的是繁体字"義"的结构表达了"我"与"义"之间的联系，而从工夫角度看又必然展开为主体我与客体我的内在紧张关系。作为主体，"我"是道德活动的出发点，但是却不能脱离它必然要客观化的过程。因为，只有当主体介入客观社会才有道德问题的出现，孤立的个体不存在道德问题。另一方面，客体我对于主体我而言，不一定是事实上的转换，而只是观念上或意义的转换：只有相对于他者，客体我才必然地是直接现实上的客体。作为现实的客体，他不是道德行为的开始，而是行为的对象。所以，当客体我也被要求为道德活动出发点时，就超出了道德本身的范畴了。由此看来，"我"作为复杂社会关系的承担者，其意义结构的理解不能单方面进行。

这样，即使我们在本书第一章中讨论过从工夫角度将孔子的"仁"理解为自我完善的修养，也不能不再一次转向对工夫主体的价值本原和意义世界的探索。因为，只有了解主体的内在结构，才可能真正了解道德主体客观化的原则和过程。

单独就"仁"而言，《礼记》强调其生命意义上的本源。《礼记·表记》云："子曰：'中心安仁者，天下一人而已矣。'"这是将"仁"视为生命唯一的也是终极的价值。又云："中心憯怛，爱人之仁也。"所谓憯、怛，均有惨、痛的意思。这显然是从消极面来说明"仁"产生的现实根据和其实质内容。这一点还可在《郭店简·语丛三》找到证明："丧，仁也；义，宜也""[丧，仁]之端也，义，德之进也。义，善之方也。"因此，所谓"憯怛"之心，显然是指丧事中所经历的心理体验。它显示儒家伦理的中心奠基于生命的一体相关。所谓"如丧考妣"，即生命统一体之破裂。而"中心安仁"，是指以"仁"为安的心理状态。《礼记·表记》还说："子曰：'无欲而好仁者，无畏而恶不仁者，天下一人而已矣。'"这和前面从消极面讲"仁"为恻怛之心不同，而是从积极面来看的。因此，"仁"即是自然而然的情同一体的生命体验，是人生终极价值，尽管现实上有不同的层次。

《郭店简·五行》云："见而知之，智也。知而安之，仁也。安而行之，义也。行而敬之，礼也。（仁），义礼所由生也，四行之所和也。""四行"指仁义礼知，"四行之所和"指广义的仁乃四行的总和。这里，"仁"的含义是"知而安之""义"突出的则是实践即"行之"，而且非一般的"行之"，而是"安而行之"。"安"者心安。心处于其应在的位置则安，失其位则不安①。其所以能"安"，当是因生命之价值本源的发现（知）。"义"的本质则在安于这一价值本源而实践之。然而，因为"义"又牵涉主体"我"与社会性的"义"之间的连接点，决定了主体"我"的意义结构与客观社会乃至宇宙结构的相契。显然，《郭店简·五行》虽是从实践角度论"仁"，但此说其实与《礼记·表记》所谓"仁者安仁"、《礼记·中庸》"力行近乎仁"的说法也只有字句的区别，其所表述的乃是同一概念相对不同范畴而言含义略有区别。相对知而言的仁，可以兼括义的含义，所以，可以说"安而行之"之义，其实也就近乎"力行"。说"安而行之"是突出与"利而行之"，畏罪而勉"强行之"的区别。"圣人知天道也。智（知）而行之，义也。"（《郭店简·五行》）由此可知，主体的客观化作为"义"的现实表现，是天道的要求，圣人行天道也。

从礼的角度看，"中心恻怛"之"仁"发露，虽然"天下一人而已"；但其现实展开却不能不是远近亲疏各有差别的。《礼记》表达了为"仁"不易的特点。《礼记·表记》曰："子曰：'仁之为器重，其为道远，举者莫能胜也，行者莫能致也，取数多者仁也。夫勉于仁者，不亦难乎？'"又曰："仁之难成久矣！人人失其所好；故仁者之过易辞也。""君子之所谓仁者，其难乎！"尽管如此，但它又认为："仁之难成久矣，惟君子能之。"因此，《礼记·表记》不赞成从义理上去衡量人，即"以义度人"。其云："以义度人，则难为人；以人望人，则贤者可知已矣。"其所提供的为仁之方，就是恕道，或云絜矩之道。"是故君子不以其所能者病人，不以人之所不能者愧人。是故君子之制行也，不制以己，使民有所劝勉愧耻，以行其言。"从工夫的角度理解"仁""礼"的关系，则"为仁"之难不仅是指它是个体任重道远、死而后已的自我修养，而且"仁"

---

① 宰予嫌三年之丧太长，请问丧期能否变短。孔子问宰予："衣夫锦，食夫稻，于汝安否？"（《论语·阳货》）。

表现为生命一体的相关性，"仁"因此不是个体的孤立事件，人们所能观察的只是外在现象。《礼记·儒行》曰："温良者，仁之本也；敬慎者，仁之地也；宽裕者，仁之作也；孙接者，仁之能也；礼节者，仁之貌也；言谈者，仁之文也；歌乐者，仁之和也；分散者，仁之施也。儒皆兼此而有之，犹且不敢言仁也。其尊让有如此者。"这段话的中心不外乎是讲"仁"与人的所有内心世界和外部表现之间的关系，其中，"礼节者，仁之貌也"表现了仁与礼的关系，其实就是实质内容与表现形式之间的关系；同时，其言"兼此而有之，犹且不敢言仁"，即是说，即使儒者在人际交往中兼具温良的内心、敬慎的态度、宽裕的作风、孙接的姿态、恭顺的礼节、文雅的言谈、和悦的歌乐、处事大方等方面的表现，仍然不能说就做到"仁"了。显然，人际间的那个经常在表演的主体虽然可能外表上无可挑剔，但仍然不能因为这些就可以断定工夫主体就是"安而行之"者。"仁"的实践的根本原则是"礼"。《礼记·中庸》所谓："仁者，人也；义者，宜也。亲亲之杀，尊贤之等，礼所生也。"《郭店简·五行》亦曰："仁，义礼所由生也，四行（仁义礼知四行）之所和也。和则同，同则善。"从产生的根据上看，"礼"固然因"仁""义"而生，但从实现的路径看，"礼"乃"仁""义"的必经环节，是"仁"之节，"义"之表。故"君子欲观仁义之道，礼其本也。"（《礼记·礼器》）礼的实质则在实践，"礼者，履也。"①

二、礼尊其义

《礼记·礼器》云："礼，时为大，顺次之，体次之，宜次之，称次之。"但《礼记·郊特牲》又云："礼之所尊，尊其义也。失其义，陈其数，祝史之事也。故其数可陈也，其义难知也。知其义而敬守之，天子之所以治天下也。""宜"与"义"相通。表面看，似乎二者的思想不相合拍。对这个问题的理解，需要对"义"的含义做一分析。

孟子特别强调"义"。如其云："鱼，我所欲也，熊掌，亦我所欲也，二者不可得兼，舍鱼而取熊掌者也。生，亦我所欲也，义，亦我所欲也，二者不可得兼，舍生而取义者也。"孟子重，有吸收墨家"兼爱"思想的因素，章太炎认为孟子"绝不是一个纯粹的孔子之徒。"此外，孟子和告子之间有著名的义"内"还是义"外"的争论。告子认为敬长之义是因人之长而敬，故"义外"，孟子则认为内心的敬只能是发之于内而非外。郭店儒简与《礼记》中的某些文献年代相近，其文字总共不过二万余字，但"义"字（包括作为助语词的

---

① （清）段玉裁. 说文解字注［M］. 上海：上海古籍出版社，1984：2.

"宜"和"仪"字,共出现 70 次之多),可见"义"范畴在作者心目中的重要地位。除了"仪"有时写作"义"之外,"义"也通"宜"。其云:"道始于情,情生于性。始者近情,终者近义。知情〔者能〕出之,知义者能入之。"又谓:"厉性者,义也。"(《性自命出》)所谓"始者近情,终者近义",显然是指"道"的实践以情为出发点,而最终原则"近义"。"诗书礼乐,其始出皆生于人。诗,有为为之也。书,有为言之也。礼乐,有为举之也。圣人比其类而论会之,观其先后而逆顺之,体其义而节文之,理其情而出入之,然后复以教。教,所以生德于中者也。"作者巧妙地解释诗书礼乐产生的原因,然后特别突出"观其先后而逆顺之""体其义而节文之""理其情而出入之"。前文所谓"知义"即此处"体其义"。《性自命出》还说:"义也者,群善之蕝也。"蕝,乃"古代诸侯盟会,以束茅立于地,作为位次的标志。"① 据此,所谓"群善之蕝",谓"义"乃人道之善的次序的标志。

又,"义"的繁体为"義"。"義",《说文解字》云:"己之威仪也,从我从羊。"段氏注云:"威仪出于己,故从我。董子曰:'仁者人也,义者我也。'谓仁必及人,义必由中断制也。从羊者,与美善同意。"这里,不仅能看到仁与义的联系,也能看到"义"字的结构及其意义。所谓"仁必及人,义必由中断制",即仁心由人之内心而发,必及于他人乃至外在的事事物物,不能不要求有符合客观实情的"断制",此亦即体其义而"节文之"之义。重要的是,羊在人们心目中向来是温顺的,为何温顺的羊与"我"结合就构成了"义"?

"我",许慎谓"施身自谓也"。孟子曾评论"杨氏为我,是无君也"。但他又说:"仁义礼智,非由外铄我也,我固有之矣。"(《孟子·告子上》)可见,"我"并非仅指今日所谓独立无依的个体,也非一般自我意识中呈现的个人,而是自我意识中呈现的"施"者之反身自谓;同时,这个"我"是工夫主体。段氏又云:"施身自谓者,取施与我古为叠韵。施读施舍之施,谓用己厕于众中,而自称则为我也……愚谓有我则必及人。"② "有我则必及人",说明"我"既非独立无依,也非近代哲学能动性的主体自我意识,而是现实地与人发生交往关系的人。"厕",古通"侧",段氏注云:"宜常修治使洁清也。"确实,"我"作为施与人的相关性存在,乃经修治洁清之"我",非自然本能之我,亦非抽象的社会性之"我",而是道德实践中现实地与人打交道的我。自然、实然之我乃一活动主体,以身体为基础;抽象(社会)的关系性的应然之我只是一个观念;

---

① 《古代汉语字典》编委会.古代汉语字典〔M〕.北京:商务印书馆,2013:485.
② (清)段玉裁.说文解字注〔M〕.上海:上海古籍出版社,1984:632.

只有自觉地现实地与人们发生客观联系的"厕于众中"的"我",才是道德主体。这个道德主体与"义"是什么关系呢? 其实,这个道德的主体"我",因为其是自觉的对象,也可以说是客体的我,否则,它不能满足道德原则的基本要求。如扬朱因无主体我向客体我的转换,故被孟子斥为"无君"。主体何以能完成这种转换呢? 主体我之所以能成为客体我,是因主体可将自己作为"对象"或客体处理。这种转换的实质当然不是从身的层面而是从心的层面完成。人和动物的根本区别在人是类存在,可以将自己的活动当作对象来对待,"正因为人是类存在物,他才是有意识的存在物,就是说,他自己的生活对他来说是对象"①。因此,人是将自己和其社会关系当作对象对待的。孔孟"为仁由己"之"己"主要就是指心或行为主体,而"仁"就是其生活。扬朱从身而非心的层面看待人,故无法完成这种转换。因身体活动本身只是服从客观世界的法则,不能超越这一法则;只有心才是可能自为主宰的,使其身体获得人的意义上的自由和解放。换言之,"我"可以将自己作为对象通过修治洁清的工夫使实然的"我"转化为当然的"我",以完成自我的关系转换。

《说文》又云:"羊,祥也。"郑玄《考工记注》云:"羊,善也。"羊非孤独的动物,而是群体性的,且羊大为美。因此,从字形结构和造字意义上看,具有美善之意义的群体的羊,象征可以侧于众中而有威仪之"我"为"义"。这里,隐含的意思就是:如果活动主体是自然实然之"我"的话,那么,能使主体"我"转换为当然客体"我"的主体结构和机制就是美与善。归纳起来,有四层意思:其一,即使羊有多面性,但这里忽略,保留其善和美的一面;其二,"我"是有威仪、风度、风格、风貌、厕身于众人中的人格,不是抽象的、孤立的生物性自然人格,故楚简《尊德义》谓"不以旨谷(欲)(害)其义";其三,"义"作为羊我结构的汉字,其指称的是施于众的经过修整洁净如羊之美善的"我",其实是一个客观化了的关系性主体的"我"。所谓客观化,即是任何一个客观化的主体之"我",可以同时以"你"或"他"的形象存在于社会中。在这种意义上,"义"是"人道"诸善的标志。正所谓"义也者,群善之(蕴)也。"第四,"义"是社会性主体"我"的本质特征。"义"既然指称的是客观化的、可以以你或他的形象出现的"我",丧失"我"即不义,亦即无你也无他。所以楚简《语丛一》和《语丛三》以"我"字代"义"字。如云:

---

① 中共中央马克思恩格斯列宁斯大林著作编译局. 马克思恩格斯选集(第1卷)[M]. 北京: 人民出版社,1995: 46.

"仁生于人，义生于道。"① "不义而加诸己，弗受也。"② "义"字的含义本身就决定了它与"仁"的联系。不待"我"以义，则不仅是无主体的"我"，也无你、无他，其实就是无人。第五，"我"虽是可以客观化为众人中的你或他，但仍是作为"我"的你或他，不是你或他的"我"。需要强调的是，这里，生物性主体"我"只是一个实然的前提，而转换主体"我"成为客体"我"的美善的结构才决定了应然的道德"我"的结构。段氏《说文》注"义"字之从羊从我时说"威仪出于己，故从我……从羊者，与美善同意"，也是说"义"隐含着美与善。

因此，"义"的字义中包含着从个体打通走向群体的前提、道路和方法，是"德之经"，说其含有全德的内容也未尝不可。故《郭店简·语丛三》曰："丧，仁之端也。义，德之进也。义，善之方也。"

总的来看，"义"作为客观化的主体"我"的本质特征，有着对宇宙结构的某种承诺。在这个结构中，"我"因自我的修整并厕身于众而被定位，包含作为实然主体的我和客观化的关系我两个重要因素。如果忽略任何一个要素或在二者间没有符合既定秩序的必要定位或定位不当，即无"我"，也即"不义"。以不义之结构架构"我"的形象，那不是"我"，故不接受。因为主张通过"修"的活动使"我"显现出来，使人们容易将义仅视为一个伦理范畴，但是，它的确有对宇宙存在合理结构的预设。在此结构中，作为修整洁净的"我"的人格结构与外部世界相契或与之发生共振联系。然而，主体客观化的"义"的确证无论是从主体上还是对象性上都不是一个简单过程。也许就是这个过程的曲折性，使"义"竟然自身存在着对立面。

回头来看，所谓"礼尊其义"虽强调礼义相对礼器和礼仪而言的重要地位，但其深层的含义还应包括"礼可以义起"。《礼记·礼运》云："故礼也者，义之实也。协诸义而协，则礼虽先王未之有，可以义起也……为礼不本于义，犹耕而弗种也。"虽然制度的制定受到"德""位"的限制③，但是，就工夫主体所可能面临的一些具体境遇的变化莫测而言，不仅临事裁断是难免的事，而且

---

① 李零. 郭店楚简校读记（增订本）[M]. 北京：中国人民大学出版社，2009：209.
② 李零. 郭店楚简校读记（增订本）[M]. 北京：中国人民大学出版社，2009：192.
③ 如《礼记·中庸》谓："虽有其位，苟无其德，不敢作礼乐焉；虽有其德，苟无其位，亦不敢作礼乐焉。子曰：'吾说夏礼，杞不足征也。吾学殷礼，有宋存焉。吾学周礼，今用之，吾从周。'"

即使如孔子那样"述而不作",也要能"识礼乐之文者"才能做到①。据此,我们可以进一步分析"义"的另一层重要含义。

"义"字被解释为"宜",在先秦典籍中常见。《郭店楚简·语丛三》和《礼记·中庸》均有:"义者,宜也。""宜",《说文解字》作"宜",意为"所安也,从宀之下,一之上"。段氏《注》云:"一犹地也,此言会意。"按《诗·周南·桃夭》有"宜其室家",《传》曰:"宜以有室家无逾时者。""义"为"宜",字义可释为适宜、合宜;但是,从哲理上看它不仅是一条抽象的伦理原则,而且是指在任何变化的具体环境与条件下就事物和人际关系上的适宜与否而言,因此,它不仅是仁逻辑上的延伸,而且是实践中随时因事变化而制宜。故《郭店简·性自命出》云:"体其义而节文之,理其情而出入之,然后复以教。教所以生德于中者也。""中"指"中心",相对"外心"而言。"体",在这里,应是动词,如《礼记·中庸》"体群臣",此"体"是体恤、体贴的意思。由于是"体其宜而节文之",所以,在实践上不是单从中心发出仁心,而且同时要通过外心随时因事而制宜。随时因事制宜不仅是要根据对事物规律性的认识、而且是从中心转化为外心而"体"察人事是否相宜、合宜而立中制节。因此,《郭店简·性自命出》又云:"厉性者,义也。"可见,"义"或"宜"都不是单纯主体的抽象道德观念或原则,也不仅是客观性的知识或主观判断,而是主体中心通过外心转换之"体"而做出适宜的判断。即从"识礼乐之情"的仁心出发而面向外部世界做出判断,其中,既有对外在客观世界和宇宙秩序存在的承诺,同时也是当然与实然相符合的判断。

"义"的实质是对行为的道德价值做出断定,却一定要考虑客观因素(情)。道德主体以"体其宜"为基点而又使这些因素在实践上发生期待的变化。可见,告子关注到客观的一面,而孟子则强调"义"的主体自决性质。朱子说:"仁便有个流动发越之意,然其用则慈柔;义便有个商量从宜之义,然其用则决裂。""义之在心,乃是决裂果断者也。"②他甚至认为"义"若"利刀相似""如一横剑相似",如"利刀着物",因而,"义"不仅是仁得以发越,而且是一种主体判断的能力与勇气,是主体与客观宇宙秩序及道德法则相符合的关系的判断。作为主客关系的判断,"义",是主体活动与客观宇宙秩序的统一,是个体道德行为和道德法则的统一。其中,以知识作为必要前提,而作为道德

① 《礼记·乐记》云:"知礼乐之情者能作,识礼乐之文者能述。作者之谓圣,述者之谓明。"

② (宋)黎靖德.朱子语类(一)[M].北京:中华书局,1986:121.

观念，它是道德意识和情感的统一，道德动机和道德原则的统一。

以"宜"作"义"在先秦管子、韩非子、荀子等著作中常见，也见于汉代董仲舒著作，字义均有适宜、合宜之意。

简言之，古文"义"也指"仪""仪"是威仪。作为威仪，是形式，《礼记·中庸》谓"威仪三千"；"宜"（谊）的含义，和今天的"义"字相当，则是主体的复杂的道德判断。"义"作为有修养的、美善的、符合宇宙的某种预定结构的"我"，如何安置儒家从来就没有回避的现实自我呢？从"义"与"仪""宜"（谊）、"我"等字的密切关系中我们可以看到道德深层的含义。诚如《礼记·礼运》所云："故圣人耐以天下为一家，以中国为一人者，非意之也，必知其情，辟于其义，明于其利，达于其患，然后能为之。"圣人之所以能够做到一日克己复礼，天下归仁，不是一厢情愿的空想，而是深澈地认识到礼乐制度所反映的人性实际，并深知人乃至圣人自己面临各种复杂处境所应作出的决断，明白人的利害，才能真的做到。

《礼记·表记》明确记载："子言之：仁有数，义有长短大小。"其意思说：仁有不同的程度，义也有大小层次的分别。《礼记·中庸》所谓"仁者，人也，亲亲为大。义者，宜也，尊贤为大。亲亲之杀，尊贤之等，礼所生也"，不仅指明仁义各有程度和层次的分别，亲亲是深层次的仁，尊贤是最要紧的义，而且认为礼就是对不同程度和层次的仁义所做出规定。也就是说，礼，包括其不同要素，都是仁义的不同程度或层次的表现。此处所谓"仁""义"，即亲亲与尊贤都是具体的。

总结起来，《礼记》之中，"义"主要是指道义、义理、仁义等等。如《礼记·乐记》"见利而让，义也""义近于礼"，《经解》"除去天下之害谓之义"，《礼记·表记》"道者，义也""义者，天下之制也"，等等。

就义与礼的关系，《礼记·乐记》曰"义近于礼"，如《礼记·郊特牲》"义生然后礼作"，而《礼记·礼运》则云："礼义也者，人之大端也。"可见，义乃礼之规范和制度得以产生的根据，礼义是做人的重要原则。"故礼也者，义之实也。协诸义而协，则礼虽先王未之有，可以义起也。义者，艺之分，仁之节也。协于义，讲于仁，得之者强。仁者，义之本也，顺之体也，得之者尊。"这是说：义乃事理得以分辨，仁爱之心得以节制的原则。只有以义来协和于事理，又以义来辨明爱心的分寸者，才是真正的强者。其中，尤其"礼虽先王未之有，可以义起也""仁者，义之本也，顺之体也"，可以说讲明了仁义和礼的关系。具有长短大小，因时因事而得宜的行为规范往往不都是现成的，但只要能够掌握了"义"的根本原则，行为选择方可以"义起"。因此，《礼记》中所谓"义"，虽然有时也是相对其他伦理规范而言的，但更多时候则是仁义的代称，其具体含义就是礼意。

三、礼时为大

既然"礼尊其义"，而《礼记·礼器》又云："礼，时为大，顺次之，体次之，宜次之，称次之。"那又如何理解二者表面看起来的不一致呢？

礼的内容丰富，其中包含各种信息和社会性所要求的元素。显然，《礼记·礼器》所言是从礼所包含的各类信息的重要性而言的。所谓"时为大""时"，当指时代特点，礼应"合于天时"，礼之内容因时代而变，如汤武革命就会因时代不同，而使礼发生改变。其一，按《礼记·大传》的说法，礼有可变的一些内容。如"立权度量，考文章，改正朔，易服色，殊徽号，异器械，别衣服，此其所得与民变革者也"。当然，也有不变的内容，如"亲亲""尊尊""长长""男女有别"是不可变的。其二，并非在任何时候礼都有其绝对的道德价值。曾子曰："国无道，君子耻盈礼焉。"（《礼记·檀弓下》）在没有秩序的乱世，礼将沦落为大盗小贼看守仓库的法宝。《礼记·儒行》更是主张任气守志的气概："儒有……今人与居，古人与稽；今世行之，后世以为楷；适弗逢世，上弗援，下弗推，谗谄之民，有比党而危之者，身可危也，而志不可夺也，虽危起居，竟信其志，犹将不忘百姓之病也。"这是不与流俗妥协、不与浊世合污的坚贞之志，甚至"上不臣天子，下不事诸侯……虽分国如锱铢，不臣不仕"。

其次是所谓"顺次之"。所谓"顺"，指不可变的天理人伦。《礼记·礼器》云："天地之祭，宗庙之事，父子之道，君臣之义，伦也。"再次"体次之"，所谓"体"，《礼记·礼器》云："礼也者，犹体也，体不备，君子谓之不成人。"孙希旦《集解》谓"此以人之体喻礼之体也"。人的肢体不可不备，而设礼也不可不当。再后是"宜次之"，所谓"宜"，即"义"也。丧祭之礼、宾客之交的各种费用和花销，是属于"义"的。最后为"称次之"，所谓"称"，则是各类祭祀用物和祭祀规模应该相称，不同身份等级的人所佩戴的信物要与身份名称相配等。孙希旦《集解》认为，所谓"时"，乃礼之"权"者，而"伦""体""宜"和"称"，则是礼之"经"也。"权"即权变，"经"则是不可变革的。由此可知，所谓"宜次之"之"宜"并非"礼尊其义"之"义"，而是一些礼的细节的合宜或适当与否。

四、礼义以为干橹

礼是《礼记》的中心，作为制度和规范而深刻影响传统社会和人们的心灵。

要深入理解这一点，需要对礼的结构做必要分析。

静态地看，礼是由礼仪（法）、礼物（器）、礼意（义），或许还有礼容等要素构成的。动态地看，礼是由这些要素按人的身份和具体场景的需要所构成的动态结构①。虽然关于礼的结构说法略有不同，但此处却可以忽略不计。不论辞令与礼容是否属于独立的礼的要素，礼法与礼仪、礼义与礼意原则上并无质的不同。

撇开作为权变的礼，单就作为"经"的礼而言，大体上，礼之"体"相当于礼物和礼仪，而伦、宜相当于礼意，至于"称"，则指礼器饰物、礼仪应与礼意相合。

从工夫角度，礼是行为规范。《礼记·曲礼》中对人的生活的许多方方面面乃至细节都做出了规定，基本上都是规范。诸如："毋不敬""敖不可长，欲不可从，志不可满，乐不可极""爱而知其恶，憎而知其善""临财不苟得，临难毋苟免""礼从宜，使从俗"，这样一些命令式语句，乃至"为人子者，出必告，反必面，所游必有常，所习必有业。恒言不称老""为人子者，居不主奥，坐不中席，行不中道，立不中门"，等等，都是对特定身份之人的行为作出规范。这些规范当然有某种历史和现实的理由，也有对家庭和社会生活秩序的要求。

比如，"男女不杂坐，不同椸枷，不同巾栉，不亲授。嫂叔不通问，诸母不漱裳。外言不入于梱，内言不出于梱。女子许嫁，缨，非有大故不入其门。姑、姊、妹、女子子，已嫁而反，兄弟弗与同席而坐，弗与同器而食"，郑玄《礼记注》谓：此"皆为重别，防淫乱"。所谓"别"，即男女有别。这一点后世可能会难以理解，但从礼之产生的最早根据而言，显然是对人类早期从混乱状况走向文明社会过渡阶段的某些痕迹的反应，是符合历史事实的。再如："寡妇之子，非有见焉，弗与为友"，则是为了避嫌。而所谓"将上堂，声必扬。户外有二屦，言闻则入，言不闻则不入"，用今天的话说，则是对人家"隐私"的尊重。大抵，这样一些礼节的规定，有的是一种禁忌，有的是一些礼仪规范，有些要求则非常高。如"为人子者……听于无声，视于无形"，即父母未形于言表的内心世界，都要能够了解，就不是很容易的了。至于说"四郊多垒，此卿大

---

① 陈戍国. 先秦礼制研究［M］. 长沙：湖南教育出版社，1991：143. 另：彭林. 论郭店楚简中的礼容［A］//武汉大学中国文化研究院. 郭店楚简国际学术研讨会论文集［C］. 武汉：湖北人民出版社，2000. 又：邱衍文《中国上古礼制考辨》有专章考辨"礼容"的细节，参见：邱衍文. 中国上古礼制考辨（增订版）［M］. 台北：文津出版社，1992.

夫之辱也。地广大，荒而不治，此亦士之辱也"，看似一个很高的要求，其实是很有道理的。即使在今日，也有一个职业操守、职务道德的问题。没有约束和规范的权力必然会被滥用。

当然，也不是任何禁忌和礼仪在今天看来都是合理的。诸如"父母存……不有私财""父之仇弗与共戴天，兄弟之仇不反兵，交游之仇不同国"，显然于今日的家庭结构和经济生活状况不相适应，而父兄乃至友人之仇，也不必如其所云采取有仇必报的方式，而是诉诸法律。所以，像"父母存，不许友以死"，显然无论如何都是过时了。再如所谓"刑不上大夫，礼不下庶人"，在现代社会都需要相应调整。不仅法律面前人人平等，庶人也有礼仪文明等生活的需求。

但礼并非一些简单的规条与教训。在《礼记》看来，礼的实践有其文明社会所要求的风范和内容。《礼记·仲尼燕居》记孔子云："礼也者，理也。乐也者，节也。君子无礼不动，无节不作。不能诗，于礼谬；不能乐，于礼素；薄于德，于礼虚。"显然，他认为礼是与乐、诗和仁德相得益彰的。《礼记·檀弓上》记："君子曰：'乐乐其所自生，礼不忘其本'。古之人有言曰：'狐死正丘首。'仁也。"因此，礼的根本就是教人不忘本，人的根本在天，而"礼者天地之序也"。

《礼记·儒行》有所谓"忠信以为甲胄，礼义以为干橹；戴仁而行，抱义而处；虽有暴政，不更其所"。这是将仁义看成是个人生命得以保护，人生得到基本保障的原则。这种将忠信、礼义当作人生自我保护的思想虽说是从消极一面来说的，但也显然揭示和表达了具有独立性的儒者所面临的处境。

五、礼所以制中也

在《礼记·仲尼燕居》中，有一段对话很有意思：

> 子张子贡子游侍，纵言至于礼。子曰："居？女三人者，吾语女礼，使女以礼周流，无不遍也。"子贡越席而对曰："敢问何如？"子曰："敬而不中礼，谓之野；恭而不中礼，谓之给；勇而不中礼，谓之逆。"子曰："给夺慈仁。"子曰："师，尔过；而商也，不及。子产犹众人之母也，能食之不能教也。"子贡越席而对曰："敢问将何以为此中者也？"子曰："礼乎礼！夫礼所以制中也。"

这里表达了三层意思：第一，个人可以"以礼周流，无不遍也"。用《礼记·儒行》的话说，就是"以礼义为干橹"，能够在人间风浪中行驶生命的航船，没有地方不能到达。这是对礼义道德的普遍价值的肯定。第二，通常被人们所肯定的品德，如"敬""恭"与"勇"等，在这里都需要以礼作为原则和标准，才能成为美德，否则，仅仅"敬"而不合礼数，就会显得土气；仅有"恭"而不合礼数，就难免是巴结（给，读音为"几"）；仅有"勇"而不合礼数，就显得违逆。其实这里的思想可以说是孔子一贯的思想。《论语·泰伯》中孔子也说到"礼"对于人品的意义："恭而无礼则劳，慎而无礼则葸，勇而无礼则乱，直而无礼则绞。"第三，"中"作为无过无不及的理想，是儒家工夫所追求的最高境界，而能够达到这个境界的客观原则，就是"礼"。

"礼所以制中"的思想明显承诺了人通常的行为要么不及，要么过分，要做到既无不及又不过分的恰好即"中"不是那么容易的事情，正如为仁之难一样。那么，是什么原因导致人们不"中"的呢？这就需要对《礼记》中经常出现的"情"与"欲"对于人的行为的影响进行分析。

本质上，礼乐都是要对人的情感作出合理的安排。因为，和知识一起共同支配人们行为的就是情感和意志。综合《礼记》关于"情"的不同使用，我们发现至少有四种意义上的情。首先是把"情"看成情欲。如上引《礼记·礼运》所云"喜怒哀惧爱恶欲"七种人情。这样理解的情、欲无区别，有贬义。第二种意义上的"情"是指通常所说的"感情"或情意。如《礼记·曾子问》："礼以饰情。"《礼记·乐记》："礼报情。""饰情""报情"，显然"情"也有说情感，情意、情谊等。《礼记·乐记》云："情深而文明。"这里的"情"，不能作客观的"情实"理解。朱子云："喜怒哀乐，却只是情。"① 此种意义上的"情"通常通过礼来表达，它是礼的内容。第三种含义指作为人之为人的"情"。这种"情"是人性的表现，是人与人之间、人与天地鬼神之间的一种独特的存在关联。如《礼记·乐记》："乐也者，情之不可变者也。"所谓"情之不可变者"，说明"情"有本原和内在结构。从其本原上，"情"源于"性"。孟子所谓"恻隐之心""羞恶之心""辞让之心""是非之心"等都是"情"。在《礼记》中，所谓"中心憯怛，爱人之仁"，即是此类"情"。真正理性化的情感，则是圣人的情怀。如《礼记·大学》认为（对于孔子"必也使其无讼乎"）："无情者，不得尽其辞。"这种"情"，即使不直接等于宗教情感，但在实践中却至少类似宗教情感。第四种含义"情实""情状"：《礼记·乐记》："礼乐之情同……知礼乐之情者能作。"前三种意义上的"情"既有区别也有关联。与欲相同的"情"，是自然的情欲，属生物意义上的本能。第二种意义上的

---

① （宋）黎靖德. 朱子语类（一）[M]. 北京：中华书局，1986：64.

"情"，相当于常说的感情、情意。个体居于一定人伦关系或环境中，不可避免会对周遭的人或事物发生某种特殊的感情联结。第三种意义上的"情"，是人之作为人所具有的与其他人或天地之间的相生相感之情，是人之为人的本质特征之一，可说是人特具而非动物性的社会"本能"之情识。正是基于对情的复杂含义的深入理解，笔者认为亲亲之仁才可能既是世俗的自然感情，同时又是需要升华提炼，而成为仁民的必要前提的。所以，《礼记》说："立爱自亲始。"《礼记·大学》说："大学之道，在明明德，在亲民，在止于至善"。"情"是与天地万物情同一体之情。

意欲对行动的作用，往往通过动机得到体现。这里涉及意欲与动机的关系。意欲可以转化为动机，但并非一切意欲都会转化为动机。意欲能否转化为动机，与意欲本身的正当与否相关。意欲正当与否，则关乎意欲的评价。这种评价，首先表现为意欲主体的自我反省：自我总是根据其接受、选择的价值原则或价值规范，对相关的意欲作出反思和评判，以确定其正当与否：合乎一定价值原则或价值规范，则被视为正当，与之不一致，则被视为不正当。所接受的价值原则或价值规范不同，则对意欲正当与否性质的判定也相应地有所不同：同一意欲，相对于不同的价值原则，往往呈现不同的性质。从意欲与行为动机的关系看，唯有意欲获得肯定的评价（被确认为正当），才能转化为影响行为的动机。在这里，需要区分意欲的形成与意欲的接受。意欲的形成常常不由自主，但这种意欲被接受为行为的动机，却离不开自我的评价。当然，这种评价不一定以明晰的方式展开，也不一定取得严密的逻辑推论形式，而往往以思维的简缩为其形态，表现为当下的、直觉性的反应，并蕴涵于自我对意欲的认可、接受或抑制、拒斥过程中①。

从工夫角度理解，礼对人的行为提出要求和规范，其实就是对正当的意欲给予正面的评价并诉诸行动，相反，对不正当的意欲加以否定和限制。按内容划分，礼包括社会体制与制度、道德规范和宗教祭祀活动中的仪式等，相应地，作为工夫的礼就包括顺应社会现实的那些行为规范以及仪式和禁忌的内容，容许正当的意欲得到满足，而控制不正当的意欲。以此而论，凡是违背规范的行为都包含着对社会存在排斥和否定的意欲。

规范既与"做什么"及"如何做"相关，也与"成就什么"或"成为什么"相联系，道德、政治、法律、科学等领域的规范，往往都呈现以上双重作用。在道德领域，道德的规范既制约着人的行为，又要求人们按道德原则自我

① 杨国荣. 行动：一种哲学的阐释［J］. 学术月刊，2010，42（12）：21-31.

塑造，以成为有德性的人格。

《礼记》云："礼也者，理也……君子无理不动。"（《礼记·仲尼燕居》）这是从行为规范上讲的。但礼又是社会制度。"子曰：'礼者何也？即事之治也。君子有其事必有其治。治国而无礼，譬犹瞽之无相与！伥伥乎其何之？譬如终夜有求于幽室之中，非烛何见？若无礼，则手足无所错，耳目无所加，进退揖让无所制。"盲人无人引导就不知该何所往，在暗室中无蜡烛就什么也看不见，没有礼，手足耳目都不知该往哪里用。所以，孔子还说："制度在礼，文为在礼，行之其在人乎！"在《礼记》看来，礼除了规范行为，还是人们可以分辨是非，认识社会的原则。《礼记·礼器》云："君子曰：'无节于内者，观物弗之察矣。欲察物而不由礼，弗之得矣。'"礼乃人文社会得以维系的栅栏和路标，只有达至礼乐之原，才能成为民之父母。"孔子曰：'夫民之父母乎！必达于礼乐之原，以致五至，而行三无，以横于天下，四方有败，必先知之。此之谓民之父母矣。'"（《礼记·孔子闲居》）所谓"五至"，即志之所至，诗之所至，礼之所至，乐之所至，哀之所至。"三无"即无声之乐，无体知礼，无服之丧。在孔子儒家看来，"志之所至，诗亦至焉。诗之所至，礼亦至焉。礼之所至，乐亦至焉。乐之所至，哀亦至焉。哀乐相生。"亦即君子的情志所到之处，必然是讴歌所到之处，也是礼乐所到之处，最终也是哀所到之处。君王与人民是必然休戚与共，哀乐相生的。同时，无声之乐、无体之礼和无服之丧，才真正做到不受外在条件的限制，达到真正的内心的和乐或哀伤。礼的根本在行为。"子曰：'师尔以为必铺几筵，升降酌献酬酢，然后谓之礼乎？尔以为必行缀兆，兴羽籥，作钟鼓，然后谓之乐乎？言而履之，礼也。行而乐之，乐也。"（《礼记·仲尼燕居》）礼并非外在的仪式，乐也并非那些乐器歌舞，礼乐精神实质在于言而履之，行而乐之。

因礼的结构和特殊的社会作用，可以将礼看成是一个全面社会化的图式，或将礼视为组织各类杂乱材料的一种文化机制。在《礼记》看来，只有礼可以将人引导进入社会，也只有在礼的规范中一切事实才能成为文明世界的一个组成部分。忽略礼仪的这种社会化图式，人们不可能把各种不同境遇的材料组织成为可经验的"合礼（理）"对象。没有参与者的动机与目的，礼仪礼物就成为一堆杂乱的无生命力的材料。没有具备流通性的礼仪和有形的礼物，则参与者的动机与目的无法传达和表现。参与者的动机和目的，是礼"合理"的现实根据，礼仪的流通性所具有的"义理"的要求，是礼"合理"的逻辑要求。无论是从儒家的观念还是实践上，礼均要求主观动机和客观礼仪礼物的统一。《礼记·礼器》云："先王之立礼也，有本有文。忠信，礼之本也；义理，礼之文也。无本不立，无文不行。"忠信之本与义理之文的统一，就是"著诚去伪"之"诚"。可见，不能仅从礼的一般分类来看其外在结构，还应把它作为一个既具有儒家特色同时又具有普遍意义的文化系统来看其内在的结构以及由这一结构所决定的功能。礼仪虽有自身的流传但也要满足一定境遇中人格完善的需求。

因此，礼仪是重要的修养手段和方式。一定意义上讲，礼仪化乃工夫的社会客观化和仪式化，既具有广泛的社会性，也有普遍的规范意义和教化意义。

首先，礼仪通过仪式的反复操作，规范人们的行为，强化人的身份意识，使规范内化为德行，对于人的身心有深刻影响。比如，汉王朝刚建立不久，一个令刘邦头痛的事情就是，那些跟随他打天下的大臣们在朝堂上追逐打闹，以剑击柱，不成体统。更为严重的问题则是，依靠武力建立政权的汉王朝，如何才能保证别人不如法炮制呢？在这种情况下，儒生叔孙通及时地提出一套礼仪制度，虽不能从根本上消灭叛乱，但至少建立了一个规范体系，使一般人能够清醒意识到自己的社会角色和身份，遵循礼仪制度。表面看礼仪只是一种仪式，但制度化之后却能深刻影响人们的行为心理和意志。

其次，礼仪记载并传递人们的文化经验与人的社会性信息，不仅实现社会化的文化教育，而且在不同人生阶段塑造并决定人格的发展。诸如社会生活中的禁忌、人类的文化经验乃至亲情，都只能通过对礼仪规范的模仿和遵守才能获得相应的生活体验。所谓"立爱自亲始""亲亲相隐""礼尊其义""义者宜也"，没有深刻的文化体验和道德涵养，就不能对这些问题有真正的理解，也不能做出正确的判断和行为上的决断。孔子自谓："十室之邑必有忠信如丘者焉，不如丘之好学也。"（《论语·公冶长》）《礼记·中庸》继承这一思想，从工夫角度提出"好学近乎知"。所谓"好学"当是指对礼仪规范的实践，孔子曰："行有余力，则以学文。"（《论语·学而》）孔子认为人应该有所忌惮，《礼记·中庸》则谓"知耻近乎勇"。因为礼仪凝结着文化经验，故不论是"以礼观物"，还是依礼而行，均含有道德上的反思和反省之意，由此决定行为的道德属性。

再次，礼仪并非只是正式场合有限的仪式化规范，而还有制度、体制的内容，并通过社会风俗和习惯左右社会的演化，复制"制度现实"。这些制度现实进一步影响乃至决定人们的社会心理。

毫无疑问，礼仪、礼物、礼意之中抽象地记载着每个人进入社会所可能有的信息。诸如血缘、伦辈、年龄、性别、智愚、才德、性情等等，凡是这个人的社会信息都反映到礼的内容之中。每个人进入社会，别人都可以透过礼的形式和内容而认识和观察此人。所谓"古之君子不必亲相与言也，以礼乐相示而已"(《礼记·仲尼燕居》)。甚至，礼乃政治之本。孔子曰："为政先礼，礼，其政之本与!"(《礼记·哀公问》)《礼记·乐记》亦云："审声以知音，审音以知乐，审乐亦知政，而治道备矣。"礼乐是观察政治之治乱的一个窗口。"欲观物而不由礼，弗之得矣。"(《礼记·礼器》)"故君子欲观仁义之道，礼其本也。"甚至观物、观察社会的道德风尚，都可以通过礼即可以完成。显然，按照现代的学术观点，这是因为礼作为既记载着人们各类信息的文化活动，同时又是人们的行为规范乃至政教制度，是可以"复制制度性实在"的。甚至，即使是在资本主义民主国家，政府的一项通过语言表述的规定，就可以部分地"建构"或创造制度性事实。塞尔认为，制度可以"复制""社会性和制度性"实在。

第四章

伦理实践中的言行与身份转换

传统儒家工夫其实很多时候是先秦儒典中以"行"为中心的修养。从源头看，儒家哲学最初的重心并不集中在以"知行合一"为特征的工夫修养上，至少同时也关注具有社会实践品格的言行问题。"言行相顾"强调的是可观察的道德实践活动的一致，而不同于内在工夫的"知行合一"。通过分析早期从重视言行关系到中晚期转而突出知行关系的变化，可看到儒学愈来愈认识到道德认知的深度对于道德实践的决定性意义；道德规范的逐步内化，是道德生活对于具体生活条件的解放。然而，这一过程的完成却忽略道德认知的高度和深度并不是单纯的行为之道德性的标准，"知行合一"的含义是相对的，二者只有在合一的条件下，方为工夫。透过"知行合一"重新审视言行关系，可得到新的启发。

第一节 言行相顾

梁启超说："中国学问……毋宁说是行为的学问。"① 其所谓行为，乃修己安人的道德实践。无论是圣人的"作（礼乐制度）"，还是贤者的"述"，都是围绕行为而产生的。然而，无论是"作"还是"述"，都需要言。

一、言、行与道德意识

"言"，通常可理解为话语、言说、言辞乃至文章等。孔子曰："有德者必有言。"（《论语·宪问》）孔子答仲弓问仁："仁者其言也切。"（《论语·颜渊》）表明儒家极其重视"言"的问题。第一，一般而言，"言"可以记述事实描述历史，传递文化经验，所谓"史载笔，士载言"（《礼记·曲礼上》）。一般文化教育和文史知识传承都需要通过"言"。第二，言也可以表达人的心

---

① 梁启超.清代学术概论·儒家哲学［M］.天津：天津古籍出版社，2004：100.

声，表现出个人的修养和才能。所以，年轻人学习时都要善于在那些祭祀和养老场合向年长者求善言，行"乞言合语之礼"（《礼记·文王世子》）。选拔优秀人才也不外是看其德行、政事、言语诸方面的表现，"凡语于郊者，必取贤敛才焉。或以德进，或以事举，或以言扬"。只要在这三个方面中有一项是优秀的青年，都可以看成是高出于一般人的，可以将这些人排定次序，进升等次以待录用。王充认为，"文由胸中而出，心以文为表观"。文章将"心思"表述出来则为"言"。他说："心思为谋，集扎（札）为文，情见于辞，意验于言。"（《论衡·超奇篇》）真正有力的文字，必"夺于肝心"，非仅泛观博览、习熟书文者所能为。第三，由于传统社会中特殊的政治结构，"言"还有奇特功能，如统治者之言可致国家兴衰。"一言可以偾事。"（《礼记·大学》）"国有道，其言足以兴。"（《礼记·中庸》）所以，对于有些大臣而言，进言就是分内的职责。"事君必先资其言。"（《礼记·表记》）"臣有死于其言。"第四，言一经出口可能有难以磨灭的客观后果，故应慎言。子贡曰："出言陈辞，身之得失，国之安危也。"（《说苑·善说》）《诗经·大雅·抑》篇曰："白圭之玷，尚可磨也，斯言之玷，不可为也。"《易经·系辞》云："君子居其室，出其言善，则千里之外应之，况其迩者乎？居其室，出其言不善，则千里之外违之，况其迩者乎？言出乎身，加乎民；行发乎迩，见乎远。言行，君子之枢机。枢机之发，荣辱之主也。言行，君子以动天地也，可不慎乎？"言行不仅是荣辱的主体，且产生或感应或违逆的效应，君子借以可"动天地"。这里，不仅触及言行的内在联系，其对社会政治和人的重要意义，且隐含言的复杂性。这大体是孔子讲"仁者其言也讱"的深刻理由。最后，"言"也是工夫。"修辞立其诚也"，基于言如此的作用，故孔子说："君子于其所不知，盖阙如也。名不正，则言不顺；言不顺，则事不成；事不成，则礼乐不兴……故君子名之必可言也，言之必可行也。君子于其言，无所苟而已矣。"（《论语·子路》）知乃名、言、行的必要前提，名正言顺则为成事的前提。其所以"言之必可行"，自然就是言应顾及是否能行得通。甚至，孔子说："不知言，无以知人。"（《论语·尧曰》）将言与深层的人性联系起来。

可见，因为"言"的特殊性质，其与人和人的行为存在复杂的关系。探讨儒家的工夫论，不能不略微考察"言"与"行"即与人的内在关系。

儒学工夫有广、狭二义。广义工夫，包括身心修养方法和礼乐实践、知己和知人的过程、第次与方法，即"修己安人"的方法与过程等；狭义工夫则是宋明理学所重视的各种工夫理论，如诚、观未发气象、常惺惺等，侧重于"修己"。前者包括儒家主张的修身方法、读经活动、社会和伦理实践及内心觉解等；后者则是"养心""治心"即心灵涵养与控制的过程、第次与方法。

广义工夫，即和包括《礼记》在内的先秦儒典中常见的"行"约略相当。"行"乃工夫的核心要素，工夫主要是以"行"为中心的修养。《易·乾卦》曰："君子以成德为行，日可见之行也。"《礼记·中庸》云："力行近乎仁"。"行"有时被说成是践行（履）。它不能简化为一般行为或动作，也非一度被误认为的认识论意义的实践，而是成德之行。成德之行和普通行为之别在于：它不仅受一般意识且受道德意识支配。《郭店简·五行》曰："五行：仁形于内谓之德之行……义形于内谓之德之行……礼形于内谓之德之行……〔智形〕于内谓之德之行……圣形于内谓之德之行……德之行五和谓之德，四行和谓之善。"而仁、义、礼、智、圣"不形于内谓之行"。"形"，孟子曾谓"唯圣人可以践形"，此"形"本形而下者，亦谓"形色""形气"。但《郭店简·五行》之"形"为动词。所谓"形于内"，指五行通过践行而内化为道德意识并贯通身心的过程。其中，道德意识包含仁爱、道义、礼仪、智慧和圣人人格等观念于其中。在简书作者看来，"五行皆形于内而时行之，谓之君〔子〕"，即五种道德观念形于内化而为相应的五种道德意识和行为习惯，乃成其为君子；相反，若还未能化为道德意识与习惯，则只能"谓之行（工夫）"。

归纳起来，"行"也有多义，并不直接等于"德之行"。首先，它有行走、通行、流行等义。《易·乾卦》曰："天行健，君子自强不息。"庄子谓"道行之而成"（《庄子·齐物论》）。"政之不行也，教之不成也。"（《礼记·缁衣》）其次，指实行、施行、行动。《礼记·乐记》："上行之则民从之。""或安而行之，或利而行之，或勉强而行之，所以行之者一也。"（《礼记·中庸》）"行前定则不疚。""行之以礼。"（《礼记·文王世子》）"言有物而行有格。"（《礼记·缁衣》）第三，指品行、德行。如《郭店简》有"五行"（又云"德行"），《礼记》有"儒行"，《左传·襄公二十九年》有"行而不流"。再如《礼记·中庸》："是故君子动而世为天下道，行而世为天下法。"又谓："唯天下至圣……见而民莫不敬，言而民莫不信，行而民莫不乐。"《礼记·聘义》曰："众人之所难而君子行之，故谓之有行。"此处的动、行、见、有行，均指德行。再如《礼记·中庸》："知、仁、勇，三者天下之达德也，所以行之者一也。"曾子谓："夫行也者，行礼之谓也。"（《大戴礼记·曾子制言上》）应该说，第二、三义所指乃先秦儒典大量使用"行"一词常见之义，也是《礼记》中所谓"行"的主要含义。按行为的动机区分，有"安行""利行"和"（勉）强行"之别，由此决定了仁者、知者、畏罪者的人格层次。显然，不同动机，工夫不同。

单纯分析"行"的结构，可以发现它既涉及一系列动作或活动，也有相应的行为动机，以及行为的后果。但是，也要意识到："行为不是一个事物，但它更不是一个观念，它并不是某一纯粹意识的外壳。"① 工夫既是通向道德活动，因此，行就是指向道德的活动，而产生道德行为的动机和意识也就是道德意识。道德意识并非反映事物的普通意识，它与行为的一致虽不一定是对象性可观察的，但却仍与主体活动之间存在内在关联。正因道德意识和行为之间内在而必然的联系，以及道德意识的难以对象性观察，儒家工夫论最终会不可避免地走向"知行合一"。言行属于工夫的重要内容，它和道德行为一样，其外在的表现是可以观察的，而其内在动机或道德意识却难以观察。鉴于言行对于道德认识的重要意义，因而讨论道德意识必然要讨论言与行的关系。既然工夫必涉及道德意识，所以我们讨论言行关系必然是在道德意识和道德行为的关系范围内来讨论的。因此，问题的关键在于，工夫其实就是使普通的言行与知行都同时具有道德意义，这何以可能？

须强调，这里有时使用道德意识这个词而非"知"，是因"知"含义丰富。道德意识仅为其中的含义之一。"知"通智。正如与知对应的行的意义结构要由知来确定一样，与行对应之知的意义结构也是由行来决定的。"行"主要既为德行或道德行为，则"知"应为道德意识。早期儒典少见知行对应的提法，"知"很多情况乃相对仁、勇或仁、义、礼等而言，那么，"知"就是包括道德意识和"智慧"等在内的。从其应用来看，"知"包括能知和所知。从能知的一面看，它是对仁义礼等道德规范认识的能力，从所知的角度看，则它指所认识的乃各道德规范的意义及超越的天道等含义。显然，通常所谓"知"其实就是对道德规范的意义和其价值本源天道的认识。可从以下几个方面来理解"知"。

第一，"知"和其他伦理范畴一样是规范或德行，这种意义之知和关于事物的知识不同，在它主要是道德意识。因其往往主要指道德意识而非一般知识，故它不以客观知识作为终极追求，亦不专注有关妨碍认识成长诸因素的深刻反思，而代之以人际间道德关系的自觉和以道德意识为前提的对内心欲望、情感和意志等可能妨碍道德行为诸要素的自觉和洞悉。

第二，道德之知以"知己"为前提。"知"虽与仁义礼等并列（或《礼记·中庸》里知、仁、勇并列），但作为与行对应的道德之知，其实际的所知不是或主要不是外物，而是以道德工夫主体自身为原点的人伦道德之知，如所谓知己、知人、知性、知道、知天等，其中，知己起着关键的作用。作为道德之

---

① ［法］梅洛庞蒂. 行为的结构［M］. 杨大春，等译. 北京：商务印书馆，2010：195.

知，必然包括自身欲望、情感和意志等的知，虽不能说不包含事物之知，但实质则是以"自知"或"知己"为原点的。如前文所述樊迟问"知"，孔子曰："知人。"（《论语·颜渊》）而颜渊在回答孔子"知者若何"时，答曰："知己。"（《荀子·子道》）颜氏得到高度评价。显然，孔子是更认同颜渊答案的。不难理解，作为为何及如何行的知，首先追问的应是行为者自己。《郭店楚简·语丛一》云："知己而后知人，知人而后知礼，知礼而后知行。"这里明确谓知己是知人、知礼、知行的前提。对自身的理解和认识，是认识他人乃至天道的前提。可见，知己不仅是早期儒家工夫论的重要课题，且被视为知人、礼和行的必要条件。

第三，与行相应之知是"反求诸己"的"觉悟"，根本上是"明善"之"明"。是否知己取决于能否反求诸己和自我觉悟，但真的知己则不可能是孤绝背景下的冥思苦想，而是以"诚身"为目的的"明善""明则诚矣"。用《礼记·大学》的话说是"明明德"。因为，只有善的道德意识才可能使行成为"德之行"，也只有善良意志能够将普通的言行或知行，同时成为德行。

反省之知借助但本身不是累积叠加式的知识，而是对已有知识的颠覆性的认识，即觉悟，是对此前未知的根本限制性的洞悟。《论语·学而》开头即谓"学而时习之，不亦说乎？""学"，《说文》谓其"觉悟"。按《礼记·学记》明确云"学，然后知不足"，则"学"当为"觉悟"所不足。《郭店楚简·尊德义》谓："教非改道也，教之也。学非改伦也，学己也。"此"学"亦可训"觉"，这种说法后来更明确。《白虎通·辟雍》云："学之为言觉也，悟所不知也。故学以治性，虑以变情。"其《灾变》篇又云："天所以有灾变何？所以谴告人君，觉悟其行，欲令悔过修德，深思虑也。""悟所不知""觉悟其行"都是指向自己主观意识和行为活动的认识，是"觉悟"和反省。知方面的限制必导致行为活动的限制，而知作为"觉悟"和反省绝非孤立个人自己的认识，而是包括其存在前提的根本的认识，即前述所谓知人、知命，知道和知行等等在内。《郭店楚简·成之闻之》谓"察者出，所以知己；知己，所以知人"，认为反求诸己的自我认识是知人的条件。这和上引《语丛一》的说法形成互证的链条。这里，"知"不仅不是一般知识，且也不是通常意义的"自知"，而且是道德意识和道德判断。因反求诸己、内省主要是反省自己及行为，审视内在的欲望、情感和意志等等，否则不可能知人和知道。从反求诸己到"知己"，通过仁之思、智之思和圣之思（详下文所引《五行·帛书》文字），尔后才可能知人、知命、知道和知行。个人和认识自身限制对于修养有莫大道德意义，因为知念即可克念也。

作为反省的"知己"不同于对事物之知,在它是深知内心多方面关系并能借助善的意识转化和调整一切外部刺激的能力。如孔子针对学生们的状况对其所提出"仁"的问题,其实对于那些在苦闷中追求自我提升的人而言,无疑是醍醐灌顶、振聋发聩地给出答案,但对于没有这种动机的人而言,则只不过是"一番教训"。问题的关键就在于是否有"反躬"和"内省"的方法以及"明善"的前提。

梁漱溟曾以"自己学"概括孔子"仁学"及其方法论。他说:"孔子毕生所研究的,的确不是旁的而明明就是他自己;不得已而为之名,或可叫作'自己学。'"① 还说:"自己学"是"最大的学问,最根本的学问",原因在于这种学问是"智慧回头用在了解自己,认识自己,自己有办法……是智慧的生命"②。自己对自己有认识并有办法,即行为业,知即行,即知念即克念。如果生命明白了他自己,对他自己有办法,那么,他就不是科学研究对象;他是关系实在和内心德业,即人不是原子个体,而是与其他人的内在联系中向高处和深处发展。根本上,这都取决于人自己的觉悟或理解。笔者认为,反躬修己固然是道德意识产生的重要方法论原则,但也不能忽略"明善"和"明明德"的重要地位。

此外,"知"有时还指思维或智识。作为思维或智识,虽与道德意识有别,但它却是道德行为不可或缺的要素,故不能否认其对道德意识和行为的积极意义。孟子说:"心之官则思。思则得之,不思则不得也。"(《孟子·告子上》)《白虎通》亦云:"智者,知也,独见前闻,不惑于事,见微者也。"(《性情》)知也是理性认识。《郭店简·五行》则曰:"思不精察,思不长〔不得,思不轻〕不形。"即思维意识不轻松流畅,则未形于内。进一步,它还认为智对其他诸德都有重要意义:"仁之思也清,清则察,察则安,安则温,温则悦,悦则戚,戚则亲。亲则爱,爱则玉色,玉色则形,形则仁。智之思也长,长则得,得则不忘,不忘则明,明则见贤人,见贤人则玉色,玉色则形,形则智。圣之思也轻,轻则形,形则不忘,不忘则聪,聪则闻君子道,闻君子道则玉音,玉音则形,形则圣。"仁之思、智之思、圣之思皆有助于道德工夫的增进。可见,将思维意识和仁、智、圣打通,以为是道德意识形成的重要内容的思想是很重要的。

我们这里讲的"行"主要是指德行,"知"则是反躬自识的道德意识,但

---

① 梁漱溟.梁漱溟全集(第五卷)〔M〕.济南:山东人民出版社,1992:552.
② 梁漱溟.梁漱溟全集(第五卷)〔M〕.济南:山东人民出版社,1992:555.

不否认思维意识有助于道德工夫，"言"是与"行""知"存在复杂关联的话语或言说。与行有密切关系的另一概念是"言"。历来人们重视知行关系，却疏于从哲学上看待言行关系，显然不无偏颇。

二、言行相顾

言行关系上，孔子常言"谨言""敏行"。他说："道听而涂说，德之弃也。"（《论语·阳货》）"巧言令色，鲜矣仁。"说话应有根据，而首要的根据并非事物，而是"行"。君子品格在言不过其行。"君子耻其言而过其行。"（《论语·宪问》）"古之人言之不出，耻躬之不逮也。"（《论语·里仁》）还说"有德者必有言，有言者不必有德。"就是说，真有德行修养的人，一定有善言留给他人，但能够说善言者却不一定有德。甚至提出"不知言，无以知人"（《论语·尧曰》）。总的来说，孔子对人的要求是言行一致，慎言敏行，通过"知言"而"知人"。孟子甚至将"知言"看成是和"养浩然之气"一样的平生的两大本事之一。所谓"知言"，孟子说："诐辞知其所蔽，淫辞知其所陷，邪辞知其所离，遁辞知其所穷。"（《孟子·公孙丑上》）大体意思是：无论是偏颇之辞，抑或过分溢美夸耀之辞、诬蔑陷害之辞乃至隐讳躲闪之辞，都能听得出其"游"或"背"离之处何在。孟子的这一"工夫"无疑是宣布他不仅具有"明善"的道德意识，而且通过对言说者的言说的说辞，能够洞悉其内心深处的隐秘之处，由此可以说孟子对人性和天道都自信有深刻的自觉。

两戴《礼记》继承和发挥了孔孟在这一方面的思想。首先，《礼记》将"言道""践言""履行"看成是道德修养的主要内容之一。如云"修身践言，谓之善行。行修言道，礼之质也"（《礼记·曲礼上》）。甚至十分明确地说："言而履之，礼也。行而乐之，乐也。"（《礼记·仲尼燕居》）将履行所发之言当作礼的实质。第二，"谨于言而慎于行"。《礼记》认为，既然"一言可以偾事""一言可以兴邦"，做臣子的当然一方面是要贡献善言，另一方面则要"谨言"，避免伤害社会和他人。言在社会生活中是人人不能无的媒介，但是也是充满陷阱和杀伤力的东西。"子曰：'小人溺于水，君子溺于口，大人溺于民，皆在所亵也。'"（《礼记·缁衣》）小人常在水边走，所以容易被水淹死。君子必须通过言说或话语交流，所以会因言受伤害。执政的大人淹死在民众的洪流里。君子溺于口的原因，在于"口费而烦，易出难悔，易于溺人。"言作为人际交流的工具，其中所传达的信息既可能涉及言说对象，所描述的内容和传达的信息就有一个真实性问题，即使真实也有进一步的善与美的问题；另一方面，言说所使用的话语也总是以某种方式在表达和传递来自言说者自己方面的信息，一个修德的君子岂能毫不在意？《尚书·兑命》云："惟口起羞"，所以，我们看到《诗经·大雅·抑》说："慎尔出话，敬尔威仪"，还说："白圭之玷，尚可磨也；斯言之玷，无可为也。"白玉上的瑕疵，工匠还可以将其打磨掉，而说出的话里有瑕疵，只能越抹越黑。第三，言行相顾，言位相当。在实际生活中，言行完全一致是一种特殊情况，因为言行本身并非同时完成，客观上就可能出现情况的变化，影响到二者的一致。所以，儒家对"言必信，行必果"的看法不那么绝对，甚至认为这是小人的要求。但是，这不意味着"言"可以脱离其所描述和反应的"行"。《礼记·中庸》谓："言顾行，行顾言，君子胡不慥慥尔！"言行相顾的思想，显然是针对言而不可行，以及行而不可言说的。这些思想显然都是针对"言"可能导致的客观后果，以及有碍君子的修行而言的。《礼记·缁衣》记载："子曰：大人不倡游言。可言也，不可行，君子弗言也；可行也，不可言，君子弗行也。"所谓游言，指浮游无根、道听途说之言。无论善恶，统治者之言能"动天地"，社会影响可成倍放大，故当言与行并不同时发生之时，言行相顾、彼此照应，才能违道不远。行之所以要求可言，是因不能见光之行必不能摆到大雅之堂来说。言之要求可行，是为避免假、大、空之言。《礼记·缁衣》又引孔子话说："君子道人以言，而禁人以行。故言必虑其所终，而行必稽其所敝，则民谨于言而慎于行。"君子的言行乃百姓表率，言行均有客观后果。言行体现君子品格："言有物而行有格也，是以生则不可夺志，死则不可夺名。故君子多闻，质而守之；多志，质而亲之；精知，略而行之。"就德行而论，以行及所处之境为基础的言才能言之有物，以有真力量之言为原则才能行之有恒。从相应的言行关系的变化甚至可互推："推其往行，以揆其来言，听其来言，以省其往行。"① 徐干还说："言必济也，君子口无戏谑之言，言必有防；身无戏谑之行，行必有检。故虽妻妾不可得而黩也，虽朋友不可得而狎也，是以不愠怒而德行行于闺门，不谏谕而风声化乎乡党。"② 言行相顾一直是儒家修养值得重视的一环。在儒家看来，若言可以脱离行，那么，在权力集中的条件下，拥有话语权者可任意发挥其所拥有的权力，许多不负责的言论就可能来无踪去无影，流言满天飞，百姓一定无所适从。要求"言行相顾""不倡游言"，至少增加了制造流言蜚语的成本，要人们对自己的言论负责。同时，《礼记》提出君子有"五耻"，其中两耻都涉及"言"："居其位，无其言，君子耻

---

① （汉）王充《论衡·答佞》引《文王官人法》，黄晖撰：《论衡校释》二，第523.然《大戴礼记·文王官人》原文为："推其往言，以揆其来行，听其来言，以省往行。"

② （汉）徐干.中论［M］.上海：上海古籍出版社，1990：8.

之；有其言，无其行，君子耻之。""居位有言"，可以说是"有德者必有言"的发挥。在儒家的政治思想中，位置是给有德行的人的，居于一定的位置上，必受到社会的尊重，当然意味着有德，但是，居位却无良言贡献社会，那就要么是无才故无言，要么是不愿意贡献良言，只能是无德。

最后，言行却有相对性。一定意义上，行可说是一种言，言也是一种行。"君子以行言，小人以舌言。"（《孔子家语·颜回》）换言之，"以行言"说明"行"本身也是一种特殊的言说；言也是一种行，即做事就是说话或言说即是做事。对于前者而言，是说"行"的结构和"言"的结构是相同的，它们都有动机、动作和达到的客观后果。后者则有两层意思，一是对于某些职位而言，说话就是做事，所谓发号施令者，传统语言讲授者，文化经验的传承者所做的事就是说话。另一层意思就是，言说或话语是有相应的行为或活动对应的话，它会建构现实和导致客观事实的变化。换个角度看，前面所述的"一言可以偾事""国有道，其言足以兴"，乃至"事君先资其言"，其实都表达了"说话就是做事"的含义。"修身践言谓之善行"。正因为"言"有这样的作用，故"君子道人以言""居其位，无其言，君子耻之。"

之所以"做事就是说话"，是因伦理本位及政治集权上的理由，所导致的话语权力的垄断所致。其实，就其"动天地"而言，言是末而非本。停留在游言上，话说得再漂亮，亦不过是仅仅发而为声的"舌言"。行则从特定角度表露人的内心。进而，言不仅是交流手段，特殊情况下就是行。此乃言"动天地"之又一义。"圣贤言行，竹帛所传，练人之心，聪人之知，非徒县邑之吏对向之语也。"① 言说的这个鲜明特点也得到奥斯丁、塞尔等人的认同。奥斯丁将日常语言区分为记述事态类的"记述式"语言和完成行为类的"行为式"语言，提出"说话就是做事"（To say something is to do something)② 。美国哲学家约翰·塞尔认为语言在社会（制度性实在）和自然（无情的物理事实中）有不同作用："语言的象征性方面对于建构制度性实在来说是本质性的。"③ 二人看法实有某种联系。因"说话就是做事"，言有时就是行，或导致事态发生。有话语权者之言可"建构制度性实在"。

集权政治和民主政治不同，其实就是各自突出了"做事就是说话"，或"说

---

① 黄晖. 论衡校释（二）［M］. 北京：中华书局，1990：597.

② 杜任之. 现代西方著名哲学家述评续集［M］. 北京：生活·读书·新知三联书店，1983：324.

③ ［美］塞尔. 心灵、语言和社会：实在世界中的哲学［M］. 李步楼，译. 上海：上海译文出版社，2006：130.

话就是做事"的某一方面。集权政治突出话语权的重要性，一言可以偾事，一言也可兴邦，但能对国家大政发言的人寥寥；而在民主制度下，依靠说话而生活的人可能大量增加，但是，这些人所说的话并不那么容易建构新的社会事实，只有当他们的话语引起制度的改革才有可能导致社会实在的改变。

说话看起来是做事，但并非一切话语均真在做事，更非一定正确地做事。如孔子说"其身不正，虽令不从"（《论语·子路》）。又谓："下之事上也，不从其所令，从其所行。"（《礼记·缁衣》）在法律未及之域，不仅不能忽视言行的内在关联，且应强调行优先于言。"君子之于言也，非从其末流者之贵，穷源反本者之贵。苟不从其由，未有可得者也。"（《郭店楚简·成之闻之》）好比农夫种地，士人品行，不能靠嘴一样。穷源反本乃"知言"的必要前提。

三、从言行到知行

言行关系和知行关系在儒家修养中地位有很大区别。言行必及社会关系，而行业相通的知行重个人修养，到明代王阳明则明确提出"知行合一"的思想，具有鲜明的特色。为了更深入地探讨儒家工夫论的发展，有必要认真对待原来重视言行关系到后来突出知行地位转换的深刻原因。

因为言说或话语的工具性地位，使重视修辞成为中外古人的通例。古希腊的修辞学乃至论辩术十分发达自不必强调，而《易经》也明确讲"修辞立其诚"。显然，作为交流手段，言包含听、说、写等环节。作为符号，语言是有音节的图画，在人际间传播并生成为意义链。它可以依据某种原则而循环。因此，我们可以认为言具有辞、音、意义以及指称等多种要素组成。同样，行也由动作、动机、后果等要素所构成。因为言有时也是行，而且具有为行所不具有的"易出难悔"当然同时也就是成本小而收效大的特点，使言行关系异常曲折而复杂。

即使我们假定言说的辞、音、意义是确定的，行的动作和后果是可以观察的，但是，仍然有两个非常重要的因素如相对言而言的指称，以及相对行而言的动机是难以明白而准确地揭示出来的。西方语言哲学认为任何科学的语言都需要同时具备语词、意义和指称三个要素，才能成为科学语言对事态进行描述，然而，儒家话语背景中的"言"的指称不一定是对象性确定的自然物，而是复杂的包括多种要素所构成的"行"，使儒者的"言"不能不紧靠在"行"的上面而得到明确和肯定。可是，进一步去看"行"的话，我们又可以发现更大的麻烦。因为"行"虽然有客观的动作和对象的变化等可以观察的内容，但是，仍然难以最后根据这些就可以断定行为者深刻的动机何所在。我们知道孔子多次对某些人做出判断，但是就是难以许人为"仁"，屡次说"不知其仁"，① 就是这个理由。为何动机难以窥见，因为荀子已经告诉我们，作为行为动作的发动者"心"本身是"自由"的。他说："心者，形之君也，而神明之主也；出令而无所受令，自禁也，自使也，自夺也，自取也，自行也，自止也。故口可劫而使墨云，形可劫而使诎申，心不可劫而使易意，是之则受，非之则辞。"（《荀子·解蔽》）《礼记》也明确地说"人藏其心，不可测度也，美恶皆在其心不见其色也"（《礼记·礼运》）。行为动机"心"的难以观察和确定，导致人们对人的行为的确定性的怀疑，所以，我们可以看到有时是看起来相互矛盾的表述：一方面"不知言，无以知人"（《论语·尧曰》），但另一方面，"君子不以辞尽人。天下有道，则行有枝叶，天下无道，则言有枝叶"（《礼记·表记》）。既然"心"难以对象性地观察，那么，即使客观的言辞和动作乃至客观后果都是明确的，人们仍然难以得出行为就是普遍必然的客观有效的结论。这样，所谓"士载言"，所谓"知言"乃至"言行相顾"，抑或"言行一致"，相对于超越性的道而言，都是可以被看成是或然性的。在这个意义上，"天人合一"所依赖的人事活动，乃至我们前面所论及的"知人""知道""知命""知天"等的"人""命""道""天"等都只能是相对于工夫主体才有比较确定的意义，对于观察者而言，其意义模糊。只有对于工夫主体而言，"人""道""命""天"这些可以说具有形上内涵的概念的含义才会真实地显现出来。在这里，我们看到了工夫的重要意义，以及所谓"即工夫即本体"的深刻内涵。但这些对于观察者而言，似乎没有那么大的意义。只是相对于文化经验的传承而言，其言行及其关系的积极意义才是不可否认的。

我们知道，行与言是行为事态与话语或表述的关系。行乃言所描述之事态，言乃以文字话语表述之行为。从说话即做事，到说话看起来是做事其实并非均真的正确地做事，说明话语离开特定条件或语境，就不再具有原来的意义。某种意义上看行与言，它们同样是意义的表达。有人只能以行示意，有人则可以言达意。行多受客观条件限制，言却可以是游荡在人际间的无端崖之言。

据此，言因其特点可能具有较行产生更大的陷阱，也因此可能具有更大的风险。释放其中的风险现在看起来就只有两种办法：一是控制言说，就道德修

---

① 孟武伯问子路仁乎？子曰："不知也。"又问，子曰："由也，千乘之国，可使治其赋也，不知其仁。""求也何如？"子曰："求也，千室之邑，百乘之家，可使为之宰也，不知其仁也。""赤也何如？"子曰："赤也，束带立于朝，可使与宾客言也，不知其仁也。"（《论语·公冶长》）又《宪问》：宪问耻。子曰："邦有道谷；邦无道谷，耻也。""克、伐、怨、欲，不行焉，可以为仁矣？"子曰："难矣，仁则吾不知也。"

养而言，讲慎言、谨言和修辞。就修辞而言，不仅有所谓"书不尽言，言不尽意"之忌，故"得意忘言""得意忘象"在言意之辨中曾为玄学家津津乐道，且因言有时就是做事故也可"动天地"，使话语权垄断而为未来埋下地雷。另一种方法就是区别讨论性言辞和制度性话语，开放前者，通过自由辩论来释放言辞的风险。显然，传统中国社会还做不到言论自由，自然就只能控制言论，修养上讲究修辞立诚。《礼记》中对于那些敢于"析言"者看成是和"破律"一样的罪恶来对待。但是，言行的关系还是值得深入讨论。

首先，言依赖并受制于辞，言与所言在言者和听者那里可能错位。庄子说："夫言非吹也。言者有言，其所言者特未定也。"（《庄子·齐物论》）因可能出现言与所言，言与事态的分离，不能不强调行的根本地位。进一步说，言是具体境遇中的言说，从言者角度，涉及说、言辞、心意、言与行等多方面复杂关系；从听者角度，也有关于声音、听、理解、信与否的问题。在这些环节是否对应的问题上，因言的复杂性、言辞的多义性，误解或曲解都可能使言辞或话语失真。宰予昼寝，孔子说："吾始与人也听其言而信其行"，到后来则"听其言而观其行"（《论语·公冶长》）。显然，言行是观察和评价人的客观要素，但不是十分确定的。而且，导致言而无信的原因也可以不同。既可能是因为言出其位，亏大其辞，难以付诸实践，也有可能言说者一开始根本就没有打算践行，而仅仅只是利用言的特点制造陷阱从而达到个人或集团的目的。

其次，言辞作为交流符号的复杂性和可塑性，使其能被有话语权者歪曲，当作政治上的利器。孟子眼中那些能够说出所谓"诐辞""淫辞""邪辞""遁辞"者，之所以能说，当然是因这些语言的陷阱中都承载着言辞主体的某些意图，而之所以敢说这些成本很小但杀伤力很大的言辞，显然是因言辞的主体不仅不是等闲之辈，而且还有人在人际交往中难免出现的"碎片化"的问题。既然对于有些人而言，说话就可能做了某些事，而交往的"碎片化"和政治权势的压力在某些时刻就足以让所谓"诐辞""淫辞""邪辞""遁辞"等等肢解大道，成为庄子所谓的"道术将为天下裂"。那些"判天地之美，析万物之理"的言辞一时嫣然也足以混淆视听。就算是"苍天已死，黄天当立"这样的谶言，由一些活不下去的底层人士通过神秘方式说出来，也足以埋葬一个朝代。而在一般社会中，言辞若被垄断，其弊莫大焉。所谓"毁誉成党，众口熏天。"（《吕氏春秋·精谕》）这是中国古代社会中不少忠臣死于非命，而赵高、魏忠贤一类地痞流氓也能一手遮天的原因。显然，在孟子看来，"知言"者必得修养。而无关乎道德的"得意忘言""得意忘象"虽强调存意义之真而不受语词和意象的限制，但却忽略意义在话语流传中主体间的生成，乃至可能根据人的需求而转换或融合，会出现变异。于此，不同的听者所听到的内容或意义不仅不同还可能决然相反。从科学的理解的角度看，只有忘记了听者本身，他才能准确理解说者话语的意义。

可见，在儒者那里，言并非一般描述性语言，而是传道之言，因而不免被视为具有意识形态特征的言。所谓"道可道，非常道"，便是对其限制性的表明。

言具有巨大的风险，历来的集权统治者均十分重视。因言获罪者代不乏人。所谓"知言"，是指能剔除言说中可能包含的道德风险或能引爆地雷。它指在具体语境中洞悉言与言者和所言之间的真实意义关系，包括游言之所以"游"的根据及与道的关系。或许，正是这种关系使儒者相信知其关系者知言并因此知人。这里，重点不仅是言说和其所指称的意义关系问题，而且是言及意义与言者和听者的意义转换关系问题，是言者与道的关系问题。言之未及，则人不能相知。"人之于天也以道受命，于人也以言受命。不若于道者，天绝之也；不若于言者，人绝之也。"（《春秋·谷梁传》庄公元年）然而，如果社会并不能提供人们相知的客观条件，而通悉社会关系中"说话就是做事"并有权势者，便可通过制度操纵"建构制度性实在"，那么，就要求知言者不受言者言辞上设置的种种障蔽的妨碍，而洞悉言者之所言（的意义）、言者所欲言，以及所言和道的关系，才能通过它们达到知其人（的品德）的目的。意义由语境决定，任何具体语境又都体现言者和所言、言与听说、言与制度、言和道的恒常关系。

因而，知言以修德为前提，并须观行，哪怕是"碎片化"的行。孔子所谓"听言"离不开"观行"，因离开听言而所观之行的结构，只是一些意义不明的动作和杂乱无章的事件。它"被提供给知觉经验的行为的结构，既不是事实，也不是意识，而这就使得它对于理智来说是不透明的"①。如果脱离了"观行"而言"知言"并"知人"，显然所观者既非德之行，所知者定非德之人了。知言不仅提示了言的复杂性，且反映了言行和人的相关性。故孔子说："视其所以，观其所由，察其所安，人焉廋哉！人焉廋哉！"（《论语·为政》）只能以总体性原则才能让被观察的对象无所遁形。

回过头来看，儒家一直强调的所谓"慎言""谨言"等不是一般针对日常言说，与其说其所体现的言与道的关系，还不如说与政治体制有关。虽然人们可以修辞，但无论包装还是赤裸裸的话语毕竟是永远收不回去的言者某方面品

---

① ［法］梅洛庞蒂. 行为的结构［M］. 杨大春，等译. 北京：商务印书馆，2010：194-195.

格的表露。在任何条件下能形成正确判断，只有对言者之行、其所言以及人性、制度和道有了深刻的洞悟才有可能。离开这些条件来看某些言语，是无从确定其含义的。伽达默尔说："健全的理性、共同的感觉，首先表现在它所做的关于合理和不合理、适当和不适当的判断里。谁具有一个健全的判断，他就不能以普遍的观点去评特殊事物，而是知道真正关键的东西是什么，也就是说他以正确的、合理的、健全的观点去观看事物。"① 对具体语境中言语的评断也是如此。决定言的意义的与其说是具体语境，不如说是长期持续的事件，已发生和即将发生的种种行为。说出的话语和做出的事都是会有指向性地导致一系列事件的发生，它们原则上都有可能产生彼此关联的实在的事情。所谓"言必虑其所终，而行必稽其所蔽"，及"推其往行以揆其来言，听其来言以省其往行"，都是在这个意义上说的。言与言者和所言之间，存在着某种内在的关联，它们和行、道之间也有重要联系。故出言应有根据，行应周全无失。

在言与辞、意、行、道诸关系中，不同情况下人们讨论的问题重点不相同。名家热衷于言与辞的关系，道家重言与意的关系，儒家重言与行的关系。而在具体的语境或不同人在同一语境中的言语往往会体现不同的联系。事实上，相互关联的言行是可对象观察的，可以看成一个认识论问题。言毕竟是说出的话语，字句亦都是客观的。张载云："戏言出于思也，戏动作于谋也……过言非心也，过动非诚也。失于声，缪迷其四体，谓己当然，自诬也。欲他人己从，诬人也……失于思者，自诬为己诚。不知戒其出汝者，归咎其不出汝者。长傲且遂非，不知孰甚焉！"孔子曾谓非礼勿视听言动，张载则直言言动二者，显然是意识到言动的工夫论意义。然而，可惜的是，后世儒家对张载《西铭》的重视远超《东铭》，仅有少数人关注。刘宗周视《西铭》为天道，《东铭》为人道，云："《东铭》，其尽人者与！"② 到了宋明理学，无论程朱理学还是陆王心学，言及言行关系大体都不再继续是话语主题，相反，知行关系却上升为重要议题。关于知行关系什么时候及如何从至少并不十分突出的地位最终成为后世儒者所重视的话题，是令人感兴趣的，可惜此处不是我们的主题。

简单地说，唐末农民大起义的巨大风潮荡涤了千年的世家大族岿然不动的社会地位，任何生活在这块土地上想要有所作为的风流人物都首先是要从人人差不多相同的社会地位上站立起来，他们不是简单地通过言辞的表演然后就可

① ［德］伽达默尔 . 诠释学 I：真理与方法——哲学诠释学的基本特征（修订译本）（上）［M］. 洪汉鼎，译 . 北京：商务印书馆，2016：52.

② （清）黄宗羲 . 宋元学案（第一册卷十七）［M］. 北京：中华书局，1982：668.

以等待别人的赏识，而是先要自觉自愿地背上道德的十字架然后才有机会从社会底层浮上来。这样看，"知行合一"无疑是儒家工夫"言行相顾"的进一步发展。其中不仅有对知而不行之后果的反思，而且隐含脱离行的知便不可能是反躬自识之知，不是工夫的含义。王阳明所谓"行之明觉精察处"抑或"一念发动处"，皆为与行不可分割的人所不知己所独知之"知"。在这里，不仅任何"碎片化"的表演无济于事，而且要复归于生成宇宙间万事万物的绝对一良知。以此而论，"知行合一"之论表面要解决的问题是要将沦落为章句训诂和记诵口耳之学的儒学，重新拉回到反躬自识的工夫之路上来，以补足知而不行的事实。它告诉人们的是，道德觉悟有多高深，直接体现在行为中。就工夫本身而言，是没有任何条件限制道德觉悟和行为的。这样，人可从具体的生活环境中解脱出来了。与"知"合一的"行"，不再受客观条件的限制，而直接就是"业"。既然行乃"行礼之谓也"（《大戴礼记·曾子制言上》），知便也即是"知礼"。因而，人们在肯定阳明强调知行合一并进与动态的统一，肯定其避免将知行打成两截的烦琐哲学的同时，又指责他取消了知行的差别，其实还是未理解王阳明的心迹。

从"言行相顾"到"知行合一"的发展，可能还有更加深刻的逻辑。因"言行相顾"需要许多的外在条件的满足，而"知行合一"则完全是内在的、主体性的。前者固然是对工夫主体所提出的高要求，后者则是新时代面临道德危机提出来的人人可付诸实践但其实也更富有哲理也更加艰巨的修养工夫。事实上，在儒学成为官方正统意识的时代，"碎片化"的言以及相关的行逐步以科举制度化的方式进入儒者生活的必然，读书人乃至一般市侩似乎均能很好掌握说话的技巧，而所谓"行"在汉代察举制度中也不过沦落为乡里孝行闻名而已，那纯属个人心性修养的知行关系自然难免被众多逐利者所遗忘。在经历了漫长岁月的经学成为科举考试的正途之后，儒学本来主张的自知自识的修养工夫被客观化的章句训诂所代替。如果仅仅将儒学当作现成的知识记诵，而非通过自识自觉地贯彻到身心性命之上，则儒学就演变为强加于人的教条，走向它的反面。离开自知自识，则所谓"一念发动处便即使行"就是十分荒谬的。

撇开儒学在与集权政治的互动中自身的调整及它的关于言行的某些观点被体制所吸收不论，其自身倡导的工夫必须落实到身心上，必须是他们自觉的道德意识和对身心的自觉控制。此正是知己对于修养的意义。如果离开这一点，以本来含义模糊的知行来看"知行合一"，必会得到"销行以归知"的结论。因为，一般知识并不必然指向行为，更不必为道德意识。它本身与外部世界相安无事。知识要对道德意识产生正面而非负面的影响，需要"诚意""正心"

的环节或道德上的自我觉醒。可见，与行合一之"知"并非分析理性或由神主宰的宇宙理性，甚至也非对象性的知识，而是道德觉悟即以"知己"为必要条件而指向"知人""知道""知天"的活动以及行为动念。其结果自然就是"知行合一"。所以，"知行合一"虽是王阳明的重要思想，但对于儒家道德理性而言，却是题中本有之议题。

当"知行合一"上升为修养工夫的基本原则时，人的心灵从生活的具体条件中解脱，他自主、自决和自裁。相反，受到条件限制的言行关系则从可"动天地"的地位下降为修养中的细枝末节；言行关系对于观察者难以周延的外在性相对于知行关系的高度自我统一，客观上也促使这一过程的转变。这种从重言行到重知行工夫的发展，反映了儒家道德逐步内在化的过程。儒家哲学这种关注重心的变化反映了道德学说的精致化，体现了道德对于社会生活的绝对地位。

然而，应该清楚，知与行本身的确定内涵，是在稳定的关系中才能获得的。如果孤立地看，上述结论则可存疑。《礼记·大学》即将"知"视为"近道"："物有本末，事有终始，知所先后，则近道矣。"从"知所先后则近道"的思想可看出，《礼记·大学》并非主张在任何事件上均知行合一。

这样看，"知行合一"虽固化了知与行的道德意义，却毫无疑问将工夫论必须面临的永恒主题—身心关系—的内在紧张消解了。身心关系不是无条件的。根本上看，工夫其实就是解决身心关系的。它并非压抑本能，而是对本能的合理支配与驾驭。詹姆士认为，"一切教育最大的事情是将我们的神经系统做成我们的同志而不要做成我们的仇人"①。

因此，所谓"销行以归知"就是指其将行的客观性和知的主观性抹平了，如果没有道德价值的生成，则单靠内心"觉悟"永不能克服其外在性。

以此而论，"知行合一"作为工夫显然有将知和行各自离散的含义有过滤的作用：知的含义纯化为道德觉悟，而行的含义纯化为道德行为。因此，与其说"知行合一"是工夫，不如说是工夫的条件。无论一般所谓知还是行，均非工夫。只有在二者合一的条件下，知行均为工夫。"销行归知"的结果，使原来突出言行因而比较注重外在修养和近道工夫的儒家，逐步走向内心的自我觉悟或"内圣"修养。相反，原来还同时关注社会性和客观性的性格逐步边缘化。这样，不仅言辞和言意的话题被悬置，而且知对行的依赖性即必须依靠行，知才能自我实现，以及行才是达到天赋之知的条件都可被弱化乃至忽略。

---

①　梁漱溟. 梁漱溟全集（第四卷）［M］. 济南：山东人民出版社，1991：809.

四、"知行"不能遮蔽"言行"

从先秦儒家对行的种种说法看，毫无疑问，更注重的是言行这对概念而非知行。《礼记·中庸》虽既论知行也论言行，到《礼记·大学》则基本上不讨论言行问题。朱子《语类》有专论知行的内容，阳明则提出"知行合一"。儒学这种发展的内在逻辑，反映了工夫论面临生存境遇而不断强调道德自主自觉的一面，而客观上却不断回避修养中难免的困境。

言行关系和知行关系根本不同之处在于：言行关系既是可以对象性地观察的依据，也是行为的工夫。"听言观行"和"言行相顾"反映了上述两种不同的情形。至于"知行合一"，则是"内圣"工夫的必要条件。早在阳明之前，就有论者明确认识到知与行不可分割的联系。仲长统说："知言而不能行，谓之疾。此疾虽有天医，莫能治也。"①

如果我们将言行关系看成是具有外在性特点的工夫，那么，知行关系则是具有内在特点的工夫。一般而论，言行关系可以并需"听言观行"式的对象性观察，所以它除了工夫论还要涉及认识论问题。知行关系特别是"知行合一"思想的提出，则凸显了工夫论或工夫的基本前提。从认识论角度看，人皆有所不知与有所不能；即使承认客体由主体所建构，但客体本身所代表的客观性作为极限永远存在。认识追求客观化，却不能彻底驳倒不可知论。从工夫论角度看，主体是自为主客的"自己对自己有办法"，其理想则是主客统一的"安行"与作为工夫前提的"知行合一"。从认识论角度，通过知言而知人，欲知人先知己，其中显然隐含着有将作为工夫的"知行合一"，当作知人、知言等认识论问题解决的前提来对待的必要。其中存在的不能封闭的缺口是：知己和成己是一个互为前提的永恒而无限的过程。这样，工夫的无限性使认识的完成成为一个遥远的理想。故儒家认识论上的建树比较薄弱。所谓"听其言而观其行"以及"听其言而信其行"，均将言行看成对象来对待。既然不能离开言单独观行，那么作为言行逻辑前提的知，也必是关于为何及如何言行的知。至于对言者之行、其所言及人性、制度和道的深刻洞悟，从主体方面看，则毫无疑问仍是以知己和成己为必要条件的。

总之，认识论以主客分离为前提，言行分离，其理想也只能是"言行相顾"而非"言行一致"。说话就是做事依赖特殊政治条件，不在其位，其言不仅无用甚至可能引来祸患。"知行合一"作为工夫的条件是自我认识和自我觉悟。作为

---

① 孙启治.昌言校注［M］.北京：中华书局，2012：424.

"知人"的必要条件的"知己"乃至"知言"都难免要从工夫才能得到理解。

问题在于，自我认识上的主客难分，如何能在克服言者和听者之间存在的话语、言辞、心意、言与行和声音、听、理解、信与否等之间存在的裂隙，而使言者和所言、言与听说、言与制度、言和道的障碍得以破除，而在"听言观行"的同时，并能现实地实现"知己"与"成己"？

可以理解为何儒学工夫论关心的重点是人的情感、情绪一类，心、性、情是基本概念。即使是天、道、命、理、气等概念，都不能看成完全是对象性之物。作为工夫论的大量概念的共同特点在于它们都是规范。作为规范，它们不是对象性的静止描述，而是对行为做出规定即对未来给予规定，而它们本身作为坐标则是过去发生的行为的积淀，是文化经验。规范就是一定人群共同体的行为模式。

在儒者那里，认识论和工夫论虽不能完全分开来说，但二者毕竟有区别。它们依赖的条件、目的略有差异。认识的目的在认识真相，而儒家认识论主要是认识人自身，而认识人的前提是认识他的话语和认识认识者自己；工夫论追求的是相对现实自我而言的完善状态，是一个难言的处境—最终只能是工夫的实现条件。"仁者其言也讱"的意思是十分微妙的。相形之下，《礼记·大学》谓"物有本末，事有终始，知所先后，则近道矣"的思想，是对认识论的特别态度，应予以重视。从认识论角度看，知并非即是行，观念不是对世界的建构而只是其描述或改装。这样，"知行合一"就不是一个不可分析和对象把握的神秘的工夫，而是知与行的统一过程。即使从伦理道德上说，也非直接是生而知之和安仁而行的统一，而是学而知之，困而知之、利而行之、勉而行之的生活实践的统一。反之，作为工夫论的"知行合一"将道德提升到纯而又纯的地步，它意味着远离了大众实际生活，而只能成为"内圣"工夫的必要条件。

由此可见，从言行关系走向知行关系，实际是儒学从社会向个体、从认识论与工夫论不分走向工夫论的一个标志。这种转变从《礼记·大学》已有明显征兆，汉代逐步推开，到魏晋虽有玄学的言意之辨，但已不再重视言行关系了。王阳明"知行合一"学说的建立其实就是儒家工夫论的最终完成。其中，除了社会政治结构社会形态的变化以及教育体制等的完成之外，它自身的内在逻辑是什么？我们认为，恰恰是人作为对象的不可能获得确定性认识，人只能为他自己的"行"（"知行合一"之"行"）所建构这一深刻的原因。可以说，道、佛二家在言、意问题上的观点适当被吸收是这一转变的外因。老子主张言无言，"言者不知，知者不言。"（《老子·第56章》）庄子主张"无听之以耳而听之以心，无听之以心而听之以气"（《庄子·人间世》）的思想与此一脉相承。这种思想被吸收体现在《礼记》中，有所谓"无声之乐，无体之礼，无服之丧"（《礼记·孔子闲居》）的说法。《吕氏春秋》主张"无言""无声"。《审应览》曰"圣人听于无声，视于无形"，《重言》又谓："圣人相喻不待言……故圣书能以不言说，而周公能以不言听，此之谓不言之听，不言之谋，不闻之事。"甚至还记孔子见温伯雪子，"不言而出。子贡曰：'夫子之欲见温伯雪子好（久）矣，今也见之而不言，其故何也?'孔子曰：'若夫人者，目击而道存矣。不可以容声矣，故未见其人而知其志，见其人而心与志皆见，天符同也。圣人相知岂待言哉!"（《吕氏春秋·重言》）刘向《说苑》也有类似看法："明者视于冥冥，智者谋于未形，聪者听于无声，虑者戒于未成。世之混浊而我独清，众人皆醉而我独醒。"（《说苑·谈丛》）这些思想都是基于言辞可能害意的理由。

《大戴礼记·曾子疾病》云："言不远身，言之主也；行不远身，行之本也。言有主，行有本，谓之有闻矣。君子尊其所闻，则高明矣；行其所闻，则广大矣。高明广大，不在于他，在加之志而已矣。"有闻，《论语．公冶长》："子路有闻，未之能行，唯恐有闻"，则"有闻"指闻道而身体力行。阮元谓："曾子之学，身体力行。"① 在曾子看来，言行皆本于身，不求言行于虚远之地，以身为言行所从出，故日省其身。这种从自身出发的道德观的合理之处，就在于所谓的"以己度人"，也是绝大多数儒者能以"有诸己"为行教言著的基本特点。自己不能言不能行，却令他人言语行，除非强权就是欺骗。《大戴礼记·子张问入官》中孔子曰："欲政之速行也者，莫若以身先之也"，而《礼记·大学》："君子有诸己而后非诸人"，这无疑是针对可能有借助权势的威慑力难免形成道德强制而言的。儒家大体均突出"身教"对于教化的根本性地位，它是由孔子所倡导的，这是"要求统治者对人民的要求先在自己生活和自己家族中实现……没有真诚人格在后面的政治设施，尤其是所谓礼乐这一类的设施，常流于点缀性乃至流于形式主义的虚伪。"② 也就因此，在言行问题上，《大戴礼记·曾子立事》云："君子……思而后动，论而后行，行必思言之，言必思复之……"《礼记·缁衣》："可言也，不可行，君子弗言也；可行也，不可言，君子弗言也。"而强调可行、可言的优先性，确乎张扬了儒家的实践性特征，但同时对于与政治确有不可分割关系的儒学具有革命性。

此外，因对言行的制度化要求和知行关系的不同，使两种不同关系中的行有所区别。言行之行因与言对应，并可以制度化，故它是客观社会性的，是可

① （清）阮元．揅经室集（上）［M］. 北京：中华书局，1993：46.

② 徐复观．论经学史二种［M］. 上海：上海世纪出版集团，2006：327.

以并需要"观"的。"知行合一"中的行，因行即业，是内在的。知行作为心性追求，往往遗外而专内，"内圣强而外王弱"，对于社会的影响离不开政治制度的支持。

虽然，一定意义上，说话就是做事，也有人"以行言"，但比较而言，言行是确定的，而知行则是不能确定的（"一念发动处便即是行"）。知作为自觉反思的道德意识不能直接观察，只能借助于言行。言与行相对独立，如言即可能是表述历史也可能是描述现实还可能是预言未来，但知行作为工夫则彼此不可割裂；言虽可以做事但并非真的必然正确地做事，而知行工夫是"内圣外王"的根本。重要的是，知虽并非一定是工夫论意义的知，但强调"反求诸己"和知言中的"穷源反本"，这都是走向工夫论的主要原因。

说话就是做事，不仅是需要深入讨论的语言哲学问题，且也可作为政治、教育问题展开讨论。对政治而言，无恰当言论或无言论自由都不能体现民主。言论自由的含义是一个政治要求。言的风险的释放应诉诸更普遍的客观标准。对于教育而言，言不仅是在做事，且所言还会引起受教育者们未来可预见的系列行为，其所言的意义的地位异常突出，此乃孔子谓"君子于其所不知，盖阙如也"之真义。而从道德自觉性看，无论政治还是教育，言行都应是言行者所"知"的。于此而论，知行关系逻辑地先于言行关系。

然而，知行关系不应遮蔽言行关系。首先，从历史上看，因知行关系从隐匿状态走向明确的二者合一，则将不仅会导致人所共知的内圣强于外王，销行以归知，且会使具有客观社会性的、可观察的言行问题成为无足轻重的小节。道德主体不仅应是自我觉悟以自我完成为目标者，而且是需要在客观社会中去听言而观行并借此成己成人者。仅仅回归到内心世界的知行合一显然有很大的局限。其次，言行关系受到前期儒家修养论的重视当然有其社会结构与制度体制作为保证，即使在知行关系突出的时代，言的问题也没有完全从体制中消失。科举制度依然继续使之得到必要关注，只是仿佛不再是工夫的重心。而在言行问题从制度体制中退出，社会价值处于多元化的状况下，儒家内圣之道难行，人所不知己所独知之地发生什么就更加讳莫如深了。这种情况下，言可能成为要么多余、要么祸患之所以从出者，剩下的就是利益交换和秘府中的权术了。因此，得出"知识越多越反动"的结论就是必然的。"知"如果不再是道德意识而成为知识，仅仅从法律制度而非从终极关切层面接受儒家道德的价值观就是很不相同的了。这样，知行分离不仅是一个客观的事实，而且是一种生活的态度。事实上，在集权体制中，如果言行关系失去重要地位，那么，它"动天地"的功能可能失去理性化的节制。没有德性内涵的言行，往往依托的是权力和利益。在赤裸裸的权力和利益面前，不仅所有道理、原则、论证、逻辑显得苍白无力，即使是道德也不过是"迂阔"的。

第二节　伦理实践中的参与者与观察者

在社会结构发生改变，人们从宗族社会中解放出来，独立性增强的情况下，伦理实践需要关注参与者与观察者彼此的身份关系。在当事人有多重身份的情况下，只有决策的科学性与程序的透明性才是他们真正代表不在场的参与者的前提。在信念与决策，决策与行为之间，存在着诸多间隔，其中不能排除情绪和利害关系的介入。认知上的误差和道德原则还不能满足政治法律的客观必然性要求。因之，如何超越参与者、当事人和旁观者各自的限制，使传统伦理观念的授受开拓新界域和新方法，参与者和观察者的身份相互转向成为必要。身份转换并非"旁观者清"那么简单的事情，而是学会以他人的眼光认识自己、并将之作为自我认识的必要条件之一。当事人若不能完成身份转换，就总是不可能看到只有观察者才能看到的东西，因为观察者并没有参与者那样的情绪和受游戏输赢本身的控制。

现代新儒家因融合西学的需要将孔子"下学而上达"的学说，当作道德形而上学来讲，其极尽理论推导和逻辑论证之能事，应该说是很有必要的。因儒学在近代的确面临困境，需要振兴，树立信心。但这样做的结果却是将儒家这种具有很强实践性的学说讲成了很完善的理论系统，其中也会有一些不相应。因为，传统儒家虽有差别，但只是在传统社会和政治大背景下的差别，他们都不能超离共同的客观社会背景之外，因而也在一定意义上可将他们的差异忽略不计。然而，当代儒学却可能因各自依据的知识背景和方法的不同而导致对儒学理解上的大相径庭，由此既与历史上的儒学有一定距离，又很难适应变化了的现实社会。毕竟，社会结构变化太大，故仅求理论完善的新儒学系统不免备受争议。况且，传统儒家的思维和西方的差异也是相对的。过分强调乃至夸大其中的差别似有强古人以为今用之嫌。此外，儒学主要强调实践和操作的性格也不一定完全适应多元化的社会。无论儒者们自己怎样严格自律，在他人那里仍只是一些人的生活事实，并非什么人格榜样，也不具有什么道德优势，很可能只是别人借以生存和发展的某种空间。据此，笔者认为，以现代学理再造儒家虽有必要，但回归生活的真实也同样必要。这个真实就是：人逐步从宗法和泛宗族社会中解放出来，个体性增强了；另一方面，经济生活允许必要而适当的竞争，法律更深地介入到人的生活之中。此外，道德判断不能彻底取消历史判断，从历史角度说，"俱分进化"现象仍存在可能，善与恶是一个辩证矛盾的发展过程，仅从某个角度未必能反映生活的丰富性和复杂性。历史的辩证法告诉我们，对于恶而言，善亦不过是其发展的助缘，是客观知识的对象，因此，现实中善恶的较量绝非仅从逻辑上论证形上的德性之知的可能性就可告终结。既然如此，作为观察者能理性客观地认识参与者自己及其实践对象与活动对于德行是不可或缺的。如何在这种情况下实践儒家伦理，是新时代儒学的实践和工夫的问题。

一、伦理政治中的参与者与观察者

康德在《实用人类学》一书前言中曾说："认识世界与拥有世界在意义上是相距甚远的。因为前者只是理解他所旁观到的过程，后者却参与了这一过程。"又说：即使人们只想研究自身，因其一经产生便难以平抑的情绪和内心冲动也会使他陷入一种尴尬："当内心冲动在活动时，他不观察自己，而当他观察自己时，内心冲动又平息了。"① 这里，康德论及观察者与参与者在理论与实践、认识与情感上难以统一的关系。在康德看来，作为观察者，才能进行客观理性的观察或认识，相反，作为参与者，因参与了事情的进程，与事件各要素和环节处于不可分割的状态中，这使他无法完全达到客观理性的认识，无从获得公众认可的科学知识。这当然主要是就如何达成客观知识而论的。他认为就认识而言，情感和理性必然对立。

若就公共生活特别是重视私德对于公德之重要意义的儒家伦理和与此相关的政治生活而言，全体民众虽不一定是所有事件的直接参与者，不是每个事件的当事人，但他们很多时候却都是间接或不在场的参与者。所谓"天下兴亡，匹夫有责"，说的就是"匹夫"也是天下兴亡的参与者。

作为社会群体性存在，仅以当事人的身份介入事件来界定是否为参与者未必恰当。当事人其实也未必就是参与者，因为他可能不是社会的主体。而观察者作为社会事件、历史和政治活动的认识者，显然同时必须充当社会整体的自我认识和自我批评者角色。历史甚至赋予这类人以特殊的社会身份和社会职能，因而，也就并非任何人都可以自然成为观察者。当然，正如参与者并不一定都是当事人一样，观察者也并不都是负有社会认识和批评责任的认识者，而可能有事不关己的旁观者。旁观者虽观察，但并不一定都愿负责任。如庄子云："无

---

① ［德］康德．实用人类学［M］．邓晓芒，译．重庆：重庆出版社，1984：导言．

为名尸，无为谋府，无为事任，无为知主。"（《庄子·应帝王》）在一定意义上说，旁观者可能因没有任何特定立场和价值观，倒是可能比负有社会责任的职业批评家更能看到问题的实质。从政治上看，旁观者往往是过去的当事人，因种种原因而失去了当事人应具有的那些条件，他们也许是政治上失势的群体。但是，参与者与旁观者并非绝对对立的。方东美说："（人）一方面是创造者，一方面又是旁观者。惟其如此，人的生命时时渗透于宇宙的奥秘中而显露它神奇的力量。"① 换言之，若只参与创造而不能旁观，则无知识理性，只认识而不创造，则不可能创生。即使如庄子般遗世独立而批评世俗社会，也并非只有消极意义。因为，"惟有能否定，才有大肯定；惟有能轻视，才有真欣赏"②。

公共生活中，当事人往往是多重意义上的利益攸关者。相互冲突的当事人虽在某些方面利害相排斥，但却又可能会在其他方面利益均沾，其关系往往是犬牙交错的。所以，他们没有永远的朋友或敌人，只有永远的利益。在这里，旁观者的界定很微妙。就某个事件或游戏而言，没有参与而在一旁默默观察的人（排除与参与者的私人关系）均可称为旁观者。但因公共生活的集团和整体性质，及它可能的变化发展，所谓旁观者是相对的。但无论怎样，旁观者不一定是负责任的社会生活的认识者或批判者。旁观者是较达观的，不受当事人利益和价值观束缚。

当事人是参与者，而且是直接参与者。因他与公共生活的重大事件利益攸关而与其他的不在场的参与者区别看来。从公共生活的角度说，真正的旁观者是极少数。人们对某个政府可能支持，可能反对，但却很难让公共生活与其毫不相干。因而，对公共生活而言，很难说存在着完全无关的人。不过，不同参与者，如当事人和不在场的参与者，他们各自对公共生活的作用和影响是根本无法比拟的。在政治、重大军事和外交事务中，当事人代表着众多不在场的参与者决定这些事务。可以说，当事人无疑经常性地、决定性地决定着公共生活的政治、经济、文化、外交乃至伦理道德诸方面的走向。只有他们才是社会秩序得以维持的规则、政策的制定者或执行者。即使一些其他部门，如教育、医疗卫生等，只要是涉及公共事务、公共资源配置的决策，当事人也能从其特殊位置就那个具体事情而代表众多不在场的参与者决定该事务。因此，一个社会集团，如果某些人作为当事人的情况越多，说明他们对该社会的发展和影响力越大。相反，如果成为不在场的参与者，那么，他们对社会的影响力越小。

---

① 方东美. 生生之德 [M]. 北京：中华书局，2013：225.
② 方东美. 生生之德 [M]. 北京：中华书局，2013：237.

因此，职务越多，显得身份和地位越高，相反，越是边缘人或旁观者，越是自觉或不自觉的"边缘人"或"多余的人"。

　　然而，事实上，并不存在单纯的参与者或者观察者。人们总是在参与的同时观察，而且在观察的同时参与。如何能够在这个过程中真的体现所有参与者的意志和利益关系是一个重要问题。康德在排除利害关系的情况还是认为，参与者与观察者必定难以保持同样的情绪，何况利害的介入呢？在具体事务上，当事人如果名义上代表所有的不在场地参与者处理公共事务，而实际上却倾向于维护当事人自己的利益，别人难以察觉，那就构成腐败。这就如当事人只是谄媚在场的参与者而心中没有不在场的参与者是"乡愿"一样，乃"德之贼也"。然而，因不在场的参与者的利益被侵害与否只有个别当事人知道，即使有些旁观者偶尔得知也无可奈何，那么，这种侵害就可能逐步蔓延开了。在有限而封闭的系统中，即使所有的当事人都彼此认可，但并不一定能证明他们都具有"公信力"。因为不在场的参与者对他们的动机乃至许多行为都不知情。所以，人们相信，在当事人复杂而有多重身份的情况下，只有决策的科学性与程序的透明性才是他们能够代表不在场的参与者的前提。

　　毫无疑问，儒家政治哲学主张人治，是因认为当事人的身份、学识、道德品质对于社会秩序和发展特别要紧。理想中，当事人最好是圣贤人格。因此儒家把重点放在当事人的素质的培养之上。这不是孤立的观点，而基于一个系统化理论。

　　理论上，当事人的世界观和价值观不仅对于他们处理公共事务，如何处理公共事务与私人事务有决定性作用，而且对社会整体中的其他人和社会风俗都有十分重要的示范性影响。一个人的世界观如何，价值观如何，知识储备、智商情商如何等，对于是否有利于协调上述的利益关系，是决定性的。

　　事实上，无论当事人观念和行为如何，言论通常是拿不在场的参与者说事。当事人仿佛总是那些不在场的参与者的代言人。然而，当事人究竟在多大程度上真在替不在场的参与者代言，若无制度钳制和客观原则考核，那就只能表现当事人的道德和文化水准。而且，问题还不在于仅仅是代言，还有代为决策和执行等。这样，作为不在场参与者的代表，其言其行就有双重意味：一方面，他们是自身和其集团利益的代表；另一方面，他们又是素未谋面也很难有机会直接发生关系的众多不在场参与者的代表。作为个人来说，言行一致并非一件容易的事。所以，传统儒家提出"谨言慎行""言有物而行有格""言行相顾""君子以行言"等命题，来解决其中可能存在的裂隙，那么作为其亲族或泛亲族集团利益的代表，乃至作为不在场的参与者的代表来说，言行的统一就更成为问题了。甚至于还要进一步深入到当事人密不透风的内心世界，要求其"知行合一"。然而，人藏其心而有狡智，如之奈何？于是，要观察其诚与否，诚信、忠敬等规范正是解决这个问题的。诚信和忠敬，也是针对当事人面临错综复杂的政治、经济关系处理不在场的参与者的权益关系的主观态度，绝非仅为通常的个人道德规范，也是渗透到社会和政治的伦理规范。

当事人出于不同关系，行为选择会有所不同。比如，在稳定而封闭的系统中，孔子所谓"听其言而观其行"固然有效，参与者都是直接的当事人，每个人的身份明确稳定并对自己的言行负有责任。而在开放和并不稳定的系统中，存在着大量的不在场的参与者被当事人代言代行的情况，情况变得复杂。虽然，牟宗三将真理区分为外延真理和内容真理，认为科学真理相当于外延真理，有相应的对象与之相适应；儒家讲的仁是内容真理，不是外在的事件，也不一定有外在的对象与之相适应①，这对于理解仁的超越性有积极的意义，但不能因此否认内容真理也受到外延真理的限制，仁也是内在的，需要和义、礼、知相配合。即是说，内容真理的意义也是受到一定条件限制的。既然"并非所有意向状态都具有世界向心灵或心灵向世界的适应指向"②，那么，在伦理政治领域，因为利害攸关，又由于底线和理想之间存在着较大空间，当事人还可能会因职权威胁到人们的"听言观行"，无形中增添了巨大社会风险。

儒家伦理政治的实践涉及认知、道德乃至政治法律的广泛领域，人们作为参与者与观察者介入此三领域特别是后二者又各有很大的区别。问题更为复杂。

从认知来看，虽然认知也是人在世的方式，但科学却最终要求"改变实验知识，要铲除已经在日常生活经验中积累起来的障碍"，以求获得共同的认识③。换言之，客观的观察和分析是认识不可或缺的环节。从伦理道德上看，因为"知行合一"，通常难以将参与者和观察者的身份区分开，而从客观后果看，二者的区别却是必要的，尤其是儒家伦理在传统社会又与政治法律密切相关。虽不能否认一定意义上观察者也对观察的结论有相当影响，但毕竟不如参与者的行为和观念对同一对象的影响深刻。荀悦认为，伦理政治应做到"下不钳口，上不塞耳"，而在集权政治条件下则通常难免形成"无钳之钳，无塞之塞。"这

---

① 牟宗三. 中国哲学十九讲 [M]. 上海：上海世纪出版集团，2005：15-35.

② [美] 塞尔. 心灵、语言和社会：实在世界中的哲学 [M]. 李步楼，译. 上海：上海译文出版社，2006：101.

③ [法] 巴什拉. 科学精神的形成 [M]. 钱培鑫，译. 南京：江苏教育出版社，2006：14.

样，真事隐匿，假语漫天下。忠直之人，必"矫上拂下"，成"无罪之罪"①。即使某些人灵魂深处可"爆发革命"，毕竟不是现实的革命。物质的力量只有靠物质力量才能摧毁。从政治法律上说，必须要有客观要件才能认定一个行为的性质，因为"行为的意向性原因不足以决定行为"；而且，"通常，当我从我的愿望和信念来推断我应当做什么的时候，在我以信念和愿望的形式所作的决定的原因与实际的决定之间存在着一个间隔，在决定和执行行为之间存在着另一个间隔。"② 在这些间隔中就不能排除情绪和利害关系的介入。认知上的误差和道德原则还不能满足政治法律的客观必然性要求，其间存在种种变数。

二、伦理政治的当事人：施者与受者

在儒家伦理背景中，还有一个重要的关系要讨论。因承诺私德对于公德的重要意义，不能不使这一关系介入社会生活中，导致上述种种可能的变数成为现实。这就是施受关系。当事人因在活动中身份地位不同，可进一步将当事人中的主导方看成活动的施与方，或施者，而接受的一方，是受者。施受双方不同的意向存在难以必然地相互建构与适应，导致伦理道德的实现不能不依赖一些其他条件。

传统社会中，施者与受者的关系通常表现在父子、君臣、夫妇等伦理关系中。

一般来说，它们都有如下特点：第一，由身份或地位决定的高低贵贱之别；第二，因地位不同而拥有的权力和义务关系不同；第三，除了父子关系往往是相对的外，君臣、夫妻关系是较为稳定的。其中，尤其君臣关系较特殊，因它不仅在公共生活领域，而且原则上他们在不同场合都可能"代言"众多不在场的参与者。

在诸如此类的关系中，交织着传统哲学根本的关系：天人关系。一般而论，天既是人之行为的前提、出发点，又是行为的界限和范围。从一定意义上说，天人之际是可能会因为人事活动而发生改变的，作为行为前提和出发点的天是可能移动变化的；从另一种意义上，作为界限和范围的天却有不可能或永远不可能因人事而改变的一面，如自然的血缘和性别。这种天人关系的矛盾深刻地存在于施受关系之中。

---

① ［汉］荀悦. 申鉴·杂言（上）［M］. 上海：上海古籍出版社，1990：25.
② ［美］塞尔. 心灵、语言和社会：实在世界中的哲学［M］. 李步楼，译. 上海：上海译文出版社，2006：104.

诚如前述，施受双方通常都可能有多重身份，不只是代表个人，而同时代表按不同原则划分的群体。如君对臣，父对子、夫对妇，都首先是以国家或家族的代言人面对臣、子、妇背后相对小的利益集团；其次是君、父、夫作为国家或家的代言人与臣、子、妇个人发生关系；再次才是他们作为完全独立的个体彼此发生关联。如果仅仅如今人通常认为的是最后这个层面的关系，伦理关系恐怕要简单得多。

而从参与者同时也是观察者、观察者同时也是参与者这个角度来看君臣、父子、夫妇及其复杂的情绪、意志和利益关系，要真正正当地贯彻儒家伦理，那么，君臣作为国家公共生活的参与者同时也是观察者，但是此刻他们各自都只能是家族事务的观察者而非参与者；同理，父子在家族事务上虽可以同时是参与者和观察者，但作为个体，只能是观察者。所谓"三纲"，应从上述多个角度理解为裁断所有这些复杂关系的基本原则；即君、父、夫，只有当他们作为国与家的代言人的时候，才实用这些原则。然而，问题在于，因施者总是以众多在场参与者的代言人面目出现，并携政治权力介入，所谓"天子四海之内无客礼，莫敢为主焉"（《礼记·坊记》），"天子……四海之内无客礼，告无适也"（《荀子·君子》）。久而久之，自然就会以个人而常常打上群体旗号，拿群体乃至不在场的参与者说事。

如果将施者与受者均看成独立的个体，则前者并不一定具有才能、品德乃至力气上的优势。为了维护作为个人的君、父和夫能掌控国和家的权力，故产生了礼仪规范。《论语·颜渊》载："齐景公问政于孔子。孔子对曰：'君君，臣臣，父父，子子。'公曰：'善哉！信如君不君，臣不臣，父不父，子不子，虽有粟，吾岂得而食诸。'"所谓君仁臣忠、父严子孝、夫知妇顺（信）等，本意皆由维护国、家整体利益而产生。因施受双方角色的多样性，从不同身份理解"忠""孝"和"顺（信）"的含义可能有很大不同。如，是忠于"君"的理念，还是忠于君主个人抑或忠于其所代表的不在场的参与者，很多时候结果大为不同。"孝"与"顺"也是如此，只是范围小了许多。当然，诚如前述，由于施者个人的"信念和愿望的形式所作的决定的原因与实际的决定之间存在着一个间隔，在决定和执行行为之间存在着另一个间隔"，而这些间隔中存在着情绪等的渗透和利害关系介入的可能；同时，在伦理政治中，在施者与受者之间，还存在中间环节，如作为当事人的施者与作为永不在场的参与者的受者之间的关系，其间有许多的人际关系链条，他们自然可能存在着逐级"被代言"的情形。

在伦理政治中，施者与受者并不一定直接交往且并不完全对等的关系因地位身份决定，无论哪一方都受到相应的伦理关系与规范的限制，相对于西方抽象的自由与平等而言，自然既不自由也不平等。而基于伦理关系产生的上述规范总体上还只是属于维护群体利益而生的礼仪制度规范，属于和宗法伦理并无本质区别的政治或家庭伦理的范畴，并没有一定不移的价值指向。

儒家伦理作为一套价值观，它是连接价值和事实的。它试图提供一套价值观念以进一步理顺上述诸种伦理关系，防止发生纠纷与种种不利群体的事态发生，其中，重点就在防止施者身上存在的种种可能变数成为现实。如《礼记》中的《坊记》和《礼记·表记》，乃至整个礼仪和刑法的制度系统，都是为此而设的。《礼记·乐记》云："礼乐刑政，其极一也。所以同民心而出治道也。"又说："礼节民心，乐和民声，政以行之，刑以防之。礼乐刑政，四达而不悖，则王道备矣。"

一般而论，儒家伦理中的主体作为施者，并非仅是独立的认知个体，而且代表众多并不一定在场的参与者参与到公共活动之中。甚至可以说，施受双方"心中"有无不在场的参与者共同参与到公共活动之中，以及参与的程度，决定着该活动的"正义"和"良知"属性。因此，儒家力图整合君主个人和其所代表的不在场的参与者的关系，出现了相互联系的民本思想和天的信仰。"民，天之生也。知天，必知民矣。"（《国语·楚语上》）圣人行政的依据，上法于天，却落实于民。圣人绝不是拿天与民说事而谋一己或一族之私者。"孔子怀天覆之心，挟仁圣之德，悯时俗之污泥，伤纪纲之废坏，服重历远，周流应聘，乃俟幸施道以子百姓，而当世诸侯莫能任用，是以德积而不肆，大道屈而不伸，海内不蒙其化，群生不被其恩，故喟然而叹曰：'而有用我者，则吾其为东周乎！'故孔子行说，非欲私身，运德于一城，将欲舒之于天下，而建之于群生者耳。"（《说苑·至公》）古往今来，拿天和民说事者多，皆因他们是不在场的参与者，无可指证，可瞒天过海，掩人耳目。事实上，这正反映了施者或主体问题上的矛盾现象。"在中国过去，政治中存有一个基本的矛盾问题。政治的理念，民才是主体，而政治的现实则君又是主体。"① 之所以要拿天或民说事，原来只是为了掩盖政治思想中民为主体与现实政治中不免君为主体之间的矛盾。

显然，如前所述天人之际深刻的可变与不可变的矛盾和政治上现实的君主主体与政治思想上的民众主体之间的矛盾不是没有关系的。它们同时又通过施受关系的不对等而在现实上有利于在天然自然的血缘关系或性别上占有优势的一方。

---

① 徐复观. 学术与政治之间［M］. 上海：华东师范大学出版社，2009：44.

这里，问题还在于很难完成伦理观念授受上的或然性与政治法律要求的客观必然性之间完全对接。所谓"伦理观念授受的或然性"，指儒家伦理的教化不能不在依赖许多社会结构和背景方面决定的客观原因之外，很大程度上还要依靠个人的主观条件。所谓政治法律要求的客观必然性就是它规定的是行为的底线。二者不能直接统一，是因前述存在的许多间隔可能导致情绪和利害关系的介入，以及政治伦理上施受关系的间接性可能导致的不对等。一方面，即使动机善也未必效果善。王充说："志善不效成功，义至不谋就事。义有余，效不足，志巨大而功细小"，历史上因"道地不便，计画不得，有其势而无其功，怀其计而不得为其事"者大有人在。另一方面，动机都不善，效果自然难善。"人可以伪恩动，则天亦可巧诈应也。"① 而在血缘、整体利益维护原则和价值观念等方面，最重要的价值观念的授受难以必然地最终完成。商鞅说："仁者能仁于人，而不能使人仁；义者能爱于人，而不能使人爱。"（《商君书·画策》）桓谭则进一步说："惟人心之所独晓，父不能以禅子，兄不能以教弟也。"② 因此，就仁义而言，"尧不得以与丹朱，舜不得以与商均，而瞽叟不得夺诸舜。"（《上田枢密书》）舜可以有瞽叟那样的父亲，而曾参则有曾皙那样的父亲。显然，这就是因意向不能必然地相互建构与适应所致。"自彼则不见，自知则知之。"（《庄子·齐物论》）

这样，因道德上底线和理想间存在着较大空间，当事人的职权威胁人们的"听言观行"，其中酝酿的风险，又经由道德、认知和政治法律的广大领域的高度统一加以放大。伦理观念方面，施受双方既然都有多重身份，在施与受之间并不具有政治法律所需要的刚性原则，便不免延续着种种变数和风险。又因人并非孤立个体，其行为总受到背后多种的伦理关系的限制，使义利关系发生转换。孟子说："乡为身死而不受，今为宫室之美为之；乡为身死而不受，今为妻妾之奉为之；乡为身死而不受，今为所识穷乏者得我而为之，是亦不可以已乎！此之谓失其本心。"（《孟子·告子上》）自己能做到置生死于度外，但一当涉及宫室之美，妻妾之奉，或那些曾经认识的穷困匮乏者找上门来，就难免违背本心。

为了明确私人领域与公共领域的界线，使施者能从复杂的伦理关系中解放出来，儒家的确提出过"门内之治恩掩义，门外之治义断恩"（《礼记·丧服四制》）。这里当然指的是在家族内外应因系统的确定性与不确定性而采取不同策

---

① 黄晖撰. 论衡（四）[M]. 北京：中华书局，1990：1105.
② 朱谦之. 新辑本桓谭新论 [M]. 北京：中华书局，2009：28.

略的问题。当出现恩与义冲突的情况，各向不同方面倾斜。但这无法改变儒家伦理的复杂性所隐含的风险。人们虽面对同一的事实世界，但认知和价值观差异致其行为总是在理想和底线之间游弋，甚至不能保证底线经常不被向下突破。而天人之际那些可变与不可变的矛盾、政治上现实的君主主体与政治思想上的民众主体之间的矛盾，乃至施受关系的间接和不对等在此刻都可能加速这一进程。施者与受者的不同意向之间难以完全相互适应和彼此建构的可能始终存在。

行动科学家把理论分为使用理论和信奉理论两类。这两类理论的关系有些类似于介于事实与价值之间变数的儒家伦理。所谓信奉理论相当于人们所信奉的价值观，而使用理论则是从人们的实际行为引申和分析出来的。作为价值观的信奉理论可以人人不同，差异很大，但是，相对普通人而言都需要一种朝向价值观的努力。但使用理论则不同。"人们所做的一定和他所具有的使用理论一致，但却不一定和他的信奉理论一致。"① 显然，能使儒家伦理在信奉理论和使用理论上趋于一致，需要其他的社会条件做保证。

从制度方面看，儒家伦理自身并不是刚性的，其实现的确也在一定意义上依赖于宗法社会与制度，君主政体和后来逐步发展起来的科举制度的协助。那么，这些条件丧失之后的实践必需新的条件。如何超越参与者、当事人和旁观者各自的限制，使儒家伦理观念的授受开拓新界域和新方法，参与者和观察者的身份相互转向成为必要。

三、参与者与观察者的相互转换

在宗法色彩浓厚的社会中，关系就如看不见的战线在人际间盘根错节，若不能超越或摆脱它们对人的身份的控制和利益的左右，便很难从中解放出来并深入生活的真实的。社会科学和人文哲学的研究，和当事人面临同样的问题。

虽说儒家伦理中未必隐含着只有施者能主导一切的意思，但其思想本质既为"内圣外王"②，而生活中又并非仅施者才有意向，参与者都有意向，既然"并非所有意向状态都具有世界向心灵或心灵向世界的适应指向"，那么，对于施受双方特别是拥有权力并具有自由意志的当事人而言，对他们的身份与境遇进行分析对于增进道德文明就是十分必要的。因为，在施受双方都存在心灵与世界并非均有"适应性指向"的意向的情况下，要实现道德对社会生活甚至政

---

① ［美］阿吉里斯，［美］帕特南，［美］史密斯. 行动科学：探究与介入的概念、方法与技能［M］. 夏林清，译. 北京：教育科学出版社，2012：60.

② 李明辉. 当代儒学的自我转化序言［M］. 北京：中国社会科学出版社，2001.

治客观必然的影响，必然需要当事人之间特别是施者从参与者向观察者身份的转向。如果我们漠视这个转向，则它很可能只能在信奉理论身上打转转，不能面对使用理论及其和信奉理论的巨大反差，除非受者没有任何独立的意向。

所谓受者没有任何独立意向，是指当事人中只有施者有个人意志，受者完全被动接受或仅适应施者的意向，这种情况只有在面对自然物或作为自然物存在的其他存在物才有可能。如王阳明在山中所见花树就是如此。只要是人，就都有意向。由此，因当事人的意向决定了当事人从参与者向观察者的转向有三种情况：一是面对文化传统的"客观的了解"，二是面对自然界的科学理性，三则是当事人之间的彼此沟通。显然，要使施者和受者双方都能彼此建构，达到相互适应，显然就需要双方特别是主导方的身份转换，作为第三方参与观察，才有利于实现道德对生活的渗透。就当事人或参与者转向观察者的实质而言，自然包括当事人对其他当事人，甚至包括某些不在场的参与者逐步成为参与者的观察；还包括对所有当事人彼此相关的活动的观察。这里，无可否认的是："人类文化的发展是由于手段逐步转化成目的而造成的。"① 当事人对自己作为当事人的观察只是手段，在儒家伦理中，自我认识和自我修养的"内圣"，目的仍在"外王"。

传统儒家虽认为修养需要定、静，并有定性、观静、主静、静中养出端倪之说，以为"惟静也，能张主得动"②，主要是基于个人修养上讲的，在人与人之间，特别是在各种社会化活动中，修养应包括身份的转换。

当然，从观察者向参与者身份的转换之必要，主要是因传统社会的确有身份社会的特点，如果不能转换就无法理解社会的基本特征。但从参与者向观察者身份的转换更为重要。

具体说来，从参与者或当事人向观察者身份转换的必要性在于：首先，认知和情感上的限制。诚如康德所说，作为参与者或当事人，难免受到情绪、立场和认知上的限制，而作为观察者，则能较理性地面对对象。一般而言，作为参与者，是公共生活的决策者，其情绪和情感投射到活动的过程与成败得失之上；而作为观察者即使是直观或受情景方面的影响也是较超然和客观的。以结果为目的的参与活动和将过程与结果联系起来理性的观察和科学研究大相径庭。参与者或当事人总是首先考虑行为的目的，固然和关注行为的过程的观察者不

---

① ［美］拉兹诺. 用系统的观点看世界［M］. 闵家胤，译. 北京：中国社会科学出版社，1985：89.

② （明）吕坤. 呻吟语［M］. 王国轩，王秀梅，译注. 北京：中华书局，2018：36.

同，参与者为其目的必然会根据需要干预事情的进程，而观察者则是在自然状态中任事情自身去展现自己的内容。再说，从认知的角度看，将自己和生活实践当作对象来处理是人的基本特质。因此，参与者总是意向性地建构相关的事物，而失盲于表面无关但却可能十分重要的细节。参与者如果要充分了解事实本身，就需让事实如其所示地展示自己，否则不是完整的。

其次，从现实看，儒家伦理中最核心的价值，同样存在着实践的困难，这就需要转换身份以便于沟通和理解。这种沟通，不仅是在当事人之间，而且应在参与者和不在场的参与者之间。参与者之间，甚至父子之间在伦理价值观上都难以直接地、必然地彼此建构和适应的事实无疑说明："我的意识状态只能以一种方式被我所感知而不能被你所感知。"① "任何一个人都不可能透彻而又详尽无遗地认识他自己或跟他一样复杂的另外一个人。"② 这就说明，所谓"知己而后知人，知人而后知礼，知礼而后知行""知己所以知人，知人而后知命，知命而后知道，知道而后知人"等说法是笼统模糊的，在实践上只能是一个并无止境的过程。虽然任何一个系统所能处理的最大信息量都不足以说明另外一个同等复杂的系统，但试图转换身份去认识却是必要的。在现实中，即使存在血缘关系的人之间，他们虽在思想观念乃至道德观念上最容易相互影响，也还有许多其他彼此可以沟通的理由，但终究只是一种可能性，而非必然性。即使我们将个人利害关系加以排除，父子、兄弟之间也存在"可传而不可受"的现象，再加上认识和理解上的障碍，这样，参与者客观上需要增添观察者的视角。

在传统儒家伦理中，将这种客观理性地观察主要转向自己的内心："反躬"和"内省"。《礼记·乐记》云："人生而静，天之性也；感于物而动，性之欲也。物至知知，然后好恶形焉。好恶无节于内，知诱于外，不能反躬，天理灭矣。"好恶之情有节，是能"反躬"的必要前提。"反躬"当是对主体各类情感活动的内省。"内省不疚，无恶于志。"（《礼记·中庸》）反躬或内省的能力属于理性的能力。其实，即使内省也难免有其限制性。"人们对自身的意识状态经常作出错误的判断。"③ 作为观察者，可能更多关注的是不同事件间的内在关联，需要在抽象推理和运算之时，还要警惕经验认识的限制性。正如《礼记·

---

① [美] 塞尔. 心灵、语言和社会：实在世界中的哲学 [M]. 李步楼，译. 上海：上海译文出版社，2006：43.

② [美] 拉兹诺. 用系统的观点看世界 [M]. 闵家胤，译. 北京：中国社会科学出版社，1985：27.

③ [美] 塞尔. 心灵、语言和社会：实在世界中的哲学 [M]. 李步楼，译. 上海：上海译文出版社，2006：68.

中庸》云："道也者，不可须臾离页，可离非道也。是故君子戒慎乎其所不睹，恐惧乎其所不闻。莫见乎隐，莫显乎微，故君子慎其独也。"戒惧所"不睹""不闻"，乃至"慎独"，一方面可以属于价值世界，另一方面也可能属于事实世界。在真实生活中，价值判断不能排斥事实判断。

最后，儒学的实践并非个人事业，而是追求经世致用，只有完成身份转换才能作为当事人或参与者代其他不在场的参与者去言行。按照一般游戏情形，参与者只有在占据优势地位，甚至至少可以推测出其他参与者手中的底牌时，才能比较有把握掌控游戏的进程并最终左右游戏的结果；但事实却是：当事人若不能完成身份转换，就总是不可能看到只有观察者才能看到的东西，因为观察者并没有参与者那样的情绪和受游戏输赢本身的控制。再说，观察者除非与当事人有这样那样的关系，否则他并不在意哪一方会在游戏中取得胜利。对观察者而言，如果他没有偏见的话，纵然存在认识障碍，他也不会有意渲染或隐蔽所观察的结论，这和当事人所面对的情况不一样。"一人可以了解自己的立场以及对方的立场，但对方却无法做到这一点。"① 一个人总是和另一个人不同的。一个人和另一个人之间，极端地看就如不同的语言间的翻译一样总有难以通约的问题。"对有些情感来说……他人常常能够比体验这种情感的行为主体更好地指导该主体具有那种情感。对于许多诸如此类的意识状态来说，我们有时能比知道自己的情感更好地知道别人的情感。"② 以此而言，传统的絜矩之道是使身份可转换的方法。

所谓"絜矩之道"，也就是人与人之间的理性原则。然而，在伦理政治中，这个原则并非仅存在现实交往的人与人之间，还应存在于当事人和间接参与者之间。那么，对于那些素未谋面的参与者，怎能做到"比知道自己的情感更好地知道"他们的情感呢？显然，在一个等级社会彼此间不熟悉对方生活方式的参与者之间，当事人对人性的深刻洞悟，对间接参与者的处境的了解与同情，是絜矩之道可能真正实现的前提。这里，身份转换并非"旁观者清"那么简单的事情，而是学会以他人的眼光认识自己、并将之作为自我认识的必要条件之一。以此，"知己而后知人"也就不那么抽象和笼统了。

诚如前述，传统伦理的实现在一定意义上依赖于宗法社会与制度，君主政体和后来逐步发展起来的科举制度的协助，但是，如果在这些制度都发生变化，

---

① ［美］阿吉里斯，［美］帕特南，［美］史密斯. 行动科学：探究与介入的概念、方法与技能［M］. 夏林清，译. 北京：教育科学出版社，2012：20.

② ［美］翰塞尔. 心灵、语言和社会：实在世界中的哲学［M］. 李步楼，译. 上海：上海译文出版社，2006：44.

乃至部分当事人并非真正参与者的情况下，宗法关系瓦解，泛宗法关系延伸，而不在场的参与者根本不明就里，究竟怎样才能使当事人顾及参与者利益呢？显然，仅靠道德自律是不够的，然而，若无视道德则更无从谈到制度。在传统社会存在着当事人（同时也是参与者）不顾不在场的参与者利益的情形，而若当事人则可能并非参与者，其行为对不在场的参与者负责的条件将更加苛刻。

总之，只有当事人同时能完成向观察者身份的转换，才可能作为众多不在场的参与者的代言人并能真的自始至终代表他们。如此，才有可能克服因道德底线和理想间存在着较大空间而导致的权力集中可能酝酿的风险，并限定施受双方多重身份的不当转换，使信奉理论与使用理论趋于一致。因为，无论人们多么看重人与人的共同性，也不能否认他们的区别，如何能正视人的个性与差别并客观地审视自身，才是主体与客体、施者与受者之间穿越层层障碍而达到真正合理沟通的必要条件。若当事人不向观察者身份转换，或这种转换可有可无，则他们在公共事务中难以超越自己的身份，就不可能真正代表众多不在场的参与者。进一步看，即使当事人不断拓展生活范围与其他参与者尽可能沟通，客观上都难以以一己之心度难以计数的不在场的参与者之腹，更何况他们并没有要转换自己身份的外在压力呢？无论一个人主观上多么强烈地要代表不在场的参与者，如果他不能真的做到代表他们，那么，他的言行就只能代表他自己。难怪现实中经常会出现游戏者同时直接就是裁判员、罪犯同时也可以是律师和法官的荒谬情形。当事人彼此之间的爱只能是官官相护，最终只能是爱他们自己；当事人如何代表不在场的参与者的利益才是问题的关键。儒家认为自觉的修养可以实现这一点，但在商业社会，当事人复杂而多重的身份若不能确定性地进入相应公共活动被规范，由此必然引起越轨。

在传统儒家伦理的背景如宗法社会严密的礼教制度、政治上的集权专制制度及联系政治和文化道德教育的科举制度均发生重大改变之后，儒家伦理实践的客观条件发生了重大变化，这是真实的现实。据此，儒家伦理若要继续发挥其民族文化的功能，除了制度上的对接外，还需要有对观察者视角的肯定。若无制度的对接，它对生活的影响终不能广泛；若无身份的转换，亦难适应个性增强的事实。既然人和任何系统一样都需要消耗环境以维持生存，而儒家伦理又发现了人可以通过修养来自我修复来自环境的压力，并可能为实际存在的血缘和泛血缘关系而牺牲他个人乃至不在场的参与者利益的方式以获得认可，同时却又再无政治力量对这种倾向的纠正，那么，作为信奉理论的儒家伦理就有可能异化为某种使用伦理的工具。

第三节　善治与德治、法治之异同

近年来，"善政"和"善治"的话题为人所关注，便是基于使用伦理的一定异化而产生的。鉴于当前仍较为严重的官本位、腐败及某些不和谐因素，此观点毫无疑问不是无的放矢。此处仅就传统文化有关主题的基本概念做一简要分析，并就现代条件下德治和法治的异同略做思考。

一、善政与善治

怎样理解善政与善治？涉及道德与政治、德治和现代法治的关系等问题。首先我们看善治和善政的概念。所谓"善"，内容是伦理规范："善，人道也。""（仁义礼知）四行和谓之善。"（《郭店简·五行》）四者不是平列的。仁有根源性，无仁即无善可言。但仅仁不能保证善的有效性。依此而言，义乃仁之外显。"门内之治，恩（仁）掩义，门外之治，义断恩。"（《礼记·丧服四制》）礼生于仁义："仁者人也，亲亲为大；义者宜也，尊贤为大。亲亲之杀，尊贤之等，礼所生也。"（《礼记·中庸》）知乃仁义礼的自觉。仁义礼知四者构成"善"的内容。

就伦理关系言，"仁者，亲也，从人二"（《说文解字》）。仁乃人际间的相爱之情。"亲"为亲子及推而广之亲属间的亲情。按先儒解释，所有人际间的情谊，最急迫和重要的是"亲亲"，即爱亲。为何突出此点，可将其和教育学、人才学乃至宗教联系起来理解。人性问题不是理论逻辑推出，而是实践的。这里仍有几点须强调：第一，爱亲是双向的，在多重关系中则是多向的。若将人际关系细分为任何二人间乃至和多人间的关系，它们都是双向或多向互动的。单从伦理上看，亲亲之仁和人际之仁有远近亲疏之别。第二，仁贯通身心内外。人有身也有心，不是孤立存在。故仁是建立在心主宰身基础上的体认良知、发明本心。爱亲若仅只是身体和物质上的奉养，仍与饲养宠物无别。故孝顺重在一个敬字。第三，亲亲虽最为急迫，但仁却是一个实践过程。"亲亲而仁民，仁民而爱物。"（《孟子·尽心上》）即"亲亲"是"仁民"的参照和"爱物"的起点（详后）。这是儒家人格培养的大方向。

儒家伦理走向政治，则伦理关系会因政治而复杂化。其中隐含儒家伦理中各不同领域具体伦理复杂的交织关系。

宽泛地说，"政"与"治"乃今所谓政治。"政"乃政治权力的象征；"治"

则为政治事务及管理。如果只看个体间的关系，则人际间的权力关系也是双向的。德国思想家诺贝特·埃利亚斯认为：权力是一种平衡，它"不是一个人有而另一个人无的护身符，它是人际关系——一切人的关系—结构性特征"①。中西因社会结构不同，政治权力是否可还原为人际关系不能一概而论。西方自亚里士多德即将政治理解为私人事务之外的公共事务，则政治权力无疑即是公权力。这种公权力因承认个体独立，和并不突出个体独立相反却偏向人际依持关系的儒家政治伦理有别。承认个体独立，则政治权力迟早会从社会契约论得到解释。这样，权力作为一个人对另一个人的控制和支配，在自然家庭生活中不免基于父权，而政治权力则是公共社会允许或认可的个人对他人的支配或统治权。一个人怎么能支配众多个人？在哲学上一与多的关系的思考成为近古思想家的议题之一。在近代，不同角度的理解导致对政治权力大相径庭的看法。霍布斯将象征政治权力的政府比作海中怪兽利维坦，而洛克、卢梭的社会契约论，则将政治权力理解为民众自愿地让度。这样，契约论和三权分立思想成为西方权力思想的主体。

中国古代，因人格独立观念不突出，政治权力乃基于群体相关性之上。荀子云："君者，善群者也。"（《荀子·王制》）尽管儒家试图区分公与私，如有"（宗族）门内"与"门外"之别，但有机整体终不能简化为个人之和，整体行为更不能化约为个人行为及关系，不同身份人的权力关系也不可能仅是孤立个体间的支配或控制关系，而同时体现了个体背后的群体关系。基于此，即使政治权力在事实上有时既残酷又血腥，但儒家基本上均并未将其当作恐怖的象征，而认为是实现"人道"的途径。如云"人道，政为大"（《礼记·哀公问》）；"人道敏政"（《礼记·中庸》）等。孔子甚至认为政治和道德直接同一："政者，正也。"（《论语·子路》）为什么呢？第一，权力特别是政治权力往往被委托给具有"人道"精神的人格，他们不仅是父权也往往是集族权和神权为一体的人物。天子乃最高行政权力拥有者，同时又是最大的祭司，即他不仅以民众的世俗生活为关心的重点，也要关心其心灵生活。孟子说："天下不心服而王者，未之有也"（《孟子·离娄下》）。换言之，王天下必以人们发自内心的服从为充要条件。第二，中西政治权力的内涵不同致其与道德挂钩。一方面，源于族群的权力不仅被看成控制和支配力，且还有权衡、称量、平衡之意；另一方面，政治所辖范围往往不全是独立个体私人事务之外的公共事务，而是基于

---

① ［德］埃利亚斯．论文明、权力与知识［M］．刘佳林，译．南京：南京大学出版社，2005：110.

家或族群事务之扩大的公共事务。公私间的界线不能完全明确并会因条件变化而移动。有时甚至个人身体状况都能影响群体乃至国家的命运与安危。从社会契约来谈政治权力和从基于伦理乃至宗法血缘之上来谈政治权力显然不同。这个差别决定了法学上的法系与法律观念的不同。突出人际的依赖性无疑使人们对政治及政治人物的依赖增强。

同时，父权、夫权、族权与政权、主人对奴隶的权力是很不同的。父权乃基于血缘理由的权力，与族权相表里。夫权是因婚姻关系的权力。政权则是基于社会共同体利益一致的权力。它们存在的理由各不相同，故其含义并不一致。政权基础是天（民）意，父权基于血缘有别，然对儒家言，二者均"无所逃于天地之间"。其实，父权是族权的延伸，族权与远古祖先崇拜的神权不可割裂。儒家将父子伦理扩大，使之成为"人道"核心，含义发生变化。事实上，在某种情况下，父权、族权、政权乃至神权，合而为一，甚至以"亲亲"伦理作为必要的前提而让政权作出必要让步，使基于天（民）意的政权弱化，而依托族权的政权地位上升，根本在于，政权本身不可能安顿民心，除非它深植于民心的深层土壤中。权力的关键在运用，故"善政"的关键落在"善治"上。

中国古代对政权负面并非毫无自觉。儒家将政治和道德打通，是对负面的矫正。它意识到：政权本身不可能成为安顿民心的神物，故要将人的信仰纳入其中；政权在实际运作中有时难免渡越公私界线，强调政治的正当性就是强调权力获得与运用的合理性。只不过，这种对人心的安顿、权力负面的矫正乃至权力运用的合理性都不是从外面以独立实体（其他权力和上帝）力量强制实现的，而是以可人格化的伦理道德，乃至以伦理道德为实质内容的文化，作为实现政治之道德性的原则。只有一样例外，权力的获得在特殊情况下可通过革命实现。总体上，古代中国，道德、文化与政治内在统一。凡是政治失去道德和文化节制的时代，都是中国的分裂时期，也是最黑暗的时期。

因而，所谓善政、善治，即政治的道德化、伦理化，即所谓仁政。其具体内容不仅包括双向乃至多向的、打通身心的亲亲，且包括其向政治领域的推致："仁民"或"亲民"；善政和善治之实现需要借助义、礼和知得以完成。它是相对于以力或权服人乃至以智力服人而言的。

二、德治与法治

如果说善政和善治强调仁或人道，主要是从动机言；那么，德治则侧重从客观方面的天道而言。"善，人道也；德，天道也。"（《郭店简·五行》）仁义礼知"四行和"为人道，四行与圣即"五行和"则乃天道。

　　善治、德治均有价值目标，其中差别只在是否达到"圣"的标准，并非仅是一套自身协调的程序政治。如果说人道中，礼具有历史积淀性质，但仍和其他三者一样，重在主体性。礼的实践在敬。仁礼是一体的。这样，以仁义礼知为内容的善治就需客观有效性上的保障。如果说礼与知已经部分体现仁的有效性，则德治既可说是善治客观有效的落实，同时还是对其的超越。德治效法天地生生之德，如天地生物不测，厚德载物。德治乃既成人又成己。

　　之所以善治会走向德治，源于儒家伦理政治实践的某种不周延性。这种不周延，具体表现为伦理道德的自主性与社会政治的普遍必然性要求、相对稳定的社会关系基础上的伦理与个人才能修养及政治权力的来源和使用间的不全相应，尊卑、长幼、贵贱、上下的凝固性和人事修为乃至政治格局的改天换地间存在不对称。这种不相应或不对称可隐含着对伦理政治的否定。

　　集体概念在实践上不能不显现为个体的有限的人际关系。"只要人们询问得稍微深入一些，集体的、社会的现实在没有个体间的基本关系的情况下就不可思议，这种现实正是建立在个体间关系的基础之上的，在这种意义上，前者由后者决定。"① 要化解其中困局，其中有两个基本走向，一是从道家衍生出的法家主张的法治，一是儒家的德治。可惜，传统法家并不形成对皇权本身的限制，故最后让位于儒家的德治。

　　德治之本不仅在整体不可还原为个体之和，且涉及一系列其他问题：政权合理性的根据；当权者因特殊地位而获得各种优势的合理性根据；整体中各成员行为协调一致的部分得以确定的标准即"心服"的是什么；善治需要有超越的目标指向。由此，政权乃至拥有者对成员的生存与发展拥有道义和社会责任。孟子所谓"贼仁""贼义"者，即是这种责任的丧失与破坏。德治从理想上看是实现"万物并育而不相害，道并行而不相悖。"（《礼记·中庸》）

　　在"政教合一"体制中，教化核心在道德。伦理非外在力量，而是深入政治的精神，并借以实现政治、道德和文化理想。德治既有其理想性也有现实性。就现实性言，分散的村社因血缘身份"连而不相及"，将个体和村社联结为一个相互依赖的整体，构成"亲亲而仁民"的条件；就理想性言，仁义乃终极价值，可"杀身成仁""舍生取义"。宗与君之间的张力与平衡维持着周期性动荡的社会秩序。为缓解宗法社会结构对人性的压抑，涤除社会内部的僵化与腐败，孕育成熟了科举、监察等政教制度，打通了从社会底层向精英政治相通的特殊通

---

① ［瑞］奥特. 不可言说的言说 ［M］. 林克，赵勇，译. 北京：生活·读书·新知三联书店，1994：90.

道。这种体制对传统社会影响深刻而持久。

诺贝特·埃利亚斯将权力关系还原为原始竞赛或游戏中人际关系的一种平衡，值得深思。在他看来，尽管父母和婴儿、主和奴之间，权力机会分布极不均衡，但"不管权力差异大还是小，只要人们之间存在着功能上的相互依赖，权力平衡就会出现。"这是对权力关系的抽象，可看到父子间权力关系的稳定性。其不足在忽略了社会结构与关系变化可能带来的性质改变。权力既是基于原始游戏的可观察模型的抽象，以自由选择为前提，并不适用于基于人际间特具稳定性的父子关系这一模型。第一，历史形成的政权格局不可能还原为游戏者自由的选择。如父子君臣无所逃。其有一定选择性的夫妇和朋友伦理，往往要么不具决定性意义，要么比照父子、兄弟或君臣而生。第二，不同游戏其可控程度不同，变数大的复杂游戏中，人际层层叠加，可控性更低。为了游戏的可控与重复性，控制游戏的一方不仅要制定规则、设置标准考核游戏参与者、监督游戏过程，且往往要窥探对方底牌。第三，层层叠加的人际依赖在政治权力加码的压力下，使政权通道狭窄化，公私界线可能的平衡因此发生微妙而危险的倾斜。

因此"万物并育而不相害"的德治理想遭遇困境。不仅"身正"者寡，且公正、公平的主观感受与身份的变化难对称。人天合一在政治上必现曲折。伦理深入政治生活的后果导致善恶、是非的犬牙交错即伦理异化。善治、德治所依托的"心服"，成为"劳而少功"的原因。尽心知性、穷理尽性和为善去恶，并不能汰除现实中善恶难分、善恶相长乃至互为因果的现象。即使在儒家成正统的时代，标准难免曲解和相对化，最终定于势与位的话语权。因而，无论直道而行，还是外圆内方，曲学阿世，乃至指鹿为马，都有深刻背景。良善亦有"隐"之时。

如果说，儒家伦理政治因尊重传统而对宗法礼制有相当大的凭依的话，那么，法家正是针对贵族政治之弊而生。它主张平等的法治。面对盘根错节的宗法关系，法家主张在君主专制条件下"一断于法"，打破人际依赖关系，将人作为"王资"直接掌握控制。法家直面政权这一事实，得出法不依赖圣贤人格而是"中主"即可实现统治的制度设计。然法家不是现代法治。它不承认人的自由，却对人的幽暗面加以利用。它要求国家无条件地直接掌握人民，走向极权专制。这里，人只是君国实现广土众民的工具。相反，现代法治预设人有理性，能对行为有认识和判断，应自己负责，社会则建立在人格独立自由基础上。同时，现代法治要求证据，德治不免于礼制条件下的原心论罪；现代法治必承诺知行、内外有张力，使认知的地位上升，德治往往主知行合一、内外统一，重道德。

如果说法家法、术、势相统一的统治术在君主集权过程中面对强大宗族还相对合理的话，那么，在当今工商业社会则只有法本身有合理性，术、势丧失了其存在的根据。德治与法家主张不同在于：法家往往因宗法礼制而实现连坐，而德治则主张"善善及子孙，恶恶止其身"；法家否认身份差异和特权，主张法律平等，德治则不主张将人还原为法律意义上的自然人，认为那样不免"免而无耻"；法家之法丝毫没体现民意，法律只是统治者意志的体现，德治则出于天（民）意；法家强调上下行政隶属关系的合法性，德治则突出其合理性。总之，德治不同于法家乃至现代的法治，在于其突出礼治与人治。德治强调对历史文化和知识的掌握，注重对游戏场所的设定和相关因素的控制，认为居于游戏控制者一方的统治者，因资源和地位优势，应对民众和社会负有全面责任。

这表明，政治法律的实施不仅需要合适的法律和善的动机，还需要有能行政的人。作为善治有效性的德治，最终还是落实在德性人格上。孟子说："徒法不足以为政，徒善不足以自行。"（《孟子·离娄上》）

三、当今时代条件下如何理解善治

传统善治建立在"心服"而非非人格的行政隶属关系上。"心服"即尊重人的信仰和私人空间，不能将其一概纳入政府控制和掌握的"王资"。这是仁爱精神的贯彻。然因客观社会要求，侧重动机或愿望的善治应上升为体现天道的德治。德治突出社会机体作为整体对个体生活的决定性意义。因其特殊地位要求对治下民众负有引导、扶持和监管责任。德治和现代法治不同，因后者以承诺人的自由为前提。人是自由的，故应对行为负责。反之，毫无选择余地，也就谈不上责任。这显然预设人们据以为行为前提的诸理由如自然差别和社会制度都是合理的。相反，德治则发现人不免生活在并不完美的现实中，掌权者应对决定行为的有形或无形的背景负有责任。

在经济发展及人民主权的今天，如何满足人们日常生活需求又能维护社会整体文明和谐，伦理政治需更丰富和完善，才能适应社会发展和变化。社会机体在商品化浪潮中如何不导致人性物化？在自由和极权之间，究竟作何取舍，才能既适应时代发展又继承优良传统？问题虽不是非此即彼那样简单，但结论起码应是：不能既不让人们自由，又不对他们负责。

近代以来中国一直在发生深刻变化：乡村农业向都市商业转变、群体本位向个体本位转变、伦理本位条件下的德治向法治转变。这些变化中，既掺杂着传统惯性的某些滞后现象，也有社会转型出现的新情况。利益地位上升，而交往手段更新，使伦理异化加速。既然集体在实践上不能不显现为个体的有限的人际关系，其间，可能给予某些行为（如投机钻营、拉帮结派）以巨大空间而形成社会性毒瘤。乡社中人际间的依赖性因宗族社会的动摇而被动转为或是依附大小权势的裙带或成孤立无援仅具统计学意义的数字，社会学上俗称熟人社会；原来基于宗族之上的政治极权虽失去了旧的社会基础，但却因近代民族和政治问题突出而获得新的空间，又因个体背后总有群体伴随，兼之人事权、财权、物权的高度一致使官本位空前强固；伦理本位社会与宗法家族脱钩，价值观从道德追求到成本核算和成功的追逐，结果是造假盛行、熟人沾光却无人切实地负责；更不要说近代以降的文化反思在自觉层面将儒家伦理抛弃不顾，即使在无意识层面，仁的双向性、修养的价值、推恩的社会意义等均不复其题中应有之义而致道德沦丧。如果说在古代不免"不患寡，而患不均"的话，那么，在成功以财富计算的情况下，人际关系有时完全以人和物的关系甚至物和物的关系来计算，"名份"则更以新的形式深入生活的方方面面。如何在工商文明中实现德治及德治体制中贯彻法治似为难题。

其间，"善治"要解决的不仅是法家视民众为"王资"或民主制度所导致的科程制问题，而是如何维护道德文明而不滋生依赖性、强有力的政治力量却不导致官本位、尊重知识能力却又不破坏人伦道德、丰富人们的物质生活却不致人性物化。儒家伦理的优长在于它不仅提供了价值理想和实现它的方法论原则，而且有培养人的普遍必然的社会基础（家、宗族）。而在新时代，道德文明要求人们在商品关系深入、经济生活丰富的同时，如何普遍必然地使人们仍然拥有自由、自主的人格；在极权政治延伸到商品经济社会每个角落的同时，在人与人、人与物乃至物与物的交往和交换关系中，如何实现其"名正"的问题。于此，职业道德、领导责任、社会公德均应有相应的重视，其中，个人内心的修养与群体的教化问题仍有值得深思的内容。否则，民众的自由的流失定因有人"自由度"太大；抑或抽象伦理原则和极权政治，不能抑制"潜规则"的泛滥，权力成为某些人的护身符。自由总是伴随着责任、特殊权力总是和特殊的义务与使命相联系。

下篇　教化论

第五章

教化与学、教

儒家可谓伦理人文主义。儒者重视人在宇宙中的地位，在两戴《礼记》中也十分明显。如《礼记·礼运》云："人为天地之心，五行之秀气。"《大戴礼记·曾子大孝》云："天之所生，地之所养，人为大矣。"（《礼记·祭义》谓"无人为大"）另一方面又认为人自身存在限制，若不能自觉其限制而努力自我完善，从社会大众的层面，则需要教化。教化的精神方向是通过人文道德教育实现人格转化，核心内容是以伦理为主的礼乐，其结果是将儒家自觉的道德观念化为风俗与习惯。当然，这不是说君子无须教化，而是君子的修身是自觉的，修身即自我教化。

第一节 教化及其基本特征

一、何谓教化

两戴《礼记》中，"教化"一词出现概率并不高。如《礼记·经解》云"礼之教化也微，其止邪也于未形"，《大戴礼记·礼察》篇批评"教化之不如刑罚"的说法，再如《大戴礼记·五帝德》记载"孔子曰：'黄帝……治五气，设五量，抚万民，度四方……时播百谷草木，故教化淳鸟兽昆虫。'"所谓"礼之教化"的含义很明确，泛义而言，即指儒家所谓的礼乐教化，有时又指王教、德教等等，旨在教民；而《大戴礼记·五帝德》所云之"教化"，若按《史记》"淳化鸟兽虫蛾"，则"故教"二字当为衍文①，如是，则《礼记》中明言"教化"者实属少见。不过，其中教化的思想却是带有根本性的。有些篇章，"教"却可以"教化"加以解释。如《大戴礼记·主言》载"虽有国焉，不教不服"，

---

① （清）孔广森. 大戴礼记补注 [M]. 北京：中华书局，2013：129.

王聘珍注云"教谓教化，服谓服事……上无教化，下不服事，不可以为国也。"① 其隐含意思是，若无教化，民则不知服事。教作为道德人格的培养教育，原则上都是教化。"中国之教，内外有分，男女不同椸枷，不同巾栉。"（《尚书大传·卷十》）各类所谓"教"都很难说不含有教化之义。比如，"天道至教"（《礼记·郊特牲》），"立教自长始"（《礼记·祭义》）。"礼教""忠利之教"都属于此类。因所主张的"教"，内容主要是道德人格教育，在方法上必然强调身教优先于言教，其所谓教也就有了教化的性质。

两戴《礼记》中，"化"也是教。《大戴礼记·保傅》谓"化与心成"，王氏云："化犹教也。"② 《大戴礼记·劝学》云"神莫大于化道"，此乃据孟子"化而不可知之谓神"。甲骨文化字从二人，像二人相倒背之形，一正一反，以示变化。《说文解字》云："化，教行也。"段玉裁注："教行于上，则化成于下……上匕之而下从匕谓之化。"可见，有时教或化都可理解为教化。王聘珍谓所谓"七教"之"教"亦为"教化"。又谓"化，犹教也"，即"教成于上而易俗于下"③。张载谓："化则无成心矣。"④ 学的目的在于化去成心，消解主观性，案此，则化同于孔子所谓"毋意"。教是化前提，化是教的结果。《诗·关雎序》："美教化，移风俗。"

一般而论，教化就是指在上位者身体力行以化成百姓之意，它是指有德的君子通过自己的道德活动从而感化民众以尊崇人道的相关要素与活动的总和。《白虎通·三教》曰："教者，效也，上为之，下效之。"同时，它也包含着人是可以教化的意思，并伴随传统习俗与风教。从儒家典籍对教化的使用看，它主要是指的礼乐教化（详后。因礼既有内化为工夫的意思，又有作为规范的教化意，本文不得不分开论述）。"教""虽有国焉，不教不服"（《大戴礼记·主言》）。梁漱溟认为"我们所谓教育是隐然有所指，非只是指知识技能的教育而已，是指整个的生命，整个的人格说的"⑤，它是超物质的人生精神要求。"关于人生问题，是从社会方面给人一个帮忙，这就是教。"⑥ 我们将儒家这种主张"明人伦"的人格道德教育称为"教化"，其实就是为了指明他不是"仅仅作为

① （清）王聘珍. 大戴礼记解诂［M］. 北京：中华书局，1983：2.
② （清）王聘珍. 大戴礼记解诂［M］. 北京：中华书局，1983：53.
③ （清）王聘珍. 大戴礼记解诂［M］. 北京：中华书局，1983：154.
④ 林乐昌. 张子全书［M］. 西安：西北大学出版社，2015：18.
⑤ 梁漱溟. 梁漱溟全集（第五卷）［M］. 济南：山东人民出版社，1992：677.
⑥ 梁漱溟. 梁漱溟全集（第五卷）［M］. 济南：山东人民出版社，1992：673.

传授具体知识、培养生存能力的手段"①，而是成德成人的文化活动，知识技能传授为教育。可见，《礼记》并非单一的性善论立场，而突出通过教化养成良好的习惯。

历史地看，教化问题并不简单。不仅文字上教与学本可互训；而从社会结构上，因宗法的存在，教化作为普遍性地对个体精神的提升性要求，对不同人的具体规定是不同的。教化是社会性的具有普遍性的。黑格尔说："特殊的个体是不完全的精神，是一种具体的形态。"② 因此，人需要教化，"人类教化的一般本质就是使自身成为一个普遍的精神存在"③。如何平衡具体实践中不同的社会关系，形成普遍性的原则，在族属对人们的影响深刻的时代，君与臣民各有不同的信仰或精神归宿，方才产生宗法上"为父绝君，不为君绝父"（《郭店简·六德》）的说法。而从道德上看，"教化"只是修身而已。"自天子以至庶人一是皆以修身为本。"（《礼记·大学》）"孔子的教训总是指点人回头看自己，在自家身上用力；唤起人的自省（理性）与自求（意志）。"④ 因之，教化原则上也只是号召人们诉诸自己的理性而已。"教化则为必要；此所谓教化并不含有一个信仰，只是教人向里用力。"⑤ 当然，梁氏的思想明显有近代色彩。实际的状况则是思想观念在不同境域各自发挥不同的教化作用，政治、法律也不例外。"民有质朴，不教不成。"《孝经·三才》云："先王见教之可以化民也，是故先之以博爱，而民莫遗其亲。陈之以德义，而民兴行。先之以敬让，而民不争。导之以礼乐，而民和睦。示之以好恶，而民知禁。是以其教不肃而成，其政不严而治。"

教化的必要性在于它是针对人的性情及限制而设。《礼记·中庸》承认匹夫匹妇也有所知、有所能，虽圣人也有所不知、有所不能。人总难免有其所未睹，所未闻者。对于特定处境中的人而言，如何能超越于其处境的特殊性、偶然性，克服限制性，从而"无入而不自得"，修道之教是必要的。再者，不同地区的人们，生来声音相同，长大后却有不同的习惯，所谓"性相近也，习相远也""民有质朴，不教不成"。在一定区域形成共同体，需要共同体的某些可通约性。换

① 朱汉民．儒学的多位视域［M］．北京：东方出版社，2015：167.
② ［德］黑格尔．精神现象学（上）［M］．贺麟，王玖兴，译．北京：商务印书馆，1997：18.
③ ［德］伽达默尔．诠释学Ⅰ：真理与方法——哲学诠释学的基本特征（修订译本）（上）［M］．洪汉鼎，译．北京：商务印书馆，2016：23.
④ 梁漱溟．梁漱溟全集（第一卷）［M］．济南：山东人民出版社，1989：79.
⑤ 梁漱溟．梁漱溟全集（第一卷）［M］．济南：山东人民出版社，1989：93.

言之，人的行为并不是如动物那样凭借本能，而是理智，理智不是先天完备而需后天教化的。"一个人固非徒身体发育成熟，即可为其社会一成员而生活也。"① 其生活能力、生活方法，需要教化培育才能获得，就是因其理智是成长的。依黑格尔的看法，"特殊的个体是不完全的精神""各个个体，如就内容而言，也都必须走过普遍精神所走过的那些发展阶段"②，这一点被伽达默尔进一步总结为："教化作为向普遍性的提升，乃是人类的一项使命。"③ 而在儒家语境中，一方面，对统治者而言，"君子莅民，不可以不知民之性，达诸民之情，既知其以生有习，然后民特从命也"（《大戴礼记·子张问入官》）；另一方面，对全民而言，"殆教亡身，祸灾乃作"（《大戴礼记·劝学》）。社会生活共同的心理基础缺失，导致是非判断的标准相对化、虚无化。

二、儒家教化的特征与前提

儒家教化的首要原则是尊"道"。什么是道呢？《大戴礼记·主言》谓："道者所以明德也，德者所以尊道也。"道是可以彰明德性的，德乃尊道而行。《礼记·中庸》谓："天命之谓性，率性之谓道，修道之谓教。"通俗地看，道是人际间的可通约性，是人们所共同认可的可通达自身目标的路。案《易经·系辞》"形而上者谓之道"，但它不是没有现实的显现的。《大戴礼记·保傅》记载："《礼记·明堂位》曰：'笃仁而好学，多闻而道慎，天子疑则问，应而不穷者，谓之道。'"因而，所谓道，亦即可导天子之道。"不以道御之，虽服必强矣。"（《大戴礼记·子张问入官》）因道的开放性，使德具有包容性。君子修道与养德，才能"知民之性，达诸民之情"。可以道才可能有德，不可以道是为无德。"以教道民必躬亲之"（《礼记·月令》），而非言语功夫。教对"德"有依赖性：所谓"德成而教尊"。"君子曰德，德成而教尊，教尊而官正，官正而国治，君子之谓也。"（《礼记·文王世子》）"德盛而教尊，五谷时熟。然后赏之以乐。"无德自然不可能成教。德与仁的不同在于，仁乃根源于伦理亲情，所谓"门内之治仁掩义"，而德则超越了亲情伦理的限制。"皇天无亲，惟德是辅。"（《尚书·蔡仲之命》）"德"是一个特别的概念，是有特定内涵的，不同于今日所谓道德。不同时代有不同的道德。"礼乐皆得，谓之有德，德者，

---

① 梁漱溟. 梁漱溟全集（第三卷）[M]. 济南：山东人民出版社，1990：567.

② [德] 黑格尔. 精神现象学（上卷）[M]. 贺麟，王玖兴，译. 北京：商务印书馆，1997：18.

③ [德] 伽达默尔. 诠释学 I：真理与方法——哲学诠释学的基本特征（修订译本）（上）[M]. 洪汉鼎，译. 北京：商务印书馆，2016：23.

得也。"（《礼记·乐记》）"德，外得于人，内得于己。"① 德是指统治者能得人心而言的。只有真实地以身作则，才能有教化的可能。"身比焉，顺也；明于后世，教也。"（《礼记·祭统》）故可谓："教是成德之教，学是成德之学。"②

《说苑·政理》孔子谓宓子贱曰：

> "子治单父而众说，语丘所以为之者。"曰："不齐父其父，子其子，恤诸孤而哀丧纪。"孔子曰："善，小节也，小民附矣，犹未足也。"曰："不齐也所父事者三人，所兄事者五人，所友者十一人。"孔子曰："父事三人，可以教孝矣；兄事五人，可以教弟矣；友十一人，可以教学矣。中节也，中民附矣，犹未足也。"曰："此地民有贤于不齐者五人，不齐事之，皆教不齐所以治之术。"孔子曰："欲其大者，乃于此在矣。昔者，尧、舜清微其身，以听观天下，务来贤人。夫举贤者，百福之宗也，而神明之主也。不齐之所治者小也，不齐所治者大，其与尧、舜继矣。"

大意是：孔子问宓子贱（自称"不齐"）讲单父治理得很好的原因，回答依次为几个层次，首先是将他人父子当作自己父子一样对待，体恤孤寡而哀痛丧事，但孔子认为虽不错，却只是小善。接着又说其所父事者三人，兄事者五人，结交好朋友十一人，孔子评价说如此可以分别教育人们孝弟与相互学习上进，不过还只是中等的善，可让中等人亲附，却还是不够。接着又说他向此地比他还贤明的五个人学习，这五人都不隐其才，"皆教不齐所以治之术"。孔子说：这才是关键，并认为尧舜之治天下也就是能放下架子，尊重贤能。可见，所谓教化，并非君子单方面教化民众，而是能任能尊贤，践行"三人行，必有吾师"之训！这也是所谓教化能够施行的原因。

"德"不同于现代一般所谓道德，在于其乃"集义"而成。后者只是不同社会和时代条件下的人际规范，社会和时代不同，其具体内容就可能有所不同。如商业社会的道德和农业社会定有不同。而德是政治统治者或在上位者所重视甚至他们才可能拥有的美德。"夫水者，君子比德焉。偏与之而无私，似德。"（《大戴礼记·劝学》）这里，君子之德有三个特征：偏，与之，无私。偏者，遍也。对"孝悌为仁"之本的误读，是认为孝悌是形而上的宇宙本体，其实，

---

① （清）段玉裁．说文解字注［M］．上海：上海古籍出版社，1984：632．

② 唐文明．近忧：文化政治与中国的未来［M］．上海：华东师范大学出版社，2010：156．

孝悌只是伦理实践的本始或根本。可作为旁证的《郭店简·五行》曰："善人道也，德天道也。"《郭店简·五行》突出人和天之间的界线和区别，显然是说，天道是必然地真实地不以任何个人的意志和愿望而发生改变使人获得发展，人道之善则纯出于善良的意志。前者强调过程和结果的统一，后者突出主体的意志，尽管这种意志也可能与义、礼、知都能达到统一，但仍与德的处境与解决的问题有所不同。后世将德解释为孝悌有失准确，这种解释受到了汉代孝治的影响，将政治美德转换为家族乃至后世所谓的私德。事实上，德这一规范很大程度上是统治者或君子的道德要求。《礼记·乐记》云："乐者乐也。君子乐得其道，小人乐得其欲。"得道乃可谓有德，失道当为无德。但即便君子，也需要修为积德才能保持乐道的品格。"以道制欲，则乐而不乱；以欲忘道，则惑而不乐。"以道来安排欲望，就可以乐得其所；欲望不能得到合理安排，就会失道迷惑而不乐。"是故君子反情以和其志，广乐以成其教，乐行，而民乡方，可以观德矣。德者性之端也；乐者，德之华也。"只有回归人性之事实本身调和自己的志意，使乐教也能真实地得到贯彻，教化才会发生作用，民才知道人生的大方向，由此可以看到德教的效果。德乃人性根本，乐为德的表现。金石丝竹，不过是传达乐的器具。只有"和顺积中"，才能"英华发外"，和与顺就是"德"的表征。

《礼记·乐记》又曰"乐彰德""乐终而德尊""善则行象德矣"，其又云："故天子之为乐也，以赏诸侯之有德者也。德盛而教尊，五谷时孰，然后赏之以乐。"善的行为中体现德，而乐也是德的表现。"故观其舞，知其德；闻其谥，知其行也。"德与作为全德的仁之区别，在于它真实地使人在精神各个方面获得发展，全德之仁仍然只是人的主体性，是人道。德的关键在得人，得人当然是得人心，得尊重人以及他们的生活方式为基本条件，乐，成为表现德的最佳方式。

有德才谈得上教化，德为教化的前提。《大戴礼记·主言》中讲到"内修七教，外行三至"，所谓"七教"内容是"上敬老则下益孝，上顺齿则下益悌，上乐施则下益谅，上亲贤则下择友，上好德则下不隐，上恶贪则下耻争，上强果则下廉耻，民皆有别，则贞、则正，亦不劳矣，此谓七教。七教者，治民之本也，教定是正矣"。此所谓"教"，王聘珍云"教谓教化"①。在儒者看来，此七教如能修成，四海之内皆无刑民。郑玄解释"修道之谓教"曰："修，治也。

---

① （清）王聘珍．大戴礼记解诂［M］．北京：中华书局，1983：2.

治而广之，人仿效之之谓教。"①《礼记·经解》和《大戴礼记·礼察》均论及"教化"，前者云"礼之教化也微"，后者云"今子或言礼义之不如法令，教化之不如刑罚"，等等。就两戴《礼记》所述之"教"而言，包含着教育与教化两个方面，二者虽有区别，但也不是没有联系的。

首先，两戴《礼记》所云的儒家的教化不是孤立的拘泥于具体内容的一般教育，而是基于对周遭环境的改变而有的人格教育。在儒者看来，人难免受到环境影响，如"蓬生麻中，不扶自直；白沙在泥，与之俱黑"（《大戴礼记·曾子制言》，《荀子·劝学》亦有此语）。教化是在潜移默化中完成的，《大戴礼记·保傅》还很重视早期教育和胎教。君子应选择良好的环境，与正人交往。"与君子游，芷乎如入兰芷之室，久而不闻，则与之化矣；与小人游，贷乎如入鲍鱼之次，久而不闻，则与之化矣；是故，君子慎其所去就。"（《大戴礼记·曾子疾病》）择良木而栖是君子的本色。"国有道，则突若入焉；国无道，则突若出焉，如此之谓义。"（《大戴礼记·曾子制言》）所谓义，也是视客观情势而定。当然，人文环境主要是制度和人们的言行所造就的，就个人言，当慎其言行，身为言行的主体，故应修身；就社会而言，《礼记·经解》云："故礼之教化也微，其止邪也于未形，使人日徙善远罪而不自知也，是以先王隆之也。易曰：'君子慎始。差若毫厘，缪以千里。此之谓也。'"可见，教化不是知识技能教育，而是发展人的人格潜力，塑造君子人格的教育。可以说，儒家认为人文社会环境对人格发展有巨大作用，教育者需充分认识这一点才能更有效完成教育。教化对社会大环境及风俗的形成有不可取代的作用，是人们根据不同环境做出从宜从俗的根本。

教化因此会形成一定社会风气，"教训正俗非礼不备"（《礼记·曲礼上》），"教顺成俗"（《礼记·昏义》）"修其教不易其俗"（《礼记·王制》）。所谓俗，即风俗，习俗。如果说礼乃人类社会由野蛮进于文明的轨道，是人类行为规范的形式化、仪式化的结果，那么，俗则是一定人群共同体因自然禀赋、喜好以及价值观念所决定的行为方式。礼与俗的边界有时很模糊。柳诒徵认为，"礼俗之界，至难划分"②。《礼记》一再强调，"君子行礼不求变俗"（《礼记·曲礼下》），"修其教不易其俗"（《礼记·王制》），"一道德以同俗"，还说："君子如欲化民成俗其必由学乎。"（《礼记·学记》）所谓入乡随俗，就是对人们的生活方式的尊重。《郭店简·尊德义》也云："教非改道也，教之也；学非

---

① （清）阮元. 十三经注疏（下）[M]. 杭州：浙江古籍出版社，1998：1625.
② 柳诒徵. 说文化 [M]. 上海：上海古籍出版社，1999：261.

改伦也，学己也。"从这些论述中我们就可以看到，所谓"俗"既是被尊重的风俗，也是礼得以实现的客观条件。对于风俗，儒家与道家的不同，在于它采取了引导的积极态度。《大戴礼记·保傅》云"习与智长，故切而不攘；化与心成，故中道若性"，王聘珍谓"化，犹教也。""与心成者，谓知其心能救其失也。"卢辨云："观心施化，故变善如性也。"① 所谓习，乃习惯。此篇引孔子曰："少成若天性，习贯之为常。"教化的重心在于君子有仁德。"子曰：'不仁国不化'。"（《大戴礼记·千乘》）所谓化，即"教成于上而易俗于下"②。

其次，与一般宗教所主张的教化往往有政教分离的特点相比，儒家的教化还有赖于对社会现实起决定作用的政治的正当清明。在两戴《礼记》作者看来，教化之所以能实现其功能的理由并非在教本身，而是"政"。《大戴礼记·千乘》曰："夫政以教百姓。"《礼记·缁衣》记载："政之不行也，教之不成也。爵禄不足劝也，刑罚不足耻也。故上不可以亵刑而轻爵。《康诰》曰：'敬明乃罚。'《甫刑》曰：'播刑之不迪'。"教化与教育能正常发挥效力，取决于是否有正常的社会秩序特别是政治是否上轨道。"政不正，则不可教也；不习，则民不可使也。"（《大戴礼记·子张问入官》）《大戴礼记·虞戴德》云："天下之有道也，有天子存；国之有道也，君得其正；家之不乱也，有仁父存。是故圣人之教于民也，以其近而见者，稽其远而明者。"《礼记·缁衣》又记："下之事上也，不从其所令，从其所行。上好是物，下必有甚者矣。故上之所好恶，不可不慎也，是民之表也。"从这些记载可知，两戴《礼记》中儒家认为政治不可能与教化分割，在政教合一的实际体制结构中，若政治昏暗腐败，所谓教化就只能成为虚伪空洞的说教。孟德斯鸠曾认为儒家把宗教、法律、风俗、礼仪糅在一起。"所有这些东西都是品德。这四者的箴规，就是所谓礼教。"③ 而礼教构成了国家的一般精神。人们要想成为上层人物，就得读书，书中必然有礼教内容，文人以其从事教育，官员以其宣教。"生活上一切细微的行动都包罗在这些礼教之内"，国家的治理自然不在话下。在这一语境中，政不仅是单纯政治本身，不是一般国家治理，而是实现教化的又一前提。孟德斯鸠的说法是成立的。笔者曾提出传统的政教关系是"以教化政"④，是以政治作为推行教化的措

① （清）王聘珍. 大戴礼记解诂［M］. 北京：中华书局，1983：53.
② （清）王聘珍. 大戴礼记解诂［M］. 北京：中华书局，1983：154.
③ ［法］孟德斯鸠. 论法的精神（上册）［M］. 张雁深，译. 北京：商务印书馆，2005：372.
④ 龚建平. 儒家"以教化政"与当代政治伦理转换——从《礼记·大学》的政治哲学说起［J］. 西安交通大学学报（社会科学版），2014，34（2）：74-80.

施，同时又以教化解政治中的非理性色彩。政治没有轨道，政治仕途充满危机和风险，就不可能使从政者有德，不能得人心，当然不可能教化民众。试想，一个你争我夺的名利场，尔虞我诈，钩心斗角，如何能做民之表率感化人心？

第三，教的本意在基于人格教育之上的道德教化，除了需要得人心之外，还要有超经验的信仰理由。《礼记·祭统》在论及"铭"的作用时说得好：

> 铭者，论譔其先祖之有德善，功烈、勋劳、庆赏、声名，列于天下，而酌之祭器，自成其名焉，以祀其先祖者也。显扬先祖，所以崇孝也。身比焉，顺也；明示后世，教也。

没有人无其美，也没有人无其恶，但对于教化而言，重在扬善而隐恶。"铭"之铸在称美而不称恶。"教者，民之寒暑也。教不时则伤世。事者，民之风雨也，事不节则无功。"（《礼记·乐记》）教化与自然的四季与风雨变化一样，不失时机地到来，才能成物节事。社会中的名物乃至自然的天地都被看成是教化的方式。《礼记·孔子闲居》记载："天有四时，春秋冬夏，风雨霜露，无非教也；地载神气，风霆流形，庶物露生，无非教也。"天地的秩序就是教化所遵循的原则。《大戴礼记·虞戴德》则记子曰："政之教大夫，官之教士，技之教庶人。"《礼记·经解》亦谓六经有不同的教育目的：

> 温柔敦厚，《诗》教也；疏通知远，《书》教也；广博易良，《乐》教也；絜静精微，《易》教也；恭俭庄敬，《礼》教也；属辞比事，《春秋》教也。

教化的功能在于"开于道术，知义理之指。"（《大戴礼记·保傅》）教化要真能发生作用，必据现实人生的种种特点而落实下来。《礼记·乐记》云：

> 先王本之情性，稽之度数，制之礼义，合生气之和，道五常之行，使之阳而不散，阴而不密，刚气不怒，柔气不慑，四畅交于中，而发作于外，皆安其位，而不相夺也。

礼乐制度的制作是"缘人情"而作，自然有针对性，能发挥切实的作用。《大戴礼记·曾子立事》记："故目者，心之浮也；言者，行之指也；作于中，则播于外也。故曰：以其见者占其隐者。故曰：听其言也，可以知其所好矣。观说之流，可以知其术也；久而复之，可以知其信矣；观其所爱亲，可以知其人矣。"言行，都是人们生命本质的显示，故不可不谨慎。所谓行不等于随便的行为，而是成德之行，"行礼之谓也"（《大戴礼记·曾子制言上》）。言有招祸，行有招辱，故君子言必有主，行必有常道。人生虽复杂，但大体可遵循一定的原则去评判。如所谓"其少不讽诵，其壮不议论，其老不教诲，也可谓无业之人"（《大戴礼记·曾子立事》）。又云："少称不弟焉，耻也；壮称无德焉，辱也；老称无礼焉，罪也。"这样一些颇具人生经验的格言，应是儒者实践道德的总结，其没有堕入个人观察的狭隘性，很是不易，但是作为评判人格的原则和标准似又很难具有普遍性。大体，后世官方以察举、科举制度的方式对人才进行客观的广泛的评价，可视为是这种儒家对人格评价发展的结果。

可见，儒家伦理教化实即通过自然存在的伦理，通过周孔等圣人发掘与创造，建立了外在的礼仪制度和内心的自觉与自主，从而确立其教化系统。有人称其为伦理，也有人称为儒教，其实是同一个东西。儒家伦理所据以为实现其教化的既有制度化的成分，也有习俗与传统的内容，当然，作为道德通常是需要深刻的理性自觉乃至人生上的艰苦卓绝的努力，才能有真正意义的实现。

总之，儒家的教化不是一般的教育，它以道为用，以德为本，目的在于使人尊道明德。道与德是相互依存的，"非德不尊，非道不明。虽有国焉，不教不服，不可以取千里"（《大戴礼记·主言》）。教与政是不可以分离的，教以道德为基，又以政为表。若无道而无以教，其术必失其所，也就不可能有所谓治。黄道周曰："是故善化天下者止于尽道而已，善教天下者止于尽德而已，善劝天下者止于尽功而已，善率天下者止于尽力而已，以道德功力为化者，乃谓之皇矣，以道德功力为教者，乃谓之帝矣，以道德功力为劝者乃谓之王矣，以道德功力为率者乃谓之霸矣。"（《表记集传》卷二）又云："以言知人，以人课功，非术也，道也。……鲧自谓治水不能治水，共工自谓治土不能治土，故罪其臣，臣不敢辞，君杀其子，子不敢怨，无是道也，则无以化，亦无以教，亦无以劝以率也。"[①] 儒家的教化是有条件的。

第二节　学与教

"学"在儒家哲学中是一个重要的范畴。《论语》首篇第一个字就是"学"。

---

① （明）黄道周. 表记集传·卷二（景印文渊阁《四库全书》第122册）[M]. 台北：台湾商务印书馆股份有限公司，1986：881.

小戴《礼记》有《礼记·学记》,《大戴礼记》和《荀子》均有《劝学》①。《礼记·中庸》亦有所谓"博学之""好学近乎知",《大戴礼记·卫将军文子》则云"好学则智",可见,"学"对于"知"是十分重要的。不仅如此,既然"教"是要使人们"心服"而非力服,那么,"教"也就是与认知以及"学"存在必然的联系。通过对"学"的了解无疑就有助于理解教化的深层含义。

一、"学"的含义

对"学"的理解,因字义的变迁,按"今人以求知识为学"②,则儒典中不少论及"学"的句子难解。所谓"生而知之者上也,学而知之者次也""学而时习之,不亦说乎"都难以解释得通。上述理解都是将"知之""习之"之"之",理解为知识。朱子云:"夫学也者,以字义言之,则己之未知未能而效夫知之能之之谓也。以事理言之,则凡未至而求至者,皆谓之学。"(《朱子文集·答张敬夫》)朱子所云显然暗涵"古人以修身实践为学"之义。《郭店简·尊德义》云"教,非改道也,教之也";"学,非改伦也,学己也"。李零解释说:"'教'不是为了改变既有的'道',而是用既有的'道'来教人向善;'学'也不是为了改变'伦',而是从自己的人性中来发掘它。"③ 从上下文看,所谓"发掘它"是指发掘人性中的善。这一解释似能通,但却只限于句子解释,没有突出"道""伦"对于"教""学"的重要性。"学己",即指向自己的"学",即自我觉悟,亦即楚简《成之闻之》"求之于己为恒"。这是通过孔子及其后的孟子一直强调的"反躬""反己""反求诸己""内省"等活动完成的。如夫子谓子贡曰:"赐也,汝以予为多学而识之者欤?非也,予一以贯之。"(《论语·卫灵公》)以此而论,所谓"反己"之"学"是与孔子"毋意、毋必、毋固、毋我"思路相通的。从"毋意"的不主观臆断,到"毋必"即一切均有其变数,或然性,再到"毋固"即不过分固执,最终"毋我"即不能自我中心,是一个从主观性达到客观真实性的过程,也就是上升到"诚"的过程。"当一个人,经由修身,成为至诚,他就是一个最真实的人,同时也就参与了宇宙转化的功能。"④ 可见,"学己"之"学"虽不能说没有一般所谓学习之意,但最后

---

① 大戴《礼记》和《荀子》之《劝学》在内容上有交叉,大戴《礼记》之《劝学》自"孔子曰:'野哉!君子不可以不学'"以下274字为《荀子》所无,而《荀子》《劝学》自"学恶乎始,恶乎终"以下815字为大戴《劝学》无。
② 程树德. 论语集释(上)[M]. 北京:中华书局,2013:5.
③ 李零. 郭店楚简校读记(增订本)[M]. 北京:中国人民大学出版社,2009:187.
④ 杜维明. 杜维明文集(第四卷)[M]. 武汉:武汉出版社,2002:99.

归宿是"毋我"，即消解自我中心回归真实自我，那么，"学己"的意思就不止于学习知识，甚至于不止于"发掘人性之善"，而且同时是自我回归，超越自我的结构性限制的过程。这只有将其理解为"觉悟"才能得到合理理解。如果解"学"仅为"学习知识"或"发掘善性"，那么，我们不仅不能了解《论语》第一个字对于儒家乃至中国哲学和中国文化的重要意义，而且从诸如"生而知之者上也"的说法，就会得出结论，认为孔子也讲"天生有知识的是上等人"这样违背常理的话。再说，经验知识的积累不可能达到普遍必然性。同时，若"学"仅是"从自己的人性中来发掘善"，也只能停留于人道阶段，不能上升到作为天道之"德"的可能性。因此，"学"有学知和"觉悟"的双重含义，"学己"内在地包含着具有反思特点的"毋我"。《礼记·学记》明确曰"学然后知不足……知不足然后能自反也"，这就将学知和自反二者的相关性联系起来了。许慎《说文》云："斅，觉悟也。"斅乃学之篆文。《礼记·学记》曰："斅，学半。"孙希旦谓："言学人乃益己之学半。"①《尚书·商书·兑命》"教学半"，孔颖达的解释是"言教人乃是益己学之半也"，此乃教与学字义同源之证。《白虎通·辟雍》亦可证："学之为言，觉也，以觉悟所未知也。"可见，"学"，应是成德之学和求知之学的统一，而非仅指求知的学问。因而，说孔子已明确了自我觉悟和向外求知的区别是不为过的。孟子此后称其为良知良能。王阳明说读书学习是"学做圣人"。

以此来看所谓"生而知之，学而知之"之"之"，主要也就并不是指知识，而是"道"。《礼记·学记》云："人不学，不知道。"又云："虽有至道，弗学，不知其善也。"道是普遍存在且"不可须臾离"的，但不知求道，便不可能知其价值之所在。正因所知为"道"，才能由一般的求知而上升为自我认识和自我完善。道显现为人事，即为修身之道，所谓"古之学者为己"便是此义。这样看，所谓"生而知之""学而知之""困而知之""困而不知"的意思都是很明确的。并非所有人天性中就知道反躬修身的意义，是因不知道德的意义。以此而言，孟子"尧舜性之也"，《礼记·中庸》"率性之谓道，修道之谓教"也就符合逻辑，孔子"性相近"表明人性根本上离道不远。

可见，"学"并非只是知识的积累。它首先是对宇宙人生的深度理解。孟子曰："君子深造之以道，欲其自得之也。"（《孟子·离娄下》）赵岐注："造，致也。言君子学问之法，欲深致极竟之，以知道意。"朱子集注："深造之者，

---

① （清）孙希旦. 礼记集解（中）[M]. 北京：中华书局，1989：957.

进而不已之意。"① 其次，学的重点是行或实践。荀子曰："不闻不若闻之，闻之不若见之，见之不若知之，知之不若行之；学至于行之而止矣。"（《荀子·儒效》）荀子还云："君子之学也，入乎耳，箸乎心，布乎四体，形乎动静。端而言，蝡而动，一可以为法则。小人之学也，入乎耳，出乎口。口耳之间，则四寸耳。曷足以美七尺之躯哉？"（《荀子·劝学》）在《大戴礼记·曾子立事》中，曾子曰："君子攻其恶，求其过，强其所不能，去私欲，从事于义，可谓学矣。"故"君子爱日以学，及时以行，难者弗辟，易者弗从，唯义所在，日旦就业，习而自省思，以殁其身，亦可谓守业矣。"其所谓"学"，就是"攻恶""求过""去私欲"等"强所不能"的行为，行为的中心点在"义"，表现为伴随着"自省思"活动的"守业"。"自省思"当然是指自我反省或反思，是"自知"的重要内容。曾子又说："君子既学之，患其不博也；既博之，患其不习也；既习之，患其无知也；既知之，患其不能行也；既能行之，贵其能让也，君子之学，致此五者而已矣。""学"在这里包括"学""习""知""行""让"五者，甚至于说"君子之学，致此五者而已矣。"

《礼记·学记》中"教"出现 17 次。此处所谓"教"，是相对"学"而言的"教"，虽与相对"政"而言的"教"有一定联系，但是，还是有所区别的。"政之不行也，教之不成也，刑罚不可以劝，爵禄不可以威"（《礼记·缁衣》），这就是从"政"与"教"的关系来看"教"的。从与"政"相对的意义上看"教"即是教化。与"学"相关的教便主要是教育。

二、两戴《礼记》中的"学"与"教"

"学"乃《礼记·学记》与《大戴礼记·劝学》的主体观念。《礼记·学记》全篇不过 1229 字，仅"学"字出现有 41 次之多，其内容主要还是从求知角度立论的。比较而言，《大戴礼记·劝学》中"学"仅出现 7 次。其中，为《荀子·劝学》所无的部分文字似后串入，与本篇主旨关系不大。《礼记·学记》主要论述"学"的意义、方法、原则，以及"教"与"学"的关系等。而《大戴礼记·劝学》重在"劝"，讲"学"的重要性。

"学"虽包括求知和由求知所导致的自反而觉悟的含义，"学"也是从求知开始的；但"学"的根本目标却不是一般的求知，而在"化民"，即感化人民。《礼记·中庸》曰"化民"，《礼记·学记》开宗明义云："发宪虑，求善良，足

---

① （宋）朱熹. 四书章句集注 [M]. 北京：中华书局，2012：297.

以謏闻，不足以动众。就贤体远，足以动众，未足以化民。君子如欲化民成俗，其必由学乎！"这里，明确认为"化民成俗"的基本条件是兴"学"，所谓"发宪虑，求善良"不足以打动民众，"就贤体远，足以动众"，却不足以化民的思想中，承诺了人民所以"动"与"不动"的原因，在于统治者有无真实的求善尊德之心。但是，即使有此心，若不能"学"，则感化人民也是不可能的。显然，它认为只有通过知识的求取和反己的自我省察之"学"，才可能真正做到化民成俗。"学"虽并没有明确主体，但我们有理由相信它是指君子首先"学"，然后才能带动民众。

"学"不仅是所有人必要的，如《礼记·大学》谓"自天子以至庶人一是皆以修身为本"，也如子游转孔子语"君子学道则爱人，小人学道则易使也"（《论语·阳货》），而且贯彻一生。《礼记·学记》云：

> 一年视离经辨志，三年视敬业乐群，五年视博习亲师，七年视论学取友，谓之小成；九年知类通达，强立而不反，谓之大成。夫然后足以化民易俗，进者说服，而远者怀之，此大学之道也。

就"学"的场所而言，有家族中有塾，党（五百家为一党）中有庠，遂（一万二千五百家为一遂）中有序，国中有学校。每年都有入学的学生，隔一年就要对学习的结果进行考核。"学"的长远目标是"化民易俗"，从而使"学"本身成为习惯，其切近的目标则是能认识到学问的深浅难易，了解学生的资质美恶，然后有针对性地使他们获得广博的知识。有广博知识才可能获得导师资格，有了导师资格才能成为官长，成为官长才能成为君主。"故师也者，所以学为君也。"

"学"既然并非仅指一般意义的知识学习，同时也是"学道"，那么，"学"其实也就是通过日常经验的积累与文化知识的学习而达到对人生根本和道德的理解与实践为目的。如果单纯从求知的角度看，"学"是必经的阶段，而"学"是需要通过讲的方式得到深入与提高的。《礼记·礼运》曰"为义而不讲之以学，犹种而弗耨也。讲之于学而不合之以仁，犹耨而弗获也"，大意是追求道义而不讲学，就像播种了却不去耨田一样；虽讲学而不符合仁，就像耨田后却没收获一样。这里不仅断定仁义道德可以通过而且有必要通过"讲学"来达成，而讲学若失去了仁就等于没有了目标。显然其所谓讲学是以人格培养为主要目的。《礼记·中庸》明确地讲"好学近乎知"。

从"学"的内容看，主要是"学之为父子焉，学之为君臣焉，学之为长幼焉"(《礼记·文王世子》)等伦理。因其不同的伦理关系必然内在地包含知识的学习和品格的养成。知识上是追求"博喻",君子之学是很广博的,《礼记·中庸》云"博学之"。当然,知识深浅不同,努力程度相同,就须讲求方法。《礼记·学记》云:"君子之于学也,藏焉,修焉,息焉,游焉。"这是强调知识需要积累、练习、体味和涵泳。对于人生精神境界的体悟与提升,的确有一个涵泳的过程。《礼记·中庸》在"博学之"的基础上强调"审问之,慎思之,明辨之,笃行之"。此所谓学、问、思、辨、行,与《大戴礼记·曾子立事》中的一段文字在思想脉络上是一致的。其云:

> 君子爱日以学,及时以行……夕而自省思……君子学必由其业,问必以其序……君子既学之,患其不博也;既博之,患其不习也;既习之,患其无知也;既知之,患其不能行也。

其中,也论及学、问、思、行、习,但《礼记·中庸》比《大戴礼记·曾子立事》更概括和精炼,不仅增补"明辨之",且在思维逻辑上更严谨。即使不能断定《礼记·中庸》所言一定是从《大戴礼记·曾子立事》概括补充而来,但二者思想应是同源的。再如《大戴礼记·曾子制言上》云:"不能则学,疑则问……耻不知而又不问,欲作则其知不足,是以惑闇",也是强调学与问的内在联系。《礼记·中庸》也认为博学基础上需要对有疑惑的观念和知识进一步追问考察,谨慎地思考不同思想和观念之间的内在关联,然后明辨是非善恶,最后切实地践行。比较而言,《礼记·学记》突出学习和实践过程中需要一定的闲暇时间来体味和涵泳,而《礼记·中庸》则强调审辨式思维对知识进行理性的省察。审辨式思维虽与批判式思维(Critical thinking)有所区别,但其认为应谨慎处理心中的知识和观念,则是可以肯定的。

由上面的叙述我们可以看到,作为起步的所谓"学"确实以已有的人类知识或文化经验为主,是对间接知识的接受。这些知识主要是道德文化与人事经验,"学"就可能面临一些特殊的困难。

《礼记·学记》认为"学"有四大陷阱,"或失则多,或失则寡,或失则易,或失则止"。学习上贪多过杂,消化不了,等于无学;知识与人生经验积累过少,对人事的理解自然难以达到必要的深度;把学习看得太容易,以为就是记诵抄抄写写的事情,显然难以上进;浅尝辄止,不求上进,不可能有深刻的认识。从字面上,似仍不能准确理解这些思想。

这无疑需要对儒家所谓"学"的内容有一定的认识。可以说,学习的内容不是那些对于自然界的具有普遍性的客观知识，而是文化经验、道德知识与行动的实践经验等关于人或人文的知识。当然，文化经验、道德知识中也难免有来自自然的物理、历史和心理性概念，但是，仅仅能确定历史事件的年代、名物的名称等，显然对于人文道德知识而言，只是一点皮毛。因为，"这些文献或遗迹必须被了解为某一特定的心智上的基本态度的一些表达"①，更为重要的是，儒家伦理是一种对复杂社会现实进行干预的价值观。对于人文科学而言，它是要"教导吾人去诠释符号，以求使吾人能够把隐藏于其中的内容揭示……把这些符号所由出的生命再度展现于吾人前面"②。注重实践的儒家伦理指向人的生活自身，重在基于实然而奔赴当然，从已然认识将然，其所谓知乃人文知识、道德知识，它因人的情感的多变性、反复性，在不同人生阶段认识的差别，导致在行为的要求上与追求客观真理的自然科学大为不同。在道德领域，人的认识不仅需要破除一般认识的障碍，还要面对情感、欲望等的干扰，这必涉及知与行之间的关系。

《礼记·学记》还云"善学者，师逸而功倍"；"不善学者，师勤而功半"。这是从效果上讲的。但就"问"而言却不同，善问者如同砍树，先易后难，时间久了树根和树干自然脱落；善答问者则如被撞的钟，小撞小鸣，大撞大鸣，然后才能缓缓尽其余音。不善问或不善答问者刚好相反。

《大戴礼记·劝学》主要是强调"学"的重要性与"学"的方法。其首先强调"学不可以已"，无论就求知还是就修德而言，均不难理解。学无止境。而《大戴礼记·劝学》提供的理由则是"青取之于蓝，而青于蓝；冰水为之，而寒于水"。"学"不能停下的原因在于后辈定会超过前辈。不同认识角度往往限制人们的认识，但如果不拘泥于这些限制，则会发现新知。"不登高山，不知天之高也；不临深谷，不知地之厚也；不闻先王之遗道，不知学问之大也。"学问的长进需要向上攀登，需要有某些依凭。学问虽可以选择不同策略来提升，但最高目标是先王之遗道，而非那些可能载道之物或名位。接下来，它以人类文明的发展必定是有所借鉴才能增强自身能力来阐述这个问题。其引孔子曰："吾尝终日思矣，不如须臾之所学；吾尝跂而望之，不如升高而博见也。"整天空想不如片刻的学习，思是建立在学的基础上的。自以为有什么创见其实可能是因为无知。所处的位置高低不同，其动作声音的影响力决然不同。并未改变其足，

---

① [德]卡西尔. 人文科学的逻辑 [M]. 关子尹，译. 上海：上海译文出版社，2004：93.

② [德]卡西尔. 人文科学的逻辑 [M]. 关子尹，译. 上海：上海译文出版社，2004：138.

借助车马却可行走千里；并不一定会游泳，借助舟楫而能跨越江海。《大戴礼记·劝学》中有一个观点："君子生非异也，善假于物也。"人性相近，君子以其善学聪明而能借鉴他物，从而扩展自己的能力。这是儒家少有发挥的一个观点，是对儒家"利用厚生"与荀子重知思想的发挥。这些看法具有科学思想因素，可惜在日后哲学上没有得到进一步发展，在伦理思想上有所借用的是"马非马不走，人非人不济"的思想。这种思想一般而论是中性的，一方面它强调人们之间的配合，另一方面则可能产生权谋。

在方法问题上，《大戴礼记·劝学》同样重视知识积累。只有积土才能成山，积水才能成川，积善才能成德。这里，明显荀学思想气息浓厚，注重循序渐进。故主张"学"应"锲而不舍""用心专一"。没有发愿立志，就不可能有昭昭之明；没有持久用力于事业，便不可能收获赫赫之功。"行歧途者不至，事两君者不容。"

比较《礼记·学记》，《大戴礼记·劝学》篇明显有偏重知识学习的倾向。前者主要是站在儒者道德人格的培养角度讲"学"的，因此，必定更重视人格成长的阶段性，以及人格教化必定依赖于受教者是否"信"的问题。因此，《礼记·学记》不仅主张年幼者"听而不问""学不躐等"，认为"时过然后学则勤苦而难成"，并主张在学生面前，应"师道尊严"。还云："不学操缦，不能安弦；不学博依，不能安诗；不学杂服，不能安礼。不兴其艺，不能乐学。故君子之于学也，藏焉修焉，息焉游焉。夫然，故安其学而亲其师，乐其友而信其道，是以虽离师辅而不反也。《尚书·兑命》曰：'敬孙务时敏，厥修乃来。'其此之谓乎！"学应在具体的生活实践中完成，如学乐就需要熟悉操作弹拨技能、学诗就要懂得广泛的各类比喻、学礼就需要了解各种礼服的形制与用途、要有对学习课程的兴趣就需要喜欢各类技艺等等。认为学者应将所学与日常生活融为一体，而非一般获取某些客观知识。

此外，《大戴礼记·曾子制言上》云："不能则学，疑则问，欲行则比贤，虽有险道，循行达矣。"那种面子思想严重，不能事贤，又不能不耻下问，想要有所作为才知道自己能力不足，这就不免处于"惑阍"中了。

《礼记·学记》更突出的是"教"。因为人格教化的主导方其实是教师的一方。所谓"能博喻然后能为师""师道尊严"，认为"君之所不臣于臣者"仅有两种情况：当期为尸，当其为师，即为"当其为师则弗臣也"，其尊师如此。

首先，"教"因其实质乃道德教化，有其仪式化的特点，除了前述九年的所谓"大成"与"大学之道"外，还强调：

> 大学始教，皮弁祭菜，示敬道也。《宵雅》肆三，官其始也。入学鼓箧，孙其业也。夏楚二物，收其威也。未卜禘不视学，游其志也。时观而弗语，存其心也。幼者听而弗问，学不躐等也。此七者，教之大伦也。《记》曰："凡学，官先事，士先志。"其此之谓乎！

其次，"教"虽不是一般专业知识传授或职业培训，但却不脱离具体事务，不是抽象说教。

> 大学之教也，时教必有正业，退息必有居学……今之教者，呻其占毕，多其讯言，及于数进而不顾其安，使人不由其诚，教人不尽其材，其施之也悖，其求之也佛（拂）。夫然，故隐其学而疾其师，苦其难而不知其益也。虽终其业，其去之必速，教之不刑，其此之由乎！

脱离受教者对于学习内容的可实际接受性，过分追求知识的数量和速度，以灌输方式教学，"不考虑学生学习的志趣及自觉性，不发挥学生的聪明才智"[1]，会导致学生厌学而埋怨教师。

再次，《礼记·学记》所谓"教"与"学"一样，均奠基于对人可以自反，并对人格形成的自然发生进程的可能性进行干预的教育理念。"大学之法：禁于未发之谓豫；当其可之谓时；不陵节而施之谓孙；相观而善之谓摩。此四者，教之所由兴也。""豫"在防患未然，"时"则突出教育的时机，"孙"强调教育的阶段性，"摩"则在肯定观摩的重要性。

现代教育一般强调《礼记·学记》之"时"与"孙（顺序）"。其谓"当其可之谓时；不陵节而施之谓孙"。"学"需要遵循学者的生理与成长规律，"教"也应考虑受教者的程度而循序渐进。教育的功效很大程度上取决于时机，不同年龄阶段对知识和品格培养的接受是不一样的。"时过然后学，则勤苦而难成。"不遵循受教者的生理、心理特点而采取灌输的方式，不可能收到应有效果。

尽管"时"与"孙"非常重要，但《礼记·学记》中往往为人所忽略的则是居于"四失"首位的"禁于未发之谓豫"。在《礼记·学记》看来，"发然后禁，则扞格而不胜"。其意是：罪过已发生，才加以禁止，则"教"不能发挥该有功效，其作用就丧失了。这里明确是将教育同时看成"绝恶于未萌""徙善远

---

① 郭齐勇.礼记解读［M］.北京：科学出版社，2020：278-279.

罪"的教化，实际贯彻了礼教的基本原则。四失中的"相观而善之谓摩"是将观摩视为教育的方法之一。

由此推论出"教"之所以废弛的六个原因："时过然后学，则勤苦而难成；杂施而不孙，则坏乱而不修；独学而无友，则孤陋而寡闻；燕朋逆其师，燕辟废其学。此六者，教之所由废也。"

> 君子既知教之所由兴，又知教之所由废，然后可以为人师也。故君子之教，喻也。道而弗牵，强而弗抑，开而弗达。道而弗牵则和，强而弗抑则易，开而弗达则思。和易以思，可谓善喻矣。

最后，《礼记·学记》提出了"教"的很高的标准，认为只有"知其心然后能救其失"。一般认为知人之心虽说并非不可能但至少是很难的，此处则认为只有教者"知其心"才能"救其失"，那是因为：第一，儒者的基本出发点在孟子那里就设定了"心之所同然"；第二，教者通常均比受教者年长，无论从生理、心理还是社会的成长历程上大体都经历过后者目前的状态，能体味其精神处境；第三，所谓"知其心"是一个笼统的概念，是在前两条原则基础上的推测或"度"，不能从绝对的精确度去看。当然，这就把"教"放在十分重要且困难的地位上。在这个意义上，《礼记·学记》认为只要认识到人心发展的规律性就可以避免"四失"与"六废"。

"学"兼具知识学习与人格建构的重任，而"教"面临"可传而不可授"即"文章可得耳闻"但"性与天道不可得而闻"的困局：知识累积与教育的循序渐进，如何能保证教化所肩负的责任得以达成：青年人如何能在受教育的有效时间之内完成其人生观念的转变？这些问题时至今日仍然也不可能根本解决。然而，对于孔子儒家而言，这个问题又是在一定程度上被解决了的：生知安行、学知利行、困知勉行、不知盲行。《礼记》也预设了这样的解决的有效性。这在《礼记·表记》《礼记·中庸》中都充分体现了出来。当然，从"教"与"学"的内容与方法上也有表现。

"教"的具体内容和"学"的内容是相应的：首先是"懵怛之爱，忠利之教"。《礼记·表记》记载："子言之曰：'……虞帝……君天下，生无私，死不厚其子；子民如父母，有懵怛之爱，有忠利之教……'"这一思想也可如人们所概括的那样称为孝道（详后）。其次，伦理之教。伦理即"君君、臣臣、父父、子子、夫夫、妇妇"等由血缘与政治伦辈所决定的伦序。再次，教化是"身体力行"的"先施之"。《大戴礼记·子张问入官》载："欲政之速行也者，莫若以身先之也。"显然，它是指人格道德教化而言的。同时，除了行政中为能见效迅速之外，也具有教化上的普遍性。《礼记·中庸》载子曰："君子之道四，丘未能一焉。所求乎子以事父，未能也；所求乎臣以事君，未能也；所求乎弟以事兄，未能也；所求乎朋友先施之，未能也。庸德之行，庸言之谨，有所不足，不敢不勉，有余不敢尽。"

从"教"与"学"的相关性上看，"学"既包括求知和成德之学在内，那么，"教"也有知识教育与人格德性培养两方面的内容。因"学"与"思"都是主体性的活动，"思"是以必要的"学"为前提的；但"学"与"教"则是相关性，互为主体的，因而，"教学相长"。所谓"敩，学半"，教本身就可以促进教师的学；而"学"之方法、效果与条件，在一定程度上还是依赖于"教"。《大戴礼记·劝学》则一开始都是强调"教"对于"学"的意义，"青取之于蓝，而青于蓝"，王念孙云："《史记》褚少孙续《三王世家》引《传》曰'青采出于蓝而质青于蓝者，教使然也'。"① 一方面，人易受环境影响，所谓"蓬生麻中，不扶自直；白沙在涅，与之俱黑"；另一方面，人又必须借助自然属性以发展自己的能力，"君子之性非异也，善假于物也"（《大戴礼记·劝学》），这就不能不使他们在借助外力时警惕自身可能面临的陷阱。故《大戴礼记·劝学》明言："君子博学如日参己焉，故知明则行无过。"又云："夫声无细而不闻，行无隐而不行……为善而不积乎，岂有不至哉？"（《大戴礼记·劝学》）学的自主性与品德养成的渐进性是同等重要的。

《礼记·学记》与《大戴礼记·劝学》均发扬了儒学教化特别强调环境的重要性，注重从自然和人事之间各种现象之间的必然联系以及比附来启发自己。

虽然《礼记·学记》有学问"能博喻然后能为师，能为师然后能为长，能为长然后能为君"之语，但是，却并不能将之简化为"读书做官论"。《礼记·学记》又认为"大德不官，大道不器，大信不约，大时不齐"。只有对诸方面能明察不陷于具体的官、器、约、齐的窠臼，才可以说是"有志于学"。王聘珍曰："夫学天地之德者，皆以无私为能也。"②

但是，能一直"有志于学"，并能从个体性上升到对普遍性的领悟，实现精神性的转变，仅靠教育是不够的。在儒家那里，还有更具有普适性的"孝"道。至于《大戴礼记·劝学》突出环境对于"教"与"学"的重要性，这是要从"政"与"教"的关系上才能更为清楚。

---

① （清）王念孙. 读书杂志（四）[M]. 上海：上海古籍出版社，2014：1627.
② （清）王聘珍. 大戴礼记解诂 [M]. 北京：中华书局，1989：110.

此外，"教"也包含自觉的学与对后代潜移默化的影响。《礼记·祭统》云："显扬先祖，所以崇孝也。身比焉，顺也，明示后世，教也。"前述君子身体力行就属于"教"的具体方式之一。特别是对于既不一定能进行复杂推理过程却又必须将所谓"黄帝、颛顼之道"贯彻于现实的"大人"而言，没有比将"君子之道"镌刻在容易看到的各种日用器具上时刻自警来得更方便了。如武王在座席的四角、几案、铜镜、盥盘、房柱、手杖、衣带、炊具、屋门、窗户、剑、弓、矛等器物上，均镌写上相应的铭言，以警策自己。如镌在铜镜上的铭是"见尔前，虑尔后"，盥盘上的铭为"与其溺于人也，宁溺于渊。溺于渊犹可游也，溺于人不可救也"，弓上刻的铭为"屈伸之义，废兴之行，无忘自过"，等等，大抵皆从不同方面提出对自身限制性的自觉。不断重复的视觉刺激会在人心上留下深刻印迹。《大戴礼记·武王践阼》中武王那些铭文警句可能算是当时的标语。《礼记·祭统》云："夫鼎有铭，铭者，自名也。自名，以称扬其先祖之美，而明著之后世者也。"这是在任何时候都能与圣人为谋的简便办法。当然，这种简便的教育方式其实也可视为是在传统社会中接受先人文化经验的方式。即使是个人的人生哲学，都是要经历反复的作用和校正，包括一些曲折才是可能形成的，而作为指导政治生活的间接经验，则较之突破个人经验的限制而言就有更重要的意义。

当然，因"教"的需要，面对事实上先祖也可能有限制乃至恶的事实，就不能不有所"隐"，此乃所谓"隐恶而扬善"。关于孝道中的"亲亲相隐"，本文相关部分还会展开论述，此从略。在"教"与"孝"的问题上，的确存在着一个历史的发生与后人的诠释之间难免的张力。诠释乃后人建构其生活的需要，未必等于事实本身。然而，诠释却既可能对后世产生影响，同时也反映了文明发展的趋势。在这里，历史学与伦理道德、哲学的目的之间是有区别的。

概言之，《礼记·学记》主张"学不躐等""先其易者，后其节目"，循序渐进。亦即"教"必须考虑受教者的生理、心理发育规律尊重其不同阶段特殊性，既不能错过教育的良机，也不能不遵循客观的自然进程。"只有教与学有机结合，将教落实到学，才能取得教学的真正成功。"① 道德人格的培育更是如此。这其实和近代具有自然主义教育理念的启蒙思想家有异曲同工之处。人心的开展有着难以逾越的客观进程，教育应以遵循这一进程为前提。"经验是先于教育的"②，真实的世界有其界线，尽管人们有时也生活在幻想中。教育不过是

① 李如密. 儒家教育理论及其现代价值 [M]. 北京：中华书局，2011：87.
② [法] 卢梭. 爱弥儿（上卷）[M]. 李平沤，译. 北京：商务印书馆，2019：53.

将有限而难得的经验理顺为行为的习惯，遵循这些界线，使人并非耽于梦幻之中。理想地看，教育不过是"遵循自然，跟着它给你画出的道路前进"①。

从教育的目的看，无论是"禁于未发"之豫，还是"知其心"而后"救其失"，其中都贯穿着如何使受教者免于罪与过的境地，能够不失时机地受到"道"的牵引和感召，其实都是教人免于自身的限制，是个体从特殊的精神处境转化提升到具有普遍性的"道"上来，发生精神性的根本转变。本质上就是能够"居易而俟命"而非"行险而侥幸"。《大戴礼记·保傅》云："习与智长，故切而不攘；化与心成，故中道若性，是殷周所以长有道也。"人们所习之也，有助其智的成长；贴近于身心故不会轻易废弃。"与心成者，谓知其心能救其失也。"中道若性，谓适道若性。伽达默尔说："人类教化的一般本质就是使自身成为一个普遍的精神存在。谁沉湎于个别性，谁就是未受到教化的，例如，他没有节制和分寸地听任其盲目的愤怒。"② 以此而论，所谓礼，无论是从制度还是仪式与规范的角度看，都是能够让在具体生活中具有不同身份的个体，能够在共同的，大家可以共同接受的方式中进行交流与沟通的社会形式。礼是具有差别的人们之间可以找到的最大公约数。庄子曾云"君子长于礼义而陋乎知人心"（《庄子·田子方》），当然是基于礼对于真实的存在之背离的可能而言的。

第三节　教化的达成及其目的

教化作为常人的价值观、道德观得以向儒家价值观和道德观的转化方式，需要借助于"学"与"教"的途径，如此，具有个体性的人格才能由个别、特殊上升到普遍人性，当然，其中"学"与"教"的相长是关键，其中也有值得深入思考的问题。

一、"学""教"与教化

"学"既然不仅指知识的学习，也是甚至主要是"学道""教"亦非一般知识职业技能教育，而在人格教化，最终是"化民"，那么，"学"与"教"的目的也就是通过教化达到对人的价值观念的转化以适应儒家理想的社会蓝图。既

---

① ［法］卢梭.爱弥儿（上卷）[M].李平沤，译.北京：商务印书馆，2019：26.

② ［德］伽达默尔.诠释学Ⅰ：真理与方法——哲学诠释学的基本特征（修订译本）（上）[M].洪汉鼎，译.北京：商务印书馆，2004：14.

然"学"与"教"均不可能脱离道德的轨道，而它们又都必然是要通过个体的学习与接受教化方能达成，这就有一个如何能使每个人自愿接受教化对自然人生的干预而转变其价值观的问题。在这个问题上，儒家与道家有截然不同的观点。因为不承认社会标准的绝对性，道家认为人们不可能达成共同的价值观，所谓教或教化就是不可能的事情。老子的所谓"道"注定是为大众所不可能认识与把握的。不要说"下士闻道"必定大笑之，即使"中士闻道"也只是恍恍惚惚，"若存若亡"，仅仅只有"上士闻道"，能"勤而行之"（《老子·第41章》）。庄子谓："夫道有情有信，无为无形；可传而不可受，可得而不可见。"（《庄子·大宗师》）然而，儒家却"知其不可而为之"，其中，固然有儒道二家各自的所谓"道"的具体内容有所不同，同时也反映了他们不同的社会观、政治思想和人性论。我们这里不展开对这些思想的讨论，而只是就教化论指明，儒家有不同的立场和观点。从根本上，儒家重视伦理、政治和适应大众的讲学方法。实际上，三者是统一的。伦理与政治的统一后世又称"伦理政治"，而伦理与讲学的统一则是从伦理到礼，然后又从礼到理的演变过程。

从"学"与"教"的相互作用看，"学"无疑不可避免地要以个人的先天条件以及后天的经验作为前提，"教"则必定带有社会时代所赋予的超越个体经验的某些要素作为内容。如何解决二者间的不完全一致的方法就是"讲学"。《礼记·礼运》讲："为义而不讲之以学，犹种而弗耨也。讲之以学而不合之以仁，犹耨而弗获也。"之后，紧接着又讲："合之以仁而不安之以乐，犹获而弗食也。安之以乐而不达于顺，犹食而不肥也。"意思很明确，合于仁而若不能以安乐来陶冶人心，使大家愉悦心安，使人愉悦心安却不能实现人生的通达、和顺，就像有收获却不食用或像吃了而不生长一样没有实际意义。这里作者不仅断定仁义道德可以通过而且有必要通过"讲学"的方式而达成，而讲学若失去了仁就等于没有了目标。显然它认为讲学与道德是不可以脱离，还认为即使"讲学"也不是根本目标，只有"乐"与"顺"才是终极目标。换言之，每个个体的可接受与悦乐和社会秩序整体的和谐制约着"学""教"的方向。

讲学之所以能够发挥这种功能，就是因为从伦理到礼，再由礼到理的逻辑深处，存在着具体的形而上学的哲理。"'道'作为表示普遍存在原理的范畴，具有形而上的性质，所谓'形而上者谓之道'也表明了这一点。相形之下，'事'既涉及形而上之维，所谓'事即道，道即事'，又关乎形而下之域：作为人的具体所作，'事'不仅展开于特定的境域，而且指向特定的对象。"① 道作为形而上的普遍原理，根植于具体的事之中，伦理因而既成为行为规范的依据，也包含一切事物（包括人）之所以然的原理，由此，普遍性与具体性，统一性与多样性不是截然对立，而是不可分割的。所谓"学"与"教"的根本目的就是从个体生命的局限的消解或超越，从而使其觉悟个人与家、国天下的内在关联。

如果说，后世因某些原因，如政治环境与世风的影响，学者、教者个人的限制，总是从社会整体的和谐角度来理解教化的话，那么在这里我们看到，个人内心的安乐，以及生命的通达和顺，也是教化的目标。这一目标决定了儒家的教化不可能是单纯的自上而下的意识形态灌输或政治教育，而是基于长期的文化积累和社会发展的道德人格教化。这便是所谓的礼乐教化。

二、"政"与教化

在儒者看来，教化得以推行的重要方式在政。虽然，孔子曰："不在其位，不谋其政"，但这是就具体的政事活动而言，否则会有僭越之嫌。但是，就他的理想之实现而言，政却有非常重要的地位。"人道政为大"（《礼记·哀公问》），又云"人道敏政"（《礼记·中庸》）。当然，他所谓"政"，固然不完全等于今日所谓政治，但是，却是与政治不可分离的。"政者正也。君为正，则百姓从政矣。君之所为，百姓之所从。君所不为，百姓何从？"（《礼记·哀公问》）可见，所谓"政"，是君之所为的道德的政治活动，自然也就是为百姓所愿顺从的。

"政之不行也，教之不成也。爵禄不足劝也，刑罚不足耻也。故上不可以亵刑而轻爵。"（《礼记·缁衣》）政令不能正常通行，那么，教化就不能发挥其功能。爵禄之鼓励上进、刑罚之惩戒罪过就不可能发挥应有的作用。那么，怎样才能让政令通行无阻呢？"为政先礼，礼其政治本与。"（《礼记·哀公问》）

关于礼，可以认为它是"无所不包"的文化体系，但是，在近代儒家受到批判时，重灾区就是礼教。毫无疑问，礼的僵化确实有值得认真清算的一面，然而，不可否认，礼也有传统中社会难以轻言割舍的一面。司马谈《论六家要旨》云："夫儒者以六艺为法。六艺经传以千万数，累世不能通其学，当年不能究其礼，故曰博而寡要，劳而少功，若夫列君臣父子之礼，序夫妇长幼之别，虽百家弗能易也。"所谓"百家弗能易"，显然是说具有超时空性质，不是仅指

---

① 杨国荣. 中国哲学视域中人与世界关系的构建——基于"事"的考察 [J]. 哲学动态，2019（8）：13-20.

诸子百家。原因在于，作为世俗化的社会，其具有整体结构的理由就是根据人的自然、社会、价值观念等多方面的层级划分。无论血缘亲疏还是贤能的层次，乃至年龄长幼与性别差异，都是人们身上客观存在的差别。礼是社会化的人可以被规范和认识的一面，具有将自然与社会以及人文道德和理论规范及其相互作用与关系的复杂性质。司马谈的这一认识可以得到现代系统论的印证。根据系统论，任何系统都必须有其内在要素并按一定的结构组织起来，才有其整体的行为或功能，而由人所组成的高级有机系统不过只是更具有智能更复杂些罢了。"从事文化活动的人在多种层次上都是信息获取者，并且在其经验的许多方面需要不变性，包括需要其身体（类稳定）状态的常态、对其感知的可理解性、合理性及其周围世界的美的和谐和宗教方面的超验意义，等等。"通过包括自然血缘、社会分工和价值观念多方面信息的影响，人与人之间不仅相互嵌入，而且社会关系反过来又规定人们与自然物质世界的关系，从而形成整体的礼的文化系统。"这一系统规定人类的生命活动。当一个个体达到了这些目的，他的指向性便实现了。这样，对于个体来说，不变秩序的发现便意味着价值。"① 所谓教化，在此就是按照社会的主流价值观的设计而进行的礼、乐、刑、政设施对人不断地施加影响从而使其千差万别的言行具有共同的倾向或彼此可兼容而已。"隆礼由礼，谓之有方之士；不隆礼不由礼，谓之无方之民。敬让之道也……安上治民，莫善于礼。"（《礼记·经解》）"邦国有伦，而众乡方矣。"（《礼记·文王世子》）"礼乐刑政，其极一也。所以同民心而出治道也。"（《礼记·乐记》）在此，礼便是所有通向"道"的具体方向的指针。

由礼为基本原则建构的现实整体上也是相对开放的，它会随着环境的变化而或增或减其内在的凝聚力。外部环境压力越大，反而会增强团结，相反则可能会逐渐降低向心力。教化和修养的程度也在一定程度上或递增或递减其内部凝聚力，故那种可能导致个体间冲突的名利乃至知性认知，在儒者的教化系统中不是被排斥，就是得不到重视。因教化的重点在启发生命一体之爱。

其所谓"一体之爱"，并非一厢情愿。"古之为政，爱人为大；所以治爱人，礼为大；所以治礼，敬为大；敬之至矣，大昏为大。大昏至矣！大昏既至，冕而亲迎，亲之也。亲之也者，亲之也。是故，君子兴敬为亲；舍敬，是遗亲也。弗爱不亲；弗敬不正。爱与敬，其政之本与！"（《礼记·哀公问》）如果说这里还是讲婚礼中之亲迎，那么《礼记·经解》更明白地讲"上下相亲，谓之

---

① ［美］拉兹洛. 系统、结构和经验［M］. 李创同，译. 上海：上海译文出版社，1987：143.

仁"。"大臣不亲，百姓不宁，则忠敬不足而富贵已过也……大人不亲其所贤，而信其所贱，民是以亲失，而教是以烦。"（《礼记·缁衣》）既然认为某人贤德，就应亲近信任；若相反亲信那些卑鄙小人，教化就因此烦乱了。不亲信其所贤，显然仅是将贤者当成招牌加以利用，而非真的尊贤。

三、教化与社会理想

教化通常不是面对孤立个体的生活事实，而是针对人类群体生活的未来而言的，因而它有群体化的社会理想。在《礼记·礼运》中，这种教化的理想被描述为"大顺"："天子以德为车、以乐为御，诸侯以礼相与，大夫以法相序，士以信相考，百姓以睦相守，天下之肥也。是谓大顺。"德、乐、法、信、睦，是不同层次社会成员所应坚守的道德。尽管个人都有不学而能的"七情"，有自己身与心的有机关联，社会分为不同的层级等次，但"大顺"的理想仍是可以实现的。"大顺"不仅基于实然必然的联系，而且符合人们养生送死、侍奉鬼神的当然秩序。这样，虽然可能面临繁重的国事但也不会大量积压滞留，万事皆可"并行而不缪，细行而不失"。人事虽深邃繁杂但都能通达，社会虽如茂密的森林但其中也有彼此生存需要的间隔。"连而不相及也，动而不相害也，此顺之至也。故明于顺，然后能守危也。"《礼记·中庸》将这种理想看成是"万物并育而不相害，道并行而不相悖"，《礼记·乐记》则将其上升到天地的和谐："大礼与天地同节，大乐与天地同和。"究其所以然的理由，则是"礼达而分定"（《礼记·礼运》），分流了人们之间价值趋同可能导致的冲突，故"礼至则不争"（《礼记·乐记》）。而"仁者，义之实也，顺之体也"，仁作为义的实质，也是礼的精神内涵，是实现"顺"的根本。"先王能修礼以达义，体信以达顺，故此顺之实也。"（《礼记·礼运》）在社会整体的和谐与个人身与心以及人与人之间可能存在的张力之间，如何才能实现彼此协调而相安无事呢？那就是找到一个个人永远难以真正达到的目标以平衡其中的可能分裂。这就是自我反思的道路。因为，没有人是无局限性的。可见，教化在传统中国并不含有宗教信仰的意味，而是道德含义，它"只是教人人向里用力"[1]，这确实是一条无法走到头的无限的路。在法律与政治对教化也有程度很深的参与的情况下，伦理道德教自然能发挥相当的功能和作用。

就仁义而言，它们是礼的基础。礼是实现仁义的方式或尺度。在《礼记》中，仁义而礼乐又是可以比附的。"仁近于乐，义近于礼。"（《礼记·乐记》）

---

① 梁漱溟. 梁漱溟全集（第五卷）[M]. 济南：山东人民出版社，1992：93.

第六章

亲亲、尊贤与儒者品格

　　教化因其特殊性而与一般教育相互区别。教化是通过实际存在的伦理对人进行教育感化，在并无专门设施的情况下，离不开对家庭（族）、社会结构的依赖。如果说家庭中其作用的主要是亲情伦理，那么在社会上则是与之相关并对前者有一定制约性的"尊贤"思想。

第一节　亲亲之教

　　"亲亲"是自然的伦理情感，儒家将其加以规范提升为"孝道"，成为了实现教化培养人格的文化资源。当然，和任何文化都有其产生的合理依据，同时也难免有自身的局限一样，"亲亲"伦理与"孝道"自古以来都一直有人诟病。

一、立爱自亲始与人道亲亲

　　《礼记·祭义》记子曰："立爱自亲始……立教自长始。"《礼记·大传》曰"人道亲亲也"，认为圣人南面要做的五件事首要的就是"治亲"，永不可变革的乃"亲亲也，尊尊也，长长也，男女有别""亲亲"居首位。还说"自仁率亲，等而上之，至于祖"云云。《礼记·中庸》则明确地说："仁者人也，亲亲为大。"对于"亲亲"的意义的理解和"亲亲为大"乃至"亲亲相隐"的含义的认识，因种种原因目前还是没有形成共识。基于"立爱自亲始……立教自长始"这样的思想逻辑，是有必要对这个问题做一稍详的分析和理解。

　　很清楚，"立爱自亲始"之亲，父母也，亲子关系乃爱的源泉。孔颖达云："立爱自亲始者，言人君欲立爱于天下从亲为始，言先爱亲也。"同理，长，兄也，"立教自长始者，言起敬于天下从长为始，言先自敬长"①。亲亲虽是自然

---

① （清）阮元．十三经注疏（下）[M]．杭州：浙江古籍出版社，1998：1594．

的情感，但在这里却是"立爱""起敬"之始源。若要追问理由，答案恐只能从古人日积月累的生活去理解；从文化比较角度，大抵可以猜测所谓爱与敬都不再可能像更早时代的人们那样从神那里获得，而只能是从人伦日用中获得的缘故。

反过来，如果人们之间没有爱与敬，将会是什么状况呢？那很可能是彼此间情感缺失的冷漠状态，或各自为中心的自然状态。这种状态其实没什么不好，假如人的生存可以完全脱离他人、社会也丝毫不受影响的话。既然不是如此，那就有必要找到能不断地获得爱与敬的情感之源头，在农耕时代，这个源头只能是父兄。反之，人君没有那么大的能耐作为天下人之爱与敬的源头，虽然他们中有些人内心可能非常渴望。"贫穷者若不得意，纳履而去，安往不得贫穷乎？"（《说苑·尊贤》）但面对父兄，则不一定那么决绝。

关键在于，儒家认识到社会形成的便宜条件莫过于自然的血亲关系。他们以为，人际关系，好比舟车运行，需要合作才能前行。"人非人不济"（《大戴礼记·曾子制言上》），就好比马非马不走，土非土不高，水非水不流一样。"曾子所谓'人非人不济'，正是立人达人之道也，亦即近取譬之道也。"① 其实，这也是儒家伦理区别于一般道德的根本之处。人的可塑性与复杂性人所共知，如何才能彼此"相济"而非"相非"呢？自然是那种普遍必然地将人们联系在一起的客观理由，即血缘理由，是无法随便割断的，而人事选择则有主观性。可见，爱与敬若从自然必然的血缘开始就不仅比较好理解，并且，这也被看成一个人获得成就的必要条件。"亲戚不悦，不敢外交；近者不亲，不敢求远。"（《大戴礼记·曾子疾病》）"为善必自内始也。内人怨之，虽外人亦不能立也。"（《大戴礼记·曾子立事》）这便是孔子"能近取譬"思想的展开。所谓血亲复仇，所谓亲亲相隐，都是基于这个思想之上的延伸。

从这个观点出发来看儒学对于家族伦理的依赖性，家族实际不仅成为教化的自然组织，而且同时必然成为社会组织结构的内在要素。这个结构成为日后无论政治组织、国家构成如何变化，其自身却恒定不变的理由。

以此而论，"立爱自亲始……立教自长始"虽对于人君与百姓的意义有不一样之处，但在当时条件下却又都是自然而然可以接受的。对人君自己而言，当然是壮大其根基，巩固其统治；对于百姓而言，则是为了天下和谐不得不做出的对伦理做出的让步。

正因如此，郑、孔于"亲亲为大"不复再注，显然，其意十分单纯，它就

---

① （清）阮元. 揅经室集（上）[M]. 北京：中华书局，1993：178.

是亲亲在先的意思。之所以伦理优先于政治关系，是因伦理基于个人没有选择的自然血缘关系。血缘是普遍性的，诚如孔子所云"谁能出不由户"（《论语·雍也》）的象征意义和《礼记·中庸》"道不可须臾离也"一样。在血缘上，亲子之间是"嵌入式"的关系，即使庄子也认为"子之爱亲，命也，不可解于心……是以夫事其亲者，不择地而安之，孝之至也"（《庄子·人间世》）。当然，如果把血缘生理视为相对灵魂而言是低层次或形而下的事物对待，那就超出了传统儒者的信仰范围了。单纯血缘固然有其有限性，但是，却可以根据其有无限绵延、生生不息的特点赋予其精神价值。即使产生并流行于人伦日用，但它仍可以具有精神的性质。当然，诚如将精神内含赋予并不存在的虚构物终将会因理性的觉醒而遭遇毁灭性的打击一样，人伦日用被赋予精神价值必然也存在难免的限制性，自不待言。

然而，孔子虽意识到谁都得从门户出去，却纳闷"何莫由斯道也"。因为，事亲也并非容易的事情。《礼记·中庸》曰："思事亲，不可以不知人；思知人，不可以不知天。"这就将人伦与天道直接联系起来了。孔子儒家伦理形式上是基于对周代文明的传承，实际上则是批判性反思基础上的文化更新。我们认为儒家伦理原则上是周公面对人心可能的离散与社会秩序的需要所做的选择不是没有理由的。

《礼记·中庸》曰："修道之谓教。"《大戴》记曾子云："民之本教曰孝。"这说明，修养与教化、孝道有内在联系。孝道的根本目的就在教化，而教化首先落实在孝道上。就世俗日用而论，恐难有可以取代孝道那样能将目的与结果紧密联系在一起的生活事实。当然，孝道不只是孝亲的问题，而是价值观和道德观得到培养和发展的重要环节。孝本身需要政治的配合才能实现的。"率而祀天于南郊，配以先祖，所以教民报德不忘本也。率而享祀于太庙，所以教孝也。"（《大戴礼记·朝事》）在曾子及其学派那里，孝道的实质是以道事亲，即是在情与理的张力之中保持天然的秩序。教化目的在使血缘、年龄、性别、贤愚、修养不同的人均能"连而不相及，动而不相害"，实现和谐，手段就是礼与乐。程颐尝曰："尽性至命，必本于孝弟，穷神知化，由通于礼乐。"[1]《大戴礼记》充分体现了曾子既主张孝弟又主张反躬内省的特点。孝弟一方面看是工夫，另一方面看就是教化。教化即人格的教育与感化。学与教是统一的。它依赖特定社会结构和政治情态、文化氛围即"家族主义"背景而形成有效的人格教育环境，其特点是重社会心理文化和人文生态的建设，虽说可能"日用而不

---

① （宋）程颢，程颐. 二程集（上）[M]. 上海：上海古籍出版社，1992：638.

知"，但却可以"止邪于未形"。教化的有效性取决于客观社会情势是否可能形成有利于社会和谐的那些社会的共同心理。其中，核心是政治体制和政治制度。因为，只有现实可行的制度可复制制度性实在。

立教从亲亲开始，目的在教民慈睦；立教从敬长开始，目的在教民和顺。"教以事亲，顺以听命，错诸天下，无所不行。"（《礼记·祭义》）孝道的根本是教人以善。《大戴》亦谓："为善必自内始"（《大戴礼记·曾子立事》）。《孝经》开宗明义："子曰：夫孝，德之本也，教之所由生也。"孝道正是考虑到人们的自然情感及其人格成长的需求的。其逻辑就是能孝亲即可以事君，能敬兄就能敬师长；因之，任用大臣犹如使唤子弟。由此可以推论出儒家将"亲亲"视为个体人格成长的不可多得的条件。事实上，不仅父子而且亲属间因亲属关系均彼此自然而然地拥有别人所不可能随便拥有的权益和义务，这些权益和义务通常又是在人们的惯常按之行动的行为伦理以及内心所信奉的伦理之间穿插流行，某些情况下有误差或者反常都不是没有可能的。《礼记·丧服四制》明确了宗族内外的区别："门内之治恩掩义，门外之治义断恩。"这一观点在《郭店楚简》中也有反映。这可以说是对情与理之间难免的扞格从生活范围上的客观裁决，而其个体主观的方法则是被后人总结为"观未发"之"中"。

不过，比附也是有一定限制的。虽然父子关系有时被比作君臣关系，但二者究竟不同。"为人臣之礼：不显谏。三谏而不听，则逃之。子之事亲也：三谏而不听，则号泣而随之。"（《礼记·曲礼下》）父子有亲，亲情不能尽（绝），君臣有义，义合则和，不合则去。甚至有"君子不谄富贵，以为己说；不乘贫贱，以居己尊。凡行不义，则吾不事；不仁，则吾不长"（《大戴礼记·曾子制言》）。明显将亲情置于政治伦理之上。

因亲情不可能尽，故《礼记·大传》说"人道亲亲也"，《礼记·丧服小记》云："尊尊、亲亲、长长，男女有别，人道之大者也。"这就是《礼记·中庸》所谓"亲亲为大"的原因。故"亲亲为大"之"大"，不是没有条件地说无限大或"至高无上"，而是相对"人道"中诸内容而言的。《礼记》中论述人道涉《大传》《礼记·乐记》《礼记·哀公问》《礼记·中庸》《丧服小记》《三年问》《礼记·丧服四制》等，但人们对这一术语却不以为然。如果说一般所谓"人道"还未明显显示"人道"一词的特定内涵，那么，《礼记·丧服四制》"仁义礼智，人道具矣"之说，毫无疑问说明，其所谓"人道"，基本内含就是"人之为人"的仁义礼智。而在"人道亲亲"，和《礼记·中庸》"仁者，人也，亲亲为大"的语境中，"亲亲"有特殊文化和道德意义。所谓"立爱自亲始"，亦有解释说："为善必自内始也。内人怨之，虽外人亦不能立也。"（《大戴礼记·曾子本孝》）所谓"内"，王聘珍认为就是指家①。事父方可事君，事兄才可事师长。这是力图将亲情之不可能尽的特点延伸到政治上，而非相反。

首先要明确人道的内涵。人道的含义一般可理解为人伦、人事或为人之道。其内涵有将人与天、物相区别之意，从主体角度看是人之为人的性质，从行为相关方角度看是以人的方式对待人。

《郭店楚简》中《郭店简·五行》《性自命出》《尊德义》诸篇均论及"人道"。李零将人道理解为"心术"。针对"道者，群物之道。凡道，心术为主。道四术，唯人道为可道也。其三术者，道之而已。诗、书、礼、乐，其始出皆生于人"（《性自命出》），李零说："它的意思是说道有四术，其中第一术是'心术'，即心理感化的方法，而'心术'属于'人道'；其他三术即'诗'、'书'、'礼乐'，它们都是心术派生，并受心术指导。"② 此说有将不同文本人道观对立起来之嫌。虽然《礼记·大传》云"圣人南面而治天下，必自人道始"，但也应考虑文本复杂性。果如上述结论，则同文中"道四术，唯人道（心术）为可道也"难解。难道诗、书、礼乐为"不可道"？那么，其他三术若不是诗、书、礼乐，是否就是"作者没有明言，盖因其不值得称道"呢？③

虽不能直接找到答案，但我们认为其余三术很可能指的是水道、马道、地道。《尊德义》谓："禹以人道治其民，桀以人道乱其民。桀不易禹民而后乱之，汤不易桀民而后治之。圣人之治民，民之道也。禹之行水，水之道也。造父之御马，马之道也。后稷之艺地，地之道也。莫不有道焉，人道为近。"又《性自命出》在上述引文前说："道者，群物之道。"问题还在于，为何说"莫不有道焉，人道为近，是以君子人道之取先"？难道说并不与其他三术并列的"心术"或"人道"较诗、书、礼、乐"为近"？所以，以"人道"为"心术"，并与诗、书、礼、乐构成"道四术"，或有未善处。据此很难理解《尊德义》及《郭店简·五行》有关思想。这样理解，"唯人道为可道也"与"人道为近"就是逻辑与语义上贯通的了。人道若为"心术"，则所谓"人道政为大""人道敏政"费解；而且与"仁义礼知，人道具矣"之说相矛盾。

至少，说人道乃"心理感化之术"，显然是把儒家伦理的功能狭窄化了。那么，人道究竟何所指呢？我们认为，其义就是善。"善，人道也。"这样看，所谓"心理感化"不过是善的功能之一。从《礼记·乐记》"夫民有血气心知

①　（清）王聘珍. 大戴礼记解诂［M］. 北京：中华书局，1983：78.

②　李零. 郭店楚简校读记（增订本）［M］. 北京：中国人民大学出版社，2009：153-154.

③　郭沂. 郭店竹简与先秦学术思想［M］. 上海：上海教育出版社，2001：239.

之性，而无哀乐喜怒之常。应感起物而动，然后心术形焉"之说可知，"心术"是较人道内含远为宽泛的概念。再说，大禹治水之水道，造父御马之马道，后稷艺地之地道，其实都不是不值得称道的，只是相对人道而言后者为近。这也应了孔子回应樊迟问稼问圃没有正面答案的原因。显然，之所以坚持"人道"，乃在于它不仅是人之为人之道，而且是其他三术的根据，也是天道的某种显现。

　　概言之，孝道之所以被当作教化主体，是因第一，它满足了普遍性和唯一性的要求，人有亲是普遍必然的。"谁能出不由户？"（《论语·雍也》）人人必有亲，比较而言，五伦中其他的几项是或然的。人可能无兄弟、朋友、妻子，甚至不一定属于特定之君，而必定有亲。虽然，有亲并有可能亲亲的诸多理由，但也同样有理由导致人们不必然孝亲。亲子关系中，抚育幼子是动物本能，而动物一般并不赡养其长辈。基于这种观察，人们认为孝亲特别具有为动物所没有的特征。第二，事亲是君子人格形成的必要前提："君子不可以不修身，思修身，不可以不事亲。"（《礼记·中庸》）这里预设的前提是：个体的自然本能有损宗族或社群凝聚力；同时，作为独立文化系统，儒家伦理若不能提供个人从野蛮进入文明状态的观念和制度系统，不足以塑造民族精神。所谓"亲戚不说，不敢外交；近者不亲，不敢求远；小者不审，不敢言大"（《大戴礼记·曾子疾病》）；"为善必自内始也。内人怨之，虽外人亦不能立也"（《大戴礼记·曾子本孝》）。第三，它具有发散性，"孝子善事君，弟弟善事长"（《大戴礼记·曾子立孝》），"孝弟"乃为仁之本。最后，淑世中有神性，人与天地万物为一体。"仁人之事亲也如事天，事天如事亲，是故孝子成身。"（《礼记·哀公问》）在儒家传统中，如果说天具有神性的话，那么这种神性是通过人性显示的。天人合一其实就是人天的结构性同一，只是从人的角度在于是否有自觉。故《礼记·中庸》又云："思事亲，不可以不知人，思知人，不可以不知天。"《郭店简·成之闻之》云："君子治人伦以顺天德"，又云"君子慎六位以祀天常"，所谓六位，按《郭店简·六德》所指，乃父子、君臣、夫妇六者。六位是宗法社会中稳定的社会关系，也是人的行为难以规避的人道或人伦。"君子慎六位以祀天常"与"君子治人伦以顺天德"是相通的①。不同背景下，亲情会有不同表现，甚至受到严峻挑战。当然，儒家伦理经由亲情伦理却又没停留于此，而成为伦理实践的必要环节。康德所谓纯粹实践理性，也不过"只是瓦解自私

---

① 丁四新. 论孔子与郭店儒简的天命、天道观［J］. 湘潭师范学院学报（社会科学版），2000（5）：25-29.

而已"①。人们通常会被各种物象与气性所蒙蔽，此种自觉性易从"亲亲"得到启迪。

这种重家庭（族）而相对轻国家的倾向后来被统称为"家族主义"或"伦理本位"，其结果就是一方面虽不是不关注个体但却以家族本位的社会伦理制约个体，当然也为个体提供发展的空间；另一方面则导致对日益增长的家族势力的控制即政治专制力量的增强，否则，就不会出现近代人所说的国人只知有家不知有国了。

儒家伦理的这种性格，究其根源在于实践的品格，即仁爱必然有个着手处，具有可操作性，不是逻辑思辨，体现在思维方式上即是所谓"具体的形而上学"。正如资本主义的发展承认人的自私有其合理之处一样，儒家对植根于人性中血缘亲情的存在予以合理的肯定。当然，这也不是说资本主义社会就只有肯定了人的自私，同样，儒家也并非只讲"亲亲"。至于认为"亲情至高无上"，这就不是儒家的主张了。所谓亲亲，既包括人各亲其亲，子其子，也包括所谓"推恩"，即亲人之亲，子人之子。当然，推恩不是没有原则的，这一原则就是基于自然秩序基础之上的礼。德行实践无疑还会面对人性的根本限制，这样人道原则会发生曲折甚至变异。此外，仁爱既然是实践的，它就必然要合理处理亲情问题。因而，对"亲亲"伦理的理解，若直接视为政治实践上的"任人唯亲"，不免过于简单化。这不仅混淆事实与伦理原则，跨越了"门内之治"与"门外之治"的界线，还忽略"亲亲而仁民，仁民而爱物"即"推恩"的意义，将一般伦常上升为政治伦理。这里纠缠不清的问题是家与国、政治与伦理乃至公正与合理的观念问题。毫无疑问，在什么意义上理解"亲亲"对于理解儒家政治伦理是十分重要的。

所谓"亲亲为大"，指的是属于仁之范畴内的事件，亲亲最为急迫和紧要，并非仅有亲亲或亲亲不受任何原则的限制。他是面对一切技术与程序，仍能宅心仁厚的基础。

"亲亲为大"在儒家语境中究竟应理解为政治原则还是道德原则？这个问题显然还是应客观理解儒家伦理的历史发展过程。毫无疑问，在西周，亲亲、尊尊都是当时宗法制度特别是丧服制度的基本原则，当孔子提出仁的思想后原来的宗法原则便演变为儒家道德原则。即使如此，亲亲原则也并非无条件限制的。"门内之治恩掩义，门外之治义断恩。"（《礼记·丧服四制》）更体现宗法原则的是"贵贵尊尊，义之大者"（《礼记·丧服四制》）《礼记·中庸》却修正为：

---

① ［德］康德. 实践理性批判［M］. 韩水法，译. 北京：商务印书馆，2000：79.

"义者，宜也，尊贤为大。"从"贵贵尊尊"为"义之大"，到"尊贤为大"，无疑表明了儒家伦理对于宗法礼制的巨大进步。其中最根本的变化是儒家的仁义是道德原则，而非西周的宗法原则。因此，将儒家伦理还原为不受任何条件限制的亲亲原则是并不适当的。

这里，仍需略谈一般所谓"孝道"的问题。两戴《礼记》并无"孝道"之词，但却有少量的近似说法，如"孝之道""孝弟之道"。分析此种说法，并不是指"孝"本身是作为"形而上之道"，而是作为道德实践的具体方法。如《礼记·文王世子》"公与族燕则以齿，而孝弟之道达矣"，《礼记·祭义》"父母全而生之，子全而归之，可谓孝矣。不亏其体，不辱其身，可谓全矣。故君子顷步而弗敢忘孝也。今予忘孝之道，予是以有忧色也"，都是具体情境中的道德实践方法。当然，也可以说它们都是"具体的普遍性"，不过还不等于形而上之道本身。类似的说法诸如"君子之道""君臣之道""夫妇之道"，乃至"世子之道"等等，亦复如是。"孝道"就是"父子之道"，不过，因为"骨肉无绝"，亲子关系具有为别的伦理关系不可取代的性质，故"孝道"被视为君子之道的修身基础。

诚如上述，不能设想仁从其他伦理如何开始。仁包含很多内容，孝乃其中最急迫最要紧者。先儒多有论述，此处不赘述。同时，仁孝从逻辑上不属于同一个层次。孝与慈、忠、顺、悌等属于一个逻辑层次，混淆二者关系会发生误解。人们一般注意到儒家伦理的层次，都是从亲亲、尊尊、贤贤等角度看的，其实，就道德本身而言，也是有不同层次的。宅心仁厚与按图索骥、以德报怨与以直报怨，都是不违道德的，但其中有层次区别。这里，可以体味儒家式道德的"自由"。

以大写的人的整体和谐基调下的伦理政治，并非仅仅是一个上下递属的组织系统，而应有伦理道德的原则：人道。这是儒家和法家的根本区别。人道既有其具体含义，也被视为是政治的必要前提，那么今天究竟应怎样理解人道与物道，具有十分重要的文化和道德意义。

如果将一神宗教理解为人类为自身的生存和完善所找寻并最终建构的超越性精神力量，那么儒家亲亲伦理可以看成是人间世如何能实现人自我完善的方式之一。伦理将每个人既相互区别又彼此联系起来（"连而不相及也"），既规定其共同的信仰又彼此难有激烈的冲突，既有内在的动力又有整体和谐（"动而不相害也"），既能一定程度消解其平面结构中的负面效应使其呈现出立体的社会结构，却又能平息不同结构之间可能的相互妨碍（"万物并育而不相害，道并行而不相"）。它可以将俗世间具有自由意志的个体彼此可能存在的扁平的相互关系联结为多重（血缘、伦理、信仰、经济、家庭等）关系交织的立体结构。

二、"亲亲相隐"

当然，人非完人。在亲有过甚至有罪的情况下，又当如何面对呢？这就是所谓"亲亲相隐"思想提出的背景。究竟什么是"亲亲相隐"，今人的解释可谓各说各话，并不一致，充分表现了各取所需的特点。其实它的真实含义还是要从历史情境中去理解①。

重点在一个"隐"字。批判者多以为隐蔽是有意的作为，隐瞒、隐藏，引申为包庇乃至纵容②。回护者却以为隐乃消极不作为，不声张③，并非字面上的隐瞒、隐藏的意思，更不能以此过度解释。也有论者认为隐乃檃栝之"檃"④。本文不拟就此问题展开讨论，仅就一些新的意见略做陈述。"隐"的确不是那么简单地从今天的字义上去理解的。

第一，孟子曾曰"恻隐之心"，其所谓"隐"是痛的意思。无独有偶，《大戴礼记·曾子事父母》"兄之行若不中道，则养之"，卢辨注"养犹隐之"，王聘珍《解诂》云："养读若'中心养养'，忧念也。"应该说，二人的解释异曲同工。《诗经·柏舟》有"耿耿不寐，如有隐忧"，《国语·晋语》有"隐悼播越"，《孟子·梁惠王》"王若隐其无罪而就死地"等等，都是此意。第二，"隐"还有隐语或隐喻的意思。如《说苑·正谏》中咎犯曰："臣不能为乐，臣善隐。"此所谓"隐"就是以隐语的方式劝谏君上，自然，"隐"也就是常言之几谏。第三，"隐"有隐蔽之义。《礼记·文王世子》载："刑于隐者，不与国人虑兄弟也。"第四，"隐"是相对"明"而言的，如《说苑·正谏》记晏子曰："臣闻之，下无直辞，上有隐君……古者，明君在上，下有直辞；君上好善，民无讳言。"此处"隐"可做昏暗不清解。臣下是否能直言，和君上是否清明有关；同理，之所以"亲亲相隐"，是因为亲有不合道的行为，只是，君臣之间会因为臣无直辞，导致君之昏糊；故晏子还对这种现象做了批评。其曰："朝

① 关于"亲亲相隐"的讨论，可参阅：郭齐勇.儒家伦理争鸣集：以"亲亲互隐"为中心［M］.武汉：湖北教育出版社，2004.另：郭齐勇."儒家伦理新批判"之批判［M］.武汉：武汉大学出版社，2011.
② 邓晓芒.儒家伦理新批判［M］.重庆：重庆大学出版社，2010.
③ 林桂榛.何谓"隐"与"直"？——《论语》"父子相为隐"章考［J］.孔子研究，2009（3）：47-59.
④ 梁涛，顾家宁.超越立场，回归学理——再谈"亲亲相隐"及相关问题［J］.学术月刊，2013，45（8）：60-70.

居严则下无言，下无言则上无闻矣。下无言，则吾谓之暗，上无闻则谓之聋。聋暗，非害治国家如何也？"（《晏子春秋·卷二·内篇谏下第二》）而"亲亲相隐"则是因亲之违道而有"隐"的行为。"隐"主要是发生在亲属之间的，而非主要是针对外的。以上述三例为证，足可以证明"亲亲相隐"从字义上并非人们所坚持的那样只有隐瞒、隐藏的意思。至于如何或在什么语境下解释"亲亲相隐"的含义，则是远比词句的字义更复杂的问题。

"父子相隐"不等于默许至亲犯罪。《大戴礼记·曾子事父母》记载曾子云："父母之行若中道，则从；若不中道，则谏；谏而不用，行之如由己。从而不谏，非孝也；谏而不从，亦非孝也。孝子之谏，达善而不敢争辨；争辨者，作乱之所由兴也。"亲有罪过，不能谏或谏而不被采纳，结果都是不孝。可见，孝子以父母的忧乐为忧乐，这是人格成长的起点，最后达到以天下的忧乐为忧乐。孔子尝曰："武王谔谔而昌，纣嘿嘿而亡。"（《说苑·正谏》）谔，直言貌；嘿，读为默，鼻口不言。《荀子·不苟》亦云："君子至道，嘿然而喻。"当然，亲属之间，即使有过犯错，首先需要的是"隐"与"谏"，而非直接公之于众或诉诸刑律。此外，所谓"亲亲为大"并非从表面文字上看来的那样是至高无上的意思。它受到"尊贤为大"一定程度上的牵制，"同声则异而相应，意合则未见而相亲，贤者立于本朝，而天下之豪相率而趋之也"（《大戴礼记·保傅》）。管仲与鲍叔同声，荐于桓公，而史鰌尸荐遽伯而退弥子瑕于卫灵公，就是例证。不仅如此，儒者还坚信德不孤的训条，"且夫君子执仁立志，先行后言，千里之外，皆为兄弟"（《大戴礼记·曾子制言上》）。甚至云："兼而爱之，则民无怨心；以为无命，则民不偷。"（《大戴礼记·千乘》）

即使我们不提社会结构和时代条件，而从单纯的情感来看，"隐"本身也是面对复杂局面的多层次感情的儒家伦理反应。从这个角度，"隐"只是危困局面谋求精神出路的儒家方式，体现的是人们情感的多维性和现实性。对于有仁义价值追求的儒家而言，亲有过或有罪，其感情与行为反应上有复杂的表现是十分正常的。其实，也并非只有儒家才会面临这种局面做出这类选择，类似的选择在其他族类也可以看到。比如，胡适日记中有"但论国界，不论是非"一条，提到他年轻时在美国面临美国墨西哥纷争的事件，当时杂志有一名言，"吾国乎，吾愿其永永正直而是也，直耶，是耶，非耶，终为吾国耳（My country—may it ever be right, but right or wrong, my country）"，以为是"但论国界，不论是非"，此论发表一段时间，赞成者，非议者均有①，胡适自己将其斥为"狭隘

────────────

　① 曹伯言. 胡适日记全编（一）[M]. 合肥：安徽教育出版社，2001：273-274.

爱国心"之代表。但在"师友匡正"条中又提到，当他在演讲中发表了自己的观点之后，却有某夫人出来纠正，认为"无论吾国为是耶非耶，吾终不忍不爱之耳"，原意并非"吾国所行即有非理，吾亦以为是"也。胡适当时即认为这个说法已足以纠正自己认识上的偏弊。后又遇到听过讲座的某教授，教授又举例证，如醉酒之兄弟侮辱别人，受辱者拔剑还击，于此情境，究竟是护卫其弟，还是让人任意殴其弟呢？护卫其弟其实也不意味着就认为弟的行为正当。胡适自己承认原来的理解是"但攻其狭义而没其广义，幸师友匡正之耳"①。从这个例子我们可以看到，人类生存境遇是复杂的，情感与理性、家与国的关系并非平行而是错综交织的。儒家主张"亲亲"，自然就有在某种境遇的"隐"。"隐"不一定是最高的美德，但却可能是不能回避的一种退而求其次的选择。那种非美即丑的二元对立思维显然并不适用于复杂的社会生活。"亲亲相隐"是"亲亲为大"在特定情况下的表现，但不意味着亲犯罪以及"相隐"是光耀门楣的事情。

对《礼记·大传》"人道亲亲也"，从文化上可以得到确切的理解。显然，儒家对"亲亲"的宗法思想做了相应改造。"人道"是成为儒家意义上的"人"或所谓君子之道，是从自然世界走进人文世界之道。"人道"为何突出"亲亲"？这里，需再次强调现实中"亲"的多层含义及其意义。

这从"仁"的双重含义可得到说明。《说文》："仁，亲也，从人二。"仁是人与人之间存在的深彻同情。亲人之间有亲情，仁首先就表现为这样的亲情。它有自然根据但并非完全不需学习就完满。前文所引《郭店简·五行》所谓"悦、戚、亲、爱"等亲情本身虽说还不等于普遍性的仁，但是，却有抽象的仁难以取代的行为动力。《礼记·大传》说"人道亲亲也"，《礼记·祭义》又说"立爱自亲始"，《大戴礼记·卫将军文子》亦云："孝，德之始也；弟，德之序也；信，德之厚也；忠，德之正也。"可见亲情和友情、人与人之间的仁爱之情是既相互区别又密切关联的。《礼记·中庸》说："仁者人也，亲亲为大。"若借此发挥说，儒家只讲亲情，不讲普遍的仁爱，显然并不符实际情况。我们认为，这是单纯以西式近代的形而上学思维来分析儒家伦理的结果。因为：第一，《礼记·中庸》"亲亲为大"之后有"义者宜也，尊贤为大"。第二，"立爱自亲始"是说讲仁爱从亲情开始，没有说就等同于亲情。如果用现代人的思维可以说，就是以亲情作为仁爱的参照系统。亲情体认是人格成长的重要一环，若在这一环薄弱和缺乏，一般是难以设想其后有健全人格的。第三，"仁者人也，亲

① 曹伯言. 胡适日记全编（一）[M]. 合肥：安徽教育出版社，2001：386-387.

亲为大"，是说人因对仁之价值的深刻体认而成为真正意义上的社会的人，但是，普遍的仁爱，落实到具体的对于每个人有切实意义的事情上，就是在亲亲之情中去体认和证明自己的人性。虽然仁不止于亲情，但是对于人们而言，不妨将亲情感受当作人格成长的一个重要而持久的人生磨炼。第四，亲情本身虽看起来是自然天然的，但是，对于人而言，也必须能经历人间的各种考验。第五，仁爱不仅是人类之爱，而且是可以延伸为对天地万物的爱（惜）。孟子说："亲亲而仁民，仁民而爱物。"（《孟子·尽心上》）《国语·晋语一》说："为仁与为国不同。为仁者，爱亲之谓仁；为国者，利国之谓仁。"由此可见，仁爱不只是亲亲之爱，而且是普遍的生命存在一体的感受，是推广到一切存在物的。悦、戚、亲、爱等都达到"安而行之"，才可谓"仁"，此即"中心安仁"。"是以国不务大而务得民心，佐不务多而务得贤臣，得民心者民从之，有贤佐者士归之……同声则异而相应，意合则未见而相亲，贤者立于朝，而天下之豪相率而趋之也。"（《大戴礼记·保傅》）

那么，亲亲的理由何在？从前面论"学"我们可以发现，儒家认识到一个基本的道理：人身不加高，但只要登高就可以看得更远；臂不加长，只要借助他物就可以延长力量。人是宇宙间最尊贵者，对人的潜能的发挥能超过任何对物的借用。"是故人非人不济，马非马不走，土非土不高，水非水不流。"（《大戴礼记·曾子制言》上）人们之间，只能相互接济帮助才能有所发展。这是必"亲亲"更根本的理由。而所谓亲亲当然就是在一定程度上顺应人们的自然感情以使"人济人"的实践更具有可操作性而已。

若从天然自然的成长条件说，任何人都有亲，都会有自然而然的亲情；若从儒者仁爱的实践上看，它是主张"能近取譬"的。故《大戴礼记·曾子疾病》云："亲戚不说，不敢外交；近者不亲，不敢求远；小者不审，不敢言大。"仁爱既然不是抽象的教条，而是当下可以践行的道德，那么就必然是从可以践行且普遍必然的地方开始的。因此，"立爱自亲始"表明的是仁爱是从爱亲开始的；这是一个由近及远的原则；也是任何人在任何条件下都可操作的。

这是因文化语境、成德道路上面临的诸多困境和仁的可行与能行的条件乃至宇宙本身的结构和层次性所决定，换言之，是因其中包含着我们前面所说怎样行，为何如此行的正反两个方面的理由的。人与人、特别是宗法社会中亲属之间是相互依赖的同体关系，可以为提升人格和克服成德道路上的困难提供必要的助力，同时，仁的实践不仅需要现实的可操作性，而且需要内力而非外力的作用，即心灵能够得到安顿的作用。

孝悌作为"仁"之本，并非与西方哲学本体论意义上相同的"本体"，而只是"当时的'人道'主体和结构"①，是实践的出发点而非最高理想。这个实践上不得不承认的开始作为自然亲情，"是顺着生理作用发出来的，其本身还夹杂着自私的成分在里面，与普通所说的'欲望'没有多大分别"。这种虽相对纯粹自私的极端个人主义而言有合理性的一面的"亲亲"，仍有进一步提升的必要。须是通过理性自觉，或者说"孝的教养"，亲情转向理性，自利转向利他，才能上升到"仁"。"上下相亲谓之仁"（《礼记·经解》）"非忠信则无可以取亲于百姓矣"（《大戴礼记·子张问入官》）。父子不亲，意味着上下不和。上下不和，发号施令民不悦。"大臣不亲，百姓不宁，则忠敬不足而富贵已过也……大人不亲其所贤，而信其所贱，民是以亲失，而教是以烦。"（《礼记·缁衣》）于此，"亲"不仅有伦理价值而且有其政治功能。儒者坚信亲可化解社会结构中存在的一些不和谐因素。"上之亲下也如腹心，则下之亲上也如保子之见慈母也。"（《大戴礼记·主言》）如此，何愁不能令行禁止呢？本来，儒者非常重视"明分""安分"，有等级上的固化一面，但是，上下不完全限于具体处境，而有抽象义，这样，"上下相亲"思想就有了突破等级固化的色彩，打破固定职分对个人权益的限制。

"国家之昌，国家之臧，信仁。"（《大戴礼记·诰志》）只有"天下之至仁者，能合天下之至亲者也。"可见，"亲"并不仅仅指双亲或扩大而言亲属关系，也不仅是自然的亲近、亲情，而且是一种伦理教化与治理方式。政令不能行，教化落于空，只是上之失道，失去民心。"是以国不务大而务得民心，佐不务多而务得贤臣，得民心者民从之，有贤佐者士归之……同声则异而相应，意合则未见而相亲，贤者立于朝，而天下之豪相率而趋之也。"（《大戴礼记·保傅》）不亲，则不信，不信，则不顺。《礼记·大学》云："大学之道，在明明德，在亲民，在止于至善。"因而，王阳明解释《礼记·大学》的"亲民"，以古本原意为准，是有道理的。从"止于至善""仁者安仁"到"仁者莫大于爱人"。可知，所谓"人道亲亲也"，自然不能单纯理解为人道等于"亲亲"，而是"立爱自亲始"。如果说仁爱须以自然感情为基础，也是为了能够从中发掘出人性的潜能，借以扩大人的精神从而化解另一方面同样是与生俱来的限制性。

对儒家文化持有温情与敬意的钱穆先生认为："仁只是一种同情心，人与人有同情，即是仁。"②又说："由其最先之心言，（仁）则是人与人间之一种温情

---

① 李泽厚. 实用理性与乐感文化［M］. 北京：生活·读书·新知三联书店，2005：29.

② 钱穆. 现代中国学术论衡［M］. 北京：九州出版社，2012：23.

与善意。"① 这意味着仁心不是生命个体私密的情感或心理，而是为人类所共有的，求与天地万物及他人之生命相会通的境界与功能。由此，钱穆强调说："'心'是人生一共同体，实际大群有一共同心，超出群中每一小己个别心之上。"② 换言之，"仁心"是人人共有之心，是能够超越时间与空间限制的广大悠久之心。所以，钱穆又将仁心称为"历史心"和"文化心"。

由此，钱穆将心性视作历史文化发展的内源。他说："中国文化，也是一套从乎人之心性的文化……人人只从本心本性出发，不断向前开展。"③ 又说："非有此心，民族将会破碎。历史将会斩断。非有此心，物质纵进步，人道将萎缩，世界末日亦终于会降临。"④ 以亲情伦理和文化的发挥，才能理解儒家所谓"孝道"。孝，虽然可以表现为祖先崇拜或继承祖先之功德，或所谓"善继人之志""善述人之事"，抑或是通过挖掘人类生活中存在的人文事实，赋予其人文道德价值从而规范引导人类的未来生活的道德原则，乃人类文明成果即人类社会千百年来积累的文化经验与生存智慧。

孝道就是基于伦理教化的需要而提出来并加以理论化的。"孝"虽是立教的主体，但是，不是说它无任何条件限制。《礼记·缁衣》谓"可行也，不可言，君子弗行也"，又说"行必稽其所敝"。不可以言说的事，是不能做的。"亲亲"之仁，也是要有理性的。因而，"孔门只把孝弟当作对一般人的起码要求，并不曾把它当作德行上最高的成就"⑤，这在孔孟那里都可以得到印证。即使作为道德认识的必要步骤，也是不得已的方法。毕竟，人心难以客观地认识，如果仁义忠恕之道在至亲身上都没有体现，也就很难在其他人身上得到体现。

深层次看，"义"或《礼记·中庸》所云之"尊贤"，亦即"仁民""爱物"的原则对"亲亲"又有一定的限制。

从今天的立场看，孝慈所反映的人伦关系本身至少具有双重的社会关系：一是作为普通社会关系存在的，一是作为特殊社会关系而存在的。二者的关系反映了孝慈和仁义的关系。虽然，从经验事实上看，因对孝慈的仁爱根源的强调，实践上存在着误区，但也反应的客观上的时空差别和能力的限制性。因为这个原因而否定孝慈的文化意义则也有偏颇。

仁义既然是道德理想，总是要超越现实的。血缘关系虽在一定意义上被看

---

① 钱穆. 论语新解 [M]. 北京：九州出版社，2013：6.
② 钱穆. 中国史学发微 [M]. 北京：九州出版社，1998：209.
③ 钱穆. 孔子与论语 [M]. 北京：九州出版社，2011：448-449.
④ 钱穆. 孔子与论语 [M]. 北京：九州出版社，2011：439-440.
⑤ 徐复观. 中国思想史论集 [M]. 上海：上海书店出版社，2004：136-137.

成是道德理想的起点，而非终点，当然也要被超越。其中，客观的礼是一个层次，而仁的境界是另一个层次。所以，儒学的仁德理想与血缘关系是一种实践基础上的辩证关系，是既借助于亲情又要求超越其限制性的文化力量。

但是，有人认为儒家伦理导致只有私德而无公德，也有人认为仁道的理想太高远，是"乌托邦"，其实，这都是抛开"实用理性"结构对儒家伦理的曲解，抑或被视为是对其流弊的批评也未尝不可。近人推崇逻辑思维，喜欢线性推理，并将逻辑推理的起点和儒家作为立教主体的历史起点当作一回事，就出现了要么"亲亲"，要么"爱人"，而不能二者同时兼得，忽略了客观上各种关系的既相互助力又相互制约，主观上也忽视了理性及人生境界的作用。从其相互促进角度看，"亲亲"是仁爱的一个参照。因为对于"不可逃"也"不可加"的长期具有稳定生活关系的亲而言，彼此感情是有可能深化发展到世俗之极限的，它无疑深化和推进人生各方面的情感体验，也就是可以作为人生其他各种体验的参照物。事实上儒者也认为"事亲如事天""资于事父以事母，而爱同资；事父以事君，而敬同"（《孝经》）。之所以有人对其亲有怨恨，其根源还是在于他认为其亲没有按照他所期待的那样亲爱他，故恩爱转化为怨恨。一个人如何处理其爱或恨其亲的那些情感，也就影响着他今后如何处理他和其他人的情感。情感生活的不成熟必定制约着其人格的发展。"亲亲"是对"爱人"的制约，反之亦然；"忠"是对"孝"的制约，反之亦然；仁是对义的限制，反之亦然。《礼记·表记》曰："仁者右也，道者左也。仁者人也，道者义也。厚于仁者薄于义，亲而不尊；厚于义者薄于仁，尊而不亲。道有至，义有考。至道以王，义道以霸，考道以为无失。"应镛曰："至道，即仁也。"①

上述引文在"亲""尊"即仁和义关系问题上显然是以仁为上的。不过，在仁义、亲尊、厚薄关系的论断中，仁既有"亲"的含义，又有"仁者人也"的含义，是有深义的，值得高度重视。但是，对于《礼记·表记》的作者而言，无论仁还是义，本身又都是有层次的。如云："仁有数，义有长短小大。中心憯怛，爱人之仁也；率法而强之，资仁者也。"因此，如果可以承认在孔子那里，仁只是一种"安而行之"的行为而无内外的分别的话，那么，在《礼记》以及郭店楚简中，因为涉及抽象的原理及其具体实践的关系，就不能没有内外的分别。

这里，最值得关注的是"亲亲为大"与"立爱自亲始"的思想与其他伦常、特别是政治伦理的关系问题。这就需要对内外做进一步的分析。实践操作

---

① （清）孙希旦. 礼记集解（下）[M]. 北京：中华书局，1989：1302.

与思想理论存在张力，伦理道德与思辨哲学不能完全归一，正如我们不能因认为吃饭对生命非常重要，所以可以不呼吸、不喝水一样。

所谓内外，最初可能是就"门内""门外"说的。"门内"指宗族内，"门外"指宗族外。章太炎云："姬姓内也，异姓外也。音义同，则以日月况之。"①《礼记·丧服四制》等多处有"门内之治恩掩义，门外之治义断恩"。一个人既活动在宗族内外，就有身份变换；而作为个体，其身心上的变换与调整都有不同的礼仪要求，这就是《郭店简·六德》所谓"仁内义外，礼乐共也"。门内门外各自侧重点不同，但并非说门内不讲义，门外不讲仁，而是仁义出现冲突时裁决方式的倾向不同罢了。但是，如果"内"与"外""中出"与"外入"、仁与义最终都统一于个人，就不仅有"内""外"的界线分别与打通的问题，而且有"中心"如何发而"中节""外心"如何"内转"而为主宰的问题。若"外内不相应，则无可以取信者矣。"（《大戴礼记·子张问入官》）因此，门内以情为主导，门外以理为主导。情感与是非是存在界限的。

一方面，如果儒家"内"与"外"的界线没有分别，就没有公私之分别，今人所谓的公德与私德既不能完全区分开，也就不存在二者如何打通的问题。但是，仅有公私的分别也是不够的，还有一个如何消除障碍，泯除蔽障从"亲亲"而"亲民"的问题。我们看到，无论孟子"亲亲而仁民，仁民而爱物"，还是《礼记·大学》"大学之道，在明明德，在亲民，在止于至善"，都是对这个问题的解决。另一方面，作为个体，首先是道德上的"外入"的内容有"内转"的需要；孟子所谓大体、小体，小体从大体之说，正如"君子以心导耳目……小人以耳目导心"（《孔子家语·好生》），都是同一内容的表达。其次，则是"内心"的"发而中节"问题。虽然，《礼记·中庸》提出圣人"不勉而中，不思而得，从容中道"，但是，这是从形上层面说的，从实践上，不能否定仍存在如何使"内心"所发而中道的问题。儒家认为二者之间可以打通或者说存在着结构上的一致性。即所谓公德、私德不是绝对对立的。为什么呢？从"内心"所发，可能就是从自然血缘关系所奠定的人伦关系出发，虽在今日被视为私德，但又与严格意义的个人主义的自私有所不同。相对极端个人主义而言，从血缘出发的宗法道德也可说是一种公德，只是它与廓然大公意义上的公德不同而已。因此，从"内心"所发要能同时中道，关键仍在于如何对待"内心"的问题。

毫无疑问，孟子、《礼记·大学》突出从宗族"私德"可以走向或打通公

---

① 章太炎. 国故论衡［M］. 上海：上海世纪出版集团，上海古籍出版社，2006：17.

德，在宗法社会是一个无二的选择。而亲情伦理或孝道对于儒家理想的遮蔽性当然是另一个问题。今天的所谓公德，尽管其作为道德的合法性的根据，仍然在个体内部，但其真正实现的途径，很大程度上不能脱离他律原则。但是，从孔孟、特别是思孟心学一系的角度看，是不能从他律原则来考虑道德的合理根据的。因为这会导致对道德本身的消解。为善的根据仍然只能是内源的。外在的天的信仰和作为严密体系的法律不能被视为是所谓公德实现的现实力量。因而，公德的实现不能等同于私德，但也不能抛弃宗族私德的现实基础，否则，实现道德的动力和现实条件都会被瓦解。于此，我们可以理解"内心"的"亲亲"在儒家道德理想实现过程中充当了一个什么样的角色。

但"亲"与"尊"并非井水不犯河水的关系，二者是可以交织并进的。《大戴礼记·主言》云："上之亲下也如腹心，则下之亲上也如保子之见慈母也。上下之相亲如此，然后令则从，施则行。""亲"对于行政治理有促进作用。

以今人眼光看，所谓仁义内外的分别以及"推恩"，又往往被看成家族伦理向政治的扩张，这就必然存在着难以完全相应的似是而非的观点。以传统儒者立场看，政治合理性的基础是来自天命，而天命却不一定有绝对不变的安排，最终是取决于德性的。所谓"皇天无亲，惟德是辅"。所谓德性，虽源自天命，但最后却是归结为世俗的道德生活实践的，而道德生活最可以确证和观察的，不是神秘命运，也不是个人的自我感觉，而是从家族以及社会生活中得到实现的。因此，近年人们常说的所谓的家国同构，家国情怀就是在这一语境中产生的。从伦理政治的角度看，家族伦理的强调，不外乎就是将其特有的具有浓厚人情意味的伦理情怀当成不仅是超越个体生命局限的文化资源，而且认为其超越性是可以化解不同家族之间的竞争，乃至最后还是可以化解国族之间的冲突的文化精神。如果说传统社会中，这种家国同构，家国情怀还在很大程度上缓解了家族的纷争，提升个人的精神层次方面发挥了相当的作用，从而维持了一治一乱的周期社会变化的秩序，那么，到了近代，也还有康有为力图打破"家界"，冲破国界，建立所谓世界大同的社会。康氏这一理想的后果直到今天仍在不断延续。

对"亲"的关系以及伦理情感的重视不能仅从一般世俗生活的平面去理解，其中存在着人性中难以以理性完全质证的复杂社会因素和心理因素。因为亲乃个体生命最接近、最了解，最可靠的原因，它是儒者乃至一般人在现实生活中都最确定的基础和条件。这是长期的生活实践中验证的，也是可以在今后的生活中可以进一步确证的。亲作为一种信任的可靠的感情，一般都伴随着人们的生活。因为亲而信，因为信而据以为言行的可靠条件。这是和基于知识理性的理解相互关联但是又彼此区别的。宗教信仰也并不完全否认知识理性，只有当知识理性无法解释，信仰才能出来发挥作用，这当然不是说对于不能理解的都信仰，而是以理解作为信仰的基本条件之一。

三、"人道亲亲"与"天下为公"

儒家典籍中"人道"一词的特定内涵，即人之所以为人之道。这一思想内涵体现在"人道亲亲""尊尊亲亲长长，男女有别，人道之大者"等说法中，表明宅心仁厚与按图索骥、以德报怨与以直报怨，虽都不违背道德，但其中有层次区别。然因形上不离形下的特点，实践上儒家人文主义使其人道必然不能脱离"物道"。人道与物道的彼此交织和关联，其复杂性导致人需借助文化乃至政治实现人道。人道以物道为前提，但却高于物道；人道既包含人的共性，也包含其个性；物道与人道渗透交织而彼此互动。儒家人道观念虽基于"人道亲亲"，但其实践指向是"天下为公"，而非是"亲亲"为始终，故"人道亲亲"和"天下为公"不仅不构成逻辑上的矛盾，且互为支持。

"人道"是孔子之后儒家典籍特别是《礼记》《郭店楚简》中常见之词。它的含义通常指人伦、人事或为人之道等。据此，《礼记》中有"人道亲亲""人道政为大""人道敏政"等说法。但是，人们却并未对"人道"一词的内涵予以深究，客观认识其在儒家伦理中的重要地位。人道毫无疑问有其特定内涵，是人之为人之"道"，它与近代西方的"人道"有区别：后者突出和强调人从上帝奴仆地位的解放而获得俗人的规定性，最明显的是人从神道获释而得之主体地位，故认为人就是目的；相反，儒家人道相对天人合一的天道而言。天不同于上帝。人不可能割断和天的内在关联。这不仅因人有超越追求，且天道显现的方式还包括与人道有别而又作为其前提的"物道"的形式。换言之，人道并不与天道对立。"盖天非人不因，人非天不成。"（《风俗通义·皇霸》）天人不是二元结构或 N 元结构，而是一体贯通的。天道、物道构成结构上的义理关系，实践上则不免是针对政治权力的超强力量获得自身的现实意义。

儒家物道与人道的层次分别，与近代西方的人道主义、人本主义在思想根源和内核方面的区别，不在于单纯建立人对物的控制和支配力，而是以大写的人的整体与包括天道、物道的和谐为基调的伦理特别是政治伦理的文化道德理想。可以说，它是主张宅心仁厚的。此外，"人道亲亲"与《礼记·礼运》"天下为公"并非不同思想的拼接，而是同一思想的不同层面。

儒家人道观念虽基于"人道亲亲"，但其实践指向是"天下为公"。

《礼记·礼运》以提出"天下为公"思想闻名。论者多以为这一思想与后文礼治思想不相合拍,亦即和本文前面所论之亲情伦理不一致,故多认为是吸收道家或墨家思想所致①。还有认为所谓"公"并非后世所谓公有制,而是"官",公正无私之义。至于《礼记·礼运》一篇成书的年代,也是众说纷纭。郭沫若谓乃孔子学生子游所作②,周予同谓其是"儒家支流一位不知名的作者的作品,至早出于战国末年,甚或出于汉初"③。也有谓汉初儒者所作。

我们认为,《礼记·礼运》虽吸收道家和墨家的思想,但仍应属儒者作品,且很可能成书于汉初。因为,老子的主张中虽有"王乃公"的说法,但其社会观却是小国寡民,老死不相往来的社会状态。通行本老子书中"大道废,有仁义",其实按郭店老子本原文是"大道废,焉有仁义"④,意思完全不同,说明通行本是后人所改。至于墨子,虽主张兼爱,其所崇尚圣人为大禹,并无对三代以前的社会有多么向往。同时,儒家思想借以为资源的周代文明及社会现实,足以提供"天下为公"思想的论据。

首先,周初已有"皇天无亲,惟德是辅"思想。儒家思想发源于周代文明,自然对这一思想不陌生。其次,儒家内圣外王思想,人人皆可为尧舜,途之人皆可为禹是儒家革命论的理论内核。"心学成圣论的政治哲学含义,因此乃是一种圣人正义论。"⑤ 再次,汉初社会现实的巨大变革,布衣皇帝出现,不是证明陈涉曾被人非议的"富贵",也可降临任何一个"有德"之人身上吗?这样看,汉人写作此文动机很明白:它是为新政权的合理性作论证的。这实际上是将政治现实甚或理论需要当作真实历史来叙述(这种状况在历史上并不鲜见),何况这种叙述在一定程度上多少也是有些根据的。近代孙中山也以"天下为公"作为革命口号,绝非偶然。当然,即使汉代改朝换代,还是不可能达到"深嫉夫当时之大人世及以为礼",进而达到今日"革命"⑥ 的地步。

不过,这种论证是说明汉政权来源的合理性的,而《礼记·礼运》的后半部分是论证治权的合理性的。但这并不是说亲情伦理与"天下为公"的思想仅

① 宋黄震、清姚际恒以为《礼记·礼运》"大道之行,天下为公"思想接近道家黄老一派。金德建认为,《礼记·礼运》"大同"思想,属于墨家性质。参见:金德建.先秦诸子杂考 [M].商丘:中州书画社,1982.另:吕思勉认为《礼记·礼运》思想和荀子思想基本一致。参见:吕思勉.吕思勉读史札记 [M].上海:上海古籍出版社,1982:430.

② 郭沫若.十批判书 [M].北京:人民出版社,1954:116.

③ 朱维铮.周予同经学史论著选集 [M].上海:上海人民出版社,1983:420.

④ 李零.郭店楚简校读记(增订本)[M].北京:中国人民大学出版社,2009:33.

⑤ 刘小枫.儒家革命精神源流考 [M].上海:上海三联书店,2000:27.

⑥ 熊十力.熊十力全集(第六卷)[M].武汉:湖北教育出版社,2002:449.

仅出于论证政权与治权合理性的需要。事实上，在儒家思想逻辑中，理想的"公"在具体实践中仍要从家族伦理展开，因除了家族，没别的社会组织。而将"公天下"说成是三代社会以前的状况，既在一定程度上反映了上古社会原始公有社会的特质，又有足够说服力为现政权作论证。人道亲亲所强调的是人道的原则和方法，虽存在着限制性，"天下为公"作为其补救和纠正，就有了存在的空间。基于此，说儒家政治思想中没有关于政权来源的合理性理论显然不符合事实。至于这种关于权力来源的理论是否为人所认同则是另一回事了。

基于这种认识，我们认为"人道亲亲"和"天下为公"不仅不构成逻辑上的矛盾，且互为支持。亲情伦理即使后来吸收了兼爱思想，有"推恩"原则，但实践上不可能没有差池。随着岁月变迁，任何朝代都难免会积弊深重。这种积弊，最初可能是宅心仁厚与按图索骥、照章办事的分别，到最终可能是图与章俱废，更不要说宅心仁厚了。这种情况下，所谓"天下为公"式的革命势必难免。革命成为社会清洗积弊自我更新的必要环节。进而言之，任何革命成功，如果不能转变其立场，按儒家观点，势必难以维持政权的延续。

天作为一切价值之源，虽不是直接创造和控制物的上帝，但其通过人的协助而能实现其化育万物的目的。作为天（地）和物之间的人，一方面可能是助天者，另一方面却可能是逆天者。作为助天之人可谓"天人"；而作为妨碍天道流行者则实际就是纳"人道"入"物道"。换言之，完全无视人之为人的人道底线，而将人视为水火、草木、禽兽一样的工具性存在，没有人独立的意义和价值，就可说是"物道"。

总之，"天下为公""公"不是指公有制之公，而是公正。所谓"天下为公"其实就是天下归有德者。德者得也，"外得于人，内得于己也"（《说文解字》）。"人道亲亲"的思想基于家天下的社会现实。在家天下强调"亲亲为大"有其政治和社会的理由，因在不同社会格局中，家的内部和外部压力不同，会有不同的政治与伦理诉求。在和平环境下，家天下的现实导致家族成员的离散性，所以会提出"主际会""收族"的主张。只有在家族面临外部压力时，家族内部的冲突才会退居次要地位。

第二节 尊贤之义

就儒家而言，还有一个教化事务中相对重要的是"尊贤"问题。"尊贤"虽然首先是集权政治本身满足社会结构的要求以及统治长治久安的需要，但同时也是使社会具有凝聚力的教化的需要。《尚书·洪范》曰："凡厥庶民，有猷有为有守，汝则念之……人之有能有为，使羞其行，而邦其昌。"很明显，贤与"尊贤"对于邦国的繁荣昌盛有独特的价值。

一、"尊贤为大"

《礼记·中庸》谓："义者，宜也，尊贤为大。"这是相对"仁者，人也，亲亲为大"而言的。所谓"义"，按朱子所云："宜者，分别事理，各有所宜也。"① 又释孟子"集义"云："义，便事事合宜。"② "宜"字本义是杀割，与"俎"字、"肴"字同根，见于甲骨及《周礼》等上古文献。文多字繁，难以具录③。而在适宜、合宜的诸事之中，"尊贤"最紧要。从前后文语境看，"尊贤"之"义"与"亲亲"之"仁"既相互区别，甚至也不免有从属性。义乃实现亲亲之仁的必要途径；然而它们又是各有自己的内容不能相互取代，而且是彼此配合的。如《礼记·丧服四制》云："门内之治恩掩义，门外之治义断恩。"（《大戴礼记·本命》与此相同："门内之治恩掩义；门外之治义断恩。"《郭店楚简·六德》谓："门外之治义斩恩。"）虽然这是针对丧服制度上的父与君的关系上的裁断，但是也可以借为普遍意义的仁义问题上的分别。那么，究竟哪些属于"义"呢？除所谓"门外之治"以"义"之外，还有诸如"除去天地之害，谓之义"（《礼记·经解》），孟子谓"君臣有义"（《孟子·滕文公上》），"羞恶之心，义也"等等，其中，"尊贤"不仅也属于"义"，而且是"义"之大者。

《礼记·王制》云"上贤以崇德"，《礼记·礼运》"选贤与能"，《礼记·大学》"君子贤其贤亲其亲"等。《礼记》中"贤"字出现凡46次，在《大戴礼记》中也出现24次之多，频率颇高，可见它是仅次于"亲亲"的另一重要伦理，不是偶然的。

为什么"尊贤"也是教化的内容呢？"君臣之义"与"尊贤之义"又是什么关系呢？可以说，它们是基于不同的统治关系提出来的。君臣之义乃基于邦国组织结构而言的，它在教化上的合理依据是"资于事父以事君而敬同，贵贵尊尊，义之大者也"（《礼记·丧服四制》）。《礼记·中庸》却谓"义者，宜也，尊贤为大"，无疑是在原来丧服制度讲"贵贵尊尊"的基础上，更进一步将

① （宋）朱熹. 四书章句集注 [M]. 北京：中华书局，2012：29.
② （宋）黎靖德. 朱子语类（四）[M]. 北京：中华书局，1986：1261.
③ 庞朴. 儒家辩证法研究 [M]. 北京：中华书局，1984.

"尊贤"明确提出来，它不仅表明融合吸收墨家尚贤法家使能的思想，而且说明宗法社会进一步开放和扩大，社会关系发生新变化，不得不提出新的政治主张以适应政治统治的需要。

为何"尊贤"有等呢？首先是何以可以有"等"，其次是为何需要有"等"？再次可以有哪些等次？这里先谈头两个问题，后面再论第三个问题。对于第一个问题，诸注释皆未明言，似为不言而喻，仅《礼记·表记》云子曰："仁有数，义有长短大小。"所谓"数"与"长短大小"，郑玄、孔颖达均谓"互言之耳"；"仁有数"，吕大临云"此所施远近之数也"①。同样，"义有长短大小"，也是"义无定体，唯其所宜而已"，此言虽不能说不妥，但却遗漏了如同"仁"之有深浅亲疏一样，"义"也应有程度范围的区别。按《礼记·表记》文中还有所谓"道有至义有考"，亦有"数世之仁"和"终身之仁"的说法，其实，原则上都是仁义的"量化"。至于第二个问题，朱子则将其归结为"天"或"天理"所决定："亲亲之杀，尊贤之等，皆天理也，故又当知天。"② 按《礼记·中庸》原文，"知天"是"知人、事亲、修身"的必要前提，故"知天"是最为紧要的。"学若不知天，便记得此，又忘彼，得其一，忘其二。未知天，见事头绪多。既知天了，这里便都定，这事也定，那事也定。"③ 即是说，之所以仁爱有亲疏，尊贤有差等，这是"天理"或"天"的意志。认识到"天理"，则所谓长短大小之数也就清楚明白了。这是将认知引入道德实践的必然结果，只是过去一般都语焉不详。

在朱子语境中，"天"或"天理"是宇宙的本体，"知天"是学问的终极目标，"知天"就是知天道，知万物"所以然之理"与"当然之则"，自然可以一切皆定，没有未知的死角了。从这个角度看，朱子的"天""天理"是一切的圆满、绝对，是万物的形而上的原理。"天"并不等于宗教信仰中的神或上帝，但是，从其圆满无缺、作为形而上的存在而言，确实有部分上帝的属性，无怪乎明朝时朱学大盛，来华传教的耶稣会士们会误以为理学的天理就是基督教的上帝。然而另一方面，天人合一以及天本身的神性与自然性使儒学毫无疑问更接近泛神论色，而具有泛神论色彩的儒学在实践上必定不同于彻底的无神论，也不是完全世俗化的伦理哲学。这样，它在实践上就必然既强调"爱"，又强调"敬"。"爱"源于亲亲伦理，"敬"则是基于天的神性，然而其显现为世俗的社

---

① 陈俊民. 蓝田吕氏遗著辑校［M］. 北京：中华书局，1993：317.
② （宋）朱熹. 四书章句集注［M］. 北京：中华书局，2012：29.
③ （宋）黎靖德. 朱子语类（一）［M］. 北京：中华书局，1986：1559-1560.

会生活就是敬神、敬自然，敬师长等等。

"尊贤"思想的背后，有着深厚历史文化背景。原始社会，大凡身怀一技之长者都可以在一定范围内引起他人的敬服。即使不从成王败寇的思路考虑，凡能在历史上留下一定痕迹者皆有超出常人的能耐。比如蚩尤，似乎史书上名声并不好，但实际上也有一定本事。"昔者黄帝得蚩尤，而明于天道；得大常而察于地利；得奢龙而辩于东方；得祝融而辩于南方；得大封而辩于西方；得后土而辩于北方。黄帝得六相而天地治，神明至。"（《管子·五行》）蚩尤、大常、奢龙、祝融、大封及后土诸人，都是有自己的独特本领才为黄帝所用，这是没有疑问的。所谓圣贤崇拜，换个说法也就是另类的英雄崇拜，或文化英雄崇拜。至于在儒者的观念中，圣贤乃至君子，都不是一般意义的英雄，而是在儒者所关注的伦理道德方面有特殊建树的人。

《礼记》中并未明确界定何者为贤，只是在《礼记·祭统》中记载："君子之观于铭也，既美其所称，又美其所为。为之者，明足以见之，仁足以与之，知足以利之，可谓贤矣。"大意是孝子贤孙为称颂先祖的美德，将其美言美行铭刻于鼎，教育后代。这样做的人，其聪明能够显现先人的美德，其仁心能够给先人铸名，其智慧能够利用这种方式以利己利人，就算是贤人。而在《大戴礼记》中，孔子明确界定"贤人"："所谓贤人者，好恶与民同情，取舍与民同统；行中矩绳，而不伤于本；言足法于天下，而不害于其身；躬为匹夫而愿富贵，为诸侯而无财。"（《哀公问五义》）这是说，贤人就是与民的好恶与价值选择相同，遵纪守法，其言可为万民所效法但不会遭来灾祸，有所追求却品德高尚的人。由此，《大戴礼记·主言》记孔子曰："是故仁者莫大于爱人，知者莫大于知贤，政者莫大于官贤。"儒者认为，没有常安之国，也无容易治理的国民，是否得到贤者才是国家安危的关键。实现仁爱最重要的就是知贤和官贤。《大戴礼记·卫将军文子》的主要内容就是文子与子贡讨论如何辨别贤人。但是，从孔子称颂伯夷、叔齐之贤，箕子、比干、微子之仁，可以知道，贤人的种类其表现不限于此。《礼记·郊特牲》云："天子存二代（夏殷）之后，犹尊贤矣。"其中最典型的恐怕要数伯夷、叔齐了。尊贤是对亲亲伦理的节制，也是对权力本身的自我约束力。贤者，非有德即有能，乃社会的栋梁国家的股肱，对于集权政权的长治久安是由举足轻重的地位的。

《史记》中孔子反驳子路以成败论仁义便举出伯夷、叔齐的例子：《孔子世家》载：孔子知弟子有愠心，乃召子路而问曰："《诗》云：'匪兕匪虎，率彼旷野。'吾道非邪？吾何为于此？"子路曰："意者吾未仁邪？人之不我信也。意者吾未知邪？人之不我行也。"孔子曰："有是乎！由，譬使仁者而必信，安有伯夷、叔齐？使知者而必行，安有王子比干？"伯夷兄弟二人的故事众所周知，他们在武王进攻朝歌的半道上曾劝阻武王的义举，又在武王得天下后拒食周粟，然而，孔子却认为他们是贤人。当然，此二人不仅是饿死不食周粟，而且还曾经让国在先，这大概是成为贤人的重要理由。无独有偶，在《说苑·尊贤》中，谈及齐国将军田聩出征，张生送至郊外曰："昔者尧让许由以天下，洗耳而不受，将军知之乎？"其中，除了伯夷兄弟外，还谈及于陵仲子宁肯辞去楚国三公之位而去替人浇园子，智果不愿要君主兄弟的名分，改姓换名，甘愿做庶人，孙叔敖三次辞去楚相而不后悔的故事，并且认为："此五大夫者，名辞之而实羞之。今将军方吞一国之权，提鼓拥旗，被坚执锐，旋回十万之师，擅斧钺之诛，慎毋以士之所羞者骄士。"田聩曰："今日诸君皆为聩祖道具酒脯，而先生独教之以圣人之大道，谨闻命矣。"在此语境中，五大夫辞官爵之举是"名辞之而实羞之"，并且被认为是"圣人之大道"，这种叙述其实和两戴《礼记》的观念是一致的。

二、"尊贤之等"

"尊贤"乃实现"天下为公"的必然举措。《礼记·中庸》在"尊贤为大"之后，接着说"亲亲之杀，尊贤之等，礼所生也"，血缘亲疏和尊贤的等级，就是礼所以产生的依据。如果我们将血缘亲疏、人的才德的层级看成只是一个事实，而礼是包含着价值的话，在这里，事实仿佛就等于价值了。这其中，如果说血缘亲疏是不可更改的事实，而才德的等级作为政治上的认定虽也不是个人可以私自随意改变却是礼法制度可以认定的。这就是所谓"名"的问题。

孔子有著名的"必也正名乎"之论，庄子亦谓"君子好名""尊贤"必定依赖"正名"，教化也必须以之为前提，这是不可不略做交代的。《礼记·大传》曰："名者，人治之大者也，可无慎乎？"《礼记·王制》还提出对于乱名之人实行严刑："析言破律，乱名改作，执左道以乱政，杀。"

这里就需要论及前文所述第三个问题，即"尊贤"有哪些等次呢？我们知道，孔子回答樊迟问知时曰"知人"，《礼记·中庸》云"思事亲，不可以不知人"，《尚书·皋陶谟》有所谓"知人则哲"之说。它们的意思是相同的。对于"尊贤"而言，当然是以"知人"为前提的。在这个问题上，《大戴礼记》中《大戴礼记·文王官人》《大戴礼记·子张问入官》，以及《曾子制言》诸篇都有对知人识贤的论说。如何选贤任能其实也是"尊贤"的实践结果，因此，后世的察举以及科举，都不是某个人偶然的发明创新，而是有思想文化与理论作为前提的。

从《大戴礼记·礼察》篇所述内容看，作者认为人主最紧要的是善于"取舍"或决策。虽不一定能做到贤人那般"好恶与民同情，取舍与民同统"，但"取舍之极定于内，安危之萌应于外"，德教与法令，都各自有自己发生与积累的过程，差之毫厘谬以千里，不可不谨慎。《大戴礼记·主言》篇记孔子认为，古代明主尽知天下良士之名，而且不仅如此，还"知其数，又知所在。"所谓"良"，王聘珍谓"贤也，能也。"① 在孔子看来，天下"至仁者"，能合天下"至亲者""至知者"能用天下"至和者""至明者"能选天下"至良者"。"此三者咸通，然后可以征。""和"，按《国语·周语中》"和同可观"，韦昭注"和谓可否相济"。《大戴礼记·子张问入官》则比较实际，一方面它认为"君子莅民，不可以不知民之性，达诸民之情"，另一方面则强调选择左右大臣，"贤君良上必自择左右始"。

贤，并非仅指孤立的一类人。比贤人境界略低的是君子，而比贤人境界更高者为圣人。《大戴礼记·哀公问五义》中有一段孔子与鲁哀公的对话，其中不仅论及圣人、贤者，也有论及君子、庸人和士。我们可以通过相关的讨论来做一分析。

正如生活中君子可能比贤人更常见一样，君子在《礼记》中多达320余处，在《大戴礼记》也出现110多处。从"两戴记"的情况看，大抵论述古代礼制、仪范、人物的篇章，其很少出现或没有君子一词，同时往往出现"贤""贤人"或"圣人"等；孔子和弟子们之间的对话，多有君子一词。因此，"君子"是孔子儒学产生后才逐步成为儒者们公认的道德人格。

"两戴记"中，多云君子的品格、言行、修为等，如"是故君子无物而不在礼矣"（《礼记·仲尼燕居》），"君子明于礼乐举而错之而已"（《礼记·仲尼燕居》），"君子素其位而行"（《礼记·中庸》），"君子无入而不自得焉""是故君子有诸己而后求诸人"（《礼记·大学》），"君子虑胜气，思而后动，论而后行，行必思言之，言之必思复之，思复之必思无悔言，亦可谓慎矣"（《大戴礼记·曾子立事》）等等。大多是就某方面德行而言，集中准确明言君子人格之处少见。仅在《礼记·曲礼》《大戴礼记·哀公问五义》《荀子·哀公》中论及。《礼记·曲礼》云："博闻强识而让，敦善行而不怠，谓之君子。"《大戴礼记·哀公问五义》记孔子曰："所谓君子，躬行忠信，其心不买；仁义在己，而不害不志；闻志广博，而色不伐；思虑明达，而辞不争；君子犹然如将可及也，

① （清）王聘珍．大戴礼记解诂［M］．北京：中华书局，1983：7．

而不可及也。如此，可谓君子矣。"买，王聘珍认为其义未详，或云当为置①。置，有时为德。德，惪也。《大戴礼记·文王官人》"施而不置"，注云；不形于心色也。又《荀子·哀公》谓"言忠信而心不德"，即不自以为有德。其中显著的特点就是"无入而不自得"，这和《说苑·修文》谓"君子者，无所不宜也"的意义是相同的，指君子精神品格不受环境或事物所限制。

《礼记·中庸》谓圣人所谓"不思而得，不勉而中"，是指善已然是圣人习惯性的下意识的行为，不用逻辑去思考，不用尽心勉力。《大戴礼记·哀公问五义》中孔子曰："所谓圣人者，知通乎大道，应变而不穷，能测万物之情性者也。"显然，《礼记·中庸》是从实践上论圣凡的区别的，圣人之道德是自然而然，不假思勉的；而《大戴礼记·哀公问五义》则从智慧角度论圣人对大道、万物之情性的掌握以及应对变化上说的。虽然角度不同，但明显与君子、贤人区别开来。如果我们以《大戴礼记·哀公问五义》中论说之人格略加细分，则君子重在行忠信却不留心于道德的表面，由仁义行而非行仁义，谦让有礼，相对普通士人而言似乎是可及又是必定又有难及之处。贤人则不仅个人行为有规矩不伤害根本，言论足以为天下人遵循，而且内心之好恶与万民相通；圣人则与万物之情性相通，乃所谓"前知""先识"者。郑玄《周礼注·大司徒》云："圣，通而先识。"

不过，君子与贤人乃至圣王（人）并非完全不相交的。以此而论，君子与宇宙万物及天地的关系复杂纠缠，不可以机械的思维推导。比如，一方面，圣人与天地万物的关系是治理的关系。"天地与人事，此四者圣人之所乘也。"（《大戴礼记·盛德》）乘，治也。天子与太师、太傅、太保三公联合率领冢宰、司徒、宗伯、司马、司寇、司空六官治理天下，"以御四者""均五政，齐五法"，各司其职，以道治国，以德安国，以仁和国，以圣平国，以义成国，以礼定国，是治国的根本。

同时，天地有大德，圣人堪比天地，可"赞"天地化育万物与天地"参"。《礼记·中庸》云："唯天下至诚，为能尽其性。能尽其性，则能尽人之性。能尽人之性，则能尽物之性。能尽物之性，则可以赞天地之化育。可以赞天地之化育，则可以与天地参矣。"朱熹谓："天下至诚，谓圣人之德之实，天下莫能加也。"②又云："尽其性者，德无不实，故无人欲之私，而天命在我者，察之由之，巨细精粗，无毫发之不尽也。"将圣人实有层面的"至诚"，看成是和实

---

① （清）王聘珍. 大戴礼记解诂［M］. 北京：中华书局，1983：10.

② （宋）朱熹. 四书章句集注［M］. 北京：中华书局，2012：33.

践上渐次展开的"尽其性"逻辑上完全等值，其结果就是圣人之性与人之性，人之性与物之性是相通不二的，最后，尽物之性就是可以助天地化育万物，与天地并立为三。这里的逻辑可以从两个角度理解，一为至诚或圣人之德本身就是与人之性和物之性是同构的，相通的，圣人之尽其性就必然同时意味着尽人之性与尽物之性；二是圣人之德本来就内在地包含着人之性和物之性，因而圣人尽性是以尽人之性和尽物之性为必要前提的。很难说究竟是哪一种情形，因为"圣人者，知通乎大道，应变而不穷，能测万物之情性者也"，似乎都能得到解释。因为，"诚者，非自成己而已也，所以成物也"。至诚因此还可以"前知"，是不息的精神。

《礼记·中庸》以极其具体实证而又有极富穿透力的语言论天地之德：高明、薄厚。"薄厚，所以载物也；高明，所以覆物也。""今夫天，斯昭昭之多"，但"及其无穷也"，日月星辰都包括于其中，万物均可覆盖。"今夫地，一撮土之多""及其广厚"，却能载华岳而不重，振河海而不泄，承载万物。山与水，虽都可能直观地呈现在人们眼前，但从其广大和不测而言，一切动植生物和宝藏，都因此而生长蕴藏。这就将宇宙间的一切存在物统统视为一个生命的有机体，虽然它们可能从不同方面与人发生联系，但终究和人类生命一样是生生不已的，这就是天命。

可见，哪怕通常看起来毫无关联的一撮土，一勺水，一卷石，若就其无形而有机的联系与变化的神秘莫测及蕴藏的未知可能而言，却是和圣人之性、天地之德齐平的，是一切生机与生命意义的源泉。其中或许如人们所猜测可能有的古代物活论或万物有灵论的遗迹，然而，它又何尝不是轴心时代以来人文主义兴起后最亲切、最真实、最纯朴的真实生命的真切感受，不是朴素的辩证法呢？更何况，在人们的视野中，同样作为事实真实的宇宙也可以被转化成审美视野中的宇宙呢？

《礼记·乐记》不是单方面认为圣人与天地是治理的关系，和《礼记·中庸》一样突出天地之德的超越性的同时，却更加以天地的关系与人事相比附，和《易传》思想加以融合，成为儒家修养论的宇宙论基础。其云："天尊地卑，君臣定矣。卑高已陈，贵贱位矣。动静有常，小大殊矣。方以类聚，物以群分，则性命不同矣。在天成象，在地成形；如此，则礼者天地之别也。地气上齐，天气下降，阴阳相摩，天地相荡，鼓之以雷霆，奋之以风雨，动之以四时，暖之以日月，而百化兴焉。如此则乐者天地之和也。化不时则不生，男女无辨则乱升；天地之情也。"这段与《易传》开头一段大意相同，仅"如此则乐者天地之和也"以后讲礼乐者为《易传》所无。这里将宇宙间的活动高度归结为

"阴阳相摩，天地相荡"，可以说表达了儒家礼乐观的哲学基础，具有普遍意义。它不仅认为礼乐出于天地、阴阳的相互摩、荡，而且意味宇宙间一切现象都是对立双方的相互摩、荡的显现，没有绝对不变的对立。这种摩荡似无声而有声，似无形而有形，从而形成人们可以眼观耳闻但却不止于眼观耳闻的深邃辽阔的美善宇宙。《礼记·乐记》将天地的和谐视为礼乐的宇宙论基础，认为"大礼与天地同节，大乐与天地同和"，这不仅是一种关于宇宙、礼乐的思想理论，而且简直就是圣贤们宏阔的胸怀和丰富而深刻的生命。天地并非只是光秃秃的自然界，同时也有其和圣人同样的品格。

毫无疑问，圣贤都是杰出人物，不排除他们都有超越常人的人格魅力。但是，圣贤与一般的英雄或伟大人物不同在于：他们要么"好恶与民同情，取舍与民同统"，要么"知通乎大道，应变而不穷，能测万物之情性者也"，这说明，圣贤并非历史上有些伟大人物一样知道民之心理加以利用，更重要的是他们思想感情与民相通并选择他们那样的价值取向。可以说，与民同心气，能应对任何复杂的情况变化，是所谓圣贤与英雄或伟大人物所不同的地方。

然而，如果不能以圣贤的眼光与胸襟去面对实然的撮土勺水，那现实的世界无法通过应然而可能的转化变现为意义世界，有形不能上升到无形，有声不能转化为无声，僵死静止不可能同时是活泼动态的，那么无形而神秘莫测的浑圆的世界就只能显现为赤裸裸的事实。人还原为肉眼俗人，就回到日常庸人的世界之中来了。

孔子曰："所谓庸人者，口不能道善言，而志不邑邑；不能选贤人善士而讬身焉，以为己忧。动行不知所务，止立不知所定；日选于物，不知所贵；从物而流，不知所归，五凿为政，心从而坏；若此，则可谓庸人矣。"（《大戴礼记·哀公问五义》）"庸人"的特征是分不清是非，讲不了善言，分辨不了贤愚善恶，不能正确衡量事情的轻重，行动没有明确方向，随波逐流，人生意义缺失，以感官为生活的主导。可见，"庸人"不能超脱现实，多被环境所左右。此处所谓"庸人"，似与"中庸"所谓"匹夫匹妇"没有原则性区别，但"匹夫匹妇"却也对"君子之道"有所知且有所行。"君子之道费而隐。夫妇之愚，可以与知焉，及其至也，虽圣人亦有所不知焉。夫妇之不肖，可以能行焉；及其至也，虽圣人亦有所不能焉。"匹夫匹妇相对圣人而言，只是所知所行无论在程度上还是在范围规模上小得多而已。这样，如果庸人和匹夫是同类人的话，那么他们可能只是因同类人平常显现的不同方面而有所区别；如果不是同类人的话，匹夫显然较之庸人更接近君子。在《易传》中有"仁者见之谓之仁，知者见之谓之知，百姓日用而不知""匹夫"指淳朴的老百姓。如果我们暂置这个问题不论，那么，在庸人和君子之间是否还有中间环节呢？

哀公曰："善！何如则可谓士矣？"孔子对曰："所谓士者，虽不能尽道术，必有所由焉；虽不能尽善尽美，必有所处焉。是故知不务多，而务审其所知；行不务多，而务审其所由；言不务多，而务审其所谓；知既知之，行既由之，言既顺之，若夫性命肌肤之不可易也，富贵不足以益，贫贱不足以损。若此，则可谓士矣。"（《大戴礼记·哀公问五义》）士有两个明显的特点：第一，士是有精神追求的人。其"必有所由焉"，士尚志（《孟子·尽心上》）。第二，能辨是非。"辨然否，通古今之道，谓之士"（《说苑·修文》）。《说苑》论"士"是与野人、众庶相对而言的。其引《易传》云："苟可而行，谓之野人。安土重迁，谓之众庶。"此处也人应为住在郊外之人。野人之随声附和与众庶之不轻易搬迁（意味无所追求）从某个方面和庸人比较近似。比较而言，士则是有坚定不移的理想追求的，只是在对道德理解和掌握的问题上没有达到君子的层次，不能尽善尽美，无论知还是行，都受到自身条件的限制，但却能做到富贵贫贱都无改于其志向。可见士与庸人的分不清是非，没有定见随波逐流易受到环境影响大为不同，甚至也较之匹夫和百姓也有更高的道德自觉性。

从士到君子，从君子再到贤人与圣人，最大的不同可以说是对道的认识上的区别与实践上的对待方式不同。从生命的体验上看，其中值得关注的是从尚志即道德主体性的挺立而逐步向外扩展，达到对百姓乃至万物情性的"测"或正确认识为原则的。从士之"有所由""有所处"的自主精神，到君子"仁义在己"而能谦让，再到贤人能"好恶与民同情，取舍与民同统"，最后是圣人能"应变而不穷，能测万物之情性"，这是一个由道德主体性向他人与外部世界逐步扩展的过程。《大戴礼记·诰志》则将圣人比附为天地生物那样的品格："天生物，地养物，物备兴而时用常节，曰圣人。"应该说，在这个过程中，随着士的执着追求，到君子、贤圣的胸怀的扩大，在儒者看来，是更有能力将一般对象转化为道德与审美对象，因而更能将事实转换为价值的了。比如，在历史家看来，武王伐纣，难免是"臣弑君"，但是，孟子居然能将案子翻过来，不过是"诛一夫纣"而已。

《说苑·善说》提到子路问孔子如何评价管仲，孔子曰："大人也。"子路很疑惑。举出的例证是管子游说襄公，未得到襄公的欣赏，这是不辩；想立公子纠却未能，是无能；家族在齐国受到伤害而无忧色，是不慈；桎梏而居囚车中却无惭愧之色，是无愧也；最后侍奉其所射杀的桓公，是不贞；原来一同辅佐公子纠的好友召忽忠于主人而死，管仲却未死，是无仁也。针对子路的疑惑，孔子曰：管仲未说动襄公，不是不辩，而是襄公不知管仲所说；立公子纠未能，不是无能而是不遇时；家族在齐国被伤害而无忧色，不是不慈，而是知命；桎梏于囚车而无惭色，不是无愧，而是有主见；侍奉所射之君，不是不贞也，而是懂得权变；召忽死而管仲没选择死，不是无仁也。召忽不过人臣之材，不死则成为俘虏；死之则名闻天下，为何不死呢？管仲乃天子之佐，诸侯之相也，死之则不免为沟中之瘠；不死则功复用于天下，为何要死呢？这里，孔子认为子路并不懂管仲。

需要补充的一点是，《礼记·中庸》并未将圣人神化，而认为圣人亦"有所不知""有所不能"，而具有人性。神性仍是属神的，子曰："鬼神之为德，其盛矣乎！视之而弗见，听之而弗闻，体物而不可遗……《诗》云：'神之格思，不可度思，矧可射思！'"圣人与匹夫之间的知与不知、能与不能似乎都是相对的。圣贤的显现是有条件的。韩非子云："贤舜则去尧之明察，圣尧则去舜之德化，不可两得也。"（《韩非子·难一》）就儒家追求的仁而言，既然难以对象上实证，故只能从动机角度去认识。《礼记·表记》载"仁者安仁，知者利仁，畏罪者强仁"，《礼记·中庸》也有类似说法："或安而行之，或利而行之，或勉强而行之。"而从结果来看可能大致不差。这就导致道德认识的困难。由于"贤难"，则"尊贤"作为教化的重要内容在日后的社会生活中必定将会导致对制度的需求。

从认识上看，人并没有一个明确的标志可以区分不同级别的人格，甚至人们之间往往很难画出明确的边界。这种情况下，以人治的方式治理，就难免出现双重的"自欺"：即一方面，社会治理需要榜样人格，就会批量制造，此乃人治社会的"自欺"；另一方面，就个人而言，则会出现伪善、乡愿。

关于"尊贤"乃至"圣人"的理想人格，在两戴《礼记》中是不同于一般"偶像崇拜"和宗教信仰的。首先，所谓"偶像崇拜"是一个很复杂的现象，很难在这里展开论述，但《礼记》中的圣贤信奉不是偶像崇拜，因为圣贤都是现实的人，甚至也还是有所不知有所不能的人，只是他们远比一般人更清楚地了解人性，能够应对世间复杂的各种变化而已。其次，圣贤信奉也不同于一般宗教信仰，因为前者已没有神的地位。虽然，儒者的圣贤信奉和有些宗教一样也是基于日常理智基础之上的，但儒者的圣贤完全是世俗性的，因此也没有堵塞人们通向圣贤之路。但是，宗教却认为真理绝不会来自人类的大脑，而是神的启示。最后，圣贤信奉可以避免"偶像崇拜"和宗教信仰的一些后果，当然自身也是有一定后果的。偶像崇拜的后果，是把有限者当作绝对化的对象崇拜，它就会排斥别人的信仰；而宗教信仰也大多是否认别人的宗教信仰的，相反，圣贤信奉并不构成实质性地对别的信仰的排斥，除非在特定的条件下。

概言之，"尊贤"作为礼教重要的两大支撑性内容之一，并非只是孤立的问题，而是儒家道德人格理想追求的大问题，它不仅包括人的位格的不同观念，而且也包含如何成为与鉴别贤者等问题。应该说，《礼记》更倾向于解决前者，《大戴礼记》则更多后者的内容。如果说两戴《礼记》体现的儒家观念既有荀子突出实践主体性的一面，同时也继承了思孟的宇宙论的特色，那么道德实践的主要内容还是儒家公认的修养。

就"亲亲"与"尊贤"的关系而论，从不同角度看意义是不一样的。就教化而论，"亲亲"的主张具有广泛的适用性，而就政治治理而言，二者各有轩轾。亲中有贤，而贤也需要亲，故"亲亲"与"尊贤"是可以相互补充的。但是，在用人上也存在裂隙："尊贤"无疑粉饰了"亲亲"，便成为"任人惟亲"；"亲亲"也可能妨碍"尊贤""天下为公"变成虚伪的招牌。

后世逐步酝酿以考试而非选举方式决定人才录用明显是"尊贤"思想的制度化，其结果之一当然是促进了人们对知识资本的追逐和智力提升的需求，知识资本的追逐与智力的提升无疑客观上起到了教化的作用。而从儒者对贤者的"好恶与民同情，取舍与民同统"乃至圣人"应变而不穷，能测万物之情性"的角度看，至少在当时文化普遍不高的情况下，儒者们认为圣贤较民众更深刻地了解他们的真实诉求。

从上述关于"尊贤"话题的讨论可以知道，儒者所谓圣贤君子作为道德人格，并非止于某种普遍性伦理道德的规范的制定或遵守，而是基于他们的道德理想实现的程度而言的。圣人高于贤人，贤人高于君子，君子高于普通的士，其基本原则在他们对道的领悟亦即对他人、民、万物的测度与体恤贯通的层次。

但是，"就贤体远足以动众，未足以化民"，如要化民成俗，必从"学"入手。所谓"就贤体远"，应是《礼记·中庸》"九经"所云之"尊贤""柔远人""怀诸侯"而言的，《大戴礼记·五帝德》亦云："畏天而爱民，恤远而亲亲。"

之所以在宗法伦理"尊尊"的基础上吸收"尚贤"思想而成"尊贤"的贤人政治观念，一方面固然是因集权政治的需要，另一方面则是因人与人之间更多的是生存活动中的具体关系在发生作用，利益的交换通常也是以各种现实关系的可能变化为基础的。圣贤既然可以"先知""前知"，不仅能减少政治成本，而且必定会在现实社会中显示出其杰出的才能和德行，久而久之，贤人政治可以为世俗社会中的凡庸之人树立榜样，提供未来奔赴的方向。既然社会中庸人、民、百姓是占社会成员的大多数，如何导向以方便秩序的稳定是一个大问题。"匹夫不可夺志""民可导也，而不可强也"（《郭店简·尊德义》），"圣人之治民，民之道也。禹之行水，水之道也。造父之御马，马之道也。后稷之艺地，地之道也。莫不有道焉，人道为近。"大禹治水其实是一个治国的象征故事。治民需要遵循"民之道"，疏导才是根本，而圣贤的范导作用是不可或缺的。

理性并非行为选择的唯一原因。人们的行为，风俗、习惯、感情起到重要作用。很多人都不免无意识地受环境的影响，甚至可能将自然的人性倾向放大。人的感情往往因他人的言行而非独立思考起着决定性作用。好的环境中自然能成为善人，"蓬生麻中，不扶自直。白沙在泥，与之俱黑"（《大戴礼记·曾子制言上》）。影响人的情绪或感情的因素很多，其中，风气，氛围、大多数人的行为方式都可能起到左右人的感情的作用。"与君子游，芷乎如入兰芷之室，久而不闻，则与之化矣；与小人游，贷乎如入鲍鱼之次，久而不闻，则与之化矣。是故，君子慎其所去就。"（《大戴礼记·曾子疾病》）又云："君子靖居恭学，修身致志，处必择乡，游必就士，所以防僻邪而道中正也。"（《大戴礼记·劝学》）与君子游，每天都有长进却自己不一定自觉到，但与小人相处，则如履薄冰，每况愈下，想不掉进陷阱很难。即使君主，也要慎择左右。

就人与环境的关系，法国唯物主义者认为人是环境的产物，遭到马克思的批评。儒者虽然并不认为所有人都是环境的产物（圣贤就不是），但是却认为"日用而不知"的百姓或"动行不知所务，止立不知所定"听随感官支配而随波逐流的庸人，都是被动受环境支配的。正是因为这一点，儒者一方面强调君子应反躬，内省，就是要有对这种情况的批判性考察，以抵御来势汹汹的风习的熏染；另一方面，对于礼乐形式方面的负面影响，也主张消解其可能引起误会的形式化内容。

当然，儒者并没有将环境视为自然条件，而核心内容是受政教深刻影响的某时的风气、风俗。如三代的风习贵仁孝，为使"天子不得为非"，前有周公为"道"，左有太公为"充"，右有召公为"弼"，后有史佚为"承"，所以"虑无过失，而举无过事"；但"及秦不然，其俗固非贵辞让也，所尚者告得也"（《大戴礼记·保傅》）。"告得"，得，王聘珍"谓得贼"，即商鞅等法家的"告奸"。秦尚刑罚而不贵礼义，结局世人共知。钱穆云："人才原于风俗，而风俗可起于一己之心向。"①

所谓"上之所好，下必甚焉"道德的叙述和历史的叙述是不同的。虽然儒者也不免是在自己的他者那里存在，但历史并不是某一理想的直接现实。以现

---

① 钱穆．八十忆双亲·师友杂忆（合刊）［M］．北京：九州出版社，2011：39.

实来照察一种道德哲学显然是不够的。人们并不是仅仅存在于其意识之中，还存在于自己的意识之外。"历史是这样创造的：最终的结果总是从许多单个的意志的相互冲突中产生出来的，而其中每一个意志，又是由于许多特殊的生活条件，才成为它所成为的那样。这样就有无数互相交错的力量，有无数个力的平行四边形，由此就产生出一个合力。"① 从精神动力角度看，虽然儒者亦有所谓"鸢飞于天，鱼跃于渊"之"上下察"（《礼记·中庸》），但总体上还属于一种世俗伦理，其不变的原则是"君臣父子夫妇"的关系（司马谈《论六家要旨》）。尽管这是其受到人们诟病的主要内容，但其在当时的合理性是可以肯定的。精神力量既然不可能从六合之外获取，那就只能求诸其身以及人们之间的关系。从这个角度说，儒者所谓的人文精神并非仅仅止于所谓的人禽之辨，而且也同时源于人际关系的。在这一点上，可以说，恰恰是儒家将社会存在所必须的结构加以强化，不惜赋予其极大的价值意义，如所谓"大德者必得其位，必得其禄……大德者必受命"，从而一方面满足社会整体结构的需要，同时又注入了竞争的机制。人文精神的表现之一在个体自然包括如何面对社会的层级差异，在社会的表现就在客观落实如何选贤任能，二者均成了儒者实现其理想的重要项目。

与一般理解礼教多视其为仪式、制度和规范的显性的一面有别，我们还应该认识到礼教有其隐性即不为人们所重视的一面。

首先，礼教与刑律不同在于礼教起作用通常在事先，而刑律的作用则在事后；《大戴礼记·礼察》载："凡人之知，能见已然，不能见将然。礼者禁于将然之前，而法者禁于已然之后，是故法之用易见，而礼之所为生难知也。"这里将已知与未知、已然与将然区别开来，认为礼教的作用常为无知者所忽略。

其次，礼教的作用是为人们难以觉察的潜移默化过程，而刑律则是令行禁止的雷厉风行方式对人们产生影响。《大戴礼记·礼察》又云："礼云礼云，贵绝恶于未萌，而起敬于微眇，使民日徙善远罪而不自知也。"《礼记·经解》曰："故礼之教化也微，其止邪也于未形，使人日徙善远罪而不自知也。"这是认为礼教的作用非常微妙，能够使人在不知不觉中"徙善远罪"。

再次，礼教注重社会整体环境的净化，而刑律往往就事论事，礼教和教学一样要考虑环境的影响。《大戴礼记·曾子制言上》谓："蓬生麻中，不扶自直；白沙在涅，与之俱黑。"将个体视为"原子"的思维来考虑社会问题，必定存在

---

① 中共中央马克思恩格斯列宁斯大林著作编译局 . 马克思恩格斯选集（第 4 卷）［M］. 北京：人民出版社，2005：697.

着许多遗漏。在儒者看来，每个人"性相近，习相远"，自然状态下都是"无方之民"，如果不考虑传统习惯，众多无方之民在一个共同体之中，必定会发生难以预期的变化，因此，为了共同体的生存，儒者主张"移风易俗"。

最后，礼教内部自身存在化解礼可能导致的负面的要素，礼教的实质内容是"敬让"，一面提升个体的精神风貌，化解危机，另一面净化环境。

正因礼教这些特点，孔子云："听讼吾犹人也，必也使无讼乎！"（《论语·颜渊》）但是，礼教本身也难免有它的局限，因此，孔子的理想虽在"无讼"，现实上却不能完全否认刑与政的必要性。在这里，也就给儒道、法合流留下了空间。而无论在理论还是现实上，儒者也还要面临更深刻的问题。理论上看，儒者坚信礼教的社会功能，显然是因为他们对人性与社会的认识有自身的特点，如果以道家的立场看，就是儒者所谓的礼对人性有自己的预设。

具体实践中的礼义是礼的精神实质的体现，而礼的精神实质是具体礼义得以成立的根据。观察社会人伦方面所体现的仁义，需要通过礼的实践。礼是礼仪、礼器和上述两种意义上的礼义的动态统一。因此，礼既是外在规范，也有内在精神品格与人生境界，它往往需要通过有形的物质或社会化的形式才能显现。"礼是合宜的途径，使人受到纪律的训练和规范的约束，同时礼仪象征一种古典的德性，这种德性被认为是人的理想和政治的支柱。"①

礼以自然和社会的属性为基本要素，但不止于此，后来也部分地包括人的修为与人事活动。作为自然要素，包括血缘亲疏、性别差异和年辈等。作为社会要素，主要是社会关系，政治地位，世袭权势等。这些大都为个人所不能轻易改变者。作为人事修为主要反映人的智力水平、主体努力，是可以改变的。这几个方面一般都可用亲亲、尊尊、长长、男女有别、贤贤等主要伦理原则加以概括。这里，反映了自然、社会和修为各要素之间可能存在的联系。因血缘原因，封建社会贵族出身的人可继承贵族爵位，因与身份高贵的人存在血缘的关系，或发生婚姻、政治等的联结，可以改变或提升自己的身份地位。

自然血缘在宗法礼制中具有重要地位在古代社会是合理的。因为，越是早期，人类社会对自然因素的依赖性越大。作为体制和制度形式的礼，之所以能切中社会治理的关键之所在，是因"夫礼者，阴阳之际也，百事之会也。所以尊天地、傧鬼神、序上下、正人道"（班固《白虎通德论》）。最能使"自由"个体自愿接受且具有普遍必然性条件的，人人无可逃的就是他生于斯长于斯的

① 颜世安. 外部规范与内心自觉之间——析《论语》中礼与仁的关系［J］. 江苏社会科学，2007（1）：25-30.

家（族）。恰恰是家从自然、社会、规范和信仰诸方面将个体彼此"镶嵌"在一起。父子、夫妇、兄弟，这几种重要的人伦关系中，利益攸关、血肉交融，从而使这些基本要素构成为有其内在结构和诸多功能的从事生活与生产乃至战争的组织。牵一发而动全身。黄光国说："儒家的生命观把个人当作是家族生命的一部分，亲子关系被建构成为'骨肉之亲'，我们便很容易明白：儒家文化中的个人实在很难把他对家人（尤其是他对父母）的'积极义务'想象成一种'相对的社会契约'。"① 而家（族）中自然存在的血缘亲疏、尊卑长幼、男女差异都是形成有层次结构的等级社会的基本要素。世家大族不得势而已，一旦得势，往往难以收拾，直到上层贵族或政治顶层人物对于社会资源的垄断，很难让其他人可以染指。因为，"政治地位是一个人社会声望的决定因素"②。后来的儒家又对宗法原则做了适应时代变化的损益，吸收了墨家"尚贤"的主张，最后形成了"亲亲""尊尊""贤贤"的礼的基本原则。故《礼记·中庸》云："仁者，人也，亲亲为大；义者，宜也，尊贤为大。亲亲之杀，尊贤之等，礼所生也。"

至于由不同自然与社会属性所产生的差异而形成的伦理等级必然导致的一系列社会矛盾与冲突，本书将在后文伦理礼乐教化时有进一步的分析。

---

① 黄光国. 儒家关系主义：文化反思与典范重建［M］. 北京：北京大学出版社，2006：211.

② 瞿同祖. 汉代社会结构［M］. 上海：上海世纪出版集团，2007：93.

第七章

礼乐教化

礼乐是十分复杂的文化系统，从不同角度可有不同认识。礼既是修养需要凭借的手段，和乐配合即是礼乐教化。礼乐是将亲情伦理与政治伦理联结起来的环节，礼乐教化是以礼教和乐教作为教育和感化人们的主要内容，使受教育者实现人格教化或德行教育，以"成己"而"成人"的方式符合社会整体和谐的需要。礼乐教化其实就是以美善的人格教化为根本目的，其基本任务是通过礼乐教化培养美善的人格，以转化和升华人的自然倾向。在任何条件下均能自觉遵循礼乐规范，可谓工夫，因他人和环境影响而被动接受礼乐，可谓教化。一般而言，乐最初是伴随宗教仪式的音乐，后来通过儒家的诠释，成为配合礼教的教化形式。因《礼记》大都是礼乐相辅而论的，故本章也大体依此展开论述。

第一节 儒家伦理与礼乐互建

儒家伦理注重实践性，但也并不否认伦理的客观性，并将伦理视为实践的基本前提。换言之，其所谓道德，一定程度上还是依赖于人们生存于其中的伦理关系，后者是道德判断与行为的客观尺度。

一、作为人文传统的儒家伦理

所谓"伦"，既包括血缘伦辈，如父子之亲，"父北面而事之，所以明父子之道也。此父子之伦也"（《礼记·祭统》）；也包括社会及政治等级，"君臣之义，伦也"（《礼记·礼器》）；伦还有"类"之意，"拟人必于其伦"（《礼记·曲礼下》），《礼记·礼运》所谓"十伦"包括事鬼神之道、君臣之义、父子之伦，贵贱之等、亲疏之杀、爵赏之施、夫妇之别、政事之均、长幼之序、上下之际等。两戴《礼记》重视伦理的治理意义，谓"论伦无患乐之情也"

（《礼记·乐记》），"顺于道不逆于伦是谓之畜"（《礼记·祭统》），"考是大伦，存是美恶"（《大戴礼记·子张问入官》），"审伦而明其别谓之知"（《礼记·本命》）。其中血缘伦辈在传统社会各种关系中地位最显著，故有"血缘纵贯轴"之称①。

伦即伦偶，人必定是生活在相关系中。伦理本来是指家庭骨肉关系来说的，只是在传统中国，"是把社会上一切关系都伦理化，把骨肉之情，推而及于社会上一切有关系的人"②。伦是实际存在的血缘辈分、亲疏远近等身份差异所决定的，它对于每个人有着不可能改变的性质。之所以将伦的地位看得这样高，是制礼作乐的圣人在传统宗教逐渐丧失其信仰地位之后，反复观察思考人们的行为与国家治乱之间的关系所决定的。"伦"在《郭店简》中与"道"是同等程度的概念："教，非改道也，教之也；学，非改伦也，学己也。"（《尊德义》）"道"与"伦"之不能改，缘于其不可改，也不必改。它有其非人为的理由。如果说形而上之道是明德的一面镜子，那么存在于血缘伦辈中的伦理则是分辨不同程度道德的尺度。

人与兽之别对于儒者是一个颇重要甚至敏感的话题。孔子还是比较宽容地对待这个问题。面对有人讥讽他苦口婆心"知其不可而为之"的立场，也仅曰："鸟兽不可与同群，吾非斯人之徒与而谁与？"（《论语·微子篇》）但在孟子那里，问题就变得直接而尖锐，他认为饱食暖衣逸居却无教，"则近于禽兽"，更斥杨墨："无君无父，是禽兽也。"（《孟子·滕文公下》）若简单用概念代换，则所谓"教"或"教化"的现实性就是对于"君"与"父"的伦理地位的承认。

而在人伦之中，"男女之大防"也是一个曾经被重视的问题。《礼记·丧服小记》将"男女有别"和"尊尊亲亲长长"同列为"人道之大者"中的四大之一，是因为，"男女有别然后父子亲"（《礼记·郊特牲》），"男女无辨则乱"（《礼记·乐记》），"男女有别而后夫妇有义"（《礼记·昏义》）。男女有别因此也是礼的原则之一。如果从人类学角度看，它无疑是因社会发展到对偶婚父系氏族时代的一些有关家庭婚姻思想的体现，但对于现实中更为重要的问题如政治抑或子嗣继承问题面前，无疑就居于次要地位。由此，我们也就可以理解所谓"人而无礼，不亦禽兽之心乎"之"礼"通常是服从于具体语境的。

---

① 林安梧. 儒学与中国传统社会之哲学省察——以"血缘纵贯轴"为核心的理解与诠释[M]. 北京：学林出版社，1998.

② 梁漱溟. 梁漱溟全集（第五卷）[M]. 济南：山东人民出版社，1992：855.

儒家伦理中一个不可忽视然而似仍有争议的问题，则是公与私各自范围的界限问题。具体表现在对"私觌"的不同理解上。《论语·乡党》云："私觌，愉愉如也。"钱穆云："觌，见也。行聘享公礼已毕，使臣于他日赍己物见其所使之国君。"① 但《礼记·郊特牲》明云"朝觐大夫之私觌，非礼也"，显然二者是不一致的。公私界限模糊，公事可能通过私人关系解决，有僭越之嫌。孔子曾谓"是可忍，孰不可忍"者，其实也是逾越了礼乐之等级。

礼是伦理的主要内容。在一个逐渐丧失至上神信仰的国度，如何能够同时找到普遍必然地将人们均无例外地既能统合起来构成一个整体同时又能够将他们在这个整体中互相区别开来，并使他们没有怨尤地奔向自己的生活，确实不是一件容易的事情。若认为它产生于哪一个人突然的幻想，恐怕是不合历史事实的。我们仅仅只看一下《大戴礼记》中列举的五帝三王，以及圣贤之名，都是一个庞大的阵容。显然，要使人世的艰辛能够在人们的理想的奔赴过程中顺利地越过，单纯世俗的利益都是不可能完全实现的，需要有一种既能根源于人们生活的现实，却又能超越于他们的具体生活处境的根本精神。这是仁义道德产生的理由。《大戴礼记·盛德》谓："义者，所以等贵贱、明尊卑，贵贱有序，民尊上敬长矣。"仁是根本，仁义配合，故"邦国有伦而众乡方矣"（《礼记·文王世子》）。

从礼的社会性、形式化角度，又可认为礼有其形式化的一面也有其精神内涵，孔子曰："人而不仁，如礼何?"（《论语·八佾》）"礼云礼云，玉帛云乎哉?"（《论语·阳货》）这样一来，礼义就有两个方面：一是具体实践中的某种礼中所存在的精神意义，另一方面则是礼所象征的文明和文化内涵、精神实质。具体实践中，礼义是礼的精神实质的体现，而礼的精神实质是具体礼义得以成立的根据。观察社会人伦方面所体现的仁义，需要通过礼的实践。礼是礼仪、礼器和上述两种意义上的礼义的动态统一。因此，礼既是外在规范，也有内在精神品格与人生境界，它往往需要通过有形的物质或社会化的形式才能显现。"礼是合宜的途径，使人受到纪律的训练和规范的约束，同时礼仪象征一种古典的德性，这种德性被认为是人的理想和政治的支柱。"②

以伦作为提挈道德乃至政治的要领，的确能够满足普遍性的要求，但是因此也就存在着实践上不同儒者对伦理道德理解上的偏差。

---

① 钱穆. 论语新解 [M]. 北京：生活·读书·新知三联书店，2012：230.
② 颜世安. 外部规范与内心自觉之间——析《论语》中礼与仁的关系 [J]. 江苏社会科学，2007（1）：25-30.

　　然而，人作为人必然有自由的要求，即使在承认礼的社会结构性内含的合理性也不能没有这一要求。荀子在《解蔽》篇中肯定了心的"自禁、自使、自夺、自取、自行、自止"。相对于神道而言的人道，荀子强调人的独立与自决，认为人是人自己的主宰，而非由人之外的力量来主宰；但另一方面，突出人的主体地位却并不意味着否定人与人之间、人与族群之间的联系。康德说："在目的国度中，人（连同每一种理性生命），就是目的本身。这就是说谁（甚至神）也不能把人仅仅用作手段，而不同时把他本身当作一个目的。因为蕴含于我们本身的人性对我们自己来说一定是神圣的，这么说的理由在于人是道德法则的主体。"① 又说："每个有理性的东西都必须服从这样的规律，不论是谁在任何时候都不应把自己和他人仅仅当作工具，而应该永远看作自身就是目的。"② 既然儒家的人道不与他人和族群对立，则手段（工具）、目的的概念就不能套用在总是与他人和族群发生联系的个人身上。儒家之人道立根于宗法社会的相互依赖、彼此顾恤的基础上。换言之，从某个角度看，宗族社会中人与人不免是互为手段但又同时是目的。只是由于伦理与道德的合一，人伦生活的丰富性、整体性和现实性的特点，使手段可以转换为目的。当然，这样一来，就可能使儒者的道德具有某种相对性。不过，这种相对性也不是没有限度的。因为，礼乐都不是任何人可以随便制定的。

二、伦理与礼乐

　　《礼记·乐记》云："乐者，通伦理者也……唯君子为能知乐……知乐，则几于礼矣。礼乐皆得，谓之有德。德者得矣。"从这里我们看到，乐与礼，与伦理是相通的，而礼乐是否能够畅行，事关道德这个大问题。只有君子才可能知乐。因而，理解儒家伦理，不可以轻视礼乐的重要地位和作用。

　　《礼记·乐记》在阐述礼乐的制作意图时云："先王之制礼乐也，非以极口腹耳目之欲也，将以教民平好恶而反人道之正也。"所谓"人道"即人事，人事是基于伦理的。儒家从总体上认为礼乐是与刑、政相配合，形成"王道"的基础："礼节民心，乐和民声，政以行之，刑以防之，礼乐刑政，四达而不悖，则王道备矣。"《礼记·乐记》云：

---

① 郑保华. 康德文集 [M]. 北京：改革出版社，1997：284.
② [德] 康德. 道德形而上学原理 [M]. 苗力田，译. 上海：上海世纪出版集团，2012：40.

> 天高地下，万物散殊，而礼制行矣。流而不息，合同而化，而乐兴焉。春作夏长，仁也；秋敛冬藏，义也。仁近于乐，义近于礼。乐者敦和，率神而从天，礼者别宜，居鬼而从地。故圣人作乐以应天，制礼以配地。礼乐明备，天地官矣。

"仁近于乐，义近于礼""作乐以应天，制礼以配地"，则天地万物生生不息，人类社会长治久安。这是儒家的理想。

礼何以能使人"分定"而"不争"的呢？

小戴《礼记·哀公问》和《大戴礼记·哀公问于孔子》中记载有相同的内容：

> 民之所由生，礼为大。非礼无以节事天地之神也，非礼无以辨君臣、上下、长幼之位也，非礼无以别男女、父子、兄弟之亲、昏姻疏数之交也。君子以此之为尊敬然。然后以其所能教百姓，不废其会节。

和血缘伦辈一样，礼也有其不可变者，"礼也者，理之不可易者也"（《礼记·乐记》）。其不可变者有："亲亲也、尊尊也、长长也，男女有别，此其不可得与民变革者也。"（《礼记·大传》）亲亲指血缘亲疏决定的血亲伦辈原则，尊尊则是由政治地位决定的上下尊卑，长长则是由年龄长幼决定的伦理原则，男女有别则是因性别所决定的原则。它们都是不可变的原则，其中亲亲与尊尊地位特别重要，起核心作用。但是，在历史上，二者在不同时期地位又有所不同。前期以亲亲作为尊尊原则的参照原则，如事君如事亲。"资于事父以事母，而爱同；资于事父以事君，而敬同。""夫孝，始于事亲，中于事君，终于立身。"（《孝经》）但后来则有明显的变化，"若夫列君臣父子之礼，序夫妇长幼之别，虽百家弗能易也"（《论六家要旨》）。

从人际交往角度可将具体礼的实践区分为礼仪、礼物、礼义等要素。其中，礼仪和礼器是有形的、客观的、可观察的方面，而礼义则是礼的精神意义。礼之所尊在其义，即礼仪、礼器所蕴含的意义、义理，是最重要的；至于具体礼仪细节，器物的分配安排，则由司仪管理人员控制。

第一，礼是将人们相互区别而又彼此联系起来的原则。与《礼记·大传》谓"亲亲也，尊尊也，长长也，男女有别"作为不可变革的伦理原则有别，《礼记·中庸》则云："仁者人也，亲亲为大；义者宜也，尊贤为大。亲亲自杀，尊贤之等，礼所生也。"从前者到后者的变化，体现了对宗法原则的改造，从实践上，反映了从人的自然血缘、年龄、性别这些由自然要素导致的差异，逐步转向承认更多的社会身份以及导致其变化的个人修为等要素的重要作用。任何个人都因这些自然、社会和修为的原因而与其他人相互区别开来，因而处于特殊的社会人生的处境之中，但同时礼是表达的人的相关性的概念，所以个人又因为这些要素而被编入社会的等级结构之中，如"列君臣父子之礼，序夫妇长幼之别。"

第二，礼既包含着不可改变的先天自然要素也包含着可以改变的后天社会或人为的要素。有关礼乐的差等中有些是不可能人为改变的，如血缘亲疏；有些是通过努力可以改变的，如道德修为，某方面的才能；有些是虽然看起来理论上可以改变，而实际上却永远也不可能改变的。诸如血缘的亲属，年龄的长幼，性别的差异，乃至有时连贵族的身份，都是不可改变或很难改变的，然而，道德修为甚至智与愚，都是可能改变的。

第三，礼既作为修养工夫又可作为教化的手段，就在它作为形式化的规范既可以内化为行为的观念，也可以作为制度与仪式形成对人们的共情或。又因礼既是工夫，又有教化功能，它要求每个修养者都能从内心的道德观念出发服从伦理原则。

由此可见，礼的复杂机体中存储了人的自然、社会乃至修为等多种信息。恰恰是家从自然、社会、规范和信仰诸方面将个体彼此"镶嵌"在一起。父子、夫妇、兄弟，这几种重要的人伦关系中，虽然每个人都不可能与他人相同，或被取代，但同时他们又利益攸关、血肉交融，从而使这些基本要素构成为有其内在结构和诸多功能的从事生活与生产乃至战争的组织。牵一发而动全身。既然其中亲子关系就是不可斩断的"骨肉之亲"，在丧服制度中的表现就是"骨肉之亲不绝"，甚或"不为君绝父"，可知，家（族）中自然存在的血缘亲疏、尊卑长幼、男女差异都是形成有层次结构的等级社会的最核心要素。

另一方面，礼的诸要素中，礼仪作为大型群体性活动的仪式，会经常反复性地作用于个体的身心，将仪式的内容固定在人们的记忆之中，持久地影响人们的思想与感情；制度化的礼则按其规定规律性地建构社会实在，产生于制度相适应的社会现实，而这些现实又成为人们日常思想感情所直面的事实，甚至是价值的诱导；最后，规范性的礼则直接成为人们思想和行为的禁忌，日久年深可能内化为人的信念，从而达到孔子所云之"从心所欲而不逾矩"。

这样一来，个人生命就不是自然的生命，甚至社会关系也具有特殊性，它是包括自然、社会与精神要素在内的立体结构的生命。每个人如此，而人与人之间关系就不是独立个体之间的平等关系，而是你中有我，我中有你的彼此

"嵌入"式关系。这里面包含着对礼的诸多功能的默认。礼是可以使个人社会化的方式，也是人获得社会承认的途径。只有礼可将人们共同接受的东西呈现出来，"无辞不相接也，无礼不相见也"（《礼记·表记》）。人们总是在不同的层面与这个世界打交道。礼是使人们从物质到精神诸方面均得到满足的规范与规则。而决定抽象的礼仪能够在社会上发生相应的功能和作用的原因，却是多方面的。礼是将各种不同具体处境中人的多样性的行为规范的总和。

因道德的形式化，礼成为道德判断与认识的基本方式，"无节于内者，观物弗之察矣。观物不由礼，弗之得矣"（《礼记·礼器》）。当然，因礼的形式化，往往也会导致真实的情形自觉不自觉地隐匿起来了，但除"以礼观物"，也别无他法。"君子欲观仁义之道，礼其本也。"礼乃人立身处世之本，修养的根本，就在解决生命里存在的情与理的对立，"礼是要求能得情与理之中，因而克服这种对立"①。儒家道德重体验，每个人可能都有区别，虽很难通约，但礼作为最大公约数，却将人们从独一无二的处境中提升出来了。所谓"礼从宜"，就说明人们是可以在具体处境中断制决疑的。"礼也者，义之实也。协诸义而协，则礼虽先王未之有，可以义起也。"（《礼记·礼运》）

然而，如果礼仅是自然的和社会的要素的话，事情就简单得多。问题是，个人修为在其中也有一定地位。甚至在一定意义上说，精神品格与道德教化也是必不可少的重要内容。

但礼并非没有限制性。礼的短处在"礼胜则离"（《礼记·乐记》），"礼之失，烦"（《礼记·经解》），过多的制度或规定会物极必反，导致混乱。就礼的基本原则"亲亲"与"尊贤"的关系而论，儒者内部的主张并不一致。至少从用人角度，孔子主张"先进于礼乐"（《论语·先进》）者，但两戴《礼记》基本上仍遵循"亲亲"优先于"尊贤"的原则。就常识而论，对于身份和等级的过度强调，会导致人心的离散，社会阶层的固化。若以今人的视界看，礼实则承载了太多也掩盖了太多的真相。

首先，礼是基于诸多自然因素的差异之上的。血缘亲疏，年龄长幼、性别差异，都是不由己的客观事实，由它们的差异产生了礼的内容的最原始要素；其次，就社会而论，出生背景的不同，有了毕生也可能难以更改的贵贱分别；再次，也存在着由人事修为所造成的贤与否的差异。费孝通以"差序格局"的概念来解释以自然血缘差异为中心的诸多因素所造成的差异，它就像水纹波浪

---

① 徐复观. 中国思想史论集［M］. 上海：上海书店出版社，2004：209.

向外扩张的样子，"从己到家，由家到国，由国到天下，是一条通路"①。当由多重要素构成的礼又同时被赋予社会文化的价值与道德风尚的内涵时，礼就既承载着复杂的社会意义也同时可能掩饰诸多真相。"从根本上说，礼乃是得之现实而又还治现实，其规范作用（当然之义）无法与实然和必然分离，但同时，礼又蕴含人的价值理想，从而有别于单纯的自然法则。"② 由于这些差异并不是对称的，加之自我认识的困难与野心的膨胀，不仅形成后世常见的矛盾与冲突，而且酝酿成熟了科举的考核制度。这是后话。

补礼之不足者为乐。"气意得而天下服。心意定而天下听。"（《管子·内业》）这里虽是讲社会治理，但是，任何个体生命如果没有"乐"，生命也没法得到安顿。《礼记·礼运》所讲的"顺"，也是不能没有"乐"的。"天子以德为车，以乐为御""合之以仁而不安之以乐，犹获而弗食也"。只有当人们精神有了托付，生命得以安乐，才有社会的和谐。根本原因在于："人不耐无乐。"（《礼记·乐记》）安顿生命，和谐社会的任务，只有乐才能完成。"礼之所不及，而乐及焉。"③ "夫乐亡而礼从之，礼亡而政从之，政亡而国从之。国衰，臣惧。"（《晏子春秋·内篇谏上》）可见，礼乐是传统社会政治的重要内容，是教化的主要形式。荀子云："人不能无乐；乐则必发于声音，形于动静。"（《乐论》）乐是人生存活动的一种必然动势。而徐复观认为孔子"成于乐"之说，乃"把乐安放在工夫的最后阶段"④。乐并非只是一般意义的音乐，而是被纳入整个社会秩序与人们生活整体之中的精神归属。

《礼记》中所谓乐有两层含义，一是以音乐为中心的"乐"（yue），一是乐（le），愉悦。作为音乐的"乐"是"诗、歌、舞"的总称。《毛诗序》云："诗者，志之所之也。在心为志，发言为诗，情动于中而形于言。言之不足，故嗟叹之。嗟叹之不足，故咏歌之。咏歌之不足，不知手之舞之足之蹈之也。"孔颖达疏云："乐之为乐，有歌有舞，歌则咏其辞而以声播之，舞则动其容而以曲随之，歌者乐器同而辞不一，声随辞变，曲尽更歌，故云为之歌风，为之歌雅。"人们在动情之处，必定要通过吟诵、歌唱和舞蹈等方式将内心情感表达出来。作为愉悦之乐（le），是《礼记·乐记》着力引申发挥的一层含义。《礼记·仲

① 费孝通. 乡土中国·生育制度·乡土重建［M］. 北京：商务印书馆，2011：29.
② 杨国荣. 作为规范系统的礼——从经学的现代意义看《仪礼》《周礼》《礼记》［J］. 学术月刊，2024，56（2）：33-44.
③ （宋）苏洵. 嘉佑集·卷六（四库全书第1104册）［M］. 上海：上海古籍出版社，1987：882.
④ 徐复观. 中国艺术精神［M］. 上海：华东师范大学出版社，2001：22.

尼燕居》中，孔子对子张说："师，尔以为必铺几筵，伸降酌献酬酢，然后谓之礼乎？尔以为必行缀兆，兴羽龠，作钟鼓，然后谓之乐乎？言而履之，礼也。行而乐之，乐也。"可见，乐的含义除了指音乐，还指"悦"，不过它不仅指普通官能上的乐，而且包括精神境界上的愉悦："乐也者，圣人之所乐也。"（《礼记·乐记》）"君子乐得其道。"（《礼记·乐记》）。因而，《礼记·乐记》的"乐"明确地有两大含义。一是以音乐为核心的乐，其中又有广、狭义之分。狭义的乐指与礼相伴的音乐，属于礼仪的一部分；广义的乐指以音乐为主体的包括诗歌、乐舞、乐器演奏在内的乐文化。二是指情感上的愉悦。它亦有两义：既指因刺激而有的感性的官能快乐，也指高级的精神上的愉悦，如"圣人"或君子之所乐。《礼记·乐记》发挥云："乐者，乐也，君子乐得其道，小人乐得其欲。"乐，在这里其实就是身心上的愉悦和快乐，只因层次不同，不同的人有不同的快乐。因满足生理情欲而得到的快乐是短暂的、低层次的，君子所追求的道义则有永恒不灭的价值。"独乐乐不如众乐乐。"（《孟子·梁惠王下》）所谓乐人之乐，人也乐其乐，后天下之乐而乐也。两种不同含义的乐是相融的。

《论语·述而》记载："子在齐闻韶，三月不知肉味。曰：'不图为乐之至于斯也。'"孔子在听了歌颂舜的音乐后三个月内都陶醉于其中，可见，乐之真味，更甚于"余音绕梁，三日不绝"。这里描绘出了音乐给孔子所带来精神上的满足感，可见，"乐"是道德人格完成的最后阶段。

不知美食之味者不仅可以知声、知音和知乐，而且能制造音乐。《礼记·乐记》云："知声而不知音者，禽兽是也；知音而不知乐者，众庶是也。"乐的构成并非是指音、声或乐器演奏。乐并非可简单还原为音与声，而有政治和伦理意义。"人而不仁，如乐何？""乐云乐云，钟鼓云何哉？"（《论语·阳货》）乐与伦理、政治紧密关联。故中国古代伦理政治中，所谓"乐通伦理""知乐则几于礼矣""声音之道与政通矣"（《礼记·乐记》），几乎把乐教看成是教化完成程度的终极指标。

虽然从文化上看，乐指以音乐为中心的艺术，但从心理上说，"乐"与"安"相联系。心中有乐才能安，不安不能乐。圣人所乐何事？圣人之所乐在善民心，其感人深并能移风易俗。这也是圣人之所安。圣人之所乐虽为高级的精神愉悦，但和"小人"的现实感官的快乐并不一定直接对立。当然，从礼乐文化的特殊性上说，所谓安，可被解释为是为江山社稷的长治久安，也有以仁为安的意思：如《礼记·表记》"中心安仁"。中心安仁，是因为"仁"乃人性的重要内容。

《礼记·乐记》作者利用乐的两层含义发挥其关于音乐与礼乐文化的思想。

我们知道,《礼记》在发掘和改造传统的礼乐文化时,又在人性论与宇宙观上进行了一番理论改造,在实践上重新调适,使古老的礼乐文化转换成为儒者的理想。

可以说,儒家的礼乐观,是传统宗教思想崩解而转化为人文制度的一种形式,礼乐在儒家那里成为道德人格完成的工夫,也是社会组织的必要形式。

三、礼乐互建

礼乐互建是指在儒家思想中,总体上认为礼乐既相互区别又彼此依赖,相互建构。其礼乐互建思想是既以礼与乐的不同功能为前提,而又认为它们彼此借助对方,共同形成对社会生活的重构。

过去人们一般较关注仁与礼的关系,或关注礼与乐的关系,往往忽略了礼在道德实践中的重要地位,忽略礼的文化根源以及精神价值所决定的重要客观地位,根源在于无视伦理与道德的张力,而将礼仅还原为社会等级、血缘亲疏等。其实,作为客观的具有精神内涵与文化根源的礼也是道德判断的重要标准,是主观认识可得到验证和落实的标尺。"饮食男女,人之大欲存焉;死亡贫苦,人之大恶存焉。故欲恶者,心之大端也。人藏其心,不可测度也。美恶皆在其心,不见其色也,欲一以穷之,舍礼何以哉?"(《礼记·礼运》)可见,礼是具有复杂结构的人之间能进行交往的社会化途径,也是形式化的中介。"制度在礼,文为在理,行之,其在人乎?"(《礼记·仲尼燕居》)礼是人们交流的高于言语的方式,"古之君子,不必亲相与言也,以礼乐相示而已"。在儒家看来,礼乐传达人们之间的情谊。换言之,人虽有复杂结构,有其个性、私人权益,乃至难以公之于众的欲恶,但只要以礼作为必要途径和方式,社会交往就是没有任何问题的。

儒家并未单纯就乐而论乐,同时也试图将乐与伦理乃至社会生活相互联系起来。从这个角度,《礼记·乐记》利用乐的多义性,对音乐与伦理乃至社会生活的关系做了较充分的讨论。虽然从历史渊源而论,乐最初或许就是娱神的乐舞,又或许是礼仪活动的配乐,但在儒家礼乐观中,乐实际起着淡化伦理天然自然的僵滞性,消解礼教可能带来的等级对峙对于整体的离散作用的意义。儒者之乐因其生命价值本源的超个人性质必然与伦理相关。其云:"是故情见而义立,乐终而德尊。君子以好善,小人以听过。故曰:生民之道,乐为大焉。"一方面,培养人的道德情感是乐的一大伦理功能;另一方面,人们在这个世界中生活,其基本的生存理由是要有身心上的愉悦快乐。无论君子小人,都需要有身心的安定和悦。仅将人视为工具,不考虑身心上的要求,特别是感情,而以法家刑赏二柄来管理社会，必须埋下社会危机。因此，"知乐"是有很高门槛的。《礼记·乐记》云："是故知声者不知音，禽兽是也；知音而不知乐者，众庶是也。唯君子为能知乐。是故审声以知音，审音以知乐，审乐以知政，而治道备矣。是故不知声者不可与言音，不知音者不可与言乐。知乐则几于礼矣，礼乐皆得，谓之有德。"众庶和君子的区别就在德性修养的层次，只有真正懂得乐且能受教于乐的人，才能成为君子、圣人。

比较而言，礼被认为是人和人道的枢纽。《礼记·大传》曰："上治祖祢，尊尊也。下治子孙，亲亲也。旁治昆弟，合族以食，序以昭穆，别之以礼义，人道竭矣。"又说："圣人南面而治天下，必自人道始。"所谓"上治祖祢"之"尊尊""下治子孙"之"亲亲"，与"旁治昆弟，合族以食，序以昭穆，别之以礼义"三个方面，就是竭尽"人道"了。荀子更谓："礼者，人道之极也。"（《荀子·礼论》）在他看来："不法礼，不足礼，谓之无方之民；法礼，足礼，谓之有方之士……圣人者，人道之极也。故学者固学为圣人也……终始俱善，人道毕矣。故君子敬始而慎终，终始如一……"可见，礼是试图将可能的、流动性的、不确定的、有自由意志的人，安置在他应该在的位置上，可以客观地对待自己并处世的基本方式或原则。礼既将千差万别的人相互区别开，同时又联结为一个整体；既使每个人立足现实中又容许他们展开其人生的某些可能性，从而在既肯定社会整体的和谐的同时又容纳适当的竞争，将现实人生中难免的艰难困苦以象征性的礼呈现出来，所谓"礼……使君无失其民者也……夫忧民之忧者，民必忧其忧；乐民之乐者，民亦乐其乐"（贾谊《新书·礼》）。

《礼记·乐记》比较集中论述了礼乐的关系与互建。

第一，从个体角度说，礼乐从不同方面作用于人。礼以律身，乐以治心。《礼记·乐记》曰："乐由中出，礼自外作。"又曰："故乐也者，动于内者也。"乐是发动于内心的情感。相对而言，礼动于外在行为。如孔子云"非礼"勿视听言动，但却不能说非礼勿思。礼乐并到是所谓"内和而外顺"。"乐"首先是要陶冶情操，培养道德心性，其次磨炼人的意志，最后坚定人的道德信念，通过内化，使人默默地养成道德习惯，最终培养出道德高尚的人格。

礼乐分别作用于身心，而身心又是内在相连的，律身之礼久而久之也会对心有触动，乃至如孔子最终"从心所欲而不逾矩"；至于乐以治心，是因一方面，"人不耐无乐"，而另一方面，不同的乐，对人心的影响与诱导各不相同。如宽裕肉好顺成和动之音，会导致产生慈爱之心；相反，流辟邪散狄成之音会导致淫乱。"乐也者，圣人之所乐也，而可以善民心。"通过乐的陶冶，可使人们以理性节制情欲，虽有精神的快乐但是却不会产生混乱，相反则会产生困惑。

与其说礼以节欲，乐以慰心，不如说礼乐从不同的方向作用于人的身心，能够控制和调节人们的期待和希望。宽泛地看，这是一种人文主义和民本思想的体现。当然，乐不是脱离礼的，而是在礼的分寸所要求的范围内的乐，不合乎礼的乐，如八佾舞于庭，孔子感到"是可忍，孰不可忍?"

第二，礼乐是人情理事中稳定不变的原则。《礼记·乐记》云："礼乐偩天地之情。""乐也者，情之不可变者也。礼也者，理之不可易者也。乐统同，礼辨异，礼乐之说，管乎人情矣。穷本知变，乐之情也，著诚去伪，礼之经也。"礼乐是依据天地之情制定的。乐根据人情中一定不移的状况，礼则依据不可轻易改变的道理。人生无乐，可能导致人生意义匮乏，意义匮乏为荒漠。人生无音乐，生活失去应有节奏，如墨子主张那般"生不歌，死无服"，也就不可能达到人格的最后完成。可见，人不能无乐，这是基于人之性情。但又忧虑人心失去理性的调节，沉湎于感性欲念之中不能自拔，故强调以礼制欲。但礼不是随意的规定，"礼者，理也"。理就是条理，道理。比如，同样是爱，面对不同的人，理不同。庄子亦谓："中纯实而反乎情，乐也；信行容体，而顺乎文，礼也。"《礼记·乐记》云："故乐者，天地之命，中和之纪，人情所不能免也。"人不能无乐，而"唯乐不可以为伪"，故观乐可观政。

第三，礼主报，乐主施。《礼记·乐记》云："乐也者施也；礼也者报也。乐，乐其所自生；而礼，反其所自始。乐章德，礼报情，反始也。"礼和祭祀活动相互关联，其重要功能之一就是"报本反始，不忘其初"（《礼记·郊特牲》）。从礼乐产生的历史根源进行探索，礼乃"祀神祈福"，乐则是祭祀进行时娱神的乐舞。这种观点无疑将礼乐产生的历史根源视为其自明的理论前提，虽不失为有根据的说法，但如果将一切的文化、制度乃至科技的起源加以追问的话，似乎都可以追溯到宗教那里，对于现代人仿佛不仅很遥远，而且也不那么自明。而对于儒家而言，礼乐同时有人性上的依据。《礼记·乐记》云："知礼乐之情者能作，识礼乐之文者能述。"《礼记·孔子闲居》记子曰："夫民之父母乎，必达于礼乐之原。"所谓礼乐之情与礼乐之原，均指礼乐得以成立的依据，所以"报本反始"之本与始就是礼乐的根据。这样，礼的原始义贯穿下来①，既具有宗教活动的祈向，又有人文化成的文化活动的内涵。

第四，礼减而进，乐盈而反。《礼记·乐记》云："礼主其减，乐主其盈。礼减而进，以进为文；乐盈而反，以反为文。礼减而不进则销，乐盈而不反则放；故礼有报而乐有反。"减，人谓减杀，谦卑退让，盈是充盈。陈澔引刘氏

---

① 郭齐勇. 儒学与现代化的新探索 [M]. 北京：商务印书馆，2015：346.

云："礼之动于外，必谦卑退让以自牧，故主于减杀；乐之动于中，必和顺充积而后形，故主于盈盛。"① 也可以说，礼在约束收敛，乐在充盈满足。礼是对情感、欲望的节制、收敛，乐则是生活的欢愉与满足。礼以减杀退让为进，乐以充盈反躬为文。如果礼的收敛约束没实现人格的勉力前进，礼的功能也就消亡了；如果乐的丰满充盈没达到反躬自制，所谓乐就不免于放荡。从个人角度说，礼以律身，约束欲望，规范行为。礼作为条理，是一切存在的事物之理。乐是精神的欢愉与快乐的表达，是一种成就与获得感，礼作为对人的自然行为的限制，一定意义上是丧失一些东西，但从精神的满足而言，却又是人格完成所必须。乐才能使人最终自我完成。故孔子不仅曰"立于礼，成于乐"，而且云："若臧武仲之知，公绰之不欲，卞庄子之勇，冉求之艺，文之以礼乐，亦可为成人矣。"（《论语·宪问》）

礼乐关系上的内和与外顺，人情与事理的可通约性，报本反始，自我节制与人格完成等，在一定意义上都是既相互区别又是相互建构的。内心不服，外便难顺；没有事理做基础的人情和没有人情的事理，都不是人性之本然；没有理性节制，精神难以满足；不能报本反始，很难彰显德性。它们反映了身与心、性与情、天与人的复杂关系。

就礼乐互建而论，除上述渗透于礼乐关系中的礼乐互建思想外，总体上可这样理解：如果说礼是将人与人之间区别开来，突出个人自身特质的社会关系原则，那么，乐则是将有差别的人又相互联结为一个统一整体，使社会具有整体行为而能得到安顿的制度文化保证。礼用来区别尊卑贵贱等身份差异，乐可以合同人心，将有差别有等级的人联为一体，礼乐所蕴含的道理都蕴含着人情事理。礼是将人区别开的原则，但只有礼，人们会有离散倾向，森严的等级会导致压抑、隔膜；乐是人人生命得到安顿情绪得到勖勉的文化设施与最终目的，仅有乐而无礼，社会将失去结构，难有整体行为。所谓"乐胜则流，礼胜则离。合情饰貌者，礼乐之事也"（《礼记·乐记》）。礼乐互建才能实现社会和谐与平衡。礼义确立，人才有上下层级，乐文同，上下才能和谐。如果说礼的终极目的在于达到大同之乐的话，那么，乐最终也是伦理之乐。

所以，礼乐的制定，并非为无节制地满足人的口服耳目之欲，而是为了教化人们平息好恶的感情而回归人道之正。如果说礼将人们区别开来，可在不同社会层次和结构中各自发挥出相应的作用，那么，乐则是能让人心灵有所归属，身心又在不同的层面上得到满足的文化形式。单纯礼使人感到烦琐压抑，等级

---

① （元）陈澔. 礼记集说［M］. 南京：凤凰出版集团，2010：313.

使人感到分生、疏离。配合以乐才能将受到限制的人，重新获得其作为独立个体所具有的自在和放松。

应该说，礼乐互建对于个人与社会的作用有别。对个人而言，规范的作用是直接的，而制度、仪式等的影响则潜移默化。作为制度和仪式的礼所起的作用主要是教化方面。诸如"礼之教化也微，其止邪也于未形，使人日徙善远罪而不自知也，是以先王隆之也"（《礼记·经解》）。作为规范的礼，则直接表现在人的言行之中。礼乐互建在社会上的作用，涉及社会和谐问题。

礼乐教化可以实现其运行机制的条件在于：中国传统社会具有宗法特色的乡土社会，以及与国家政治权力的相对独立关系、人性本身的可塑性和社会存在需要的立体结构、形而上的精神追求与形而下的物质生活"相即不离"的生活方式和思维方式、社会精英自觉的工夫修养有相应的社会制度作为保障。教化的根本在于转变人的自然倾向而成为社会化的人，在传统伦理政治的氛围中则还有升华人的自然情感而成为生命的深层体验，使道德责任上升为政治责任。教化能够发挥它"止邪也于未形"的作用，就在于依赖社会所形成的整体条件，如稳定的社会结构，家族社会和传统政治生活格局，其中，政对教的影响是决定性的。因为，政治上层建筑意味着权力和资源的社会分配方式，对社会教化的作用力具有决定性影响。

总之，作为人生活样式的礼乐，是社会化、理性化的方式。人虽有血气心知之性，但本身并无情感变化一定不移的原则。感应外物而动，就有"心术"的差异，如对社会人事往往既有认知错觉，也有感受误差。如果不能反躬，内心没有自我节制的自觉，就可能只是表现为本能欲望的冲动，这其实只是人性丧失而"物化"的倾向。这种倾向会导致人性丧失，难免争夺相杀。

第二节 礼乐之情与乐教归宿

一般而论，礼可区分为制度、宗教仪式和行为规范，礼教因而与制度、仪式和规范都有密切的联系。作为中华文明象征的礼乐有着源远流长的历史传统，其所以能够作为社会结构、制度体系与传统习惯深刻影响传统社会数千年，不是如周公、孔子等突发奇想的产物，而有着社会的和人性的客观依据，以儒家自己的话说，就是有着"礼乐之情"或"礼乐之原"。

一、"礼乐之情"与"礼乐之原"

礼乐作为制度，不是偶然的制作，而是由深刻的社会历史与文化背景的。礼乐之所以有如此大的功能，在于它是"知礼乐之情"的圣人所作。《礼记·中庸》云："虽有其位，苟无其德，不敢作礼乐焉；虽有其德，苟无其位，亦不敢作礼乐焉。"制礼作乐必须德位同时并到，但不可作不等于不可述。孔子乃"述而不作"者。《礼记·乐记》云："知礼乐之情者能作，识礼乐之文者能述。作者之谓圣，述者之谓明。明圣者，述作之谓也。"问题是，什么是"礼乐之文"和"礼乐之情"呢？一般而论，礼乐之文指礼的形式化方面。《礼记·乐记》云："钟鼓管磬，羽钥干戚，乐之器也；屈伸俯仰，缀兆舒疾，乐之文也；簠簋俎豆，制度文章，礼之器也；升降上下，周还裼袭，礼之文也"。"礼乐之情"则指礼乐的实质内容与作用。"大乐与天地同和，大礼与天地同节。和故百物不失，节故祀天祭地。明则有礼乐，幽则有鬼神，如此，则四海之内合敬同爱矣！礼者殊事，合敬者也；乐者异文，合爱者也。礼乐之情同，故明王以相沿也。故事与时并，名与功偕。"可见，"礼乐之情"是体现天地的和谐与节律、百物之各得其所，四海之内合敬同爱，乃至有形世间和无形的鬼神各行其是的状态，这种状态是与时偕行，名与功相称的历代明王皆相沿袭的。知"礼乐之情"与"识礼乐之情"的层次不同就如礼乐的制作者与传述者的不同。

《礼记·孔子闲居》中孔子谓："夫民之父母乎！必达礼乐之原。以致五至，而行三无，以横于天下，四方有败，必先知之。""礼乐之原"一词在《礼记》中仅此一见，但认为民之父母，必达礼乐之原，显得特别重要。"原"，本也；"横"，充也；"败"，灾祸。此所谓"礼乐之原"，乃"礼乐之本"，亦即指"三无"①。孔颖达《疏》云："'四方有败必先知之'者，以圣人行五至三无，通幽达微，无所不悉，观其萌兆，观微知著，若见其积恶，必知久有祸灾。"② 何为"三无"呢？"三无"指"无声之乐，无体之礼，无服之丧"。并用《诗·颂·昊天有成命》中的"夙夜其命宥密"（即昼夜谋划政教以安民）释"无声之乐"；以《诗·邶风·柏舟》之"威仪逮逮，不可选也"解"无体之礼"；以《邶风·谷风》中"凡民有丧，匍匐救之"说"无服之丧"。其真义在说明：礼乐的根本并不在外在的器物与形式，而在贯注身心于治国安民之实质。《说苑·修文》云："无体之礼，敬也；无服之丧，忧也；无声之乐，欢也。"所谓"五

---

① （清）孙希旦. 礼记集解（下）[M]. 北京：中华书局，1989：1276.

② （清）阮元. 十三经注疏（下）[M]. 杭州：浙江古籍出版社，1998：1716.

至"，乃《礼记·孔子闲居》所谓"志之所至，涛亦至焉；礼之所至，乐亦至焉；乐之所至，哀亦至焉，哀乐相生"。其实质是说：心之所想，便会反映在诗中；诗中体现的，也会在礼的实践中表现；礼所表现的，也一定反映在乐中；而乐中得到表达的，也定会有哀痛的感情，哀与乐是不可割裂开来的。这实际是心、诗、礼、乐、哀的相互关联与在实践中的同时并到。为何"达礼乐之原"即可以先知四方之败？很明显，知礼乐之情者能作，识礼乐之情者能述，而达于礼乐之原者不仅能行"五至""三无"，将其根本精神扩充于天下，而能先知四方之败，就在于礼乐对于人性深刻地反映。《礼记·中庸》尝谓："至诚之道，可以前知。"国家的兴亡，虽有许多诱因和不同表现，但根本上还是礼乐所体现的人性的变化。由此可知，"礼乐之原"与所谓"五至""三无"所体现的精神有必然联系。

"礼乐之情"亦可谓"礼乐之原"。《礼记·乐记》云："论伦无患，乐之情也……中正无邪，礼之质也。"所谓乐，乃人情中不可变者，所谓礼，乃人伦中不可易者。"礼乐偩天地之情，达神明之德。"这一点，与《大戴礼记·曾子天圆》曾子所述相通。其云："……阳之精气曰神，阴之精气曰灵；神灵者，品物之本也，而礼乐仁义之祖也，而善否治乱所由兴作也。"阴阳即天地之道。从所谓"礼乐偩天地之情"可以知道，所谓"礼乐之情"其实也即天地之情。知"礼乐之情"的圣人不是一般理想人格，而是具有制礼作乐即有立法资格和现实权力的人；达"礼乐之原"的"民之父母"可以根据制度的深刻内涵而执行圣人所立之法，并预知天地之可能的变化情状乃至酝酿着的危机的显现。

首先，对"礼乐之情"或"原"的认识原则上不能脱离礼乐本质而能获得满意的答案。制度的制定原本不是随便的。

礼作为文明象征，是一套系统性的制度。就拿度量而言，"布指知寸，布手知尺，舒肘知寻，十寻而索；百步而堵，三百步而里，千步而井，三井而句烈，三句烈而距；五十里而封，百里而有都邑；乃为畜积衣裘焉，使处者恤行者有兴亡"。堵，王聘珍谓为庙，音近而伪。这不仅是将广袤的土地人文化，而且按周制，存、尺、寻等度量，皆以人体为法度。以此，礼乐作为文明象征就超越了一般物质性的内容，是自然转化为社会、野蛮进入文明的标志。"是以蛮夷诸夏虽衣冠不同、言语不合，莫不来至，朝觐于王。故曰：无市而民不乏，无刑而民不违。"（《大戴礼记·主言》）文明的重点不在土地的度量，而在人伦。如果将土地的度量作为文明的象征，那么，人事的度量与文明化的过程难度不知大多少倍。因为人不是土地，而是由有"不可夺志"之人构成的。不同的人有不同好恶。"君子乐得其道，小人乐得其欲。"（《礼记·乐记》）但仅仅按好恶来安排人生显然是不切合实际的，需要找到个人癖好、性格等因素之外的其他要素来认识人。从这个角度，我们看到，人与人之间，有血缘、地位、性别、智愚等各种差异导致的分别，人事的度量或礼乐的重要功能就放在分辨君臣上下长幼之位，辨别男女父子兄弟之亲，婚姻疏数之交等问题上。其中最重要的可以归纳为"亲亲"与"尊贤"两条线索。以身为圆点，血缘为一序列，政治身份是另一序列。血缘主爱与亲，上下主尊、敬。"亲亲之杀，尊贤之等，礼所生也。"（《礼记·中庸》）但二者是需要相交的。"上下相亲谓之仁"（《礼记·经解》），"君子无不敬也，敬身为大"（《礼记·哀公问》）。"人道政为大……古之为政，爱人为大，所以治爱人，礼为大。"（《礼记·经解》）但礼乐并非如此简单。《大戴礼记》云："礼有三本：天地者，性之本也；先祖者，类之本也；君师者，治之本也。"（《礼三本》。《荀子·礼论》亦有是语）虽说这里将礼的根源追溯为三，但其实只有一个，而表现为三。《礼记·哀公问》曰："仁人之事亲也如事天，事天如事亲，是故孝子成其身。"从祭祀角度，严格意义上，民并无与"天"直接发生关系的机会，但不等于他们完全与之隔绝，而是以"亲"之"拟天"的曲折方式与其发生关联。因而，"天"或"天地"并不是随便造出来的抽象概念，而是融合了每个人的生命之源，对每个人都一样然而表现出来却又各不相同的内涵。如同度量一样自近至远，亲亲之杀，尊贤之等，汤武正是施行仁义礼乐，"而德泽洽禽兽草木，广育被蛮貊四夷"（《大戴礼记·礼察》），方能绵延子孙十余世，时间长达五六百年。相反，秦王崇尚刑律，无道德可言，"而怨毒盈世，民憎恶如仇雠"，自身难保，子孙诛绝。

礼乐有其超越性的本原，必体现了世间万物千差万别的个性，因而对人可以成其为安身立命的精神支柱却又彼此不会有根本性冲突。这也就是作为"民之父母"的天子何以必"达礼乐之原"的理由。因为，他不仅是自己族群的父母，而且是代表天下子民而有祭天的权力。圣人与天地合其德，国家治理在法度，礼乐是给予个体以生命的安顿、情志的勖勉，能满足人们具有差异性的个体需求又能维持稳定和谐的大环境中彼此共生共情的实际需要的。

从上述简要叙述可知，所谓"知礼乐之情"的圣人制作的礼乐制度，是保证世俗社会中君臣父子、男女老幼、兄弟朋友以及君子小人、智愚等各自的生活边界，制定言行规范，使他们各自既有自身的人生目标，又要节制自己的言行，既相互区别又相互连接起来的制度体系。可以说，礼乐是如网状结构的有内在生成机制以生成文明的制度。因礼乐的重心在伦理道德，故社会化、文明化也就是道德化。礼乐制度不仅是道德文明的象征，而且是人们安身立命的根据。在这里，超越性现实地以世俗的等级差别呈现出来。

其次，礼乐作为圣人制作的器物、制度等等，它是形式化的符号，具有象征性质，其真实的意义即体现"礼乐之情"或"礼乐之原"，只有圣人、民之父母能够通晓和了解，民则可能"日用而不知"。礼乐的本质是道德精神，不免要么通过钟鼓管磬，羽籥干戚等乐的器具，屈伸俯仰，舞蹈的队列以及舒缓或急速的动作等乐之文来表达；要么以簠簋俎豆，制度文章等礼的器具或规范，以及升降上下，周还裼袭等礼之文饰来展现。可是，一般人容易为礼乐形式化的方面所蒙蔽，或仅将声色仪式等有形的方面当成礼乐本身，从而导致礼乐的形式和内容相脱离。所谓"知礼乐之情""达礼乐之原"就是认为不能因为礼乐本身的形式化的方面而遗忘了其精神内涵。

超越性既然以世俗的形式来表现，其曲折复杂的情况就是可以想象的。因为，实然的事实世界要通过礼乐而能实现人们精神超越的功能，礼乐并不是直接地、绝对地表现其本身意义。为了能使礼乐之本旨不被遮蔽，民之父母就要能够透过其形式化、实物化的限制性，而体出"无声之乐，无体之礼，无服之丧。"根据《礼记·孔子闲居》《礼记·中庸》和《大戴礼记·主言》的相关论述，它们的说法虽有不同，但思想旨趣却是一致的。《礼记·孔子闲居》所谓"五至"是说：民之父母的情怀所至之处，内心、诗、礼、乐、哀是同时并至的。这和所谓圣贤人"好恶与民同情""取舍与民同统"是相一致的。所谓"三无"的说法是基于礼乐之文与礼乐之情的张力而言的。《礼记·中庸》亦云："声色之于化民，末也。"至于大戴《大戴礼记·主言》其所论之"三至"的说法内容有异，"至礼不让而天下治，至赏不费而天下之士说，至乐无声而天下之民和"，但基本旨趣是一致的，即礼乐的精神不在声色财物，而是其所体现的情意。

在儒者看来，道德可以解决一切问题，易言之，它面对宇宙，可以无坚不摧。"君子无入而不自得"，这里设定了人性善为前提；至诚是"合外内之道"的。其次，道德基于伦理，但却并不止于伦理。这里就出现从道德理解伦理和从伦理去理解道德的差异。如有儒者认为，"凡行不义，则吾不事；不仁，则吾不长"（《大戴礼记·曾子制言下》）；但从统治者角度却认为子若不事父，臣若不事君，乃"逆天"之行，"必刃"（《大戴礼记·虞戴德》）。人们当然可以认为这是不同时期儒者的观点，其实也并不能解决身份不同对道德的理解可能迥异。

再次，道德对一切人都是同样的，但是，落实在每个人身上具体的规范却人与人殊。在礼的结构中，礼仪、礼物（器）与礼义都是重要的因素，其中，礼义代表礼的精神意义，赋予整体的礼仪以灵魂，是最关键的要素。无疑说，礼义即为道德在伦理关系中的显现，即仁义的具体情境的表现。因此，礼可以"义起"。《礼记·礼运》云："礼也者，义之实也，协诸义而协，则礼虽先王未之有，可以义起也。"而在物质方面，"丧礼，与其哀不足而礼有余也，不若礼不足而哀有余也；祭礼，与其敬不足而礼有余也，不若礼不足而敬有余也"，在仪式方面，也只是为了礼的流行而为，"……礼也，有本有文……无本不立，无文不行"（《礼记·礼器》），但作为仪式之文，却并非礼的本质。礼需要器物与礼仪来表现，当然也就有可能因为其物质或形式方面而被遮蔽。礼的形式既有为俗世社会所喜闻乐见的一面，但其真精神却不容易为一般人所把握，甚至因为礼无所不包的文化内涵和复杂的表现方式而总是出现偏颇。

相对于法而言，礼的弹性使其对于人们有不同的意义。其所谓"不可变"的原则所决定的人际关系之间的分寸和边界，其实是不能离开人为活动的。诸如哀与敬、忠与信等到的规范，就参与者与观察者而言，意义是不相同的。

事实上，父子伦理为"天定"，依此，长幼、性别之异也是客观的。然而，礼的意义结构却决定了它同时是由人为的修养作为实现其丰富内涵的。因为客观上身份的差异，决定具体的规范不同，但其道德的含义却是等值的。换言之，礼是将具有千差万别的身份的人同时连接到同样的平台上可以沟通和交流的关系链。因诸如血缘、年龄乃至性别都是"天定"，无可更改，故礼被认为是出于天，礼也不是普通人可以任意作为的。

需要补充说明的是：儒家所云之"礼乐之原"或"礼乐之情"与礼乐的实际的发生并非一回事。前者是儒家伦理对礼乐的文化属性与社会功能的解释，后者则是礼乐的历史发生真相。从礼的历史发生看，尚存一些不同看法，诸如《礼记·礼运》认为"礼始诸饮食"等人类的生存活动，《礼记·内则》则认为"礼始于谨夫妇，为宫室，辨内外"，《礼记·昏义》则认为"礼始于冠，本于昏，重于丧祭，尊于朝聘，和于乡。射，礼之大体也"。显然，这些都是分别就具体的礼仪之发生学而论的，并非将礼作为文化的体系来说的。邹昌林认为儒家宣扬的古礼的核心，实际就是以父系血缘关系建立起来的礼仪系统和伦理系统，没有父系血缘家庭的出现，则这种礼仪不会具有全社会的意义[1]。许慎、陈荣捷、高明、陈来等认为礼起源于宗教活动[2]。郭沫若认为："礼是由德的客观方面的节文所蜕化下来的。古代有德者的一切正当行为方式汇集下来便成为后

---

[1] 邹昌林. 中国礼文化 [M]. 北京：社会科学文献出版社，2000：147.
[2] 许慎《说文解字》、高明《礼学探新》、陈来《古代宗教与伦理——儒家思想的起源》。

代的礼。"① 李泽厚承认礼的宗教起源，认为是由巫到史而演化下来的，但是，他也认为礼与"德"有关。不过，"'德'是由巫的神奇魔力和循行'巫术礼义'规范等含义，逐渐转化成君王行为、品格的含义，最终才变为个人心性道德的含义"②。可见，以某种单纯的理由似乎难以说明礼的起源，但认为礼最初是巫所进行的与神灵沟通的宗教仪式，是大多数人认可的观点。

关于礼的起源大都从人类学、社会学、宗教学或文化学等不同角度探究，是对礼的认识的重点。当然，礼的人类学、社会学起源并非后世意义上礼制的起源。所以，重要的不是从远古传说中去追问礼的起源问题，而在于探讨进入等级社会后礼所实际发生的作用。

探索"礼乐之情"与"礼乐之原"，不能低估周公"制礼作乐"一事在礼制史上的重要地位。刘向云："夫功成制礼，治定作乐。"（《说苑·谈丛》）这不仅仅是击败商朝和镇压反叛后的一种仪式，而是国家治理上的一种创造性工作。王国维认为，制礼作乐所奠定的是伦理—政治制度。"古之所谓国家者，非徒政治之枢机，亦道德之枢机也……制度典礼者，道德之器也。"③ 李泽厚则认为制礼作乐是"通由祭祀为源起和中心，对人群生活、社会规范的系统制度的构建和完成"。是"理性化的体制建树，将天人合一、政教合一的'巫'的根本特质，制度化地保存延续下来，成为中国文化大传统的核心"④。同时，"孔子释'礼'为'仁'，把这种外在的礼仪改造为文化—心理结构，使之成为人的族类自觉即自我意识，使人意识到他的个体位置、价值和意义，就存在于与他的一般交往之中即现实世间生活之中"⑤。但礼在一定程度上还保留了"巫"所特有的与天地沟通、与神明交往从而能主宰万事万物的神圣力量和特质。对孔子述而不作，一般理解为是孔子的谦逊。这当然是对"作"的理解的问题。"制"与"作"原则上一样，但"作"不同于今日所谓的艺术创作或者写作，而是制作制度、法度。这样的"作"在孔子眼中是需要资格的。关于礼的制作与实践，历来贯穿着所谓的质与文（如《左传·昭公五年》的礼、仪之争）、因与革，尤其是经与权等的讨论，其中涉及礼经与权力，礼学家与权贵之间的纷争。因之，"礼不只是作为统治者正当性的来源与教养"⑥。

① 郭沫若. 郭沫若全集：历史编（第二十一卷）[M]. 北京：人民出版社，1982：336.
② 李泽厚. 由巫到礼释礼归仁 [M]. 北京：生活·读书·新知三联书店，2015：21-22.
③ 王国维. 王国维全集（第八卷）[M]. 杭州：浙江教育出版社，2009：317.
④ 李泽厚. 从巫到礼释礼归仁 [M]. 北京：生活·读书·新知三联书店，2015：28.
⑤ 李泽厚. 新版中国古代思想史论 [M]. 天津：天津社会科学院出版社，2008：35.
⑥ 甘怀真. 皇权、礼仪与经典诠释 [M]. 北京：九州出版社，2023：103.

二、伦理教化与宗教情怀

《礼记·表记》载："君天下，生无私，死不厚其子；子民如父母，有憯怛之爱，有忠利之教。"所谓"憯怛之爱"，即发自中心的仁爱。许慎《说文解字·心部》："怛，憯也……憯，痛也。"两字皆从心。其又谓："中心憯怛，爱人之仁也。"此和郭店楚简《郭店简·五行》"中心悦迁于兄弟，戚也；戚而信之，亲也；亲而爱之，仁也"所述的状态虽不尽同，但在心理基础上是相同的。按《说文》，"戚"之本义为"戉"，段氏认为其引申义为"切近"。《诗·大雅·行苇》"戚戚兄弟，莫远具尔"，毛《传》认为："戚戚，内相亲也。"此"憯怛之爱"，其实是包含"哀""悲"之爱，与"戚戚亲爱"之情，乃至孟子"怵惕恻隐之心""不忍人之心"，虽论说角度不尽相同，但均可谓儒家"仁心"的体认式的解释。可见，"憯怛之爱"是包含有"哀""悲"之情的仁爱。

这里，"戚戚亲爱"之情，通过"憯怛""恻隐"之哀痛得到更充分展开。这不是从正面而是从反面说人的本然之情。亦即，仁心有两面：一面是"戚戚亲爱"之情，一面是"憯怛""恻隐"之情。前者为"和""乐"，因和、乐而安；后者则为"悲""哀"，因哀、悲而憯怛。

哀与乐两者必然相互关联。《礼记·孔子闲居》云："乐之所至，哀以至焉。哀乐相生。"郑玄、孔颖达均以此"乐"为"与民同欢乐""哀"为对人民所遇灾祸的"悲哀体恤"。孔颖达又云："哀乐相生者，言哀生于乐，故上云乐之所至，哀亦至焉。凡物先生而后死，故先乐而后哀。哀极则生于乐，是亦乐生于哀，故云哀乐相生。"此解恐未是。笔者以为，以与民同乐为"乐"，对灾难的体恤之情为"哀"，可能并不能充分说明"哀乐相生"的必然性。因为郑氏所谓哀乐，均为偶然的灾祸所至，并不能直接等同于普遍必然的"戚戚亲爱"之情和"憯怛""恻隐"之哀。后者是发自"中心"的本然之情，前者只能是后者的表现方式。孔氏云"凡物先生而后死，故先乐而后哀"，似有感于此。但原则上这只是自然必然性，不一定君子所为。如《说苑·谈丛》："知者始于悟，终于谐；愚者始于乐，终于哀。"

如果把《礼记》有关论述联系起来，则更为明显。如《礼记·乐记》云："夫民有血气心知之性，而无喜怒哀乐之常。"《礼记·礼运》所谓"喜怒哀惧爱恶欲"，和这里所说的"无常"的喜怒哀乐之情，均指本能。

《礼记·中庸》的"未发"为"中"，发而"中节"为"和"，也暗示发而有不"中节"。可以看到，日常所谓喜怒哀乐乃至"乐极生悲"，并不是此处"哀乐相生"的本义，亦不像人们所认为的与"忧患意识"有直接关系。因为

"哀乐相生"原则上是指哀与乐不可分割，一体共存。哀、乐为一正一反的两个方面。人生之乐的背面，是人生之哀，但这个"生"不是偶发的，而是内源性的人生的必然性。相反，"乐极生悲"属经验事实，不是生命的必然。所谓"忧患意识"，按徐复观的理解，"乃是从当事者对吉凶成败的深思熟考而来的远见；在这种远见中，主要发现了吉凶成败与当事者行为的密切关系，及当事者在行为上所应负的责任。忧患正是由这种责任感来的要以己力突破困难而尚未突破时的心理状态。所以忧患意识，乃人类精神开始直接对事物发生责任感的表现，也即是精神上开始有了人地自觉的表现"①。应该说，"乐极生悲"与"忧患意识"有一定联系，前者可成为后者的前提。而"憯怛""恻隐"则完全是人与人之间的本然之情，是相对于无可改变的自然必然性而言的。因而，如果说忧患心理是"以己力承担责任和使命"的心理状态，那么，这里发自内心的"憯怛""恻隐"的人性之仁，就是在完成从宗教到人文精神的转变之后深层的人文心理。它不是面临至上神的无由自主的心理，也并非只是出于责任心理，而是责任心之前的内心的关爱与哀痛。可以说，此"哀"与此"乐"，都是个体面对自然必然性的"自然"自觉的态度，而不是对"大道"本身的忧患或对未来的可能走向的担忧。因为，即使人们可以"戒慎""恐惧"，避免祸患发生，但仍然不能消除人生固有的"哀"与"悲"。在儒家看来，这种哀、悲不仅是个体的切身体认，而且同时是亲人或推而广之的人类的"同体之爱"。

这并非臆说。楚简《性自命出》曾谈到哀乐的关系："凡至乐必悲，哭亦悲，皆至其情也。哀、乐，其性相近也，是故其心不远。哭之动心也，浸杀，其烈恋恋如也，戚然以终。乐之动心也，浚深郁陶，其烈则流如也以悲，悠然以思。凡尤思而后悲，凡乐思而后忻。凡思之用心为甚。"这段话，大意是，哀、乐之表现各异，但本性相近，且至乐必悲。"哀乐相生"和"至乐必悲"，揭示了乐与悲的必然联系，和俗语"乐极生悲"意义完全不同。《郭店简·性自命出》还说："凡用心之躁者，思为甚；用智之疾者，患为甚；用情之至者，哀乐为甚。"这里突出"哀乐"为"用情之至"也是无可置疑的。《左传》中"子大叔"对赵简子论及"六志"，特别突出"哀乐"："民有好、恶、喜、怒、哀、乐……哀有哭泣，乐有歌舞，喜有施舍，怒有战斗；喜生于好，怒生于恶……生，好物也；死，恶物也；好物，乐也；恶物，哀也。哀乐不失，乃能协于天地之性，是以长久。"杜预注："协"，和也。个体真实的"哀乐不失"，当哀即哀，当乐即乐，方能和于天地之性，得以长久。这是把哀乐视为人生必然的两

① 徐复观.中国人性论史（先秦篇）[M].北京：九州出版社，2014：20.

个基本方面，认为它们是个体和于"天地之性"，得以真实地生成而得永恒的条件。可见，哀乐之情是先于"忧患意识"的本然之情。

从儒者立场看，哀乐之情并不限于"戚戚亲爱"，而是以其为基点，推及普遍的人际特别是政教中的。问题是，为何要把"恻怛之爱"或"戚戚亲爱"之情看成是普遍仁爱的基础呢？第一，它是自然必然之爱，先于其他条件且不受其所左右；第二，它包含自我否定之义，是哀痛中的仁爱和仁爱中的哀痛；第三，它是普世仁爱在实践中的起点和参照，是个体实现从感官之悦到精神上的安、乐的必要环节。由于其超越于具体可变的感性愉悦，笔者认为可视"恻怛之爱"为儒者特有的类似"终极关怀"的宗教情怀。这是其世俗的道德理想的重要动力源泉。不过，与其说这种准宗教情怀和血缘关系有着深刻的联系，不如说这是因对神的信心已不能恢复，无任何事物能替它成为宗教情感之所寄托的根本。

进一步看，这种"哀"是与乐相通的。"乐"是"哀"的折射和变现，"哀"是"乐"的断裂和破碎，两者相关。只有深切领悟"哀"，才可真正领悟"乐"，反之亦然。此"哀"既是"恻怛""恻隐"之情，又是作为"贵"于万物的人在自我意识中不得不服从自然必然性却又不甘被动接受的心态。但这种"哀"毕竟是个体人生领悟的一个极点，不宜把它作为有人世情怀的儒者的人们，所以孔子不强调这一点，而是一语带过。《论语》一开始讲"乐"："学而时习之，不亦说乎？有朋自远方来，不亦乐乎？人不知而不愠，不亦君子乎？"（《论语·学而》）"学"是自我完成之学，对个体而言，是超越自己成为非实然的个体，有"修身的痛苦"；朋友如兄弟，领受戚戚亲爱之情，在于他"自远方来"又即将分离，虽乐仍哀；别人的误解乃至蒙受冤屈，不至愠怒，而能和乐化解，这不正是领悟了人生之哀者的作为吗？真正领悟此哀者，才能"发愤忘食，乐以忘忧，不知老之将至"。真的领悟到人人共有之哀，才能"躬自厚而薄责于人""不怨天，不尤人""知其不可而为之""不自欺"而"慎独"。没有"哀""悲"之至的体认，就难知乐为何物，乃至虽"莫不饮食而鲜能知其味也"。这些，都说明孔子深切领受到了"哀"与"悲"。不过，孔子并没有向大众展示他的宗教家的情怀，他所立之教仍是世俗的"伦理教"。孔子虽处"礼崩乐坏"的时代，但犹有以乐提升世道人心的可能。但到了子思、孟子，时代变化迅疾，在孔子那里以曲折形式存在的"哀""悲"，到了《郭店楚简》《礼记》，均从不同角度渐渐明朗起来。

从历史的角度看，礼重丧、祭，其实就是表现这种哀、悲之情。可以说，儒家重哀、悲之情的体认，是从丧、祭之礼的特有含义中受到启发的。《论语·

子张》记子张曰："祭思敬，丧思哀。"《礼记·祭义》亦云："事死如事生，思死者如不欲生。"祭祀亡亲，会因神灵的到来而欣喜，也会因其即将离去而哀、悲。这恐怕不能看成只是对死者才有意义的"慎终追远"也。"祭之日，乐与哀半，飨之比乐，已至必哀。"因而，表达哀、悲之情并不仅是对死者的哀悼，而且还是生者的自我洗练。

可见，徐复观谓中国文化是在忧患中产生的文化，其实是指由此哀、悲之情而生的"救世情怀"的忐忑不安，而非哀悲之情本身。这层底牌很少被人真正掀开并认真面对。一般认为真正自然必然的哀、悲是无可如何的，问题的关键在于通过"救世"而克服人为的灾难。但"哀乐相生"所提供的心理空间并不限于灾难，而且及于宗教所关注的生命普遍性的不可逃的苦难。大家以为孔子"知其不可而为之"是"强做"做不到的事，是一个误解。如果说庄子面对自然必然的不可逃而安之若"命"，孔子则希望个体能将不可抗的必然性转化为自我发展的条件并生成人生的意义。因此，哀乐是个体化解现实冲突、自我完成的重要条件。这样，哀、悲之情的世俗表现，只能通过化普遍于特殊的礼，以及融特殊于普遍的个体完成的艺术——"乐"来完成。这一人生意义虽不离世俗但不归结为世俗。不离世俗，故有政教的内容；不归结为世俗，故有祭祀上的神道设教。所以，它并非回避必然性的孤绝，亦非从认知角度认识必然而达到"自由"，而是个体以情感为人手，达到与社会人生、宇宙的重建。

因此，儒家虽有类似宗教般的情怀，却并不一般地主张仅从哀悲之情入手来观物，而是以乐来观"四海之内合敬同爱""仁者与万物为一体"。可以说，儒者虽知其哀，但以乐为入手解悟和转化人生与宇宙，是一大特色。

礼的特征是"不忘本"，即不忘人生意义的根本。礼是人们导向对人生意义领悟的一条路。"乐"则是发自"中心"的"仁爱"，同时又表现为音乐的乐曲和舞蹈动作，是内外、动机和行为的统一。

如果说"哀"是意义失落和破裂的感受，那么，"乐"则是意义生成与落实的体悟。《礼记·乐记》曰："情深而文明，气盛而化神。和顺积中而英华发外，唯乐不可以为伪。"这里依笔者的解释是：深切领悟人性深处的哀乐之情即是文明，乐是情感的表达，但并非一般的情感表达，而是根本的"人之为人之情"的表达。《礼记·乐记》云："乐也者，情之不可变者也。礼也者，理之不可易者也。乐统同，礼辨异，礼乐之说，管乎人情矣。"一般感情是因时因事而变的，作为展示天地之情的礼乐是在任何条件下均不可变的。不回避而又超越于一般情感的哀乐之情的统一，就是"人性之情"。

可见，哀乐之情发生于个体，是个体的意义存在得以体现的方式，它使意义的生成与实现成为可能。这里，宗教情怀转化为现实的人生关怀，成为特有的礼乐文明的核心内涵。但因"人性之情"为人所共有，存在断裂和沦丧的可能，所以不仅有教化的必要，而且有以此而化政并通过政而实现意义的可能。"人性之情"并不一般地否定一切的感情和亲情，而是通过于独有体认的"先王"制作的礼乐教化系统，来节制与调适。但是，既然百姓并不必知"礼乐之原"，制礼作乐的圣人也并非以受难者的身份、而是以自我完成者的身份立足人世，则礼乐的制作权与解释权可被垄断。以此而论，道家非议礼，墨子之"非乐"，是把礼乐了解为与个体生命无关的人为的限制，或感官之乐和浮华奢侈的宫廷音乐，批评的内容虽显得有些外在，但矛头所指则不无道理。

三、乐教乃儒家教化论的归宿

儒家对"哀乐相生"的必然性的体认并非一蹴而就。对孔子"兴于诗，立于礼，成于乐"的思想不可作机械理解，因为乐原本有双重含义。作为"大成"之"乐"，是"天地同和"之"乐"，与作为学习乐舞、乐器之"乐"不同。对于少年贵族而言，通常是从孩提时的形式化的模仿开始，诗、礼、乐三者交替进行，完全是模仿性的学习并不严格依从时间先后。但是，从内容深浅影响"成人"的角度（如哀乐相生），则不免还是有先后。"兴于诗"，是说诗是自我完成的开始。孔子说："小子何莫学夫诗？诗，可以兴，可以观，可以群，可以怨。迩之事父，远之事君，多识于草木鸟兽之名。"（《论语·阳货》）诗可激励人心，启发智慧，使人能通过表达自己的情志而结交朋友，也可表达感情甚至幽怨。大抵，一般贵族子弟诵诗，内容主要是《雅》《颂》，但诗毕竟多反映青年人的热情和朝气，要能使人很好地立身处事，需要"立于礼"。其实，"迩之事父，远之事君"，已有礼的要求。立于礼，使人在具体的社会生活中接触各种事件和人物，深入理解各类礼仪的意义并用以指导生活。作为形式化的礼仪，通常从孩提时开始学习。礼教把人类行为当中仪式化的东西，通过模仿形式而变为孩子们的习惯性的行为。礼接通个人与社会的存在关联，是打通身、家、国、天下间蔽障的通道。这个通道也是宗法社会的结构所决定的个体活动的大致轨迹，同时也是实现其道德理想的必要途径。个体的人格完成是担当家、国及天下使命的前提。此种礼教的后果是把人类的某些文化经验传达到下一代，却有可能导致"文胜质"的偏弊，形成人际上的分隔界线显得枯燥单调，并可能抑制人格的动态发展。故教育不能止于礼教："达于礼而不达于乐，谓之素。"（《礼记·仲尼燕居》）礼虽求"报本反始"，不忘最初，但即使如此，似仍有所不足。所以，由诗经过礼到乐才是人格的完成。乐是人格完成的重要目标，可以调控礼教，限制其负面。这是突出三者实践上的次序和结构。作为人格完成的乐，同时体现了哀悲之情。乐最后的完成，仍需转换成为身、家、国、天下之间即人际间的现实存在关联才能落实。《礼记·孔子闲居》所谓"五至"，特别是"乐之所至，哀亦至焉，哀乐相生"更明确表现了儒者的宗教情怀。

需要进一步说明，之所以突出志、诗、礼、乐、哀五者的相互渗透以及相生，实际上显示了准宗教性的哀悲之情与现实人伦生活的相通性。近人马一浮以"内圣外王"解释之，颇有辩证意味。他说："志至即内圣，诗至即外王；诗至即内圣，礼至即外王；礼至即内圣，乐至即外王；乐至即内圣，哀至即外王。"① 如果以礼乐与诗而论，则诗是内圣，礼乐是外王。这样，不仅它们彼此之间的关系都是相对的，而且志、诗、礼、乐、哀五者构成了一个自足的循环。这种以"内圣""外王"之间的关系来解释"五至"，是把"内圣"与"外王"也看成在思想逻辑上并无先后，而是彼此作用、相互影响的。当然，政治上的"内圣外王"是有条件的，但既然通过诗教、礼教和乐教可以完成"内圣外王"，则不外乎是说，德教是以人伦关系为基础，以类似宗教情怀的"恻怛之爱"作为动力，通过身、家、国、天下的层层推开，而实现其道德的境界。这里，我们也可看到今天无论中外学者对从修身到治国平天下的打通都感到困难的原因之一，就是把"恻怛之爱"和"哀乐相生"这一重要的道德动力忽略了。

可见，儒家所谓"礼乐之原"，即是"哀乐相生"的本然之情。诗教、礼教、乐教的次序，即指向此情。它是儒家领悟社会人生的极点和达到"安""乐"的重要指标，也是今日人们常常忽略的儒家道德理想实现的动力。此情实质上是超越的天道内化为人的心性而落实下来的生命意义与价值得以呈现的必要途径和根本方式。

第三节　"以教化政"与伦理教化

儒家"以教化政"思想跨越知识、伦理道德和政治等领域，目的在将政治道德化，但知识和道德的评价标准往往掌握在权势者手中。传统政治伦理在很大程度上依靠的是家族—宗法伦理。这种情况事实上难以完全摆脱宗法伦理的深刻影响因而也就难以彻底克服其限制性。在当今多元价值并存的时代，传统

---

① 马一浮. 马一浮集（第一册）［M］. 杭州：浙江古籍出版社，1996：322.

伦理作为传统价值系统不能不同时被当作既定的事实，为了政治上平等、文明的要求不能不在政治伦理上做出对宗法或泛宗法伦理的限制性要求，政治服从文明发展程度所决定的伦理，才有社会长久的稳定与和谐。

传统儒学对政治的看法与近现代截然不同。孔子曰："政者，正也。"（《论语·颜渊》）"人道，政为大。"（《礼记·哀公问》）这是将政治的根本看成是道德。两种不同的观念曾至今仍未能达成合理的解释。即使是更具有民族文化根源性的儒家，虽也在改革开放后重新被研究和重视了三十年，却仍无法和它非常重视的政治打通本来具有的联系。但儒家如果砍掉其关于政治的观念，如民本论、德治论，以及纲常论、大一统、天命观等等有关政治哲学的内容，它就绝对不是原来的模样。

一、"以教化政"的理想

孙中山曾称《礼记·大学》"物格而后知至，知至而后意诚，意诚而后心正，心正而后身修，身修而后家齐，家齐而后国治，国治而后天下平"中八条目概括的政治实践方略所透露的政治理想，是传统儒家"最有系统的政治哲学"。其中，如果说格物、致知基本上讲的是求知，诚意、正心、修身是讲修德，而齐家、治国和平天下讲的是政治，那么，八条目分别跨越和连接了知识、道德与政治三个重要方面。从现代学科分类角度看，三个方面各属不同研究领域，没有直接关系。但《礼记·大学》在作者看来，这三个方面不仅可以而且必须打通。它不仅把伦理道德修养放在知识成长的范围中来讨论，而且认为知识必然以道德为指归，而知识、道德最终又必然是政治实践之前提这样的思路。乍一看觉得作者似乎太过天真，以为知识和道德居然就可化解政治上最大的风险—即解决权力滥用或权力非理性化问题，其实，认真解读，发现问题并非那么简单。

因为，在作者看来，知识和道德的掌握首先只是作为从政的必要条件而非充分必要条件；其次，这里虽并未明确谈到知识和道德达到的程度，但显然是从当时历史条件所决定的可能达到的高度上去讲的，因此也就不是随便哪个普通人都可能达到的高度；再次，知识和道德也并非仅仅是从政者本人的个人问题，而且是政治的基本原则，政治应追求的理想；最后，它也并非仅是思想家单纯苦心孤诣提出来的乌托邦，而是有客观的社会结构作为现实客观条件的，因为绝大部分人都属于他们的宗族，因而，他们必然受到自己宗族的支持和制约。这其中，尤其作为政治原则和支持这些原则的社会背景容易为后人所忽略。正因为不是随便什么人都能获得和拥有这样的条件，因此，评价知识和道德的标准必然是掌握在由社会结构和体制所决定的最高权力的拥有者手里。

笔者认为这一纲领透露出儒家"以教化政"和通过政治实现道德理想的企图。我们首先说明"以教化政"的含义。所谓"以教化政",指以教化和教养来规范约束政治权力和政治行为。这里的"教",不是与政治权力和相应的物质设施相对立的独立的外在力量,而是儒家理想政治形态的一个本质特征。换言之,政治与教化从实质上是两位一体的文化政治。按笔者的概括,儒家以伦理道德为实质的礼乐文化是其"立教"的依据,而"立教"的根本目的是政治上的"以教化政"。"政"之为"正",目的是"教""教"的实施与制度体系,本质上依附于"政"。"政",即"德化"政治,是道德的政治化和政治的道德化。

但是,不能仅凭道德说教而"立教",而是由"人道"包括人文传统、道德自觉、政治体制、宗族实体以及"天道"(包括神道设教)来"立教"。从"人道"角度看,教化是以自我修养为前提,以相应礼乐制度、宗法制度为客观保障的。因而,所谓"教"不是宗教或单纯知识技能教育,而是本文包括知识获得在内的道德人格教化。"天道至教,圣人至德。"(《礼记·礼运》)教化的目的在于实现使君"立于无过之地"的理想。《礼记·礼运》:"故天生时而地生财,人其父生而师教之,四者,君以正用之,故君者立于无过之地也。"

这是奠基于"政者,正也"这一判断基础上的。"政者,正也。君为正,则百姓从政矣。君子所为,百姓之所从也。君所不为,百姓何从?"(《礼记·哀公问》)君无过,君为正是百姓服从行政原则的大前提。相反,君有过,君不正则是所有社会危机的总根源。这里,无疑对君主政治提出了一个很高的要求。如果我们孤立地看这个问题,会认为这个观点不那么切合实际。但这恰恰反映了儒家在政治风险自觉基础上为集权政治寻求出路的努力。在集权体制中,"一言偾事,一人定国"。"一人贪戾,一国作乱。"(《礼记·大学》)这里不仅仅是针对权力的可能滥用而言的,而是针对权力获得及运用的基本条件而言的。"古之为政,爱人为大。所以治爱人,礼为大,所以治礼,敬为大……是故君子兴敬为亲,舍敬,是遗亲也。弗爱不亲,弗敬不正。爱与敬,其政之本与?"《礼记·哀公问》)把"爱"与"敬"这些属于道德情感的内容,视为"政"的本有内涵,可说是儒家特色。在它看来,所谓"爱"与"敬",虽不离宗族血缘亲情,但却不能仅归之于亲情,而是在其整个的修养和制度框架体系下的"亲"与"敬",有普遍意义的道德情感甚至宗教情怀参与其中。

为"政"之本在"爱""敬",如果不怀有任何偏见来看,都是把政治建立在一种人性之情基础上。只有在这一前提下,才能理解作为教化体系中的修养工夫如"反躬""絜矩之道""诚意""慎独"等的意义;也只有在"以教化政"的体系中,才能体会礼乐教化的真实意义。在笔者看来,儒家以伦理道德为内容的礼乐文化是其"立教"的基础,而"立教"的根本目的一面自然在政治上的"以教化政",另一方面则是建立其社会教化体系。即通过自觉的道德修养完成权力的理性化的同时,化民成俗。因此,"德化"政治,不只是人们一般注意到的"绝恶于未萌",还含有政治文明意味。在儒家那里,政治不能仅靠权力即"力服"来控制人民。即使权力可以控制,人们也不免有"遁心"。更何况,仅靠权力,何以讲"仁义礼知"之人道呢?孟子所谓"天下无心服而王者"之义就在于此。可见,"教化"的真实含义应包括对权力约束的德化、文化及化民成俗的教化诸方面。只看到后者是不够的。

而从"天道"以及宗教信仰角度看,"人道"所不能及而为人所敬者,属于人力所不能控制者,则是宗教发生作用的范围。《礼记·曲礼上》曰:"龟为卜,筴为筮。卜、筮者,先圣王之所使民信时日,敬鬼神,畏法令也,所以使民决嫌疑。"所谓"决嫌疑",当然就是无法从人事上做出正确判断的事情,求诸宗教活动以求裁断。《礼记·表记》载孔子曰:"昔三代明王皆事天地之神明,无非卜筮之用,不敢以其私,亵事上帝,是故不犯日月,不违卜筮。"这可说是沿着《尚书·周书·洪范》"稽疑"思想,从"天人之际"向"人人之际"的进一步发展。而在两戴《礼记》中,"人道"与"天道"也并非没有联系。《礼记·礼运》云:"故宗祝在庙,三公在朝,三老在学。王前巫后史,卜筮瞽侑皆在左右,王中心无为也,以守至正。"宗、祝皆神职人员。史,史官。卜、筮是负责决疑者。"瞽",乐官。"侑",通宥,郑玄云为"四辅"。"四辅",为王之左右四大臣,据《尚书大传》为"疑、丞、辅、弼",而大戴《保傅》则谓"道、充、弼、承"。这里,表述虽有不同,但仍可看到政治活动与宗教、道德修养和文化活动的必然联系。《礼记·中庸》则将其做了高度概括:"君子之道,本诸身,征诸庶民,考诸三王,建诸天地,质诸鬼神。"如果说这里从内涵上就包含着儒家心性之学后来所突出的"天人合一"思想,那么,从外延上则往往显现为从人事向天命的扩展。教化不是统治者单方面将自己的意志强加于人。

在宗教性的祭祀活动中,有"散齐"("齐"通"斋")七日、致齐三日之说,见于《礼记·祭统》。所谓"齐""定之"也。所以"齐",是因《礼记·乐记》所谓防止人的"物化"。物化者不可通于"神明"。只有"齐不齐以致齐者也……心不苟虑,必依于道;手足不苟动,必依于礼。是故君子之齐也,专致其精明之德也……齐者,精明之致也,然后可以交于神明也。"祭祀之日,君王与夫人均需"散齐""致齐"。《礼记·祭统》云:"古者,明君爵有德而禄有功，必赐爵禄于大庙，示不敢专也。"所谓"不敢以其私，亵事上帝""不敢专"，均是讲君王不可以私心亵渎上帝，实行自专。这里，我们看到作为祭司的君王应对宗教活动有虔敬之心。儒家的一番说教自有其思想和现实上的理由。当然，在宗教背景中，人的道德的发展与世俗社会最大的不同在于：宗教往往有一种精神的超越性，日后的生活通常是对这些精神要素的验证；世俗社会则往往依靠人与人之间口口相传的方式来实现道德，更倾向于在生活的底线上去验证和证明其世俗道德的意义。《礼记》并没有完全摆脱宗教的气息，而是在世俗伦理生活中给其留有一定位置，可以说，这不是内涵上而是外延上的。其目的显然是不承认权力的"私"与"专"。

因此，儒家没把权力作神物崇拜，说明权力虽重要，但并非高于一切的力量。"政"的关键在是否"正"即是否符合道德。

具体说来，"政"之"教化"，包含化民成俗和"文化"政治两个方面。化民成俗是礼乐的功能。《礼记·曲礼下》云："君子行礼不求变俗。"《礼记·王制》云："修其教不易其俗。"所谓"文化政治"，就是在化民成俗的同时，君子通过"自省""自讼"等的道德修养和自觉意识来完成权力的理性化、人性化。权力的理性化、人性化，典型地体现在"君者，立于无过之地也"（《礼记·礼运》）。当然，这是一个应然判断不是事实判断，但却反映了儒家的政治理想。因此，"文化"政治，不只是人们一般注意到的"绝恶于未萌"，上对下的教导之意，还含有政治文明的意味。文明的政治才能使礼乐真实地起到教化的作用。即政治不能仅靠权力来控制人民。即使权力可以控制，人们也不免有"遁心"。更何况，仅靠权力的运作，何以为"仁义礼知"之人道呢？因而，"教化"的真实含义应包括对权力的约束的德化、"文化"及对民的教化诸方面，只看到后者是不够的。这种"文化"政治的可能性，当然是基于宗法社会的特殊结构，及礼制如宗法制度、丧服制度、明堂制度等的功能发挥之上的。在这个前提下，儒家认为应给人们留下充分的主动权并予以信任。正是在是把社会设计为一个仅仅只考虑效率与功利的大机器，还是构造一个"人道"的社会的问题上，儒家不同于法家。

可见，无论是被"教"化了的"政"，还是以"政"的形式出现的"教"，都说明儒家的理想政治是政治化的道德或道德化的政治。因为，一般而论，"人道"包含有"仁义礼智"诸德；从最高的境界上，"圣人参于天地，并于鬼神，以治政也"（《礼记·礼运》）。《礼记·文王世子》云："德成而教尊，教尊而官正，官正则国治。"但因"教"与"政"的相互的依附性所决定，一方面，从政治道德化的角度看，"政"必依赖于"教""自天子以至庶人，一是皆以修身为本"（《礼记·大学》），而"修道之谓教"（《礼记·中庸》）。天子修身效法天道，百姓修身效法君子。《郭店楚简·尊德义》云："为政者教道之取先。"子产云："（我）闻学而后入政，未闻以政学者也。"（《左传·襄公三十一年》）此与孔子"（从）先进于礼乐"之说是一致的；另一方面，从化民成俗的角度看，"政"优先于"教"。"政"而不正，无所谓"教"或"人道"。无德不成"教"，"政之不行也，教之不成也。爵禄不足劝也，刑罚不足耻也"（《礼记·缁衣》）。"政不正，则不可教也。"（《大戴礼记·子张问入官》）《白虎通·三教》云："教者何谓也？教者，效也。上为之，下效之，民有质朴，不教不成。"教化的基本前提是"上行下效"，所以，君王不可不慎其所好。"子曰：下之事上也，不从其所令，从其所行。上好是物，下必有甚者矣。故上之所好恶，不可不慎也，是民之表也。"（《礼记·缁衣》）

　　儒家的政治思想最集中地体现在其一直以来"以教化政"的仁政理想。孟子曰："以力假仁者霸，霸必有大国，以德行仁者王，王不待大，汤以七十里，文王以百里。以力服人者，非心服也，力不瞻也。以德服人者，中心悦而诚服也，如七十子之服孔子也。"（《孟子·公孙丑上》）王霸之不同不仅在于"心服"还是"力服"的政治管理形式上的差别问题，而且关系到是否长治久安的问题，更重要的问题在于是否体现政治的道德性的实质问题，关系百姓的安乐与生存问题。孟子这一思想的背后，实际上就是认为道德或道义，才是政治合理性的基础，而非军事力量或行政上的权力隶属。所谓"政者，正也"就是说，政治的本质就是道德，而不是权力的分配和使用。后者只是前者的体现。原则上，西方的所谓三权分立就是属于权力的分配和使用问题，而在儒家看来，道德或者正义，才是政治的根本。孟子在另一处为武王辩护时也说："贼仁者谓之贼；贼义者，谓之残。残贼之人，谓之一夫。闻诛一夫纣矣，未闻弑君也。"（《孟子·梁惠王》下）孟子的意思十分明白。仁义是人们共同拥有的精神财富（可以通过物质财富来体现），不是个人私有的，因此，不是可多可少，更非可有可无的。统治者丧失了道义上的合理性，也就丧失了政治上的合法性。

　　由此可理解儒家对政治高度的参与热忱不仅与近代西方学者那种对政治的看法迥然不同，与对政治抱有典型知识分子立场的苏格拉底和有"哲学王"主张的柏拉图有区别，且与庄子道家逃避政治更有重大差异。儒者作为知识分子，政治态度迥然不同，是因对政治所包含的权力、制度等的认识不同。霍布斯曾以《圣经》中象征邪恶的海怪"利维坦"形容政治所包含的权力等，以为是非理性（所谓"刚性"）暴力。的确，"对于政治来说，决定性的手段是暴力"①。这样看，确有其道理。但在德治语境中，暴力的风险虽不能说没有，但似乎不是最终的决定性因素。

当然，实际的中国传统政治格局与儒家的理想存在相当大的距离。所谓"阳儒阴法"就典型说明了问题。

二、"以教化政"实现的条件与限制性

从社会学角度理解，政治制度作为社会整体结构得以维持的刚性原则，需要对国民生活及其出路有符合时代条件的安排，否则难以维持社会的稳定。另一方面，与社会结构紧密联系的是在背后起作用的文化结构。所谓文化结构，是指"普遍实用于某一特定社会或群体之成员的指导行为的规范性价值标准"②。据此，如何认识"以教化政"思想中贯彻的政治原则和文化价值观念是我们理解其得以实现的条件的关键。

面对不同血缘、姓氏、性别和具有不同人生价值观念、具有不同人生历程乃至个性的芸芸众生，"以教化政"能否说服绝大多数人而使意志自决的人"心服"呢？

"以教化政"不仅在于它可以打通知识、道德和政治诸领域，是一个贯通身、心、家、国、天下即达到天人相通的理论系统，而且是将人的各种关系相互连接平衡的设计，还具有抑制人性弱点乃至剔除社会生锈僵化的机制。"中"的理想不仅指无过无不及，还指各种不同人际关系的平衡。"中"的含义深刻而复杂。"礼乎礼，夫礼所以制中也。"（《礼记·仲尼燕居》）礼以及后来出现的科举制度，都可说是维护社会秩序复制社会中制度实在的制度体系③。其实质是将每个人按身份、能力、性别、角色乃至修为等差异而被安排在社会某一位置之上。对于个人来说，接受礼仪等于接受进入社会的入场券；逃避礼仪就等于选择回到自然状态。拒绝礼仪就是拒绝社会的安排，拒绝社会且终会拒绝宗法文化。从现代社会学的基本观点看，礼仪规范就是"个人有多重社会角色并且

---

① ［德］韦伯．伦理之业［M］．王蓉芬，译．北京：中央编译出版社，2012：67.

② ［美］墨顿．社会理论和社会结构［M］．唐少杰，等译．北京：译林出版社，2006：303.

③ 参见［美］塞尔提出的"制度实在"概念。见：氏著．心灵、语言和社会：实在世界中的哲学［M］．李步楼，译．上海：上海译文出版社，2006.

按照赋予每个角色的由结构上限定的期望来组织个人的行动"①。同时，儒家也认为社会的安排最终要落实在主体的认知和行为上，所以，特别强调主体各种关系中最基本的关系：自我关系。最著名的"克己复礼"，看起来是将礼推到准则的位置，但其在生命上的落实则是在自我关系中完成的。然而，孔子认为"道不同，不相为谋"（《论语·卫灵公》），"以教化政"的方式怎么可能实现社会的和谐呢？

首先，在儒家看来，无论是政治道德化还是道德政治化，均基于民情，并认为这是对人性的深刻认识。一方面，他们认为"民之秉彝，好是懿德"（《诗·大雅·烝民》），君当然会投其所好。另一方面，儒家要求"君子莅民，不可以不知民之性，达民之情"（《大戴礼记·子张问入官》）。所谓民之性情，亦即是前文所论及的"礼乐之情"和"礼乐之原"。在此基础上，方谈得上"玩其所乐，民之治也"（《礼记·礼运》）。它要求从政者能将家庭人与人之间存在的伦理亲情扩展到社会乃至宇宙之间，所谓"亲亲而仁民，仁民而爱物""民胞物与"，将身体力行当作为政之始，"躬行者，政之始也"（《大戴礼记·子张问入官》）。

其次，儒者认为政治道德化是保护君主根本利益的。"政者，君之所以藏身也。是故夫政必本于天……此圣人所以藏身之固也。"（《礼记·礼运》）君子以天之子的名义并依据"民情"而行使政治权力，故德化的政治成为君主藏身之所。"位"的正当性与合法性的根据在"德"，心智不健全者不应处于君位。王符说："……君之所以位尊者，身有义。身有义者，君之政也。"② 这显然是说政治的根本是道德，而不是位置或权力。但是，在形上与形下不即不离的世俗社会，实用理性大行其道，君好义不仅意味着道德高尚，而且应注重"利用厚生"，让利于民。在这个前提下，从政也可达到许多合理的个人目的，"百姓则君以自治也，养君以自安也，事君以自显也"（《礼记·礼运》）。

再次，"以教化政"赖以形成的思维方式是讲社会等级结构，人的身份差异如父子、君臣、夫妇等均已"阴阳"观念加以解释，由此孝、忠、顺等规范均获得了正面意义。所谓"天尊地卑"，阴阳谐和而生万物，这种认为阴阳既分有等次又需要配合的观念，比之强调冲突和斗争的哲学其解释力也毫不逊色。

最后，"以教化政"依托儒家改造过的宗法伦理作为政治伦理的主要内容，

---

① ［美］墨顿. 社会理论和社会结构 ［M］. 唐少杰，等译. 北京：译林出版社，2006：242.

② 张觉. 潜夫论校注 ［M］. 长沙：岳麓书社，2008：268.

因此它也就有条件接受了宗族这一客观社会结构和组织形式，使传统社会结构与家族结构基本一致。此所谓"处其所存，礼之序也"（《礼记·礼运》）。汉代开始兴起的察举制度，隋唐时期完善起来的科举制度，是宗法社会和大一统帝国联为一体的集政治、教化、道德为一体的制度，是典型的"政教合一"制度。

需强调的是，"以教化政"的思想和行为方式的背景是形上之道与形下之器"不即不离"的关系。精神或心灵的生活也需要一定物质方面的保证，才能取信于人，于是，这种世俗的"实用理性"总是有两面性：一方面是彻底的人文主义和现实主义，另一方面则因世俗主义可能使道混同为器。

因而，无论多么巧妙，任何设计都难免存在限制。在复杂的社会背景、传统体制和行为方式的交互影响下，任何一个环节出现危机都可能导致整体性危机。

体制与观念间的不一致，通过道器"不即不离"的关系，如果在政治昏暗、社会衰乱之相频仍、功利至上的时代，难免酿成普遍追逐奢靡，造假乱真难免。

第一，在最重要的权力来源问题上，既然谁都可能难以在知识和道德方面具有绝对话语权，那么，谁掌握知识和道德的评价标准，那他就最有资格获得这个权力并因此决定地位的安排和利益的分配。事实上，中国历史上权力角逐获胜的一方大多并非有什么神秘的天命，甚至不是道德，而是取决于实力人物的权力或初期的军事实力。仲长统说："豪杰之当天命者，未始有天下之分者也。无天下之分，故战争者竞起焉。于斯之时，并伪假天威，矫据方国，拥甲兵与我角才智，程勇力与我竞雌雄，不知去就，疑误天下，盖不可数也。角知者皆穷，角力者皆负，形不堪复仇，势不足复校，乃始羁首系颈，就我之衔绁耳。夫或曾为我之尊长矣，或曾与我为等侪矣，或曾臣虏我矣，或曾执囚我矣。彼之蔚蔚，皆匈詈腹诅，幸我之不成，而以奋其前志，讵肯用此为终死之分邪？"① 最高权力在仲长统看来是豪杰"角知"和"角力"的结果。只是因为他们"角知者皆穷，角力者皆负，形不堪复仇，势不足复校"，方才"羁首系颈，就我之衔绁耳"。这样，社会秩序的终极理由在于豪杰的"知"与"力"等实力的较量，而非成功后所标榜的伦理道德。这种"知"与"力"的角逐不仅存在于不同姓氏的宗族之间，甚至也存在于皇室内部的兄弟之间。

第二，皇权合法继承的具体情况也深刻影响中国的政治历史走向。林安梧说："以'血缘纵贯轴'而开启之中国政治社会共同体之构造，其最大之问题可

---

① 孙启治. 昌言校注 [M]. 北京：中华书局，2012：257.

以说是'权力根源未得其恰当解决'之问题。中国自古以来即有'禅让''民本'之论，但终不得其解，而陷溺于'世袭'之中，道成为一家一姓之所独占，显然违反了以民为本、天下为公之论点。由于道之本体被独占封闭，终而使得整个政治社会共同体成了一个僵固而封闭之物，日渐衰颓老化，不复生机。"①中国的政治历史很难不受皇权的深刻影响。而皇权无论是强势还是弱势，都可能导致严重的社会政治问题。在皇权强势的情况下，"以皇帝为代表的官僚集团，可以以各种各样的理由剥夺普通公民的财产和自由"②。而在皇权弱势的情况下，则往往是外戚、宦官弄权，从而引发政治危机。而"古之所患，在臣上陵其君者多，君下侵其臣者少"③。既然细密得仿佛天衣无缝的制度实际上难免不严实并会拱翘、抽丝甚至坍塌，则所有人类存在的风险和危机又都会不失时机地重新回来。

第三，作为政治合理性的判断标准的"仁义"，究竟是最高理想，还是道德底线？这是一个模糊的问题。统治者要实现其统治，必须满足其底线，但是，人们却往往以理想以期之。不要说还存在着道德与伦理，伦理与政治之间的区别和转换，即使就道德底线和理想之间的巨大鸿沟而言，都是导致许多社会冲突的缘由。因此，利益的角逐、地位的安排，同时还有控制、支配以及取舍、衡量、选择的权力，只要最后获胜，他也就必然具有正当性和道德性。

由此，儒家伦理政治，因与传统宗法伦理的关系而往往表现出复杂性质，也颇遭后人置疑。一方面，儒家因上承传统礼制而被视为血亲伦理；另一方面，又因改造宗法思想赋予新的道德理想而被人视为"迂阔"不切事情。这在现代人看来是令人困惑的。当然，如果回到传统社会，并将具有实践品格的礼作为政治实践的客观原则来看，就可以明了。礼的优点和缺点使儒家政治的优点和缺点充分暴露出来了。礼是有弹性的，从高尚的抽象精神来说，是理想；从行为规范来说，则是底线。礼是儒家实现"人道"的基本原则。与其说儒家政治哲学对权力的滥用的可能估计不足，还不如说它的问题主要出在对权力主体的本质还处于一种模糊认识。

三、"以教化政"与当代政治伦理建设

即使在传统社会，无论是在儒家作为官方意识形态还是作为民间学术思想

---

① 林安梧．儒学与中国传统社会知哲学考察——以"血缘纵贯轴"为核心的理解与诠释[M]．北京：学林出版社，1998：121.

② 孙筱．两汉经学与社会[M]．北京：中国社会科学出版社，2002：57.

③ 吕思勉．中国制度史[M]．上海：上海世纪出版集团，2005：267.

存在时代，他们均难以实现其政治理想。这可以从东汉一些著名思想家如王符、仲长统、徐干等人的著作中看到。在社会转型，政治与文化都出现巨大变化时，重新认识儒家的政治伦理，对于反思政治文化传统并完成现代转换，具有重要意义。

社会结构变化，文化内涵也将发生变化。集权专制和皇帝均不复存在，宗法制度和科举制度也不复存在。这样，一方面，原来与专制和宗法社会相适应的政治制度与文化也不可能获得完全独立的存在，另一方面，行政权力空前集中。

这些变化表现在：宗族社会作为"教"在现实生活中的延伸恍惚莫名，代之以利益为主导的泛宗法关系网络。这种情况下，宗法社会的政治伦理所依附的实体不复存在，则"以教化政"的功能递减。同时，儒家价值观念从主流演化为多种价值观念中的一种，儒者的价值很可能成为他人的事实，如孝、忠、顺对于他人而言只是事实，若涉及权力的获得和使用，则需要制度建设来规范；儒家的政治伦理底线的一些内容可能被新体制所继承，而其理想只是儒家自己的追求。还有，"君子""小人"可能均还原为普罗大众，人们理所当然地追逐合法的利益。这种背景下，道器不离的实用理性追求更能得到充分表现：虽然时代所要求的道德水准存在普遍提高的需求，但同时不能不最终取决于人的内心觉解和克制自己的勇气。二者的不适应导致诸关系的错置。

深入反思文化传统，笔者认为如下几个方面的"错置"是今后社会政治伦理建设必须考虑的：

第一，义利、个人与群体关系的错置。从个人角度，儒家虽突出"义"，所谓"君子喻于义，小人喻于利"，但从群体角度，大众之利也就是君子个人所求之"义"，没有君子所追求的"义"，大众的"利"就会落空。《左传·文公十三年》记载："邾文公曰：'苟利于民，孤之利也。天生民而树之君，以利之也。民既利之，孤必与焉。'"对于邾文公根据利民原则而行事，《左传》评价"知命"。"从王道方面讲，正德必含厚生。"① "内圣"必得开出"外王"。但这容易导致人们误以为任何情况群体之利同时就是君子之义。个人为一己之私而不为，但未必为了乡人乃至所谓集体之利就不为。我们知道，大众不是抽象物，而是由近及远不同层次的群体。"只要人们询问得稍微深入一些，集体的、社会的现实在没有个体间的基本关系的情况下就不可思议，这种现实正是建立在个

---

① 牟宗三. 政道与治道［M］. 桂林：广西师范大学出版社，2006：25.

体间关系的基础之上的，在这种意义上，前者由后者决定。"① 这样，在个体与群体和义与利之间的转换关系中，群体不免于是宗族或泛宗法关系，其为私的可能趋向始终存在，随着泛宗法关系取代宗族实体，家国的精神象征弱化而功利特征明显。在为大众乃至个人合理逐利的幌子下，义利、个体和群体之间的错置是难免的。既然家国概念在实践上很难不显现为个体的有限的人际关系，而按照儒家伦理，任何为有限团体牟利的行为最终还是会回馈到谋利者本人身上。

第二，主体与客体关系的错置。道德是主体内在的要求，道德评价的根本在于主体的自律。但当道德和伦理政治挂钩之后，道德评价不能不诉诸客观的社会评价，乃至在专制体制下的政治评价。在政治和社会评价中，既然终极评价只能取决于已经错置的义利、个人与集体的关系，那么，道德评价的意义随即丧失，而社会政治评价则裹挟道德评价之无限性而成为高悬在儒者头上的利剑，成为"小人"制约"君子"的无上法宝。这是人们否定儒家道德的重要理由。这样一来，"君自议道自己，置法以民"即刻转换为伪君子"议道以民"并自己逍遥法外。

第三，历史评价与价值评价的错置。历史评价是根据个人在历史中的实际地位和发生的作用而做出的，价值评价则是根据评价者的主体价值观作出的。在历史上，个人因角色不同，在整体社会中起作用的方式和大小也不同，但由于道德被社会政治评价所取代，这种情况下，道德要么被置于虚构的历史基础上，要么被短期政治需要所掩盖，真实的历史成为谁也无从认识的自在之物。

第四，事实与价值的错置。任何价值追求，都须置诸事实基础上，从特定环境乃至应付不良环境的品行才能鉴别人格高下，如尧之识舜。但既然道德乃至价值可能被置于虚构的历史基础上，或被政治需要所掩盖，而政治不仅涉及与知识、伦理道德相通的取舍、衡量、选择的能力，而且还需要特定条件下控制和支配的能力乃至离不开非理性的初始暴力，抑或垄断的话语权，这就是多种因素综合决定的"势"（威势、权势、势力等）；与此同时，政治格局因是从客观社会的有效性角度考虑，则不能不有禄、位的设定，因此，有所谓禄、位相当，"大德者必得其位，必得其禄"（《礼记·中庸》）一说。这样，从前者来说，"势"因何而来？不能使势得以确立的根据得到清楚的说明，是儒家伦理政治的一个黑洞。按儒家政治哲学，似应是知识学习和道德修养而来，但事实

① ［瑞］奥特.不可言说的言说［M］.林克，赵勇，译.北京：生活·读书·新知三联书店，1994：90.

并不一定。这就是事实与价值的错置。从后者来说，既然伦理政治作为价值追求的理想也难免会有谋生手段的一面，那么，无论凭借的是初始暴力，还是垄断的话语权，抑或造假的手段，就很难有文明的政治。晏子说"为禄仕者不能成政"（《晏子春秋·内篇杂上》）。

以上是说道德的政治化或者政治的道德化必然要遭遇到的错置。这些错置必将导致道德与政治功能的弱化。在价值观念、道德观念发生巨大变化的今天，政治伦理建设必须考虑这些复杂情况。

若基于传统伦理之上的道德被功利主义道德所取代；宗族集体主义道德被个体道德所影响；和谐的主题代之以难以避免的和谐与竞争双重主题，那么，传统的伦理道德与政治的关系必将发生深刻变化：以血缘为主的伦理道德可能向以利益为主导的功利主义转移；以君主专制为主体的专制政治条件下的伦理政治可能被泛宗法利益集团下面的权力分配所控制。问题的关键还在于，这些集团往往是松散的，很难被明确认识，也不一定是责任主体。

于此，儒家政治哲学有值得反思的内容。历史上，对位置趋之若鹜者往往是被权力对公众和公共资源的巨大控制和支配力所吸引，略进一步则将其视为替自己和民众做出取舍、衡量、选择者则在权力面前表示慎重，而对其逃避者则多看到专制权力对人性的压制及其连锁反应导致的人性与社会的悲剧。相反，儒家虽也看到权力的威力，但却既没有逃避，也没沉醉于位置上的支配和控制力，而是强调其正当性和对于实现"人道"与"成人"理想的意义。这种态度无疑迥异于视权力为暴力的看法，也不畏惧权力可能导致的连锁反应，而是通过资源优化替社会做出合理的取舍、衡量和选择。儒家无疑属于所谓"精英"政治的实践者。因此，儒家强调道德，并非欲以道德取代政治，而是通过道德优化政治，政治需要其存在和运作的道德依据。这就是说，政治除了自身运作的逻辑与法则外，还需要有伦理道德规范。政治合理性的根据在道德，必然使政治权力斗争在很大程度上表现为善与恶的较量。在新的时代，传统儒家政治哲学的转换，首先应明确权力主体的概念，同时要解决权力来源问题，否则，知识和道德的话语权若最终还是取决于"势"或实力，必难免周期性的社会动荡。在人民主权的今天，人民是知识和道德话语权的掌握者。在此前提下，为了政治上平等、文明的要求不能不在政治伦理上做出对宗法或泛宗法伦理的限制性要求。比如，传统儒家基于宗法原则的"亲亲""尊尊""贤贤"的原则以及一些适应等级社会的伦理规范如孝、忠、顺等，要么作为新政治伦理面对的事实，在特定领域需要有符合新价值如公平、公正原则，以及相应的新制度如问责制度、举报制度、亲属回避制度加以规范，要么需要在原有基础上增加新的向度，如在坚持孝、顺的同时还要承诺人格独立基础上的平等、民主。社会主义社会应不允许任何人倾国力和民力去孝敬某个人或某些人的父母。因此，新的政治伦理自然需要一系列新制度的推出，以适应儒者价值转化为他人的事实这一事实，并理顺上述诸错置的关系。既然精神家园面临萎缩，权力仍没被"关进笼子"，政治伦理建设是公平社会的必要前提。只有政治服从文明发展程度所决定的伦理，才能谈得上社会长久的稳定与和谐。

这种政治的道德化或者道德的政治化当然可导致道德扩张和政治合理化。从这种意义上，可以说传统的政治是德化政治或文化政治。这是一种特殊的政治形式。因为德化和文化，使政治的机械性得到克服，使服从于行政的政治得到理性化的控制；因为这种特殊的政治形式，使文化和道德发展的成果能够通过政治而作用于社会，使中华传统社会与众不同。

简言之，从客观方面看，宗法社会中以血缘身份为基础形成的集体主义价值取向和注重实效的淑世追求，无疑加强了权力与制度的向心力；相比之下，传统社会的个人主义不仅没有形成对权力向心力的制衡，反而被指为近于"私"的消极性。

在这个意义上，儒家"学而优则仕"的观念往往会被"势"与"位"转化，导致"仕"必学而优，不仕则学而不优的荒谬结论。在传统宗法等级社会，身份与地位、受教育机会、学问和修养程度，对权力和制度的认识往往存在很大差异，由此可能导致对是否"仕"的选择就不同。其不同的联结和关系，使其与权力的关系存在很大变数。但是，"学而优则仕"的观点则试图将一切学问乃至道德修养水准通通纳入同一个标准中进行衡量。同时，由于儒者原则上也并不完全否定政治上的宗法嫡长子继承制度，这和"学而优则仕"是冲突的。这是一切社会矛盾孕育的总根源。传统社会政治上的专制，在多数情况下虽可以避免上述因素最糟糕的组合，但是，历史上仍然出现了一种独特的政治文化景观：

第一，全体百姓甚至包括学有所成如孔孟儒者等都无一例外地期待着圣君贤相的出现，期待他们出来主持公道。《礼记·中庸》："君子居易以俟命。"孟子云："修身以俟之，所以立命也。"《礼记·儒行》："儒有席上之珍以待聘，夙夜强学以待问，怀忠信以待举，力行以待取。"在修身方面儒者主体精神昂扬，但在他们认为实现抱负最重要的政治上是相对被动的。儒者的道德理想，从根本上是要求在现世实现，这就决定了儒者需要和政治上的统治者合作。不然，这种政治文化氛围中，必然出现大量失意文人。"仕"毕竟为极少数人的职业。这些文人情况复杂。有学有所长而不谙人间世故的大学者，也有不被赏识者，有不适合从政者，更多的可以是自以为可以从政而实际不能从政者。传统社会的现实，则先是宗法社会，后是专制社会，这是儒者自身难以根本改变而只能适应的现实。所以，儒者的所有努力，都可以看成是成为"师爷"的努力，是否得到当权者的赏识而非学术思想与道德修持的水准，才是关键。

第二，儒者实现道德理想需要手握权力的君主的自觉。儒者的所谓道德理想，看似简单明白，实际其哲理意义深远，即使在儒者内部，也理解不同而有分歧，因此，要得到君主的支持除非其对儒家道德的深义有基本把握，否则并非易事。如韩非认为"所谓智者，微妙之言也。微妙之言，上智之所难知也。今为众人法，而以上智之所难知，则民无从识之矣"（《韩非子·五蠹》）。

第三，主客的分裂。当任何个人都必须怀着维护和发展包括自己在内的宗族和集体以及权力拥有社会标准的制定、裁决并具有绝大部分的控制、影响和支配力的时候，任何对权力发起的冲击都是为了集体，因而也拥有广泛的支持者①。在这种情况下，标准的合理与否、执行的公平与否似乎都为"集体"所遮蔽。在平面地、孤立地看存在的义和利的关系，看起来是清楚明白的，但是，在宗法社会的政治关系中它是会发生转化的。对于个人来说是利，但是，对于其宗族来说则可能转化为义。相反，如庄周这样的个人主义者，从个人出发来看待问题，就会人为"鹪鹩巢穴，不过一枝，鼹鼠饮河，不过满腹"（《庄子·逍遥游》），他哪里知道背后更深的理由呢？对于明显的由集团决定的社会标准的不合理，庄子也就必然持批评的态度。从这个角度看，庄子的政治态度与思想有值得肯定的一面。

因此，即使伦理之教可以在一定程度上化解专制政治的非理性风险，但仍不能为个体充分而全面的发展提供其所需要的自由空间。

---

① ［美］墨顿．社会理论和社会结构［M］.唐少杰，等译．北京：译林出版社，2006：242.

结语

儒者的修养与"知行合一"的工夫

儒者修养有自身发展的逻辑。儒者修养思想从修德到修身、知行合一的历史发展逻辑反映了内圣与外王的内在关联。儒者修身发展出以工夫为支撑的道德境界，反映的并非单纯人与人的关系，而同时渗透着心与身、人与物乃至人与天的多层联系。修身从君子向庶人的扩散，体现了修养从政治伦理向道德哲学的转向，"知行合一"是这一转向在修养方法上的最后落实。儒者修养属于道德范畴，难以直接否认其意义，但因其与政治有不可分割的关系而使其呈现复杂表现乃至异化，导致诸子对儒学的诟病与批评。在社会结构与政治情态均发生重大变化的今天，道德修养内涵的变化值得深思。

近代以来儒学遭重创，即使是秉承复兴儒学之志的现代新儒家，也多专注于传统哲学的现代化，着力于理论体系的建构，而少有传统儒家有关工夫实践的研究，其关于这方面的理论探讨也不多见。金岳霖先生从逻辑理论角度述说传统的道，似隔了一层，而梁漱溟对醉心于儒家形而学探讨的熊十力也颇有微词。近年来学术界对工夫论的逐渐关注无疑有补课的趋势。

儒家哲学的重点不是描述宇宙真相，也非指出认识真相的正确途径，而是显明为何如此行为，哲学中如此多的规范显示其伦理学的性格。换言之，儒家哲学的所谓真相也非对象意义上存在的认知的真相，而是与人的行为不可分割有待建构的"真相"。后者不是已成的事实，而是可能的世界。其实这一点，也表现在儒学研究中：研究是否就是认同？认同是否就是能够成为所认同的对象？基于儒家伦理的性质，抑或更为切中这一问题的是：人们是否必须并能够控制那些与生俱来的作为行为动能的动机而成其为理想的人格呢？这是一个值得深究的问题，其实也就是一个工夫问题。儒者修养工夫意味着想要以及实际地成为儒者的努力与实践过程，因而，我们认为，儒学研究如果撇开工夫问题，所谓想要并能成为儒者是不可想象的。这就是工夫论存在的意义所在。而对工夫存在的条件的思考，使我们不得不重新梳理其发展的过程。

从这个角度说，关于工夫与工夫论，传统观点多属于修养的方式即怎么做的问题，而少关于为什么这么做以及它本身是什么的问题。本书试图通过对修养从君子向庶人的历史发展的考察，解释知行合一工夫对于修养的意义。

一、从修德到修身

儒家哲学从古至今经历几千年，思想内容变化很大，但本质上却不离主题，核心仍基于个人修身的问题。一般而论，方法是由本体决定的，但儒家的修养则是"工夫所至，即是本体"①。可见，决定修养之为修养的，当非于此所谓"本体"之外，而别有理由。由此，工夫也非一般意义的方法。我们认为，从前者到后者经历了修养论上一个漫长发展过程，其中经历从方法的对象向工夫所指向的对象的变化历程。

儒家修养思想的来源应为所谓"修德"，如"无念而祖，聿修厥德"（《诗经·文王》）。《尚书》中，多见"明德""敬德"之说，最为有名的是："皇天无亲，惟德是辅。"（《尚书·蔡仲之命》）作为统治者来说，修德当然有迫于外面的压力。修德亦即"敬德"。

修德之"德"，德者，得也。《说文》作"悳"，其曰："外得于人，内得于己也。""德者，得也。谓内得于心，外得于物。"（《左传·桓公二年》孔颖达疏）"德"源于周初统治者对殷亡经验教训的反思。后世儒家进一步认为，知德是以知外为必要前提的，"知外必知德"，而"知德必知政"（《大戴礼记·小辨》）。可见，所谓德，必然要面对"外"。"礼乐皆得，谓之有德。"（《礼记·乐记》）所谓礼乐皆得，实指君子以礼乐所包含的诸方面皆能既得人，又得己。所谓礼，不仅有等级层次之别，且是礼仪、礼物和礼义的统一。所谓乐，包括音乐与快乐的双重含义。对于君子而言，有"治政之乐"，对于"小人"或"细民"而言，也有正当的物质与精神文化欲望的满足之乐。在这里，隐晦曲折地表达了满足人们物质与精神生活需要是"德"的必要内涵。统治者修德的目的在于使其统治能实现长治久安。即孟子所谓的"不心服而王者，天下未之有也"（《孟子·离娄下》）。

德的思想元素可追寻到很早。商汤曰："予小子履（履，商汤名），敢用玄牡（黑色公牛），敢昭告于皇皇后帝：有罪不敢赦。帝臣不蔽，简（阅，知道）在帝心。朕躬有罪，无以万方；万方有罪，罪在朕躬。"（《论语·尧曰》）在儒者眼中，天子不仅独自承担自己的罪过，而且应将天下小民的罪过归罪于天

---

① 《明儒学案序》原文为："苟工夫著到，不离此心，则万殊总为一致。"（清）黄宗羲.明儒学案［M］.北京：中华书局，2008：7.

子本人。周人的最高统治权是从商朝统治者手中夺来的。周代统治者据此有了"天命"无常的思想。对这一现象的解释就是,有德者得"天命",商纣王"无德",荒淫无道而失去"天命"。"皇天无亲,惟德是辅"虽主要是从政治得失的角度讲的,但已暗中将德行修养纳入其中;换言之,修德成为政治的必要内容。后世所谓修身、齐家、治国、平天下的关键在于"德"。只有"德",才能保持人民对自己的信任。而这种"德",必须以"修身"得之。产生于周代社会的孔子仁学认为"德"是政治统治者不能没有的一种品质。

当然,从治术角度看,是受所谓"得道多助失道寡助"思想影响的。得道其实在得人,而得人关键在于得人心,得人心才能得道。可见,所谓修德在此是从政的必要,是对政权的自我约束。以此而言,"君子乐得其道,小人乐得其欲",不仅没有贬低的意思,而且正好是相得益彰的。

既然"万方有罪,罪在朕躬",那么,修身就是不可推卸的必然。《尚书·洪范》所谓"敬用五事""五事"即貌、言、视、听、思,已出现了这一思想的影子。

在《论语》中,"德"字出现40次,排除那些与道德无关的指谓,所谓"德"主要是指德性和德行,如"天生德于予,桓魋其如予何"(《述而》)。"吾未见好德如好色者也"(《子罕》)。"德不孤,必有邻。"(《里仁》)"德之不修,学之不讲,闻义不能徙,不善不能改,是吾忧也。"(《述而》)《论语》论修养已不只从(貌)行、言、视、听与思诸方面,且将其广泛推展到日常生活、从政、改过以及全方位的道德完善等方面。如孔子赞子产有君子之道四焉:"其行己也恭,其事上也敬,其养民也惠,其使民也义。"(《公冶长》)又赞颜渊曰:"有颜回者好学,不迁怒,不贰过。"(《雍也》)孔子自谓"十室之邑必有忠信如丘者焉,不如丘之好学也"(《公冶长》)。又谓"学而不思则罔,思而不学则殆"。还有"非礼勿视,非礼勿听,非礼勿言,非礼勿动"(《颜渊》)。最重要的还有"内省"要做到"不疚",具体方式是"毋意,毋必,毋固,毋我"(《子罕》)。修养的宗旨一方面固然在于"成人之美",而根本则在于成"为己之学"。

应该说,孔子所谓的"德"多指个人的道德修养,不一定和政治统治直接相联。修德已从政治活动的要素逐步演变为道德文化教养的内容,变成了"修己"。当然,修己也有它的社会作用:"修己以安人,修己以安百姓。"(《论语·宪问》)孔子在回答颜渊问仁的问题时曰"克己复礼为仁",颜渊追问具体内容时,孔子又曰"非礼勿视,非礼勿听,非礼无言,非礼勿动。"从稍后的《郭店简·五行》中我们还可以看到德与善明确的区别:"善,人道也;德,天道也。"所谓善，指仁义礼知四行之和，所谓德是四行外加"圣"而成"五行"；在这种意义上，修德显然具有特殊意义。天道与人道虽并非不相关的，但二者应有一定张力。

修德即积善。"积善之家，必有余庆。积不善之家，必有余殃。"（《周易·系辞》）对于统治者而言，让利就是积德，就是正义。

《礼记·中庸》两次提到"在下位不获乎上，民不可得而治矣"，并且有一处直接连接这样的话语："是故君子不可以不修身。"这里，道德修养是君子人格必需的品行，必要的前提。显然，修身是基于"获乎上"以及"治民"的要求。因为"一物治而万物不乱者，以身为本也"（《大戴礼记·子张问入官》）。这正是"修己以安人，修己以安百姓"的概括性阐释。孟子亦云："有大人者，正己而物正者也。"（《孟子·尽心上》）荀悦谓："万物之本在身，天下之本在家，治乱之本在左右，内正立而四表定矣。"（《申鉴·政体》）

如果说修德是基于政治伦理而言的，那么，修身则是基于自我完善而言的。修德与修身的区别在于前者属于德治的题中之义，而修身却发展出以工夫为核心的道德境界。二者得到鉴别的方式也有所不同。是否有德不是个人的愿望或感觉，而有客观表现如百姓是否安乐。"生民之道，乐为大焉。"（《礼记·乐记》）万民之乐是君子之道的必要内容。"意气得而天下服，心意定而天下听。"（《管子·内业》）在人道原则支持下，民生成为君子修养的根本目的。水可以载舟又可以覆舟的思想，牧民的思想未必均为儒家思想，但儒者对人有敬畏之心。修身则是伦理政治背景下道德的社会表现在个人身上的落实。因而，修身反映的并非单纯人与人的关系，而同时渗透着心与身、人与物乃至人与天的深层联系。其实，修身也可以看成是修德的发展。《大戴礼记·卫将军文子》记载曾子曰："孔子曰：'孝，德之始也；弟，德之序也；信，德之厚也；忠，德之正也。参也中乎四德者矣哉！'"

但无论如何，修德、修身，大都主要是对君子而言的，但《礼记·大学》出现一个巨大变化。

二、修身为本与《礼记·大学》八条目

《礼记·大学》明言："自天子以至于庶人一是皆以修身为本。"庶人也需要修养，显然不是指的政治伦理，而是一般的社会道德。如何理解这一变化呢？

修德是为巩固政治统治，但发展为道德上的修身为本，并从统治阶级向庶民扩展，显然是针对德治政治之弊而来的。第一，修养从政治需要发展为道德上普遍性的社会需要。第二，以礼治为实际内涵的德治其实是依赖于一定客观

条件的，"礼不下庶人"（《礼记·曲礼上》），无资财的普通百姓难以行礼，但道德修养是不依赖外在条件的。第三，以道德为主的修养突破了政治甚至认识的限制，成为建构现实人生的重要环节。（孔子）曰："故君子南面临官，贵而不骄，富恭有本能图，修业居久而谭，情迩畅而及乎远，察一而关于多，一物治而万物不乱者，以身为本者也。"（《大戴礼记·子张问入官》）图，《尔雅》谓：谋也；谭，《广韵》云：大也。所谓"情迩畅而及乎远，察一而关于多，一物治而万物不乱者，以身为本者也"，虽然此处还未完全摆脱政治语境，但其在强调修身对于治理天下具有重要地位的同时，也隐含着日后儒者修养的具有普遍性的道德文化意义。其中，远与近相及，一与多相关，身之一物与万物的必然关联已经和一般的主客体关系有所不同。它超乎认识论上主体对于客体的决定性作用在于，这里的"身"被预设为"情迩畅而及乎远"之身，是一（政治统治者）相对多（被统治者）之身，其内是可以和外部直接联通的。相反，如果排除以一御多的政治架构，其由近及远的关联仅仅是情感，可能就有一定的或然性；但若从认识角度看，前二者所依赖的条件都失去了意义。而从道德的理想看，"君子无入而不自得焉"（《礼记·中庸》）。"君子居其室，出其言，善则千里之外应之，况其迩者乎。"（《周易·象辞上传》）

从修德到修身的变化，不仅是从政治向道德的转向，而且是向哲学的转向。如果说修德还有利义关系在统治者与被统治者之间的转换，那么，从"君子不可以不修身"到"自天子以至于庶人一是皆以修身为本"的变化，使修身从君子向庶人扩散，则意味着政治与伦理道德相互的融合，不仅标志着对庶人提出了精神层面的要求，也意味着伦理政治和道德形而上学之间存在着不可分割的联系，体现了修养从政治伦理向道德哲学的转向。

《礼记·大学》这一思想是以格物、致知、诚意、正心、修身、齐家、治国、平天下等著名的八条目作为背景的。八条目中，如果我们一般地认为格致为认识活动，诚正修为道德修养，那么，齐治平当为政治活动。同时，《礼记·大学》将八条目看成是有内在逻辑联系的，前件都是后件的必要条件。但在实践中，因任何一项都不是一蹴而就的，故具体的过程往往曲折而复杂，甚至可以认为后件都是建立在前件不可能十分完满的情况下层层循环的，故从认识走向道德修养，又从修养到政治几乎类同迷宫，一般很难从中走出来。当然，三者之中，政治与道德均需要正确的认识，而道德本质上虽出于内心觉悟，但若有政治的协助，自然对社会有正面的影响，所谓"人道敏政""人道，政为大"的真义就在这里。

虽然，对于《礼记·大学》的成书存在分歧，有谓孔门遗书，曾子述之；

亦有谓晚于荀子，或为秦汉间不知名的儒者所作。我们认为它之所以能够成为经典，并非仅是没有根据的传说，甚至也不单单是由于其内容的精致与言简意赅，而同时是亦可以说更重要的是它所设计的从修养到政治的路线后来变成了从察举到科举的政治实践。甚至可以说，恰恰就是因为它变成了现实，《礼记·大学》成了经典中的经典。重视征验，是理解儒家思想发展的一把钥匙。

以今人眼光看，认识、道德、政治都是复杂的属于不同学科的研究对象，但是，《礼记·大学》就这样简明地将其统一起来，其中自然存在着需要深入探讨的内容。这就是三者的根本区别。

按《礼记·大学》安排的顺序，知识是基础，修身是根本，政治是目的。但认识是从个体开始的，以道德为关键，最终以德治目标的达成为归宿，其中存在需要深入分析的地方在于，认识既然是个体性的，而且必然是以心理为二、天人适当的分隔为必要前提的①，那么，以诚意、正心、修身为代表的道德修养却要求超越这种对立，以人同此心、心同此理为前提，需要满足一些其他条件。从个体修养角度看，固然"言必有主，行必有法，亲人必有方"（《大戴礼记·曾子立事》），但对于道德评价而言，个体的认知和评价不免于狭隘与成见，"随其成心而师之，则孰能无师乎?"（《庄子·齐物论》）至于齐家、治国平天下的政治活动是以前者为必要条件的，那么，从心理为二，天人相分如何能够顺利实现心同理同，从个体性的认知上升到关注群体的道德境界上来呢? 其中要突破那些障碍呢?

其实，所谓"一物治而万物不乱者"，至少有两层含义：一是指身为统治者，可以"情迹畅而及乎远，察一而关于多""意气得而天下服，心意定而天下听"; 二是修养工夫与其所达到的境界（本体）的统一。《大戴礼记》还引用《易说》之言曰"正其本，万物理"（《保傅》），说明确实存在着将内当作本，万物当作末的思维逻辑。

实践上看，儒家道德基于情同一体的生命体验，其借以为基础的是恻隐、怵惕的情感，这种情感是发自内心地对他人处境的不忍、同情，往往能够和他人感受到"情同一体"的心境。这种内心深处的情感的确在很大程度上可以消解他心或自由意志，从而泯合内外、主客的分离。毫无疑问，政治权力将这种倾向客观化了。

修身之所以有如此重要地位，是因身乃联结内外人我的天然必然的环节。内，亦即"中"王聘珍《大戴礼记解诂》释"察其内以揆其外"云："内，心。

---

① 蔡仁厚. 王阳明哲学［M］. 北京：九州出版社，2013：46.

外，行。"① 内外的分别极其明显，对于以修养为根本的儒家而言，是不可忽略的。内当然是指的人的内在的思想意识，情感等，外则是指的行为。当然，行为总是指向外部世界即他人、社会。《大戴礼记·文王官人》云及"视中""观色""观隐"等，均为由于内外不相合而言的。《大戴礼记·曾子立事》云"故目者，心之浮也，言者，行之指也，作于中则播与外也。故曰：以其见者，占其隐者。故曰：听其言也，可以知其所好矣。观说是流，可以知其术也。久而复之，可以知其信矣。观其所爱亲，可以知其人矣。"这自然是从观察者角度而言的。从修养的角度，则讲"诚于中者，形于外。"（《礼记·大学》）所谓"诚"，即"合外内之道也"（《礼记·中庸》）。对于一个人来说，正常的关系中必然包括处理好内外的关系，若内外失序，内外不分甚至分不清楚，都是不同内容的身心不健康。因为，内部的思想意识从某个角度看是可以直接地加以改变、重构乃至放弃的（虽然有时很难，但却无须借助于外在力量）。然而，外部的世界、他人和社会，是生活的环境，不是可以直接改变或无视的。改变外部世界，必须借助身体以及由身体发动而操作的其他物体才能进行。特别是面对他人和社会，由于他人有自由意志，往往会抗拒别人的自由意志。所以，内外关系的协调理顺对于人而言十分重要。

但君子（天子）与庶人的修身面临的处境是不同的。对于君子而言，因特殊处境，内外关系确如上述"一物治而万物不乱者"，有政治含义。相反，对于庶人而言，则往往容易从认识立场看待现实，容易产生独立思考、自由思想，比如老庄和墨子，只是因为文化和社会地位的限制，大多数百姓不可能沿着这个方式继续下去，而受到历史传统和社会既定的轨道而流变。他们因没有权力的助推，也因家背景的限制不易从"大局"思考问题。"细人之爱人也以姑息。"（《礼记·檀弓上》）所谓"细人"，是指普通人、庶人，是对应于政治上在位者而言的。《大戴礼记·曾子立孝》记载："尽力无礼，则小人也；致敬而不忠，则不入也。"王聘珍注云："小人，细民也。"按此所谓"细民"乃《礼记》中"细人"，即庶人。

现实中，即使如司马迁、董仲舒、陶潜这样的士大夫，并没有普通庶人那样的认知局限，但涉及行为所指向的外面世界，仍难以"一物治而万物不乱"，本正而物理。这一点即使成立，也是有限度的。他们将这种情形看成是"时不遇"而已。商鞅云："仁者能仁于人，而不能使人仁。义者能爱于人，而不能使人爱，是以知仁义之不足以治天下也。"（《商君书·画策》）韩非亦曰："桀为

① （清）王聘珍. 大戴礼记解诂 [M]. 北京：中华书局，1983：196.

天子，能制天下贤也，势重也；尧为匹夫，不能正三家，非不肖也，位卑也。"（《韩非子·功名》）

现实中，无论是君子还是庶人，因特定客观境遇，和认识上的差异，所谓"合外内之道"总是难免存在龃龉，其中人与物、人与人乃至人与天关系的理顺还是会受到身份、处境等差异所导致的影响。在两戴《礼记》中，内外概念的含义也不确定。如所谓"内外不相应，则无可以取信者矣"（《大戴礼记·子张问入官》），此所谓内外，指心与行；而"合外内之道"（《礼记·中庸》），则指的是知与仁。此内外概念上的模糊会导致的修养的差异。这些差异因人的身份地位不同，其作用也就不同。"上焉者虽善，无征。无征，不信。不信，民弗从。下焉者虽善，不尊。不尊，不信。不信，民弗从。"（《礼记·中庸》）《礼记·大学》提出的从修养到政治的路线就是解决善而无征或善而不尊这一现实问题的。因而，可以说，《礼记·大学》之后出现的察举与魏晋时的九品中正制度，乃至隋唐时期出现的科举制度，是在现实上搭起了从文化道德修养到现实政治的桥梁。可见，庶人的修养在春秋时期可能只是为"易使也"，但后来的历史证明，庶人的修养也有重要的政治文化意义。

当然，修养的意义并非仅仅是其社会效应，而在于自我完善。孟子说："山径之蹊，间介然用之而成路，为间不用，则茅塞之矣。"（《孟子·尽天下》）这是一个对境界追求的比喻。通过修养工夫，心灵上种种遮蔽和杂芜皆日渐被超越，一条通向道德理想的心路被开辟并在不断的"用（走）"中得以保持和不断拓宽。这是讲人的精神对自然本能的超越可以打开一片前所未有的新天地。这片新天地只是人才可能看到，动物是看不到的。梁漱溟作为当代新儒家则强调生命创造的两个方面："（一）向上翻高，（二）往广阔里开展。"① 所谓向上翻高，即生命创造性的一面，往广阔里开展，则是人不免通过生存活动与事物打交道。二者中前者根本性地表达了人的生命意义的本质。显然，他是从道德精神的实践品格即下学而上达角度说的。相反，孟子则说："源泉混混，不舍昼夜，盈科而后进，放乎四海。"（《孟子·离娄下》）这一象征性言说则是强调"往广阔里开展"。

"自天子以至于庶人，一是皆以修身为本"的思想，应是儒家修身思想发展到一定阶段，确立了儒家学说的官方意识形态之后产生的。如果说早期儒家强调的修德主要还是政治伦理的重要部分的话，那么，到了儒学成为官方意识形态之后，主张无论天子还是庶人，皆以修身为本，显然就是一般道德乃至社会风

---

① 梁漱溟. 梁漱溟全集（第二卷）[M]. 济南：山东人民出版社，1990：93.

尚的要求了。

佛教对宋明理学的影响深刻。佛教总是将物与物欲看成是累赘，认为人心被物所粘着就像磁石吸铁一样，这是对解脱的最大威胁。这种对物与欲的否定与原始儒家是不相同的。原始儒家承认物、情甚至欲的适当地位。人心中就包括了情与欲。人虽应该警惕被物化，但物也是人们生存不可或缺的。礼物就必须借助物的形式。

儒家修养思想的进·步发展是以心性之学为典型代表的。这其中以孟子的"尽心"以及后世陆象山的"发明本心"、王阳明的"知行合一""致良知"思想为代表。虽然，陆王思想有一定区别，但是，都可以看成是孟子心性思想的进一步发展。

三、知行合一

王阳明的"知行合一"较之两种意义上的内外有综合性质，但作为内圣工夫，其政治含义几已淡化，完全是道德修养的工夫。"知行合一"的问题意识在于知与行的分裂，虽既有忠信之缺失，又有知、仁的分离，但与后者所面临的处境仍是不相同的。知行的分离主要是针对学问成为口耳之学，而非身心实践上的学问而言的，与知仁关系上的外内，和心、行关系上的内外关系并非完全是相应的。"知行合一"完全是境界追求的工夫，与前两个层次的内外关系所包含的意义不相同。可以说，就所谓"一物治而万物不乱""正其本，万物理"而言，是有政治伦理中的政治含义的，知与仁也有对象的指向性。而"知行合一"则纯粹是道德修养。如果说修养从君子向庶人的扩散，标志政治伦理向道德哲学的转向，那么"知行合一"是这一转向在修养工夫上的最后落实。

"知行合一"的提出其实意味着自觉修养所面对的障碍。正是人们通过口耳之学即可经由制度程序而进入体制，已不用通过圣学工夫而学做圣人的现实反映。名教中虽自有乐地，但名教也可能成为圣学的陷阱。所以，"知行合一"的提出揭示了认识和研究儒家学问却不一定想并能成为儒者的尴尬，它是直接指向道德的根本的。

儒家理想的道德境界本质上是无内外、能所、主客分别的。道德意识就是一种道德行为。道德意识达到的高度和深度就意味着其在行为乃至相应的社会效应上也有同等高度和深度的影响。它的核心内涵是指知不可离行，行不可离知；知行同时并到，一体完成；行的力度体现了知的深度和高度。因此，片面的一知半解的知和本能活动都被排除在知行合一命题之外。因而，"知行合一"所指向的道德境界可超越具体客观境遇与认识上的差异，合理地安排人与物、人与人乃至人与天的关系。但事实上，这种意义上的知行合一只能是一种逻辑推导的结果，相比之下，"知行合一"更接近孟子"深造之以道，欲以自得"的境界。此处我们虽不必展开对王阳明这一思想来龙去脉的深究，但将其纳入儒家修养思想的整体来考察仍可认为它是在当时背景下儒者内圣工夫的必然结果。

"知"按孔子思想，主要是"知人"，根本在"知己"或自知。虽然不排除这个概念后来有其他含义，但在儒家系统中，知的核心内容是德性之知或天德良知。从德性之知的根本上说，它"不萌于见闻"。它是人的道德意识之极致。其开始是"知己"。

知己而后知人的可能性即以己度人的可能性依据在于人同此心，心同此理。但知行合一的思想将知己作为道德修养中的重要活动变成了主要活动。知行合一，知己就可知人，知就是行，那么，知己、知人同时也就是成己、成人的活动了。在孟子那里还是属于生命上的意义创造的活动，在阳明这里成了唯一的活动。

扩大点说，知也主要是人文社会知识、道德知识。孔子云："忠有九知：知忠必知中，知中必知恕，知恕必知外，知外必知德，知德必知政，知政必知官，知官必知事，知事必知患，知患必知备。"（《大戴礼记·小辨》）所谓忠，是与作为价值标准的中，处事方式的恕，以及德性、政事等人事活动相关的，这里，能代表客观性的外与事其实都有其人文社会以及道德属性。知行合一中的知应更为混杂。它除了有上述的内涵之外，也有普通的知识理论乃至行为动念的含义。如"一念发动处便即是行"，此念即是行为动念。"知是行的主意，行是知的工夫，知是行之始，行是知之成"，此知多种含义共存。

"知行合一"思想的基本要素在孔子那里就有了。子曰："知及之，仁不能守之，虽得之，必失之。知及之，仁能守之，不庄以莅之，则民不敬。知及之，仁能守之，庄以莅之，动之不以礼，未善也。"（《论语·卫灵公》）这里，所谓仁守、庄莅、动而合礼，都是指的行；这段话其实暗含"知行合一"的意蕴。王阳明提出"知行合一"思想，知的多义性决定了思想的混杂性，但根本仍是修养实践，即儒学理论与生活的贯通。

"知行合一"是修身工夫的要求，是走向致良知学说的重要门径。知行合一所强调的是知行一体不二，同时并到。因此，知行合一强调的并非仅是二者是一回事，真如此会导致所谓"销行以归知"的指责，而是两者相互支持、不可分割。因为只有二者不相分离，才能真的现实地改变事实（对象）；也只有二者不相分离，才能既保证知的真理性与行的自觉性，所谓"知之真切笃实处便是行，行之明觉精察处便即是知"。一般都注意到黄宗羲所说知行合一的关键在于"致良知"中的"致"字，但却往往淡化"致"的工夫的实践性格。知行合一不仅要求理论和实践统一，而且是动机和行为过程、结果的统一，是始与终的一贯、内与外的融贯合一。从知行的相互印证和促进的观点看，知的深度与广度必然通过行的有效性、准确性和成功率来体现的，反之亦然。这样，知行的并进建构不同的知行本体或境界。知行关系在传统儒学中内涵丰富复杂，过去学术界一般将知行关系理解为认识论意义上的理论和实践的关系，抑或只讲道德认识与实践，其实都是将内涵简化了。

"知行合一"原则上是指道德修养（行为）与道德意识之间的统一，而非仅指意识、理论和实践、现实的统一。将"知行合一"思想扩展到一般意识、理论和现实实践的一致，可能会导致"销行以归知"的后果，但其模糊内外分别消解心物对立，也是利弊参半的。因为，当"知行合一"导致"销行归知"以后，知行范畴的规定变得模糊①，但其实所谓的知只是道德意识，所谓行是道德实践，而道德判断是不能脱离行为动机（知）的。"德者，得也……在心为德，施之为行。德之行之未发者也。而德在于心不可闻见。"（《左传》桓公二年孔颖达疏）所谓不可闻见是指不可对象性地认知，但不等于修养者完全没有自觉。这是王阳明"知行合一"思想可以成立的重要根据。"种树者必培其根，种德者必养其心。"（《传习录》上）修身必先养心。而且，消解知行二分也同时肯定了生命与生活的丰富性，生命并非受制于冷冰冰的客观现实，人们不仅期待还有回忆。所谓境界其实不仅能从根本上消解现实沉重的压力，将精神和心灵的自我完善看成是一切人生最高追求的目标，而且可以生成事实。"无声无臭独知时，此时乾坤万有基。"心学的魅力也就在这里。所以，王阳明说："心即理也，天下又有心外之事、心外之理乎?"② 工夫不离本体；本体原无内外。只为后来做工夫的分了内外，失其本体了。"如今正要讲明功夫不要有内外，乃是本体功夫。"③

这样，心所到之处，便是人生成就所达到之处。虽然性为天赋，但其实现的程度是由心所决定的。心是主体，"苟日新，日日新"；实际所达到的只是性的某种程度或某个高度。因此，关键在于心的自觉。然而，心学也存在着一定

① 陈来. 有无之境 [M]. 北京：人民出版社，1991：109.

② （明）王守仁. 王阳明全集（上）[M]. 吴光，钱明，董平，等编校. 上海：上海古籍出版社，1992：2.

③ （明）王守仁. 王阳明全集（上）[M]. 吴光，钱明，董平，等编校. 上海：上海古籍出版社，1992：92.

的限制。因为,心本身是看不见的,它的显现是要通过性的显现,通过知与行为才能实现,才能为人所知。既然是需要通过知和行为才能对象性的显现,那么,道德的判断、道德的水准就需要一个客观的东西才能判断。仅仅从心学,从知行合一、相互印证的角度来看待道德境界,显然也有一定的限制性。

因而,"知行合一"原则上主要是讲道德认识与行为的合一并进的,其结果在于建构知行本体或境界,不能归结为认识论意义的知行关系,因为它是以心与理一为前提的①。相反,认识论上必须是心与理为二,知与行为二的。虽然不排除含混的情况,但在中国哲学史上绝大多数人都是在认识和实践的含义上使用知行的概念的②。所谓相互印证其实只能是认识论意义上的知行关系,否则不仅出现唯成功为上,而且会心与物混淆,高下难分。

可以说,王阳明"知行合一"将儒者的修养实践推进到一个新的高度。因为"知行合一"的观念已经不是单纯针对统治集团或者某类人物,而是凡是有道德修养要求的人都统统有效。"知行合一"其实就是内外统一,道德智慧的深度和高度与现实的道德生活是相互印证的。如果说《礼记·大学》从道德修养到察举和科举的政治路线侧重解决的是"善而无尊"的话,那么,"知行合一"所要解决的问题主要是"善而无征",即"善"不能在生活上落实的问题。我们将"知行合一"严格限定在道德修养之内,因为,道德是超越性的,与客观的条件环境无关。这种修养的社会效应如何当然也就在一定程度上受到社会条件和历史机遇的影响。

从《尚书·洪范》箕子所云敬用"貌言视听思"五事,到孔子主张"视听言动"之合礼,再到王阳明的"知行合一",可以说是一个从外向内、从政治向道德、从群体人伦关系而向个人内心修养的发展过程。

儒者修养属于道德范畴,即使今日也很少有人可以直接否认其意义,但因其与政治有不可分割的关系而使其呈现复杂表现乃至异化,导致诸子对儒学的诟病与批评。

法家认为道德修养是不必然的。商鞅认为:"仁者能仁与人,不能使人仁。"韩非主张行必然之法。桓谭也认为道德问题上,"父不可以传子,兄不可以教弟"。事实上,儒家自己也认为道德是自觉的,不能强制。"为仁由己,其由人乎哉?""君子不好为人师。""古闻来学,未闻往教。"相反,如果将道德修养当作普遍必然的义务推广,势必出现道德所批判的现象:"黥汝以仁义,而劓汝

---

① 蔡仁厚. 王阳明哲学 [M]. 北京:九州出版社,2013:46.
② 姜国柱. 中国认识论史(第四章)[M]. 武汉:武汉大学出版社,2013.

以是非。"（庄子·大宗师）在这种意义上，就是老子所批评的"失道而后德，失德而后仁，失仁而后义，失义而后礼，礼者忠信之薄而乱之首也"（《老子·第38章》）。在历史上，因为社会结构与政治的需要，修养在实践上虽有很大影响，主要是政治权力和社会教化的功能所致。但是，自法家专制主义与儒家伦理道德相结合的所谓"阳儒阴法"致使道德还是受到一定的抑制。如王符、王充、荀悦等人对东汉社会一般现象与政治现实的批判就是如此。荀悦所谓的不钳之钳，就是指士大夫在专制制度的氛围中，不仅其个性被压抑，即使其忠心也难以恰当表现。到了现代，因为士大夫阶层随着传统社会结构的解体而最终消失，代之而起的是现代知识分子乃至职业的学术研究者，道德修养的政治意义乃至教化意义都发生了变化，所以，熊十力即使如梁漱溟所斥的不事修养，其实在他的人生中也不过是小节而已。至于在今日商业竞争的社会，甚至于有人怀疑道德修养可能与此不相适应。

道德修养的丧失在政治上就是政治伦理的沦丧；在士大夫就是自身存在意义的丧失；在民众就是人文生态、社会生态的枯竭。如此，官必定成为贪官，商会成为奸商，民会成为"刁民"，兵会成为兵痞。这样，满街圣人就成了腐败的政府和彼此心怀鬼胎的乱臣贼子。

在社会结构与政治情态均发生重大变化的今天，道德修养内涵的变化值得深思。儒学以继承文化传统的方式介入对现实生活的重构，本身存在着对历史与现实的担当，自然也存在着难以从理论本身得到完全解决并能自圆其说，这是思想的吊诡。

工夫修养是自主与自觉的，教化是君子身体力行的垂范以人格魅力感化并引导人们奔赴和谐的社会生活，二者皆依赖于被泛化了的等级所形成的社会结构。在文明互鉴的今日，继续反思其历史与现实价值和限制性，仍是十分重要的

今日社会的格局，与其说是传统发展的必然结果，不如说是大传统和小传统在新的格局中相互作用产生的结果。其集权多受到法家传统的影响，而传统法家是相对宗族社会几千年发展的格局所需要的，而在小传统方面说则是数十年军事革命所建立起来的，但问题是，几千年来的宗法社会格局几乎不复存在，而军事斗争早已结束，集权基本上是相对于纯粹弱小的个人而言的，权利关系已经高度不平衡，人们只要稍微一得势，则所谓的良知就立马倾斜。

参考文献

（一）著作

［1］曹伯言.胡适日记全编（一）［M］.合肥：安徽教育出版社，2001.

［2］陈鼓应.老子注译及评价：修订增补本［M］.北京：中华书局，2009.

［3］陈鼓应.庄子今注今译［M］.北京：中华书局，2009.

［4］陈俊民.二曲集［M］.北京：中华书局，1996.

［5］陈俊民.蓝田吕氏遗著辑校［M］.北京：中华书局，1993.

［6］陈康.古希腊哲学［M］.北京：商务印书馆，1990.

［7］陈其泰.二十世纪礼学研究论集［M］.北京：学苑出版社，1998.

［8］陈戍国.先秦礼制研究［M］.长沙：湖南教育出版社，1991.

［9］程树德.论语集释（上）［M］.北京：中华书局，2013.

［10］邓晓芒.儒家伦理新批判［M］.重庆：重庆大学出版社，2010.

［11］杜任之.现代西方著名哲学家述评续集［M］.北京：生活·读书·新知三联书店，1983.

［12］方东美.生生之德［M］.北京：中华书局，2013.

［13］方向东.大戴礼记汇校集解［M］.北京：中华书局，2008.

［14］费孝通.乡土中国·生育制度·乡土重建［M］.北京：商务印书馆，2011.

［15］冯友兰.三松堂学术文集［M］.北京：北京大学出版社，1984.

［16］冯友兰.新原人［M］.北京：北京大学出版社，2014.

［17］冯友兰.中国哲学史（上册）［M］.北京：中华书局，1961.

［18］甘怀真.皇权、礼仪与经典诠释：中国古代政治史研究［M］.北京：九州出版社，2003.

［19］高亨.周易大传今注［M］.济南：齐鲁书社，1979.

［20］郭沫若.郭沫若全集：历史编（第二十一卷）［M］.北京：人民出版社，1982.

[21] 郭沫若. 十批判书 [M]. 北京：人民出版社，1954.

[22] 郭齐勇. 礼记解读 [M]. 北京：科学出版社，2020.

[23] 郭齐勇. "儒家伦理新批判"之批判 [M]. 武汉：武汉大学出版社，2011.

[24] 郭齐勇. 儒家伦理争鸣集：以"亲亲互隐"为中心 [M]. 武汉：湖北教育出版社，2004.

[25] 郭齐勇. 儒学与现代化的新探索 [M]. 北京：商务印书馆，2015.

[26] 杜维明. 杜维明文集（第三卷）[M]. 武汉：武汉出版社，2002.

[27] 郭沂. 郭店竹简与先秦学术思想 [M]. 上海：上海教育出版社，2001.

[28] （汉）徐干. 中论 [M]. 上海：上海古籍出版社，1990.

[29] （汉）荀悦. 申鉴·杂言（上）[M]. 上海：上海古籍出版社，1990.

[30] （汉）应劭. 风俗通义（上）[M]. 王利器，校注. 北京：中华书局，2010.

[31] （汉）郑玄. 礼记注 [M] 王锷，点校. 北京：中华书局，2021.

[32] 洪业. 礼记引得 [M]. 上海：上海古籍出版社，1983.

[33] 胡适. 中国哲学大纲 [M]. 北京：商务印书馆，2011.

[34] 黄光国. 儒家关系主义：文化反思与典范重建 [M]. 北京：北京大学出版社，2005.

[35] 黄晖. 论衡校释（二）[M]. 北京：中华书局，1990.

[36] 黄俊杰. 东亚儒学史的新视野 [M]. 上海：华东师范大学出版社，2008.

[37] 金德建. 先秦诸子杂考 [M]. 郑州：中州书画社，1982.

[38] 荆门市博物馆. 郭店楚墓竹简 [M]. 北京：文物出版社，1998.

[39] 李存山. 气论与仁学 [M]. 郑州：中州古籍出版社，2009.

[40] 李零. 郭店楚简校读记（增订本）[M]. 北京：中国人民大学出版社，2009.

[41] 李学勤. 东周与秦代文明 [M]. 上海：上海人民出版社，2007.

[42] 李幼蒸. 仁学解释学 [M]. 北京：中国人民大学出版社，2010.

[43] 李泽厚. 实用理性与乐感文化 [M]. 北京：生活·读书·新知三联书店，2005.

[44] 李泽厚. 由巫到礼释礼归仁 [M]. 北京：生活·读书·新知三联书店，2015.

［45］李泽厚．中国古代思想史论［M］．天津：天津社会科学院出版社，2008．

［46］梁启超．国学要籍研读法四种［M］．长春：吉林出版集团股份有限公司，2017．

［47］梁启超．清代学术概论·儒家哲学［M］．天津：天津古籍出版社，2004．

［48］梁启雄．韩子浅解［M］．北京：中华书局，2009．

［49］梁漱溟．梁漱溟全集（第三卷）［M］．济南：山东人民出版社，1991．

［50］林安梧．儒学与中国传统社会之哲学省察——以"血缘纵贯轴"为核心的理解与诠释［M］．北京：学林出版社，1998．

［51］林继平．禅学探微十讲［M］．台北：兰台出版社，2002．

［52］林乐昌．张子全书［M］．西安：西北大学出版社，2015．

［53］刘小枫．儒家革命精神源流考［M］．上海：上海三联书店，2000．

［54］柳诒徵．说文化［M］．上海：上海古籍出版社，1999．

［55］鲁迅．嵇康集［M］．北京：朝华出版社，2018．

［56］吕思勉．吕思勉读史札记［M］．上海：上海古籍出版社，1982．

［57］吕思勉．中国制度史［M］．上海：上海世纪出版集团，2005．

［58］罗新慧．曾子研究［M］．北京：商务印书馆，2013．

［59］马一浮．马一浮集（第一卷）［M］．杭州：浙江古籍出版社，浙江教育出版社，1996．

［60］（明）顾炎武．日知录［M］．长沙：岳麓书社，1994．

［61］（明）黄道周．表记集传·卷二（景印文渊阁《四库全书》第122册）［M］．台北：台湾商务印书馆股份有限公司，1986．

［62］（明）王夫之．船山全书［M］．长沙：岳麓书社，1996．

［63］（明）王守仁．王阳明全集（上）［M］．上海：上海古籍出版社，1992．

［64］牟宗三．政道与治道［M］．桂林：广西师范大学出版社，2006．

［65］牟宗三．中国哲学十九讲［M］．上海：上海世纪出版集团，2005．

［66］庞朴．儒家辩证法研究［M］．北京：中华书局，1984．

［67］皮锡瑞．经学通论［M］．北京：中华书局，1954．

［68］钱穆．八十忆双亲·师友杂忆（合刊）［M］．北京：九州出版社，2011．

［69］钱穆．孔子与论语［M］．北京：九州出版社，2011．

［70］钱穆．论语新解［M］．北京：九州出版社，2013．

[71] 钱穆. 四书释义 [M]. 北京：九州出版社，2010.

[72] 钱穆. 现代中国学术论衡 [M]. 北京：九州出版社，1998.

[73] 钱穆. 中国史学发微 [M]. 北京：九州出版社，1998.

[74] 钱玄. 三礼通论 [M]. 南京：南京师范大学出版社，1996.

[75] （清）黄以周. 礼书通故 [M]. 北京：中华书局，2007.

[76] （清）黄宗羲. 明儒学案·自序 [M]. 北京：中华书局，1985.

[77] （清）黄宗羲. 宋元学案（第一册卷十七）[M]. 北京：中华书局，1982.

[78] （清）焦循. 孟子正义 [M]. 北京：中华书局，1987.

[79] （清）孔广森. 大戴礼记补注 [M]. 北京：中华书局，2013.

[80] （清）阮元. 十三经注疏（下）[M]. 杭州：浙江古籍出版社，1998.

[81] （清）阮元. 揅经室集（上）[M]. 北京：中华书局，1993.

[82] （清）苏舆. 春秋繁露义证 [M]. 北京：中华书局，1992.

[83] （清）孙希旦. 礼记集解（中）[M]. 上海：上海古籍出版社，1989.

[84] （清）孙诒让. 大戴礼记斠补 [M]. 北京：中华书局，2010.

[85] （清）王念孙. 读书杂志（四）[M]. 上海：上海古籍出版社，2014.

[86] （清）王聘珍. 大戴礼记解诂 [M]. 北京：中华书局，1983.

[87] （清）王先谦. 荀子集解 [M]. 北京：中华书局，2012.

[88] 邱衍文. 中国上古礼制考辨（增订版）[M]. 台北：文津出版社，1992.

[89] 沈文倬. 宗周礼乐文明考论 [M]. 杭州：杭州大学出版社，1999.

[90] 石磊. 康德谈人性与道德 [M]. 天津：天津社会科学院出版社，2014.

[91] （宋）洪迈. 容斋随笔 [M]. 上海：上海古籍出版社，2015.

[92] （宋）黎靖德. 朱子语类（五）[M]. 北京：中华书局，1986.

[93] （宋）苏洵. 嘉祐集·卷六（四库全书第1104册）[M]. 上海：上海古籍出版社，1987.

[94] （宋）张载. 张载集 [M]. 章锡琛，点校. 北京：中华书局，1978.

[95] （宋）朱熹. 四书章句集注 [M]. 北京：中华书局，2012.

[96] （宋）朱熹. 朱子全书（第十三册）[M]. 上海：上海古籍出版社，2003.

[97] 孙启治. 昌言校注 [M]. 北京：中华书局，2012.

[98] 孙筱. 两汉经学与社会 [M]. 北京：中国社会科学出版社，2002.

[99] 唐文明. 近忧：文化政治与中国的未来 [M]. 上海：华东师范大学出版社，2010.

[100] 屠承先. 本体功夫论 [M]. 杭州：杭州大学出版社，1997.

［101］王锷．三礼研究论著提要［M］．兰州：甘肃教育出版社，2001．

［102］王国维．王国维全集（第八卷）［M］．杭州：浙江教育出版社，2009．

［103］王文锦．礼记译解（上）［M］．北京：中华书局，2001．

［104］王瑛．说苑全译［M］．贵阳：贵州人民出版社，1992．

［105］吴丽娱．礼与中国古代社会（先秦卷）［M］．北京：中国社会科学出版社，2016．

［106］熊十力．熊十力全集（第三卷）［M］．武汉：湖北教育出版社，2001．

［107］徐复观．论经学史二种［M］．上海：上海世纪出版集团，2006．

［108］徐复观．论文化（二）［M］．北京：九州出版社，2014．

［109］徐复观．学术与政治之间［M］．上海：华东师范大学出版社，2009．

［110］徐复观．中国人性论史（先秦篇）［M］．北京：九州出版社，2014．

［111］徐复观．中国思想史论集［M］．上海：上海书店出版社，2004．

［112］徐复观．中国艺术精神［M］．上海：华东师范大学出版社，2001．

［113］许维遹．韩诗外传集释［M］．北京：中华书局，2020．

［114］杨宽．战国史［M］．上海：上海人民出版社，2003．

［115］杨儒宾．从《五经》到《新五经》［M］．上海：上海古籍出版社，2019．

［116］杨天宇．礼记译注（上）［M］．上海：上海古籍出版社，1997．

［117］杨天宇．郑玄三礼注研究［M］．天津：天津人民出版社，2007．

［118］杨向奎．宗周社会与礼乐文明［M］．北京：人民出版社，1997．

［119］（元）陈澔．礼记集说［M］．南京：凤凰出版社，2010．

［120］张觉．潜夫论校注［M］．北京：岳麓书社，2008．

［121］章太炎．国故论衡［M］．上海：上海世纪出版集团，2006．

［122］赵顺孙．中庸纂疏［M］．上海：华东师范大学出版社，1979．

［123］郑保华．康德文集［M］．北京：改革出版社，1997．

［124］中共中央马克思恩格斯列宁斯大林著作编译局．马克思恩格斯全集（第46卷）［M］．北京：人民出版社，1979．

［125］中共中央马克思恩格斯列宁斯大林著作编译局．马克思恩格斯选集（第1卷）［M］．北京：人民出版社，1995．

［126］周何．儒家的理想国——礼记［M］．北京：九州出版社，2017．

［127］朱光潜．人生九论［M］．北京：人民文学出版社，2011．

［128］朱汉民．儒学的多位视域［M］．北京：东方出版社，2015．

［129］朱谦之．新辑本桓谭新论［M］．北京：中华书局，2009．

[130] 朱维铮. 周予同经学史论著选集 [M]. 上海：上海人民出版社，1983.

[131] 邹昌林. 中国礼文化 [M]. 北京：社会科学文献出版社，2000.

[132] 杨儒宾，祝平次. 儒学的气论与工夫论 [C]. 上海：华东师范大学出版社，2008.

（二）译著

[1] [德] 伽达默尔. 诠释学 I：真理与方法——哲学诠释学的基本特征（修订本）（上）[M]. 洪汉鼎，译. 北京：商务印书馆，2016.

[2] [德] 黑格尔. 精神现象学（上）[M]. 贺麟，王玖兴，译. 北京：商务印书馆，1997.

[3] [德] 卡西尔. 人文科学的逻辑 [M]. 关子尹，译. 上海：上海译文出版社，2004.

[4] [德] 康德. 道德形而上学原理 [M]. 苗力田，译. 上海：上海世纪出版集团，2012.

[5] [德] 康德. 法的形而上学原理 [M]. 沈叔平，译. 北京：商务印书馆，2008.

[6] [德] 康德. 实践理性批判 [M]. 韩水法，译. 北京：商务印书馆，2000.

[7] [德] 康德. 实用人类学 [M]. 邓晓芒，译. 重庆：重庆出版社，1984.

[8] [德] 韦伯. 伦理之业 [M]. 王蓉芬，译. 北京：中央编译出版社，2012.

[9] [法] 巴什拉. 科学精神的形成 [M]. 钱培鑫，译. 南京：江苏教育出版社，2006.

[10] [法] 利科. 历史与真理 [M]. 姜志辉，译. 上海：上海译文出版社，2004.

[11] [法] 卢梭. 爱弥儿（上卷）[M]. 李平沤，译. 北京：商务印书馆，2019.

[12] [法] 梅洛庞蒂. 行为的结构 [M]. 杨大春，等译. 北京：商务印书馆，2010.

[13] [法] 孟德斯鸠. 论法的精神（上册）[M]. 张雁深，译. 北京：商务印书馆，2005.

[14] [古希腊] 亚里士多德. 尼各马可伦理学 [M]. 廖申白，译注. 北京：商务印书馆，2006.

[15] [美] 阿吉里斯，[美] 帕特南，[美] 史密斯. 行动科学探究与介入

的概念、方法与技能 [M]. 夏林清, 译. 北京: 教育科学出版社, 2012.

[16] [美] 拉兹洛. 系统、结构和经验 [M]. 李创同, 译. 上海: 上海译文出版社, 1987.

[17] [美] 米德. 心灵、自我与社会 [M]. 赵月瑟, 译. 上海: 上海世纪出版集团, 2005.

[18] [美] 塞尔. 心灵、语言和社会: 实在世界中的哲学 [M]. 李步楼, 译. 上海: 上海译文出版社, 2006.

[19] [瑞] 奥特. 不可言说的言说 [M]. 林克, 赵勇, 译. 北京: 生活·读书·新知三联书店, 1994.

[20] [匈] 赫利. 道德哲学 [M]. 王秀敏, 译. 哈尔滨: 黑龙江大学出版社, 2014.

[21] [英] 柯林武德. 历史的观念 [M]. 何兆武, 张文杰, 译. 北京: 商务印书馆, 2004.

[22] [英] 赖尔. 心的概念 [M]. 刘建荣, 译. 上海: 上海译文出版社, 1988.

(三) 期刊

[1] 陈来. 中国传统道德修养的基本内涵: 以"慎独"为中心 [J]. 南国学术, 2014 (1).

[2] 邓晓芒. 苏格拉底与孔子言说方式比较 [J]. 哲学动态, 2000 (7): 35-36.

[3] 丁四新. 论孔子与郭店儒简的天命、天道观 [J]. 湘潭师范学院学报 (社会科学版), 2000 (5): 25-29.

[4] 高正. 先秦道家思想评议 [J]. 中国哲学史, 1993 (1): 21-32.

[5] 龚建平. 儒家"以教化政"与当代政治伦理转换——从《大学》的政治哲学说起 [J]. 西安交通大学学报 (社会科学版), 2014, 34 (2): 74-80.

[6] 梁涛, 顾家宁. 超越立场, 回归学理——再谈"亲亲相隐"及相关问题 [J]. 学术月刊, 2013, 45 (8): 60-70.

[7] 林桂臻. 何谓"隐"与"直"?——《论语》"父子相为隐"章考 [J]. 孔子研究, 2009 (3): 47-59.

[8] [美] 安乐哲, 郝大维, 彭国翔.《中庸》新论: 哲学与宗教性的诠释 [J]. 中国哲学史, 2002 (3): 5-17.

[9] 倪培民, 钱爽. 知"道"——中国哲学中的功夫认识论 [J]. 文史哲, 2019 (4): 94-113, 167.

［10］倪培民．修炼而成的自发性——以伯林为镜看儒家自由观［J］．哲学分析，2021，12（1）：73-97，197-198.

［11］吴震．"功夫"何以成为哲学：对《儒家功夫哲学论》的一项讨论［J］．船山学刊，2023（4）：19-35.

［12］颜世安．外部规范与内心自觉之间——析《论语》中礼与仁的关系［J］．江苏社会科学，2007（1）：25-30.

［13］杨国荣．行动：一种哲学的阐释［J］．学术月刊，2010，42（12）：21-31.

［14］杨国荣．中国哲学视域中人与世界关系的构建——基于"事"的考察［J］．哲学动态，2019（8）：13-20.

［15］杨国荣．作为规范系统的礼 —— 从经学的现代意义看《仪礼》《周礼》《礼记》［J］．学术月刊，2024，56（2）：33-34.

［16］［英］汉弗莱，李恒威，董达．如何解决心—身问题［J］．哲学分析，2012（6）：96-113，193-194.

［17］朱汉明．朱熹《四书》学与儒家工夫论［J］．北京大学学报（哲学社会科学版），2005（1）：12-15.

（四）析出论文

［1］彭林．论郭店楚简中的礼容［A］//武汉大学中国文化研究院．郭店楚简国际学术研讨会论文集［C］．武汉：湖北人民出版社，2000.

［2］［日］藤井伦明．日本研究理学工夫论之概况［A］//杨儒宾，祝平次．儒学的气论与工夫论［C］．上海：华东师范大学出版社，2008.

［3］杨向奎．孔子的思想及其学派［A］//中国科学院山东分院历史研究所．孔子讨论文集（第一集）［C］．济南：山东人民出版社，1961.